中国社会科学院
老年科研基金资助

中国社会科学院老学者文库

斯瓦扬布往世书

中文编译◎张冬梅　马维光
英文编译◎ Kashinath Nyaupane，Anandavardhan Nyaupane
梵文修订◎ Kashinath Nyaupane

中国社会科学出版社

图书在版编目（CIP）数据

斯瓦扬布往世书／张冬梅等编译．—北京：中国社会科学出版社，2023．10

（中国社会科学院老学者文库）

ISBN 978-7-5227-1770-8

Ⅰ．①斯…　Ⅱ．①张…　Ⅲ．①佛教史—研究—尼泊尔—古代
Ⅳ．①B949．355

中国国家版本馆CIP数据核字（2023）第186343号

出 版 人　赵剑英
责任编辑　黄燕生　王　琪
责任校对　闫　萃
责任印制　戴　宽

出　　版　中国社会科学出版社
社　　址　北京鼓楼西大街甲158号
邮　　编　100720
网　　址　http://www.csspw.cn
发 行 部　010-84083685
门 市 部　010-84029450
经　　销　新华书店及其他书店

印刷装订　北京君升印刷有限公司
版　　次　2023年10月第1版
印　　次　2023年10月第1次印刷

开　　本　710×1000　1/16
印　　张　34．25
字　　数　446千字
定　　价　199．00元

目　录

致　贺 ………………… ［尼泊尔］阿努伯・兰金・巴塔来依（1）
祝贺《斯瓦扬布往世书》中文译本
　出版 ………………… ［尼泊尔］萨尔波塔姆・什雷斯塔（4）
序 ………………………………………………… 曾序勇（7）
前　言 ………………… ［尼泊尔］喀什纳塔・纽奥巴内（10）
主要人物（按出场顺序）…………………………………（48）

《斯瓦扬布往世书》梵文本

Prathamo 'dhyāyah …………………………………（3）
Dvitīyo 'dhyāyah …………………………………（14）
Tṛtīyo 'dhyāyah …………………………………（26）
Caturtho 'dhyāyah …………………………………（39）
Pañcamo 'dhyāyah …………………………………（50）
Ṣaṣṭho 'dhyāyah …………………………………（60）
Saptamo 'dhyāyah …………………………………（73）
Aṣṭamo 'dhyāyah …………………………………（85）
Navamo 'dhyāyah …………………………………（99）
Daśamo 'dhyāyah …………………………………（105）

《斯瓦扬布往世书》英文、中文译本

Chapter One 第一章 ……………………………………………… (119)
Chapter Two 第二章 ……………………………………………… (159)
Chapter Three 第三章 …………………………………………… (197)
Chapter Four 第四章 ……………………………………………… (239)
Chapter Five 第五章 ……………………………………………… (273)
Chapter Six 第六章 ……………………………………………… (301)
Chapter Seven 第七章 …………………………………………… (337)
Chapter Eight 第八章 …………………………………………… (372)
Chapter Nine 第九章 ……………………………………………… (407)
Chapter Ten 第十章 ……………………………………………… (422)

附一 《斯瓦扬布往世书》梵汉词汇译名对照表 ………… (450)
附二 中尼两国文化交流史话 ………………………………… (476)
附三 译者的话 ……………………………………… 马维光 (485)

后 记 ……………………………………………………… 张冬梅 (493)

致　贺

尊敬的马维光先生：

我很高兴得知您与张冬梅女士共同完成了梵文本《斯瓦扬布往世书》（*Svayaṃbhū Purāṇa*）的汉译工作。我知道马先生十年前就开始为此书翻译做准备。马先生在如此高龄还一直惦念着佛教文化的传播并身体力行，令我十分感动与钦佩。今天，由于你们——中尼翻译小组的共同努力，这本书得以成功出版，确实来之不易。对于我们所有人来说，这的确是个好消息。因此，我谨代表尼泊尔—中国经贸协会执行委员会，对马维光先生、张冬梅女士和 Dr. & Prof. Kashinath Nyaupane、Anandavardhan Nyaupane 组成的中尼翻译团队在这一伟大成就上，向你们表示衷心祝贺！

尼泊尔和中国之间的古老关系是建立在佛教基础上的。这本书是我们历史关系中的另一个里程碑。这是尼泊尔的一部极好的典籍，它将有助于学者、学生和普通中国人轻松地以他们自己的语言获得有关我们首都加德满都的起源的深奥知识。这是一项增进尼中两国人民与学者之间的友谊和理解的重大贡献。

我深知你们为翻译此书所付出的辛苦努力。从梵文译成中文肯定不是一件容易的事。世界上很少有学者能像你们这样完成此项艰巨的工作。这将是给子孙后代的一份极好礼物。对我来说，没有比看到我一直敬佩的人带来如此重要的出版物更快乐的事情了。

再次恭贺！

阿努伯·兰金·巴塔来依

（主席）

尼泊尔—中国经贸协会执委会

2023 年 2 月 26 日

附《致贺》原文：

Respected Mr. Ma Weiguang,

I am glad to know that you and Ms. Zhang Dongmei have together completed the translation of the Sanskrit book, *Svayaṃbhū Purāṇa* (《斯瓦扬布往世书》) in Chinese Language. I know Mr. Ma has taken him more than 10 years of dedication for it. I highly appreciate his hard work even at this age to make it possible. You all have today been successful in publishing a book because of your all hard-won experience in the matter. It is indeed great news, for all of us. So on behalf of Nepal-China Executives Council and on my own I would like to express hearty congratulations to Mr. Ma Weiguang, Ms. Zhang Dongmei, Dr. & Prof. Kashinath Nyaupane and Anandavardhan Nyaupane the whole China-Nepal translation team on this great achievement!

The age-old relation between Nepal and China is based on Buddhism. This book is another milestone in our historic relationship. It is an excellent book and it will help scholars, students and the ordinary Chinese people easily get deep knowledge in their own language about the origin of our capital city, Kathmandu. It is a big contribution to strengthen the friendship and understanding between the people and scholars of Nepal and China.

I am aware that it has taken a lot of your all hard work. Translation from Sanskrit must have been not an easy task. There are very few scholars in the world like you all who could have completed this difficult work. It will be a great gift to future generations. Nothing would be happier to me than to see the persons I always admire bring out such an important publication.

Congratulations once again!

Anoop Ranjan Bhattarai

(Chairman)

Nepal-China Executives Council

Feb. 26, 2023

祝贺《斯瓦扬布往世书》中文译本出版

我很高兴获悉《斯瓦扬布往世书》最近已被翻译成中文。在此，我谨代表阿尼哥协会，尼中大学校友会的友好组织，向本经典的译者马维光先生、张冬梅女士、Prof. & Dr. Kashinath Nyaupane、Anandavardhan Nyaupane 取得的巨大成就表示诚挚祝贺。

对南亚宗教和文化感兴趣的人都知道，往世书是一系列遵循古代吠陀和奥义书的宗教经典。在南亚文学传统中，至少有五套往世书。大多数往世书都用来阐释吠陀教义。过去撰写往世书是有特定格式的。吠陀传统的往世书系列在古代南亚的大众中非常流行，以至于其他学说的大师们也有兴趣创作类似的古史，虽然格式不是很严格，但传播了自己的学说，讲述当地的故事。《斯瓦扬布往世书》就是类似这样的作品之一。

《斯瓦扬布往世书》从佛教的视角讲述了加德满都谷地起源的故事。但它远远超越了历史上的佛陀本身，并以自己的方式整合了小乘佛教、大乘佛教和金刚乘佛教。虽然它讲述的是几百万年前的故事，但这部经典本身只有一千年多一点的历史。

《斯瓦扬布往世书》的创作，也是对古代尼中友谊的一种贡献，该经典“证实”了文殊师利菩萨来自中国，他在古老的加德满都山谷的南边砍断山峦，使湖水从谷地流出。此书肯定了古代中国对加德满都谷地早期文明的贡献。因此，将这部经典译成中文，使中国佛教信徒了解尼泊尔佛教，发现加德满都谷地众多的佛教圣地，也是对当今两国友谊的重大贡献。

谨致谢忱！

萨尔波塔姆·什雷斯塔
（主席）
阿尼哥协会（尼泊尔）
2023 年 5 月 7 日

附《祝贺〈斯瓦扬布往世书〉中文译本出版》原文：

I am delighted to know that the *Svayaṃbhū Purāṇa* has been translated into Chinese language recently. On behalf of Armniko Society, a Nepal China friendship organization of Nepalese Alumni of Chinese Universities, I want to congratulate the translators of the scripture Mr. Ma Weiguang, Ms. Zhang Dongmei, Prof. & Dr. Kashinath Nyaupane and Anandavardhan Nyaupane for their great accomplishment.

As all interested in religion and culture of South Asia know, Purana (Purāṇa) is a series of religious scriptures following ancient Veda and Upanishads. There are at least five sets of Puranas in South Asian literary tradition. Most of the Puranas expound Vedic doctrines. And there used to be certain formats for composing Puranas. The Purana series of Vedic tradition had been so popular among the general public of ancient South Asia that gurus of other doctrines, which had categorically differentiated themselves from the Vedic tradition, were also interested to compose similar Puranas, but in not very strict format, to propagate their own doctrines and tell local stories. The *Svayaṃbhū Purāṇa* is one of the such compositions.

The *Svayaṃbhū Purāṇa* tells the story of the origin of the Kathmandu Valley from the Buddhist point of view. But it goes far beyond the historical Buddha himself and integrate Theravada, Mahayana and Vajrayana Buddhism in its own way. Although it tells stories of several millions of years ago, but the scripture itself is only little more than a thousand years old.

The composition of the *Svayaṃbhū Purāṇa* is also a contribution to Nepal China friendship in ancient time, as the scripture "confirms" that Mañjuśrī Bodhisattva, who let the water flow away from the ancient Kathmandu Valley by cutting hills at the south of the valley, had come from China. It recognizes the contribution of ancient China to the early civilization of the Kathmandu Valley. The translation of this scripture into Chinese language is, therefore, a great contribution to the friendship of the two countries in present time, as it will enable Chinese Buddhists to know about Nepalese Buddhism and discover numerous Buddhist holy sites in the Kathmandu Valley.

With appreciation!

Dr. Sarbottam Shrestha

(President)

Arniko Society

May 7, 2023

序

中国社会科学出版社出版的《斯瓦扬布往世书》是一部尼泊尔古代宗教文化的经典，其中文版的出版是中尼两国文化交流的一件喜事。

《斯瓦扬布往世书》是一部佛教经典，主要讲述佛陀、神灵、帝王的神话传说，以及哲学和宗教话题。这部典籍也是尼泊尔神话与历史、佛教与印度教文化相互融合的产物，对研究尼泊尔远古历史、佛教文化特点，以及中尼友好的历史渊源和宗教文化联系，均有重要参考价值。这部经典译作堪称中尼文化交流史上的一块瑰宝。

本书原著为梵文。中国社会科学院亚太研究院的张冬梅女士和从事印度—尼泊尔宗教文化研究的学者马维光先生，根据尼泊尔著名佛学教授和梵文学者纽奥巴内父子合译的英文本初译为中文，并参照梵文原著对照核定。因而此译本也是中尼两国学者共同努力合作的成果。

《斯瓦扬布往世书》既是古代佛教经典，原文又是印度古代语言之一的梵文，其宗教用语及含义晦涩难懂，众多神灵的身份和名称难以辨识，要将此书准确译成中文，具有相当的难度。译者不仅要有较高的中、英文水平，对梵文要有所了解，还需要对佛教、印度教、尼泊尔的风土人情和文化习俗有一定的了解。本书译者之一张冬梅女士退休前曾在中国社会科学院亚太与全球战略研究院南亚研究编辑部工作多年。另一位译者马维光先生是我的老同事和朋友，在20世纪八九十年代，曾先后担任中国驻尼泊尔使馆文化专员和驻印度使馆文化参赞，从事促进与驻在国文化交流的工作，熟悉尼泊尔和印度的基本国情和宗教历史文化。马先生通晓印地语和英语，对梵文有所了解，对佛教和印度教有较深入的研究，撰写出版过前人少有涉猎的专著《印度神灵探秘》。同时，马先生也长期关注并研究尼泊尔的历史、文化、语言和习俗，以及中尼宗教文化交往史，参与了翻译出版《尼泊尔与中国》（尼中关系史）的中文版。马先生对尼泊尔、印度历史文化的长期研究及深厚的造诣，对翻译佛教经典《斯瓦扬布往世书》无疑起到了重要作用。

尼泊尔佛教在历史演变的长河中，与印度教不断融合发展，形成了尼泊尔独特的佛教文化，崇尚和平、平等包容是其特质之一。从历史上到近现代，尼泊尔佛教与印度教及其他宗教之间，从未发生过宗教冲突和教派仇杀。多数信奉印度教的尼泊尔人，不仅不排斥佛教，而且同样尊崇佛祖释迦牟尼和文殊菩萨。在加德满都谷地，无论印度教或佛教信徒，人们都同样崇拜活女神库玛丽，而库玛丽却必须是从信奉佛教的尼瓦尔释迦族的童真女孩中遴选出来。所有尼泊尔人都以佛祖诞生在尼泊尔蓝毗尼而倍感自豪。

我作为职业外交官，40年的外交生涯与南亚特别是尼泊尔紧密相连。我曾先后在尼泊尔工作15年，在外交部主管尼泊尔事务多年，为增进中尼两国的友好合作关系做了一些工作。同时努力学习和研究尼泊尔的历史、宗教和文化，为促进两国人民的相互了解，也编写出版过几本介绍尼泊尔的书籍。有关文殊菩萨从中国五台山来到加德满都山谷劈山泄湖以及斯瓦扬布的神话传说，在尼泊尔流传甚广，几乎家喻户晓，我的著作中也有所记述。而这些有关中尼关系的传说最早是源自《斯瓦扬布往世书》，这部经典的中译本的出版，将会让更多的中国人得以知晓中尼远古交往的这段佳话。

本人学习的第一外语是尼泊尔语。尼文字母与梵文相似，文字使用了大量的梵文词汇。我也曾做过翻译工作多年，深知做好翻译不易，翻译梵文宗教典籍更不易。作为毕生从事中尼友好事业的“老尼泊尔”，对这部典籍中文版的出版，自然十分欣喜。借此机会谨我对此书的译者张冬梅女士和马维光先生表示衷心的祝贺，对他们为翻译这部典籍多年来所付出的艰辛努力表达由衷的敬意。

曾序勇
前中国驻印度大使馆公使衔参赞
前中国驻尼泊尔大使
前中国驻科威特大使
2023 年 4 月 26 日

前　言

《吉祥的斯瓦扬布往世书》（*Śrī Svayaṃbhū Purāṇa*），记载了很多有关加德满都谷地的神话故事。根据伟大的往世书，在远古时代这里是一个水面宽阔的大湖。在大湖的南边，文殊师利（Mañjuśrī）砍断山峦，劈出一条泄去湖水的狭长水道（俗称“一刀砍”）。从那时起，加德满都山谷变成了人类宜居之所。这个神话在尼泊尔流传很广。我也觉得，人们会编出令人惊叹的故事，而这些故事自古以来就很流行。当我领会了《斯瓦扬布往世书》中的这些故事时，我也倍感惊叹，从那以后对这部著作产生了一种庄严敬意。

来自我们的友好邻邦——中国的梵文学习者张冬梅女士，表示有兴趣将《斯瓦扬布往世书》翻译成英文和中文。实际上我也不能说“不”，一口否定。因事务颇多，我也不知道什么时候能开始这项工作。于是她来到加德满都学习这部经典，大约有两周时间，由于我手头有其他文本需要处理，我并不能全神贯注于此，于是我的爱子阿难陀（吉祥喜增）表示有兴趣帮助我进行英译。最后在我们父子二人的共同努力下，完成了此书梵文到英文的译本。

马维光先生鼓励张冬梅女士翻译此书，并与她共同努力把这部经典译成中文。书中还附有梵汉主要词汇对照表。现在我确信本书是可以方便阅读了。

校勘的作品

这部《吉祥的斯瓦扬布往世书》一百多年前曾被印刷过。几年以前，又由加德满都龙树研究所印制，并有纽瓦尔文（Newari）译文。斯瓦扬布往世书有两种类型。这一版是薄本，另外一版为厚本，它的偈颂（ślokas）数是薄本的两倍。故事几乎是相同的，但经典并不是纯粹的往世书创作格式。或许它是往世书（传统）一种新的形式，而作者并未意识到其诸多语法错误。

但我认为作者是故意犯下这些错误来打破所有的语法规则。加德满都龙树研究所出版的纽瓦尔文本是没有校勘和声明的，因此充满了杂质和错讹。我结合四种抄本，校订了作者留下的如此之多的错误。根据语法、［分别诵读（pāṭhabheda）］不同文本，考虑纯粹的格式，我试图尽可能多地给出脚注。

到目前为止，这本书还没有其他任何语言文字的翻译或出版。这一次是完整版本首次被翻译成英文和中文。梵文校勘本的提供以及英文、中文渐次译出，因此，读者将有机会领略三种文字内容的出版。

佛教有很多层面，类似的还有小乘佛教、大乘佛教和怛特罗密教。有一个特殊的怛特罗体系，被称为金刚乘。它在印度曾广泛流传。随着时间的推移，它逐渐遭到曲解，发生了扭曲。造成畸形的主要原因为五“M”（Pañca Makāra）。这种五“M”文化被毫不犹豫地使用了。这五“M”是：1. 酒（madya）、2. 肉（maṃsa）、3. 双修（maithuna）、4. 鱼（mīna）、5. 手印（mudrā）。

由于五“M”的实践走入迷途，社会开始瓦解。最终，社会也抛弃了这种怛特罗的修行和实践者。这是佛教退出印度的主要原因之一。此外穆斯林侵略者开始入侵印度不同的佛教中心，他们最后一次发动的丑恶进攻是对那烂陀大学，在 12 世纪发动一系列进攻的是一位名叫巴克赫提亚尔·卡尔基（Bhakhtiyār Khilji）

的将军（令人遗憾的是，火车站的名称至今仍沿用其名“Bhakhtiyār Khilji”）。结果是5000多人被杀害，包括教师、学生和僧侣。那烂陀寺图书馆持续燃烧了六个月，被毁灭殆尽。在那个时期，莫卧儿入侵者摧毁了耆那教、佛教和印度婆罗门教的宏伟庙宇、寺院以及学校和修道院（maṭha）。在此期间，苏摩庙（Somanātha）、毗湿奴大神庙（Viśvanātha）、黑天（Kṛṣṇa）的出生地、罗摩的出生地和罗摩庙，以及佛教徒建造的大学也都被摧毁。这些莫卧儿入侵者没有给印度留下任何伟大的圣贤和精神领袖。他们使整个印度次大陆陷入混乱。由于这些原因，佛教完全从印度消失。

当佛教在印度终结的时候，它却在喜马拉雅山脉地区成为主流。在中国的许多地方践行佛教，尤其是在西藏地区开始成为佛教实践活动的传播中心。通过这种实践，佛教在中国大陆得到了广泛的学习与传授。当时有许多学者从事佛经的翻译、校勘和给予简要说明，教授、学习经典，并将其翻译成多种文字。皇家建造大型寺院，为僧侣们开设了学校。佛教教义得到了极大弘扬，这是佛教宗教信仰者逃离印度后的时期，佛经被安全地保存在加德满都谷地，并且在那些岁月梵文经典被翻译成了藏文。

在这800年间，梵文经典大多被翻译成藏文。梵文版本的神话经典和哲学经典也被翻译出来，这是一件令人感到惊叹的事情。

可以说，在印度北部，也就是众所周知的尼泊尔地区，人们对莫卧儿人毫无畏惧，婆罗门和佛教徒保护着他们的经典和宗教实践。

作为相同秩序下来的最后一个链接，我们有作为斯瓦扬布往世书的形态存在。看来，在印度教—湿婆派和佛教社区中存在着一种团结的缺失，为了维持印度教—佛教社会的和谐，斯瓦扬布往世书应运而生。

这部《吉祥的斯瓦扬布往世书》共10章1750偈（ślokas）。

我们仍然没有关于这本书写于何时的证据。

一些学者认为这本书属于尼瓦尔佛教，但当我编译这整本书之后，我知道此书与其说是代表尼瓦尔佛教，不如说是为了融合佛教和印度教而写。本书是由释迦牟尼佛传给弥勒菩萨的。其历史传承的脉络，如书中所述，又通过弥勒传与比丘乌帕笈多。由吉祥乌帕笈多（Śrī Upagupta）传与国王阿育王（Aśoka）。从那里，比丘胜吉祥（Jayaśrī）得到了斯瓦扬布佛塔的知识。这个传说再由胜吉祥赋予比丘最胜自在（Jineśvara）。

此书的特别之处在于佛陀亲自说教。书中提到了智慧之神文殊师利和国王阿育王。国王阿育王来到加德满都谷地，通过对自我的追问与出于对他人的怜悯获得了觉知。

斯瓦扬布往世书的年代

《吉祥的斯瓦扬布往世书》从未提到过是什么年代创作的，但通过其他来源，我们可以断定这个时间大约是纽瓦尔纪年（Newari Saṃvat）500 年（或公元 1400 年左右），但这仍然只是猜测。无论如何，这本书应写于 16 或 17 世纪。

翻译和版本

这是第一版的英文和中文翻译，它有三种文字——梵文、英文和中文。印地语和尼泊尔语也已经译出，虽然尚未校订，但预计会在不远的将来出版。

许多抄本保存在尼泊尔，一些副本也保存在加尔各答的印度亚洲协会。在勘校本书时，我使用了尼泊尔的抄本。如果一个学者把《斯瓦扬布往世书》的所有抄本都收集起来，并对其进行评注，这将形成一部值得称道的著作。我渴望探索评注版，但由于时间所限，事务繁忙，又忙于法称（Dharmakīrti）的《释量论》（*Pramāṇavārttika*，或称《量论大疏》）的翻译和评注工作，因此我也无法承诺。

许多外国学者写了很多关于斯瓦扬布往世书的文章，但仍没有人把它翻译成英文。著名的印度学者拉金德拉·拉尔·密特拉（Rajendra Lal Mitra）在他的名著《尼泊尔的梵文佛教文献》（*Sanskrit Buddhist Literature of Nepal*）中对它做了特别的描述，并说这是最后一次将佛教和印度教信仰结合在一起。

布赖恩·霍奇森（Brian Hodgson）先生曾是20世纪英国驻尼泊尔的总督。在他任职期间，曾收集了上千份梵文抄本，并送给了他遍及世界各地的朋友，这些抄本中的一些被保存在亚洲协会和英联邦印度之家图书馆。1982年，拉金德拉·拉尔·密特拉从霍奇森那里得到了一部分抄本，幸运的是，他也得到了斯瓦扬布往世书的抄本。

著名的法国学者路易斯·普桑（Louis de la Vallee de Poussin）也校订过这部抄本，并发表了有拉丁转写体的法文摘要。

管窥《斯瓦扬布往世书》

佛教在印度崩溃后，它在尼泊尔，特别是加德满都谷地重生了。当佛教在印度失去了大部分物质基础时，尼泊尔谷地便成为以梵文为基础的佛教持续实践的避风港。人们还认为，早在历史上释迦牟尼佛出现之前，加德满都山谷就已经是修行佛教的圣地。

特别是，随着佛光在斯瓦扬布支提（Svayaṃbhū Caitya）的出现，在14—15世纪，虔诚的信徒便开始关注它。

斯瓦扬布神话的最早版本只关注这神圣之光的重要性，但后来的版本突出了法藏（Dharmadhātu）。

有关《斯瓦扬布往世书》，有不同的学者著述，但其中大多是佚名文献。

《斯瓦扬布往世书》目前的英文翻译和文本是基于最近已编辑的梵文本手抄本的复印件。

各章总结

第一章

一个佛弟子应该通过净化身语意，培养强烈的信心和对三宝的坚定信念。

他必须寻求一位精通教义的导师修布萨戒行。

为了众生福祉，修持慈悲喜舍四无量心积聚菩提资粮，可以产生无量功德。

一个人可以战胜魔欲之军达到成佛境界，就要修持十二项行为规则。

修布萨戒行必须在佛陀居住过的圣地，在支提或任何神圣的佛像前进行。

据说自生者始初佛所在之地是最神圣的地方。

凡修持菩萨誓愿的人，住在这个神圣的地方，会很快得到圆满的觉悟和无量的功德。

他或她将达到一个大菩萨的境界，拥有广大神奇的力量。

斯瓦扬布佛塔所在的山脉，在真理时代（Satyayuga）被称为莲花山（Padmagiri），在三分时代（Tretāyuga）被称为金刚山（Vajrakūṭa），在二分时代（Dvāparayuga）被称为牛角山（Gośriṅga Parvat），在迦利时代（Kaliyuga）被称为牛尾山（Gopuchha Parvata）。

斯瓦扬布发光体（Svayaṃbhū Jyotirūpa）拥有水晶光泽，灿若宝石，大约1.5英尺高，坐落在一个千瓣莲花中。

它生起在一个宜人之地，周围吉祥树环绕，在所有的季节缀满鲜花和果实。

所有主要神祇，包括梵天、因陀罗等，都会来此地，虔诚敬拜斯瓦扬布佛主。

为了防止将来被恶人偷盗或损毁，斯瓦扬布神圣支提被藏在一块巨石下面。信徒们可以对其行右绕拜仪，吟诵赞美诗歌，表达他们的敬意。

据说，那些崇拜和礼敬它的人，永远不会在恶趣中重生，而永远出生在幸福好运的正趣，成为菩萨。

他们将摆脱所有烦恼，为众生的福祉效力。

听了大德乌帕笈多（Upagupta）讲述的斯瓦扬布佛塔的起源，国王阿育王备受感动，决心修持三菩提誓言；朝拜尼泊尔斯瓦扬布刹土（Svayaṃbhū Kṣetra）。

一度，如来释迦牟尼与其信徒们到达了位于尼泊尔斯瓦扬布刹土以西的名为牛尾山的圣地。那时，一位名叫朱达（Cūḍā）的比丘尼，为接受如来的高深教导也出现在那里，同时莅临的还有文殊师利和弥勒等大菩萨。

看到僧侣、尼姑、天神、药叉、紧那罗等，释迦牟尼佛就对弥勒菩萨说，皈依自我起源者，修持菩提誓言的人，会迅速消除身体、言语和心灵的不纯洁。他们将获得神奇的力量，成为菩萨和所有优秀品质的源泉。他们将获得各种幸福，享有财富。他们的思想将永远充满爱和慈悯。

他们会愉快地接受神圣的职责，并热衷于净化心灵和控制感官，从而获得三菩提和成佛。

在那个时候，尼泊尔山谷还是一个叫作纳格哈特（Nāgahrada）的大湖，湖面直径有 14 公里。湖水具有八种优秀品质。大湖被各种树木和香花环绕。水中有各种各样的生物，如鱼、龟、蛇、青蛙和大蛇卡尔阔特克（Karkoṭaka）。

作为一个降福之湖，所有的神祇，包括梵天和因陀罗过去都常在此湖中沐浴，进行日常祈祷，净化心灵。甚至菩萨们通过慷慨布施等履行菩提誓言。

在列举了这个湖作为一个伟大的朝圣之地的功德后，佛陀又说，毗婆尸佛曾预言，在未来将出现一个自生佛——斯瓦扬布法藏（Svayaṃbhū Dharmadhātu）。

当它出现在这个世界，就没有灾难，这个地方就会繁荣，人们会净化思想、控制感官。他们会做菩萨的事，最终成佛。

释迦牟尼佛敦促包括弥勒菩萨在内的全体信众在斯瓦扬布刹土践行菩提誓言，以获得圆满觉悟。

第二章

伟大的佛陀毗婆尸（Vipaśvi）大寂定，经过几千年的时间流逝之后，另一位被称为尸弃（Śikhi）的佛陀作为天人导师出现在这个世界。那时人类的寿命是7万岁。

当时有八类弟子聚集在法会，他们虔诚恭敬，接受尸弃佛的深刻教诲。甚至伟大的梵天、因陀罗和诸天领主们也都出现在法会。

尸弃佛说，湖中出现了一朵千瓣莲花，宝石花茎，钻石状雌蕊，闪耀着五倍的光芒。

在雌蕊的中央出现了一束自发的光芒，称为斯瓦扬布发光体（Svayaṃbhū Jyotirūpa）。

当斯瓦扬布生起在这个世界上，山川为之震动。芳香的花雨从天而降。天国的音乐响起，火焰自燃。

天雨洒落，清凉芳香。全国各地都出现了吉祥的迹象。许多人开始修行真法，对世俗的享乐失去了兴趣。

诸神、蛇族、药叉、紧那罗、持明、密迹者、阿修罗和众鸟之王大鹏金翅鸟都来向自生者敬拜。

第三章

释迦牟尼佛对弥勒菩萨说，在人类的寿命为6万岁的时候，那时我是毘舍浮佛陀的弟子之一，为众生的利益而效力。

佛陀毘舍浮准备进行一次真法说教，它开始吉祥，中间吉祥，最后吉祥。

所有的信徒，包括梵天、因陀罗和其他天神，人与非人，都来朝拜如来毘舍浮，接受他的真法教导。

花雨从天空飘落，所有的吉祥迹象显现。

文殊菩萨从中国的五峰山（即五台山）来到加德满都山谷，因为他在禅观中看到斯瓦扬布佛主出现在这世界一个名为纳格哈特大湖的中心。现在他要排掉湖水，使这个地方适合人类居住，这样人们就可以方便敬拜这位自生者。人们虔诚礼佛，就可以净化他们的烦恼恶业，最终觉悟。

文殊师利以文殊神（Mañjudeva）为名号，驻足于湖边的一座小山上；他凝视着斯瓦扬布支提，做了简短的赞美斯瓦扬布的祈祷，并宣示了自己的意图。

他挥剑砍下最南端的山丘，在乔巴附近的山谷形成了一条水道排走了湖水。

其后，从远处就可以看到斯瓦扬布耀眼的光芒。文殊神在金刚山附近建起一个支提。加德满都山谷以金刚黑噜迦曼荼罗（Vajra Heruka Maṇḍala）的形式显现，是极难胜地（Sudurjaya Bhūmī）的化身，是未被菩萨征服的领域之一。

看到无我佛母（Nairātmya）为众生的利益现身时，文殊神欣喜若狂，他向佛母献上赞美诗，以表达敬意。他履行布萨戒行（Upo ṣadhavrata），在佛母面前吟诵咒语、做手印和献供。之后，文殊师利饮下甘露，使他瞬间觉悟。文殊师利成为一切真法的权威，此后他在附近的山上安居，那座山就是著名的文殊师利山。

由于文殊师利对这个山谷的巨大贡献，许多圣贤、人和非人都来到金刚山，朝拜斯瓦扬布、密迹自在女神（Guhyeśvarī）和文殊师利。他们皈依了佛法，并在精神生活中取得了成功。

释迦牟尼佛说他本人曾漫游到尼泊尔—加德满都山谷。“因为这些虔诚修行产生的巨大功德，净化了思想的一切烦恼之后，我成为了佛陀释迦牟尼。然后我践行圆满的修行等，并成为一个圆满的佛。所以，我要求你们对斯瓦扬布、密迹自在女神和文殊师利虔诚崇拜，这绝对会通向圆满觉悟之路。”那么人们将不会堕入恶趣，而走上幸福的正趣，并将受到各方保护主（dikpalas）和四天王的祐护。他们将享有繁荣和财富。他们将成为菩萨，为众生的福祉效力，最终达到圆满的佛位。

第四章

释迦牟尼佛讲述了尼泊尔—加德满都谷地如何成为人们的宜居之所。

这事发生在人类寿命为 4 万岁的时候。那时，天人导师拘楼孙（Krakuchchanda）出现在这个世界，他与其追随者们来到尼泊尔—加德满都山谷，敬拜斯瓦扬布。

各种各样的宗教信徒聚集在那里，极度虔诚地朝拜拘楼孙佛。佛陀向他们传授佛法，希望他们获得圆满觉悟。要修持出家的僧侣戒律，剃度受戒，生起菩提心。这将净化他/她自我的烦恼，成为菩萨，消除一切妄想，实现三菩提，最终达到圆满的成佛境界。

听了此番话语，菩萨功德幢和 400 名婆罗门、国王、大臣、刹帝利、商人和首陀罗等剃度出家践行菩提誓言，走觉悟之路。佛陀为他们摩顶祝福。他们完全成为佛教僧侣，拥有齐全的僧袍和乞行钵等。佛陀教导他们开悟的三十七觉分（三十七菩提分法）。由于这些教导，他们获得了五种神通力，摆脱了妄想。

由于拘楼孙佛陀的箴言，为了给这些僧侣灌顶，纯净的水从金刚萨埵的拇指流出并形成一条河流——巴格马蒂河。

八大菩萨：弥勒、虚空库、普贤、金刚手、除盖障、妙音、地藏、虚空藏出现在八个不同的地方，他们造福众生，只以光的形式存在。这些伟大菩萨的存在，使尼泊尔—加德满都山谷成为一个幸福和神圣的地方。

与此同时，一位名为法藏（Dharmākara）富有同情心的伟大国王，要践行菩提道，来到尼泊尔—加德满都山谷敬拜斯瓦扬布大支提、密迹自在女神和文殊师利，以及那些大菩萨。

拘楼孙佛告诉国王马哈桑玛塔王朝的法藏，为众生的福祉修布萨戒行，并把同样教言告知国人，他按照佛的教言去做，一定会成为菩萨，为一切有情众生的福祉服务，因此积累的巨大功德，将达到三菩提的成佛境界。如果敬重这八大菩萨，十方的人们将聚集于此，创造城镇与乡村等，人与非人将到访并朝拜这些地方，人们幸福和平地生活在一起，不管他们是毗湿奴派、湿婆派、萨克蒂派或是佛教信徒。

从那时起，许多菩萨、成就者、瑜伽士和拥有各种生活技能的人们来到尼泊尔定居。

释迦牟尼佛告诉信众那些希望获得觉悟的人应该到访尼泊尔—加德满都谷地。在十二个朝圣地（tīrthas）沐浴，敬拜斯瓦扬布、密迹自在女神、文殊师利和八位大菩萨之地。这样，他们会产生菩提心，并行布施等善举。

第五章

释迦牟尼佛告诉弥勒菩萨十二处朝圣地沐浴和朝拜的功德。

人们按照仪轨在此地虔诚沐浴、献祭和诵经，向祖先献供，向天神献祭，并慷慨布施乞丐之所需。遵守布萨和所有的戒律。由此获得的功德可以消除十种罪恶，烦恼、妄想将被消除，成为菩萨和一个完全的觉悟者。

十二处朝圣地：1. 苏陀那朝圣地（Śodhana tīrtha），2. 尚德朝圣地（Sānta tīrtha），3. 商羯罗朝圣地（Śaṅkara tīrtha），4. 拉贾朝圣地（Raja tīrtha），5. 摩奴拉塔朝圣地（Manoratha tīrtha），6. 尼尔玛拉朝圣地（Nirmala tīrtha），7. 尼塔那朝圣地（Nidhāna tīrtha），8. 阇那朝圣地（Jñāna tīrtha），9. 旃陀摩尼朝圣地（Cintāmaṇi tīrtha），10. 普拉摩达朝圣地（Pramoda tīrtha），11. 苏

拉克沙那朝圣地（Sulakṣaṇa tīrtha），12. 加耶朝圣地（Jaya tīrtha）。

还有五处次要朝圣地：1. 孙达利亚圣地（Saundarya tīrtha），2. 阿戈斯迪亚圣地（Agastya tīrtha），3. 阿难陀圣地（Ananta tīrtha），4. 圣救度母圣地（Aryatārā tīrtha），5. 普拉帕瓦圣地（Prabhava tīrtha）。此外还有一处神螺山圣地（Saṅkha tīrtha）。每一处都能给予朝圣沐浴者各种各样的祝福。

第六章

释迦牟尼佛向弥勒菩萨解释：为何法藏语言自在主斯瓦扬布声名远播。在人类的寿命为 3 万岁时，拘那含牟尼佛出现在这个世界的苏帕瓦蒂城（Śobhāvati）。那时释迦牟尼名为善法（Sudharma），是拘那含佛陀的弟子之一。

拘那含牟尼佛向弟子们宣讲真法，以梵天、毗湿奴为首的众天神也莅临法会。

那时在超戒寺（Vikramaśīla）的法吉祥善友（Dharmaśrīmitra）对僧伽宣讲法的知识。法会结束后，大多数信众都愉快地返回。但有些人不愿离去，他们希望知晓文殊菩萨《真实名经》（*Nāmasaṅgīti*）中“十二个音节”（咒语）含义，就请法吉祥善友深入讲解。法师认为，他不能透彻解释其内涵。他进入禅定，观到中国五台山文殊菩萨的净修所。伟大的文殊菩萨精通佛法的所有分支。

文殊菩萨化现为农夫，出现在法吉祥善友北行的路途中。法吉祥善友向文殊神询问去往五台山的道路。由于天晚，文殊菩萨留比丘在家中食宿。当法吉祥善友知道他已来到文殊菩萨门下，便拜文殊菩萨为师，请求文殊菩萨给他入门授法。因无任何财产可以作为谢师礼，比丘愿将自己“身语意”供奉给导师。文殊神听了十分高兴，给他灌顶授法，讲授“十二音节”的含义，指示他行菩萨道，为众生的福祉效力。

为了考验法吉祥善友的诚意，文殊菩萨化现为一个衣衫褴褛面容丑陋的乞丐，手拿蓝莲花扇赶着苍蝇，走入超戒寺法吉祥善友布道的会场。法吉祥善友担心在信众面前相认这样的导师让自己受辱，便装作没看见到来的文殊菩萨。由于说谎与虚伪，法吉祥善友悔恨痛哭，遭受了轻罪惩罚而双目失明。文殊菩萨告诉他可以用智慧之眼看世界并继续宣传佛法。从那时起，法吉祥善友就以慧吉祥善友（Jñānaśrīmitra）而著称。释迦牟尼佛说，因为文殊菩萨的缘故，斯瓦扬布法藏声名远播。

第七章

释迦牟尼佛回答了“为什么斯瓦扬布法藏用巨大岩石掩蔽，是谁建造了伟大的支提?”他说，在人类寿命2万岁时，天人导师迦叶波佛（Kāśyapa）驻世，他与僧团一起住在瓦拉纳西附近的一所寺院。当时，他向前来的八倍信众宣讲佛法，广施法甘露，弟子们获得启示，走上了觉悟之路。

文殊菩萨完成了他的使命，与两位明妃舍弃肉身以神的形象回到中国五台山。弟子们收集了他们的遗骨舍利，建起神龛供奉祭拜以获得文殊菩萨的智慧。

揭路荼（Garuḍa）王国的普拉昌达德瓦（Pracaṇḍadeva）是一位虔诚的国王，他拥有智慧的头脑，长期执政，为人民谋福祉。他教导国人皈依三宝，修持菩萨道，进而成佛。人们听从国王的教导，许多人开始了菩萨的事业。

后来国王认识到无常的本质，他决定放弃世俗生活，到一个与世隔绝的森林里静修。他把王权交给儿子沙克蒂德瓦（Śaktideva），教导他治国方略。然后独自在僻静的森林禅想菩提心。之后，他决定再次踏上朝圣之旅。

他来到喜马拉雅山的王国尼泊尔，看到了斯瓦扬布法藏，用祈祷和赞美诗表达他的敬意。他敬拜文殊师利神龛和女神卡格纳娜，做了许多祈祷和诵念。

普拉昌达德瓦国王愿持守僧侣出家律仪，他拜访阿阇梨金刚大师功德藏（Guṇakāra）。预知国王的伟大潜力，金刚大师为其灌顶、授戒，赐其法名尚蒂室利（Śāntaśrī），他在神和人中间受到尊崇。

一次，他在冥想斯瓦扬布发光体时，为防止后世之人不轨，便想用一块巨石把它隐藏，他把这个想法告诉上师，请求允许去做。金刚大师功德藏按仪轨为尚蒂室利金刚乘灌顶授戒。之后，尚蒂室利用巨石把斯瓦扬布发光体掩藏起来，在上面建造了巨大的佛塔。他虔诚唱诵和祈祷。在斯瓦扬布大寺又建立了五神灵五元素神龛。

释迦牟尼佛讲述了向这五位神灵的处所虔诚祈祷和供奉的功德。尚蒂室利声名远播，成为各领域之主，为众生的福祉效力。

第八章

因为阿阇梨尚蒂室利的伟大善举，尼泊尔谷地成为修行者成就的乐土。繁荣与和平持续了很长的一段时间。这个国家拥有丰富的矿产资源，及时的降雨，是成就者可以冥想和修行正法的地方，人们从事宗教活动，幸福快乐。

然而成功的统治者古纳喀玛德瓦（Guṇakāmadeva）沉溺于感官享乐，人们也变得过分追求欲乐，背离正法，甚至对斯瓦扬布支提也不敬重，众神为此发怒，人民遭受瘟疫之苦，王国中没有律法和秩序，痛苦占了上风。

古纳喀玛德瓦国王意识到自己的愚蠢，于是向大师尚蒂室利寻求解决危机的办法。阿阇梨尚蒂室利首先指出他所造恶业，然后建议他皈依三宝，履行菩提誓言，在圣地沐浴，向八位离染净者、文殊菩萨支提和斯瓦扬布大寺供奉祭品以菩提心净化他的罪恶，使他成为菩萨。古纳喀玛德瓦国王接受了尚蒂室利的指导。

然而，持续了12年的饥荒干旱仍然存在。国王急于缓解饥馑，恳求阿阇梨尚蒂室利给出一个解决的办法。法师建议他用适当的仪式来召唤所有的蛇王。国王按照上师的建议请来所有蛇王（nāgarāja）参加曼荼罗，但只有一个卡尔阔特克（Karkoṭaka）蛇王例外。尚蒂室利指示国王强行将蛇王带入曼荼罗，这样才能成功举行祈雨仪式。国王成功捕捉大蛇，完成蛇祭。由于成就法的缘故，大雨倾盆而下。

第九章

弥勒菩萨向世尊询问："尚蒂室利是什么时候以及如何成为著名的成就者金刚阿阇梨的？"释迦牟尼佛说，尚蒂室利曾经是一位国王。他一知晓无常的本质，就放弃了世俗生活。他在森林里严苛苦修一段时间后就踏上朝拜圣地之旅，他来到尼泊尔斯瓦扬布寺、文殊师利塔寺、八位离染净者之地实修。比丘功德藏为他授戒灌顶，持出家僧侣戒律修行。作为佛教僧侣，他修持菩萨道的一切善行，然后修持金刚乘。他用岩石将斯瓦扬布发光体妥善掩藏，在其上建造佛塔，安置五神灵神龛，消除了饥荒。完成这些伟大的慈悲善举后，他获得了阿阇梨尚蒂卡拉（Śāntikara）——光明与和平缔造者的美誉。

古纳喀玛德瓦国王年老体衰后把王位传给儿子纳兰德拉德瓦（Narendradeva），他指示新王按照正法治理国家。新国王像其父王一样做着同样的善举，敬拜斯瓦扬布支提等。他坚持走菩提道路，做了许多善事，并寻求阿阇梨尚蒂卡拉的精神教导。

当世界处于"五浊"时，正法在世界上衰落时，阿阇梨尚蒂卡拉将从他的三摩地生起；将佛法传授给人们，使之走上觉悟道路。那些敬拜这位阿阇梨的人，他们将成为菩萨，为众生的福祉效力，最终他们也将成佛。

第十章

释迦牟尼佛开始赞扬在牛尾山供奉文殊师利菩萨的功德。他说如果有人崇敬文殊师利支提和像比丘尼朱达那样极其虔诚地持诵九音节陀罗尼咒语，那么他将在十二年内获得五神通，在践行菩提行誓言后将获得圆满觉悟。

听了对斯瓦扬布庄严刹土、文殊师利支提等崇拜功德后，国王阿育王希望访问尼泊尔，向斯瓦扬布法藏、文殊师利和其他五元素神灵圣地等表达敬意。他在八位离染净者之地供奉了许多祭品，在十二处朝圣地沐浴，虔诚敬拜密迹自在女神卡格纳娜。

导师乌帕笈多对阿育王说："想要获得觉悟者，应务必聆听《斯瓦扬布往世书》。"他们应该忆念，冥想，默诵，恭拜斯瓦扬布法藏以净化身体、语言和心灵，成为具有神奇力量的菩萨，最终快速获得圆满的觉悟。

那些书写斯瓦扬布的美德，或者把它抄下来，安放在神圣的地方并敬拜它的人，将成为菩萨。你们应该把《斯瓦扬布往世书》分发给其他人，忆念、冥想、敬拜它。这样的信奉者将受到所有圣贤的保护和尊重，包括梵天、因陀罗和其他保护神。这样的地方必将兴旺发达，有及时的降雨和丰收。所有的民众都将转向正法信仰，献身于三宝。

信众们听完比丘胜吉祥的教导后，都非常欢喜，他们接受这些教诲，发誓尊崇斯瓦扬布法藏。

结语

这部有五百多年历史的《斯瓦扬布往世书》，可以用来了解尼泊尔人是如何构思他们自己的佛教形态的。

另外，这种包容性的形成还有一个原因：即佛教阵营内部采用了一种整合的风格作为自我防御的措施。

尼泊尔佛教徒必须准备好一系列的生存策略，从可操作性来讲，在手段上要有技巧，这样才能使他们自己从佛教的视角生存下来。这一解决方案与其他佛教国家的做法大不相同，尼泊尔佛教徒崇拜斯瓦扬布、文殊师利/萨拉斯瓦蒂、密迹自在女神/波哩婆提和八个林伽自在主（liṅgeśvaras，湿婆神）之地，这是一个强大的融合策略。此外，他们从未放弃过这样的佛教基本实践，如三皈依和各种誓言修行。一个初发心的（ādi-karmika）菩萨提供的生活方式在修道主义衰落时，为金刚乘（Vajrayāna）传统的保留提供了坚实的基础。

鸣谢

感谢张冬梅女士，她敦促我校勘和英译这部经典。她两次从北京来加德满都造访令我感动。仅就这一点她对本书也是有贡献的。

马维光先生，他是高级外交官，代表中国出使不同的国家，他也是极为绅士的学者，我感谢他。

在此，我也向中国社会科学院表示感谢，也要向中国社会科学出版社表示谢意。

喀什纳塔· 纽奥巴内

尼泊尔梵语大学佛学系主任、首席教授

2023 年 5 月 7 日

附《前言》原文：

There are many fables according to *Śrī Svayaṃbhū Purāṇa* about Kathmandu valley. As per this great book there was a large pond in ancient time. The deity Mañjuśrī made a way for water by cutting the mountain on the south side of this big pond. Since then, the Kathmandu valley became worthy for human living. And this fable is spread everywhere in Nepal. I also felt that people would make amazing stories and from which tales are prevalent since ages. But when I too got these kinds of stories from *Śrī Svayaṃbhū Purāṇa* I was surprised and there was a serious reverence towards this work since then.

Research scholar of Chinese and Sanskrit Literature Ms. Zhang Dongmei of our friendly neighbour country China showed interested in translating *Śrī Svayaṃbhū Purāṇa* to English and Chinese. As it is known that I can't say no and I was unable to deny her. As I was busy and couldn't start the work, so she came to Kathmandu to study scripture and we worked together for couple of weeks. Due to my other stuffs I was unable to give my full attention, so my beloved son Śrī Anandavardhan showed interest and helped in translation. Finally, scripture was completed by our joint effort.

Additionally Prof. Ma Weiguang gave encouragement to Ms. Zhang Dongmei, not only he encouraged her but worked together and translated this scripture into Chinese, and Ms. Zhang made a glossary of Sanskrit to Chinese. Now I believe these scripture are ready for study.

Editorial work

This *Śrī Svayaṃbhū Purāṇa* was printed more than 100 years ago. Few years ago it was printed from Nagarjuna institute of Kathmandu with Newari translation. There are two types of Svayaṃbhū Purāṇas. This edition is the thin and the second is thick with double number of ślokas. Stories are almost same but the scripture are not in its pure form. Maybe it is a new form of purāṇa (traditions) and the writer was unaware of its grammatical errors.

But I think the author has deliberately done these errors to break all the grammarian rules. The Newari edition printed from the Nagarjuna institute in Kathmandu is without proof reading and claims hence it was full of impurities and errors. I have edited with collaboration of four manuscripts and left so many errors as it was done by the author. I tried to give as much as in footnotes considering the pure forms according to grammar and (pāṭhabheda) different text.

As of now, this book is not translated or published in any other language. For the very first time the full edition is translated in English and Chinese. Sanskrit verses are placed as well as English and Chinese gradually. Therefore the reader will get an opportunity to read its translation in three forms.

There are many dimensions of Buddhism, likewise Theravada, Mahayana and Tantrayana. It has a special tantric system, which is known as Vajrayana. It was widely propagated in India. Gradually, it was distorted and distortion took place. The main causes of deformity were Five "Ma" (Pañca Makāra). This Pañca Makāra culture was used without any hesitation. These Five "Ma" are:

1. Alcohol (madya)
2. Meat (maṃsa)
3. Maithuna – sexual relation with "DTUI"
4. Fish (mīna)
5. Mudra – posture (mudrā)

By the practise of Pañca Makāra the society began to disintegrate. Ultimately, the society rejected this tantric practise and practitioners. It was one of the major reasons for the exodus of Buddhism from India. The Muslim invaders started invading different Buddhist centres and their last and ugly attack was on Nalanda University, these attacks were carried out by a Army General named Bhakhtiyār Khilji in the 12th century (The unfortunate news is that still Bhakhtiyār khilji's name is kept after the railway station). As a result, more than 5000 teachers, students and monks were killed. The library continued to burn for six months. During that period, the Mughal invaders had destroyed the great monasteries, temples, schools and mathas of Jain, Buddhist and Hindu Brahmin's. During that period, Somanātha temple, Viśvanātha temple, Lord Kṛṣṇa's Birth Place, Lord Rama's Birth Place and Temples, schools built by Buddhists too were destroyed. These Mughal invaders left none of the great sages and spiritual leaders. They put all Indian Sub-continent in chaos. For these reasons, Buddhism completely wiped out from India.

When Buddhism was supposed to end in India, it came to mainstream in the Himalayan Region. In the many parts of China practice of Buddhism was started specially the Tibetan region was the centre of spreading of Buddhist Practices. With this practice of Buddhism was learnt and taught hugely in the mainland of China. Many scholars were engaged in translating Buddhist Scriptures, Editing, and giving brief description in that time and scriptures were taught, learnt and translated into many languages. Royal families were making huge monasteries, as well as school for monks. Buddhist teachings were propagated extremely, It was the time of post exodus of Buddhist religion from India where the Buddhist scriptures were kept safely in Kathmandu valley and Sanskrit books were translated into Tibetan language in those days.

In these 800 years, most of the Sanskrit books are translated into Tibetan. It is a matter of great surprise that the translation of Sanskrit version of Mythological Scriptures, and Philosophical Scriptures had also been done.

It can be said that the northern part of India, where there was no fear of Mughalas which is known as the Nepal region, Brahmins and

Buddhists protected their books and religious practises.

As the last link of the same order, we have the presence as Svayaṃbhū Purāṇa. It appears that among the Hindu-Saiva and Buddhist community there was a lack of unity, and to maintain the harmony in Hindu Buddhist society the Svayaṃbhū Purāṇa was composed.

There are 10 chapters and 1750 ślokas in the *Śrī Svayaṃbhū Purāṇa*. And still we have no evidence about the time when the book was written.

Some Scholars believe that the book belongs to the Newar Buddhism. But when I went through the entire book I came to know that this book doesn't represent Newar Buddhism rather it was written to coordinate Buddhism and Hinduism. This book is given to Maitreya by Lord Buddha Shakyamuni. At the same time, we can see the long ongoing tradition.

As it is, it is given to Bhikkhu Upagupta through by Maitreya. It was given to King Ashoka (Aśoka) by Śrī Upagupta. From there, bhikku Jayaśrī got the knowledge of Svayaṃbhū stupa. This tradition is given to Jineśvara from Jayaśrī.

The specialty of this book is that the Lord Buddha preached himself. The god of knowledge Mañjuśrī and King Ashoka both are mentioned in the book. King Ashoka came to Kathmandu and acquired knowledge by questioning to self and distributed to others out of compassion.

Time of *Svayaṃbhū Purāṇa*

Śrī Svayaṃbhū Purāṇa has never mentioned the time when it was written but through other sources we can imagine the time was around Newari Saṃvat 500 (or around 1400 A. D.), but it is still hypothetical. In any case, this book was written in 16th or 17th century.

Translation and Edition

This is the first edition of English and Chinese translation. It is available in three language i. e. English, Chinese, Sanskrit as well as in Hindi and Nepali. Hindi and Nepali are not edited yet but they are expected to be published in future.

Many manuscripts are preserved in Nepal and some copies are also preserved in The Asiatic Society of India, Calcutta. While editing the book I have used manuscripts available in Nepal. If a scholar collects all copies and makes a critical edition of it, it will be a commendable work. I am eager to explore critical edition, but due to my limited time and busy schedule with translation and critical edition work of *Pramāṇavārttika* of Dharmakīrti I am unable to commit.

Many foreign scholars have written many articles about it but no one has translated it into English yet. Noted Indian scholar Rajendra Lal Mitra said in his famous book named *The Sanskrit Buddhist Literature of Nepal* , where he gives a special description of it and says that it is the last to bring both Buddhist and Hindu religions together.

Mr. Brian Hodgson was the British ambassador for Nepal in 20th century. During his period he collected a thousand of Sanskrit manuscript and gifted to his friends world widely, and from those manuscripts some were preserved in The Asiatic Society and in the India house library UK. In 1982 A. D. , Rajendra Lal Mitra got those manuscripts from Hodgson and fortunately he got the manuscript of Svayaṃbhū Purāṇa too.

Famous French scholar Louis de la Vallee de Poussin also edited this scripture and published in French summary with Latin's script.

Inside of *Svayaṃbhū Purāṇa*

After the collapse of Buddhism in India, it started in Nepal and particularly in Kathmandu valley. When Buddhism lost most of its material foundation in India, this valley of Nepal became save haven for the continued practice of Sanskrit-based Buddhism.

It is also believed that Kathmandu valley has been sacred place for practicing Buddhism long before appearance of the historical Buddha Shakyamuni.

Particularly, with the appearance of light in the Svayaṃbhū Caitya, in $14^{th}-15^{th}$ century the devotion of the devotees started to be focused on it.

The earliest version of the Svayaṃbhū myth focuses only on the importance of this divine light, but later versions give prominence to Dharmadhātu.

Different scholars have written their literature about Svayaṃbhū Purāṇa, most of them are anonymous literature.

The present English translation and text of the *Svayaṃbhū Purāṇa* is based on the facsimile edition of a manuscripts of the Sanskrit version of the text that has been recently edited.

Chapter Summaries

Chapter First

A disciple should develop strong confidence and faith in the triple jewels by purifying body, speech and mind. He has to seek perfect master of the doctrine.

The ritual observation of vows should be performed with a view to benefitting all sentient beings.

Meditation on the four immeasurable should be practiced with in order to generate countless merits.

One can then attain the level of Buddhahood overcoming the Māras and performed the twelve principal deeds of Buddha.

Upoṣadha must be practiced in sacred place where Buddha resides, in a Caitya or in front of any sacred images of Buddha.

The self-born Adi-Buddha is said to be the best of all.

Those who practice the Bodhisattva vows while living in this sacred region will quickly attain the path of Perfect enlightenment and immeasurable merits.

He or she will achieve the state of a Great Bodhisattva having profound and miraculous powers.

Svayaṃbhūnātha used to be called Padmagiri in Satyayuga, Vajrakūṭa in Tretāyuga, Gośriṅga Parvat in Dvāparayuga, and Gopuchha Parvata in Kaliyuga.

The Svayaṃbhū Jyotirūpa is crystal in color, brilliant like jewels, and lies on the pericarp of lotus flower about one and half feet in height.

It lies in a pleasant area surrounded by trees that is well decorated with flowers and fruits of all seasons.

All the principal gods including Brahma, Indra and so on came to this shrine to respectfully pay homage to Lord Svayaṃbhū.

In order to protect from being stolen or destroyed by some wicked people in future, the divine caitya was concealed under big stone. Then the devotees paid their respects circumambulating it and reciting hymns.

It is said that those who venerate and worship it, will never be reborn in unfortunate realms, and will always be born in fortunate realms, becoming Bodhisattva.

They will be freed of all impurities and always work for the benefit of the sentient beings.

After listening to Ven. Upagupta's teachings on the origin of

Svayaṃbhū Stupa, King Aśoka was moved and resolved to perform the Sambodhivrata; and the Svayaṃbhū Kṣetra of Nepal.

At one time, Tathāgata Shakyamuni, accompanied by his group of followers reached sacred place called Gopuchha Parvat, west of Svayaṃbhū kṣetra in Nepal. At that time, a Bhikkhunī called Cūḍā appeared in order to receive the profound teachings of the Tathāgata, along with great Bodhisattvas like Mañjuśrī and Maitreya.

Seeing the assembly of monks, nuns, devas, yakṣas, kinnaras and so forth, Buddha Shakyamuni told Maitreya that people who take refuge in the self-awakened one and practice the Bodhisattva vows will swiftly eliminate their impurities of body, speech and mind. They will achieve miraculous powers and become bodhisattvas, a source of all positive qualities. They will be blessed with all kinds of wealth and prosperity. Their mind will always be full of love and compassion.

They will be interested in taking ordination, and keen on purifying the mind and controlling the senses, thereby attaining Buddhahood and three kinds of realization.

At that time, Nepal Valley was a lake called Nāgahrada, 14km in diameter. The water of the lake had eight kinds of good qualities. The lake was surrounded by all kinds of trees and scented flowers. In its waters were all sorts of aquatic animals, like fishes, tortoise, snakes, frogs, and the great Nāga Karkoṭaka.

Being a blesses lake all divine beings, including Brahma and Indra, used to take bath in this lake, performing their daily devotions, and purifying their minds.

Even Bodhisattvas performed their Bodhivrata there by practicing generosity and so forth.

Enumerating the merits of this lake as a great place of pilgrimage,

Buddha then predicts that in the future, there will arise a Self-Awakened Buddha— Svayaṃbhū Dharmadhātu.

After its appearance in this world there will be no disasters, the place will be prosper, people will have purified their minds and control over their senses. They will perform Bodhisattva deeds and finally become Buddha.

He urged the assembly, including Bodhisattva Maitreya to practice Bodhivrata in this Svayaṃbhū kṣetra for the attainment of perfect enlightenment.

Chapter Two

After the Great Parinirvāṇa of Buddha Vipaśvi, another Buddha called Śikhi, the teacher of gods and men appeared in this world after a lapse of many millennia. At that time life span of people was 70000 years.

At that time eight kinds of disciples gathered there with great respect and devotion to receive the profound teachings of Buddha Śikhi. Even great Brahma and Indra, the kings of devals were present.

Buddha Śikhi said that a thousand petalled lotus with a jeweled stem and a diamond-like pistil, shimmering with fivefold light appeared in the center of the lake.

In the center of the pistil appeared a self-born clear light called Svayaṃbhū Jyotirūpa.

When the Svayaṃbhū appeared in this world, the mountains and seas trembled. A rain of scented flowers fell from sky. Heavenly music was heard, and flames were spontaneously lit.

Water became cool and scented. Soft showers fell from sky. Auspicious signs prevailed all over the country. Many people became interested in practicing the true dharma. They lost interest in worldly pleasure.

All of devas, nāgas, yakṣas, kinnaras, vidyādharas, guhyākṣa, asuras, and Garuḍa the king of birds came to pay homage to the self-born one.

Chapter Three

Lord Buddha said to Bodhisattva Maitreya, in the age when the people had a lifespan of 60000 years, at that time, I was one of the disciples of Buddha Viśvabhū, working for the benefit of sentient beings.

Buddha Viśvabhū prepared to give a discourse on true dharma, which was auspicious in the beginning, auspicious in the middle and auspicious in the end.

All devotees, including Brahma, Indra and other heavenly beings, humans and non-humans came to pay homage to Tathāgata Viśvabhū and receive teachings on the true dharma.

As a result, brief showers of heavenly flowers fell from the sky and all the auspicious signs appeared.

Great Bodhisattva Mañjuśrī had journey from the Five Peaks Mountain in China to the Kathmandu Valley, because he had a vision that the Lord Svayaṃbhū had appeared in the world at the center of an isolated lake called Nāgahrada. Now he would drain the lake and make the place habitable for people, so that they may properly worship this self-born one. As a result of their devotions, they would purify themselves of their sins and eventually attain Buddhahood.

He changed his name of Mañjudeva, staying on a hill near the lake; he gazed down at the Svayaṃbhū Caitya. He made brief prayer praising Svayaṃbhū and declared his intentions.

He proceeded to drain the lake by cutting down the southernmost hill, forming a gorge in the mountains near Chobar.

Thereafter the dazzling light of Svayaṃbhū could be seen from afar. Mañjudeva established a caitya nearby Vajrakūṭa hill. The Kathmandu Valley took the form of the Vajra Heruka Maṇḍala, the embodiment of Sudurjaya Bhūmī, the sphere of the unconquered one of the Bodhisattvas.

When goddess Nairātmya appeared for the benefit of all sentient beings, Mañjudeva was overwhelmed with joy and paid his respect to her by offering a hymn. He performed Upoṣadhavrata by reciting her mantra posturing before her and making offerings. After this he drank a handful of blessed water, which bestowed instantaneous enlightenment, so that he became authority on all the true Dharma after he stayed at a nearby hill, which became famous as Mañjuśrī Parvat.

Because of the great contribution made by Mañjuśrī to this valley, many divine beings, human as well as non-human came to Vajrakūṭa hill, to pay their respects to Svayaṃbhū, Guhyeśvarī and Mañjuśrī; they turned towards the dharma and were successful in their spiritual life.

Buddha Shakyamuni said that he himself had gone to the Nepal-Kathmandu Valley. "Because of the immense merits accrued from these devotional exercises, I myself became Buddha Shakyamuni after purifying my mind of all impurities. Then I practiced the perfection of Cariya, and so forth, and became a perfect Buddha. So, I ask you to perform devotional acts to Svayaṃbhū, Guhyeśvarī and Mañjuśrī, which definitely lead to the path of perfect enlightenment." Then they will not reborn in the lower realms, rather born in higher realms and will be protected by dikpalas and the four kings. They will enjoy prosperity and wealth. They will become bodhisattvas and work for the benefit of all sentient beings and finally achieve the state of perfect Buddhahood.

Chapter Four

Lord Buddha told how Nepal-Kathmandu Valley was made habitable for humans.

It happened in the age when life span of people was of 40000 years. At that time, Lord Krakuchhanda Tathāgata, the teacher of gods and men, appeared in this world and came to the Nepal-Kathmandu Valley with his followers, paying a visit to Svayaṃbhū.

All sorts of devotees gathered there and prostrated to Buddha Krakucchanda with great respect and devotees, who preached them, who wish for perfect enlightenment should take full ordination in this place and generate Bodhicitta. As a result of this one will be purify his/her self-defilements and become Bodhisattva and eliminating all kinds of delusions, and finally achieve the state of perfect Buddhahood, realizing three ways of enlightenment.

After hearing this, Bodhisattva Guṇadhvaja together with four hundred Brahmins, kings, ministers, ksatriyas, merchants and sudras sought full ordination to practice the way of Bodhivrata i. e. , the path to enlightenment. In turn, Buddha blessed them by putting his golden hand on their heads. They became full-fledged Buddhist monks complete with robes, alms bowl and so forth. Lord Buddha gave them teachings on the thirty-seven factors of enlightenment. As a result of this teaching, all of them achieved five kinds of miraculous powers and became free of delusions.

With the mantra of Buddha Krakucchanda, in order to bestow initiation upon these monks, pure water flowed down from the thumb of Vajrasattva and formed a river called Vāgmatī.

After that Eight Great Bodhisattvas appeared in eight different places as light-forms, in order to benefit all sentient beings: as

(1) Maitreya at maṇicūḍa, (2) Gaganagañja – near Gokarṇeśvara, (3) Samantabhadra – near Cārugiri, (4) Vajrapāṇi – near Kumbha, (5) Sarvanivārana Viṣkambhin – near Phani, (6) Mañjughoṣa – near Gartaka, (7) Kṣitigarbha – near Gandhavatī, (8) Ākāśagarbha – near Vikram. The presence of these Great Bodhisattvas made in Nepal-Kathamndu Valley, a very pleasant and sacred place.

Meanwhile a great compassionate king, Dharmākara of the Mahāsaṃmata dynasty, desirous of practicing the path of a Bodhisattva came to the Nepal-Kathmandu Valley. As with the previous king, Buddha Krakucchanda instructed the king to pay homage to Svayaṃbhū Mahacaitya, Guhyeśvarī and Mañjuśrī, and those great bodhisattvas.

He was also asked to practice the Bodhisattva Vrata for the benefit of sentient beings, and to impart the same teachings to the people of the country. He would definitely be a Bodhisattva working for the benefit of all sentient beings, thereby amassing great merits that result in the state of Buddhahood endowed with three realizations.

If he honors these Eight Bodhisattvas, people will come from the ten directions to stay here, creating cities, villages, towns and so forth. Many living beings, together with human as well as non-human beings, will visit and pay respect to these places, living together peacefully irrespective of whether they are Vaiṣnus, Saivas, Śaktas, or Buddhists.

From that time onwards, many Bodhisattvas, saints, yogis, and people from different works of life came to settle in Nepal.

Buddha Shakyamuni told the assembly that those wishing to attain enlightenment should pay a visit to Nepal-Kathmandu Valley. After bathing in the twelve tīrthas, one should honor Svayaṃbhū, Guhyeśvarī and Mañjuśrī and the sites of the eight great Bodhisattvas. Then they should generate Bodhichitta and perform the practices of generosity and so forth.

Chapter Five

Lord Buddha explained to Lord Maitreya the merits of bathing, and worshipping in the twelve tīrthas (bathing places) as below:

1. Śodhana tīrtha, 2. Sānta tīrtha, 3. Śaṅkara tīrtha, 4. Raja tīrtha, 5. Manoratha tīrtha, 6. Nirmala tīrtha, 7. Nidhāna tīrtha, 8. Jñāna tīrtha, 9. Cintāmaṇi tīrtha, 10. Pramoda tīrtha, 11. Sulakṣaṇa tīrtha, 12. Jaya tīrtha.

Then Lord Buddha proceeded to give the names of other secondary places of the pilgrimage in the Himalayas upatīirtha, each for various kinds of blessings as: Saundarya tīrtha, Agastya tīrtha, Ananta tīrtha, Aryatārā tīrtha, Prabhava tīrtha and Saṅkha tīrtha.

Chapter Six

Lord Buddha explained to Bodhisattva Maitreya why Dharmadhātu Vagisvara Svayaṃbhū so famous. When man's life span was 30000 years, Buddha Kanakamuni appeared in this world in the city of Śobhāvati. At that time, I was Bodhisattva Sudharma, one of his disciples.

At that time, in Vikramaśīla monastery, after listening to Dharmaśrīmitra discourse on the virtue of triple gems, most of the audience was happy and returned to their abodes. But some, instead of departing wished to know the inner meaning of twelve syllables. Confessing that he was unable to explain the meaning, Dharmaśrīmitra meditated for some time, and had the idea of taking assistance from the tribal gems. In his meditation, he visualized abode of Mañjuśrī of Five-peaked Mountain in Great China. This Great Bodhisattva Mañjuśrī was versed in all branches of Buddha dharma.

Meanwhile Mañjudeva transformed himself into a farmer, who has two tigers yoked to his plough. At that time Dharmaśrīmitra arrived and asked him for the directions to Five-peaked Mountain in China. Mañjudeva promised to tell him only next morning in order to make his overnight stay at his residence.

Dharmaśrīmitra, upon hearing these secret words, prostrated himself in front of Mañjuśrī and asked for initiation into these practices, offering his body speech and mind, as an initiation fee having no possession to offer. Then Mañjudeva instructed him to observe the Bodhisattva vows and work for the benefit of all sentient beings. He also instructed him to explain Nāmasaṅgīti, which he will attain the discourse visiting his monastery with a blue lotus. Having received Mañjuśrī's blessing, Dharmaśrīmitra returned to Vikramaśīla monastery, where he explained his followers the meaning of the twelve syllables.

On one occasion, Mañjuśrī came to examine his disciple Dharmaśrīmitra, arriving in the guise of a hideous beggar who fanned away flies with lotus. Dharmaśrīmitra, afraid of being humiliated pretended that he had not seen him and paid his respect to Mañjuśrī only after his discourse was over.

Dharmaśrīmitra prostrated in front of Mañjuśrī and told him that he had not noticed him during his discourse. As result of this falsehood, both of Dharmaśrīmitra's eyes immediately dropped out and fell upon his feet, leaving him blind. To the bitterly repenting Dharmaśrīmitra, Mañjuśrī told him that this was the consequence of his blatant lie, but anyway, he could use his wisdom eye to all things, be known as Jñānaśrīmitra.

Chapter Seven

On the question, "Why was Svayaṃbhū concealed under a big

boulder, and who raised the Mahacaitya over Svayaṃbhū?" Lord Buddha explained: In the age when men had a lifespan of 20000 years, Lord Buddha Kāśyapa, the teacher of gods and men appeared in this world. At that time, he was explaining the dharma of their eightfold assembly of disciples in a monastery in Varanasi, where Buddha satisfied them by raining down the teachings of dharma, so that his disciples were awakened and followed the path to enlightenment.

Mañjuśrī having completed his mission went to Five-peaked Mountain with his two consorts; their mortal remains were left behind in Nepal. His disciples gathered his relics and created a chaitya for worship in order to receive the wisdom of his bodhisattva.

Later King of Garuḍa, Pracaṇḍadeva, a pious king with judicious mind, ruled for a long time working for the benefit of the people, inspiring them to take refuge in the triple jewels and practice the Bodhisattva's path in order to become a Buddha, which the people followed.

After some time, the king began to deeply fell the impermanent nature of Saṃsāra, and decided to renounce his household life and practice the dharma in a secluded forest. He handed over his royal duties to his son Śaktideva and instructed him to rule the country with virtue. Having taken shelter in a secluded forest and meditated upon Bodhicitta, he decided to take the course of pilgrimage.

He then went to Nepal in the Himālayas, and visited the glorious Svayaṃbhū Dharmadhātu Chaitya and paid his respects with the prayers and hymns. He worshipped the Mañjuśrī Chaitya and goddess Khagānanā offering many prayers, recitations and so forth.

King Pracaṇḍadeva wished to take the vows of monk, and visited the Vajra Master Guṇakāra, who seeing his potential for greatness, ordained him in a befitting manner and gave him a new name Śāntaśrī, and was respected among the gods and men.

Once while meditating Śāntaśrī thought to conceal the Svayaṃbhū Jyotirūpa with a boulder so that it would be safe, asked for permission to conceal it, the Master allowed him to do so. For this Śāntaśrī had to take Vajrācārya Abhiseka from Master Guṇakāra in the proper manner. Then he concealed the Svayaṃbhū Jyotirūpa with stones and erected a magnificent stupa over it. Then he regularly offered prayers there with strong devotion. Then he established the five elemental deities in the immediate vicinity of the Svayaṃbhū Mahacaitya.

Then Buddha Shakyamuni described the merits of making prayers and devotions of these five abodes. Śāntaśrī became famous as a lord of all branches of learning, worked for the benefit of all living being.

Chapter Eight

Due to the good deeds of the Acharya Śāntaśrī the Nepal Valley became the land of accomplished ones, with the prosperity and peace for a long time: all kinds of mineral wealth, timely rains, and places where sādhakas could meditate and practice the dharma, and people engaged in religious practices and were happy.

However, the succeeding ruler Guṇakāmadeva was obsessed with carnal desire. Accordingly, the people, too, became excessively attached to sensual pleasures and were averse to the true dharma. Even Svayaṃbhū Caitya was treated with disrespect. At this all the gods were enraged, and so the people were afflicted with disease, crime increased and there was no law and order in the kingdom. Suffering prevailed.

King Guṇakāmadeva realized his folly and asked the great master Śāntaśrī for his advice on solving the crisis, who first admonished him for performing evil deeds, and then advised him to take refuge in the triple gems, perform the Bodhivrata, bathe in the holy tīrthas, and to make offerings to the eight vitaragas, Mañjuśrī Caitya, and Svayaṃbhū Mahacaitya, in order to purify his bodhicitta, sins and make him Bodhisattva, which the king accepted.

As a result, rest of the crisis diminished, except a famine that had lasted for twelve years. The anxious king again begged Acharya Śāntaśrī for a solution, who advised him to invoke all the nāgarājas. At the invocation of the King, they came to participate in the mandala except one Karkoṭaka. The Guru told the king to forcefully bring him into the mandala in order to perform nāgasādhana, which the King followed and it rained profusely.

Chapter Nine

At the question of Bodhisattva Maitreya, "When and how did Śāntaśrī 'became famous as Śāntikara Acharya?'" Lord Buddha replied, Śāntaśrī was once a king, who renounced his worldly life upon seeing the impermanent nature of existence. He practiced for some time in a secluded forest and finally decided to make a pilgrimage to all the sacred places namely Svayaṃbhū Caitya, Mañjuśrī Caitya, the eight Vītarāgas and so forth. He sought full ordination under Bhikshu Guṇakāra and practices celibate monastic vows. As a Buddhist monk, he practices all the virtuous deeds of Bodhisattva path, and then took the initiation of a Vajracharya. He made a large stupa by concealing the Jyotirūpa with stones, where he installed the abodes of five deities nearby and eliminated the famine, through which he became known as Śāntikara Acharya peacemaker.

Eventually King Guṇakāmadeva, became old and handed over his kingdom to his son Narendradeva, instructing him to rule the country in accordance with the dharma. He too performed the same virtuous activities as his father, paying respect to Svayaṃbhū Caitya and so forth. He also followed the path of Bodhisattva and performed many virtuous deeds, and sought Acharya Śāntikara for spiritual guidance.

In the age of five disturbances, when the dharma will decline in the world and Acharya Śāntikara will rise from his samadhi; and will give teachings on dharma to the people and convert them to follow the path of enlightenment. Those who pay respect to this Dharma Master with respect and devotion will become Bodhisattva and work for the benefit of all sentient beings and finally they too will become Buddhas.

Chapter Ten

Then the Lord Buddha began to praise the merits of honoring the Mañjuśrī Caitya on the Gopucchāgra Hill. It is said that if someone venerates the Mañjuśrī Caitya and the Bhikshuni Cūḍā with great devotion, and recites the Dharani of Nine Syllables, the devotee will acquire five miraculous powers within twelve years and become perfectly enlightened after carrying out the deeds of Bodhisattva.

After hearing the discourse on the merits of venerating the Svayaṃbhū Kṣetra, Mañjuśrī and so forth, the emperor Aśoka wished to visit Nepal. Paying respect to Svayaṃbhū, Mañjuśrī, and other abodes of elemental deities, he makes many offerings to the eight vitaraga sites, bathed in twelve tīrthas and worshipped Khagānanā Devī with great respect and devotion.

Guru Upagupta told Emperor Aśoka, "Devotees who wish to attain enlightenment should listen to the Svayaṃbhū Purāṇa without fail. They should remember, meditate, recite, and prostrate to Svayaṃbhū Dharmadhātu in order to purify their body, speech and mind, become bodhisattva with miraculous powers and finally attain perfect enlightenment very quickly. ”

Those who write about the excellence of Svayaṃbhū or who copy it down and keep the book in a Sanctified place, worshipping it with respect and devotion will become Bodhisattvas. You should distribute the Svayaṃbhū Purāṇa to others, recall it, mediate upon it, and offer prostrations. Such devotees will be protected and respected by all divine beings including Brahma, Indra, and other protector deities, and such place will prosper and there will be timely rain and harvest. All citizens will turn towards religion and be devoted to the triple jewels.

All the devotees having heard the instructions of Bhikshu Jayaśrī were very much pleased accepted the teachings, vowing to pay respect to the Svayaṃbhū Dharmadhātu.

Conclusion

This *Svayaṃbhū Purāṇa* of over five hundred years can be used to understand how Nepalese people have conceived their own form of Buddhism.

On the other hand, there is an alternative cause of this inclusive: an integrative style was adopted as auto-defensive measure from within the Buddhist camp.

Nepalese Buddhist must have prepared a series of survival strategies of policies of technically speaking, skill in means—so that their own from of Buddhism could survive. The solution was quite different from those chosen in other Buddhist countries. The Nepalese Buddhist veneration of Svayaṃbhū, Mañjuśrī/Sarasvatī, Guhyeśvarī/Pārvatī and the eight sites of liṅgeśvaras was a powerful syncretic strategy. Besides, they never abandoned such basic Buddhist practices as the triple refuge and the various Vratas. The lifestyle of an Adikarmic (ādi-karmika) Bodhisattva provides a strong basis for the retention of Vajrayanic

(vajrayāna) traditions when monasticism is in decline.

A memorandum of gratitude

I am thankful to Ms. Zhang Dongmei, who inspired me to edit this book and translated it into English. I was motivated by her when she visited Kathmandu time and again from Beijing. So, she is fully credited with this book.

Mr. Ma Weiguang, who is a senior diplomat and represented China to various countries who is extremely gentle scholar, I am thankful to him.

I also again express my gratitude to Chinese Academy of S. S. and China Social Sciences Press.

Dr. Kashinath Nyaupane
Professor & Head of the Department of Buddhist Studies,
Nepal Sanskrit University
May 7, 2023

主要人物（按出场顺序）

胜吉祥（Jayaśrī）　深谙佛法的菩萨高僧
最胜自在（Jineśvara）　胜吉祥的弟子，虔诚好学的菩萨高僧
阿育王（Aśoka）　古代印度孔雀王朝著名的帝王
乌帕笈多（Upagupta）　一位无相佛，阿育王时代佛教著名的高僧
释迦牟尼佛（Śākyamuni Buddha）　释迦古佛中排位第七，现世佛祖
弥勒（Maitreya）　慈氏、大菩萨、未来佛
朱达（Cūḍā）　尼泊尔佛教历史上的一位著名的比丘尼
诃利蒂（Hāritī）　半神女药叉、鬼子母神
毗婆尸佛（Vipaśvi Buddha）　七古佛之第一世佛
真法（Satya Dharm）　释迦牟尼成佛前为转世菩萨的名字
尸弃佛（Śikhi Buddha）　七古佛之第二世佛
谢姆卡拉（Kṣemaṃkara）　释迦牟尼成佛前为转世菩萨的名字
宝手（Ratnapāṇi）　密教大菩萨
毘舍浮佛（Viśvabhū Buddha）　七古佛之第三世佛
帕尔瓦特（Parvat）　释迦牟尼成佛前为转世菩萨的名字
戈甘那伽（Gaganagañja）　虚空之声大菩萨
文殊师利（Mañjuśrī）　智慧大菩萨
凯诗尼（Keśinī）　文殊菩萨的明妃

乌帕凯诗尼（Upakeśinī） 文殊菩萨的明妃

卡格纳娜（Khagānanā） 加德满都谷地的保护神、胜自在密迹女神

卡尔阔特克（Karkoṭaka） 纳格哈特大湖之大蛇王

拘楼孙佛（Krakuchchanda Buddha） 七古佛之第四世佛

觉谛帕拉（Jyotipāla） 释迦牟尼成佛前为转世菩萨的名字

金刚萨埵（Vajrasattva） 金刚手大菩萨

法藏（Dharmākara） 一位国王，创建加德满都城市，尼泊尔国家兴起

拘那含佛（Kanakamuni Buddha） 七古佛之第五世佛

善法（Sudharma） 释迦牟尼成佛前为转世菩萨的名字

法吉祥善友（Dharmaśrīmitra） 比丘，印度超戒寺的一位善知识，瑜伽行派学者，后名为慧吉祥善友（Jñānaśrīmitra）

迦叶波佛（Kāśyapa Buddha） 七古佛之第六世佛

觉蒂拉贾（Jyotiraja） 释迦牟尼成佛前为转世菩萨的名字

尚蒂室利（Śāntaśrī） 比丘，法名为金刚阿阇梨，文殊菩萨的再传弟子，斯瓦扬布大支提的建造者。出家前为国王，名为普拉昌达德瓦（Pracaṇḍadeva），后传位给儿子沙克蒂德瓦

沙克蒂德瓦（Śaktideva） 一位国王，普拉昌达德瓦之子

功德藏（Guṇakāra） 密教金刚大师

古纳喀玛德瓦（Guṇakāmadeva） 一位国王，在位期间，国家曾发生混乱、疾疫和灾荒等。后传位给儿子纳兰德拉德瓦

纳兰德拉德瓦（Narendradeva） 一位国王

《斯瓦扬布往世书》梵文本

श्रीस्वयम्भूपुराणम्

Śrī Svayaṃbhū Purāṇam

आङ्ग्ल-चीनभाषानुवादसहितम्

With English and Chinese translations

श्रीस्वयम्भूपुराणम्

पुराणसम्पादकौ आङ्ग्लानुवादकौ च

प्रो. डा. काशीनाथ न्यौपाने

श्री आनन्दवर्धन न्यौपाने

चीनभाषानुवादकौ

चङ् दोङ्मेई

मा वेईगुङ्

अथश्री-स्वयम्भू-पुराणे प्रथमोऽध्यायः

ॐनमः श्रीधर्मधातुवागीश्वराय। सर्वबुद्धधर्मबोधिसत्त्वेभ्यः।

श्रीमता येन सद्धर्मस्त्रैलोके संप्रकाशितः।
श्रीघनं तं महाबुद्धं वन्देऽहं शरणाश्रितः[1] ॥ १ ॥
नत्वा त्रिजगदीशानं धर्मधातुं जिनालयम्।
तत्स्वयम्भूसमुद्देशं वक्ष्यामि शृणुतादरात् ॥ २ ॥
श्रद्धया यः शृणोतीमां स्वयम्भूत्पत्तिसत्कथाम्।
परिशुद्धत्रिकायोऽसौ बोधिसत्त्वो भवेद् ध्रुवम् ॥ ३ ॥
तद्यथाभूत्पुराभिज्ञो जयश्रीः सुगतात्मजः।
बोधिमण्डविहारे स विजहार ससांघिकः ॥ ४ ॥
तत्र जिनेश्वरो नाम बोधिसत्त्वो महामतिः।
श्रद्धया शरणं गत्वा जयश्रियमुपागमत्[2] ॥ ५ ॥
तदा धीमाञ्जयश्रीः स सर्वसत्त्वहितार्थवित्।
सद्धर्मस्योपदेशाय[3] सभासने स्थितोऽभवत्[4] ॥ ६ ॥
तत्र सर्वे महासत्त्वा बोधिसत्त्वा जिनात्मजाः।
अर्हन्तो भिक्षवश्चापि श्रावका ब्रह्मचारिणः ॥ ७ ॥
भिक्षुण्यो ब्रह्मचारिण्यो व्रतिनश्चाप्युपासकाः।
उपासिकास्तथान्येऽपि गृहस्थाश्च महाजनाः ॥ ८ ॥
ब्राह्मणाः तीर्थिकाश्चापि यतयश्च तपस्विनः।
राजानो मन्त्रिणोऽमात्याः सैन्याधिपतिपौरिकाः ॥ ९ ॥
ग्राम्या जानपदाश्चापि तथान्यवासिनो जनाः।
तत्सद्धर्मामृतं पातुं श्रद्धया समुपागताः ॥ १० ॥
तत्र सभासमासीनं तमर्हत्श्रीजयश्रियम्।
अभ्यर्च्य सादरं नत्वा तत्सभायां यथाक्रमम् ॥ ११ ॥
कृतांजलिपुटाः सर्वे परिवृत्य समन्ततः।
पुरस्कृत्य समुद्विक्ष्य समाश्रय-समाहिताः ॥ १२ ॥
तान् सर्वान् समुपासीनान् सद्धर्मश्रवणोत्सुकान्।
दृष्ट्वा जिनश्रीराजाऽसौ बोधिसत्त्वः समुत्थितः ॥ १३ ॥
उद्वहन्नुत्तरासंगं सांजलिः पुरतः स्थितः[5]।
जानुभ्यां भूतले धृत्वा सम्पश्यन्नेवमब्रवीत् ॥ १४ ॥
भदन्त ! [6]अहमिच्छामि चरितुं बोधिसंवरम्।

---

[1] गतः इति कपाठः।
[2] उपाश्रयेत् इति जपाठः।
[3] उपादेष्टुं इति खपाठः।
[4] समाश्रयेत् इति कपाठः।
[5] समुपाश्रितः इति कपाठः।
[6] भदन्तोहंषमि.कपाठः।

तदादौ किं व्रतं धृत्वा संचरेयं समाहितः ॥ १५ ॥
तद् भवान् समुपादिश्य सर्वानस्मान् प्रबोधयेत् ।
बोधिमार्गे समायुज्य चारयितुं शुभेऽर्हति ॥ १६ ॥
इति संप्रार्थितं तेन श्रुत्वा स सुगतात्मजः ।
जयश्रीस्तं महासत्त्वं समामन्त्र्यैवमादिशत् ॥ १७ ॥
श्रृणु वत्सास्ति ते वाञ्छा सम्बोधिसम्वरे यदि ।
यथाक्रमं प्रवक्ष्यामि संबोधिव्रतसाधनम् ॥ १८ ॥
यो वाञ्छत्यत्र[7] संसारे चरितुं बोधिसंवरम् ।
स आदौ शरणं गत्वा सद्गुरुं समुपाश्रयेत् ॥ १९ ॥
[8]गुरोराज्ञां समालभ्य तन्निर्दिष्टपथे तथा ।
तदुपदेशमासाद्य यथाविधि समाहितः ॥ २० ॥
तीर्थे स्नात्वा विशुद्धात्मा त्रिरत्नशरणं गतः ।
यथाविधि समभ्यर्च्य संबोधिनिहिताशयः ॥ २१ ॥
उपोषव्रतमाधाय समाचरेज्जगद्धिते ।
एवं यश्चरते नित्यं संबोधिमानसः सुधीः ॥ २२ ॥
परिशुद्धः त्रिकायः स बोधिसत्त्वे मतिर्भवेत्[9] ।
बोधिसत्त्वो महासत्त्वः सर्वसत्त्व-हितार्थभृत् ॥ २३ ॥
क्रमात्संबोधि-संभारं पूरयित्वा[10] समाहितः ।
एतत्पुण्याभियुक्तात्मा चतुर्ब्रह्मविहारधृक् ॥ २४ ॥
[11]सर्वदुःखविनिर्मुक्तः सर्वचिन्ताविनिर्गतः ।
निःक्लेशो जरयन् मारान् संबोधिं समवाप्नुयात् ॥ २५ ॥
एवं सर्वत्र लोकेषु सद्धर्मं संप्रकाशयन् ।
समाप्य सौगतं कार्यं सुनिर्वृत्तिमावाप्नुयात् ॥ २६ ॥
ततोऽहं सुगतो भूत्वा सर्वान् सत्त्वान् प्रबोधयन् ।
बोधिमार्गे प्रतिष्ठाप्य परमार्थं समालभेत्[12] ॥ २७ ॥
एवं सर्वेऽपि संबुद्धाः येऽतीता अप्यनागताः ।
वर्त्तमानाश्च ते ह्येतद् व्रतपुण्यविपाकतः ॥ २८ ॥
बोधिं प्राप्य जिना [13]जाता भविष्यन्ति भवन्त्यपि ।
एवं सर्वे महासत्त्वा बोधिसत्त्वा जिनात्मजाः ॥ २९ ॥
अर्हन्तोऽपि यथा सर्वे परिशुद्धत्रिमण्डलाः ।
बोधिं प्राप्य सुनिर्वाणं याता यास्यन्ति यान्त्यथ[14] ॥ ३० ॥

---

7 यो वाञ्छा तत्र. इति कपाठः ।
8 द्वितीया पक्तिरेव लब्धा. प्रथमा पङ्क्तिर्नास्ति ख पुस्तके ।
9 सत्त्वे भवेद् इति खपाठः ।
10 संपूरयेत् इति गपाठः ।
11 द्वितीया पंक्तिरेव विद्यते कपुस्तके ।
12 संवृत्तौ संप्रचारयेत् कपाठः ।
13 आसन् ग पाठः ।
14 यान्त्यतः ।

एवं यूयं परिज्ञाय यदीच्छथ सुनिर्वृतिम्।
त्रिरत्नशरणं गत्वा संचरध्वमिदं व्रतम्॥ ३१ ॥
इति तेन समादिष्टं श्रुत्वा स सुगतात्मजः।
जिनेश्वरं तमर्हन्तं सम्पश्यन्नेवमब्रवीत्॥ ३२ ॥
भदन्त श्रोतुमिच्छामि तद्व्रतस्थानमुत्तमम्।
एतद् व्रतं चरेत्कुत्र तद्देशं समुपादिश॥ ३३ ॥
इति संप्रार्थिते तेन जयश्रीः स महामतिः।
जिनेश्वरं महासत्त्वं तं पश्यन्नेवमादिशत्॥ ३४ ॥
शृणु वत्स समाधाय व्रतस्थानमनुत्तमम्[15]।
मुनीश्वरैर्यथाख्यातं तथा वक्ष्यामि तेऽधुना॥ ३५ ॥
पुण्यक्षेत्रेषु तीर्थेषु विहारे सुगताश्रमे।
बुद्धानां निर्वृतानाञ्च[16] चैत्येषु प्रतिमासु च॥ ३६ ॥
बुद्धक्षेत्रेषु सर्वत्र व्रतस्थानं समुत्तमम्।
एतेष्वपि समाख्यातं स्वयंभूचैत्यमुत्तमम्[17]॥ ३७ ॥
एवं विज्ञाय यो धीमान्व्रतं चरितुमिच्छति।
स स्वयंभूजिनक्षेत्रमाश्रित्य चरतात् व्रतम्॥ ३८ ॥
स्वयंभूक्षेत्रमाश्रित्य व्रतं यो चरति मुदा।
लभते स महत् पुण्यमक्षयं बोधिसाधनम्॥ ३९ ॥
एतत् पुण्यविशुद्धात्मा भद्रश्रीसद्गुणाश्रयः।
बोधिसत्त्वो महाभिज्ञो भवेज्जिनात्मजो ध्रुवम्॥ ४० ॥
दुर्गतिं न व्रजेत् क्वापि संसारे स कदाचन।
सदा सद्गतिसम्पन्नो[18] बोधिचर्याव्रतं चरेत्॥ ४१ ॥
एवं स संसरल्लोके कृत्वा सर्वत्र भद्रताम्।
संबोधिप्रणिधिं धृत्वा संचरेत् तज्जगद्धिते॥ ४२ ॥
एवं च बोधिसंभारं पूरयित्वा यथाक्रमम्।
त्रिविधां बोधिमासाद्य निर्वृतिपदमाप्नुयात्॥ ४३ ॥
एवं यूयं परिज्ञात्वा स्वयंभूस्थान आश्रिताः।
त्रिरत्नशरणं गत्वा संचरत[19] व्रतोत्तमम्॥ ४४ ॥
एतत्तेनार्हतादिष्टं श्रुत्वा स सुगतात्मजः।
जयश्रियं तमर्हन्तं सम्पश्यन्नेवमब्रवीत्॥ ४५ ॥
भदन्त ! भवतादिष्टं श्रुत्वा मे रोचते मनः।
स्वयंभूचैत्यमाराध्य चरितुमिष्यते व्रतम्[20]॥ ४६ ॥

---

15 समुत्तमम् इति कपाठः।
16 निवृतानाम् गपाठः।
17 चैत्यम् उत्तमम् घपाठः।
18 गतिसंजाती इति गपाठः।
19 संचरथ इति कपाठः।
20 चरितुं व्रतमाभवम् इति खपाठः।

स्वयंभू-चैत्यराजः श्रीधर्मधातु-जिनालयः।
कुत्रास्त्यत्र महीलोके तत्समादेष्टुमर्हति॥ ४७॥
इति सप्रार्थितं तेन श्रुत्वा सोऽर्हन् यतिः सुधीः।
जयश्रीस्तं महासत्त्वं समालोक्यैवमादिशत्॥ ४८॥
विद्यतेऽत्र महीलोक उत्तरस्यां हिमालये।
नेपाल इति विख्यातो गोपुच्छाख्यो नगोत्तमः॥ ४९॥
तद्गिरेर्नाम चातुर्ध्यं चतुर्युगेषु वर्तते।
तद्यथाभूद्युगे सत्ये पद्मगिरिरिति स्मृतः॥ ५०॥
त्रेतायां वज्रकूटाख्यो गोशृंगो द्वापरे स्मृतः।
इदानीं तु कलौ लोके[21] गोपुच्छ इति विश्रुतः॥ ५१॥
सोऽपि शैल इदानीन्तु लौकैर्नेपाल देशकैः।
सम्हेगुरिति [22]चाख्यातस्तथासंप्रथितो भुवि॥ ५२॥
स सर्वधातुरत्नादि-सर्वद्रव्यमयोत्तमः।
अश्वत्थप्रमुखैः सर्वैर्पादपैः संप्रशोभितः॥ ५३॥
सर्वत्र कुसुमैर्कान्तः सर्वौषधिफलद्रुमैः।
सर्वपक्षिविरावैश्च भ्रमद् भ्रमरनिस्वनैः॥ ५४॥
जन्तुभिः सकलस्नेहनिवद्धमैत्रमानसैः।
तपस्विवृद्धया भद्रचारिण्या[23] सन्निषेवितः॥ ५५॥
अष्टांग-गुणसंपन्न-संशुद्धामृतनिर्भरैः।
शोभितः पुष्पगंधादि[24] सुवासितैः समीरणैः॥ ५६॥
आराधितः सदा दिव्यमहत्सत्त्वैः समादृतः[25]।
सर्वलोकाधिपैर्नित्यं संसेवितः समादरात्॥ ५७॥
तत्र रत्नमयः पद्मः कर्णिकायां समाश्रितः।
दिव्य-स्फटिक-रत्नाभ-ज्योतिरूपो निरञ्जनः॥ ५८॥
एकहस्तः [26]प्रमाणोच्चैश्चैत्यरूपो जिनाश्रयः।
स्वयंभूः सर्वलोकानां भद्रार्थं समवस्थितः॥ ५९॥
ब्रह्म-शक्रादिभिर्देवैः [27]सर्वलोकाधिपैरपि।
सर्वैर्दैत्याधिपैश्चापि नागेन्द्रैर्गरुडैरपि॥ ६०॥
सिद्धैर्विद्याधरैः साध्यैर्यक्षगन्धर्वकिन्नरैः।
राक्षसेन्द्रैश्च रुद्रैश्च ग्रहैस्तारागणैरपि॥ ६१॥

---

21 कलौऽसौ इति कपाठ।
22 विख्यात इति कपाठः।
23 भद्रचारिभिः इति गपाठः।
24 गन्धाधि इति खपाठः।
25 महोत्साहैर्विराजितः। समादरैः इति गपाठः।
26 प्रमान इति गपाठः।
27 सर्वैल्लोका इति घपाठः।

वसुभिश्चाप्सरोभिश्च सर्वैश्च त्रिदशाधिपैः ।
ऋषिर्भिर्यतिभिः सर्वैर्योगिभिर्ब्रह्मचारिभिः ॥ ६२ ॥
सर्वैश्च तीर्थिकैर्विज्ञैस्तापसैश्चापि सज्जनैः ।
दिवानिशं चतुःसन्ध्यं दृष्ट्वा स्मृत्वा प्रवन्दितः ॥ ६३ ॥
नित्यकाले समायाते समभ्यर्च्य समादरात् ।
[28]स्तुतिभिश्च महोत्साहैः संमानितोऽभिवन्दितः ॥ ६४ ॥
एवं स त्रिजगन्नाथः स्वयंभूर्धर्मधातुकः ।
सर्वलोक-हितायैव संभाषयन् समास्थितः ॥ ६५ ॥
इदानीन्तु कलौ लोका दुष्टाः क्रूराशयाः शठाः ।
दृष्ट्वेमं श्रीधर्मधातुं[29]हरिष्यन्ति न संशयः ॥ ६६ ॥
इत्यमूं[30] शिलयाच्छाद्य गुप्तिं कृत्वा प्रकाशितः ।
तदुपरीष्टीकाभिश्च विधाय चैत्यमुत्तमम् ॥ ६७ ॥
छत्र-ध्वज-पताकाभिरलंकृत्याप्यधिष्ठितम्[31] ।
तत्रापि सर्वलोकैश्च सर्वलोकाधिपैरपि ॥ ६८ ॥
समागत्य समाराध्य समभ्यर्च्याभिवन्दितः ।
सत्कारैश्च महोत्साहैः स्तुतिप्रदक्षिणादिभिः ॥ ६९ ॥
प्रणामैश्च समाराध्य सेवितो मानितोऽर्चितः ।
एवं स त्रिजगन्नाथो[32] धर्मधातुर्जिनालयः ॥ ७० ॥
सर्वसत्त्व-शुभार्थेन संशोभितो व्यवस्थितः ।
तत्र ये शरणं यान्ति[33] शुद्ध-बुद्ध्याशया मुदा ॥ ७१ ॥
दुर्गतिं ते न गच्छन्ति संसारेऽत्र कदाचन ।
सद्गतावेव [34]धर्मश्रीर्जायन्ते संघशोभिताः ॥ ७२ ॥
बोधिसत्त्वा महासत्त्वाः परिशुद्धत्रिमण्डलाः ।
भद्रश्री-सद्गुणाधाराः सर्वसत्त्वहितंकराः ॥ ७३ ॥
बोधिचर्याव्रतं धृत्वा संचरन्ति जगद्धिते ।
एवं यूयमपि ज्ञात्वा श्रद्धया शरणं गताः ॥७४ ॥
स्वयंभूचैत्यमाराध्य संचरध्वं व्रतं सदा ।
एवं कृत्वात्र संसारे भद्रश्री-सद्गुणाश्रयाः ॥ ७५ ॥
बोधिसत्त्वा महासत्त्वा जिनात्मजा भविष्यथ ।
ततः संबोधिसंभारं पूरयित्वा यथाक्रमम् ॥ ७६ ॥
त्रिविधां बोधिमासाद्य संबुद्धपदमाप्स्यथ ।

---

28 संस्तुभिः इति कपाठः।
29 धर्मधातुम् । हि इति कपाठः ।
30 इत्यसौ । गुप्ति कृत्वा इति खपाठः ।
31 ध्यतिष्ठितम् इति घपाठः ।
32 श्रीजगन्नाथः इति गपाठः ।
33 गत्वा । शुद्धया मुदा इति कपाठः ।
34 संजाती इति कपाठः ।

इति तेन समादिष्टं[35] निशम्य स महामतिः ॥ ७७ ॥
शास्तारं प्रणिपत्यैव पुनरेवमयाचत ।
भदन्त ! श्रोतुमिच्छामि श्रीस्वयम्भूर्जिनालयः[36] ॥ ७८ ॥
कदा स्वयं समुत्पन्नः कथं तदिति ब्रूहि नः ।
इति संप्रार्थितस्तेन[37] श्रुत्वा सोऽर्हन् यतिः सुधीः ॥ ७९ ॥
जयश्रीस्तं महासत्त्वं संपश्यन्नेवमादिशत् ।
साधु शृणु महाभाग ! यथा मया श्रुतं गुरोः ॥ ८० ॥
तथाहं ते प्रवक्ष्यामि स्वयंभूत्पत्तिसत्कथाम् ।
तद्यथा पाटलीपुत्रे पुरेऽशोको नराधिपः ॥ ८१ ॥
सद्धर्म-साधनोत्साही त्रिरत्नसेवकोऽभवत् ।
स तत्र कुक्कुटारामे विहारे सुगताश्रमे ॥ ८२ ॥
उपगुप्तं महाभिज्ञं वन्दितुं समुपागमत्[38] ।
तदा सोऽर्हन् महाभिज्ञः सर्वसंघपुरस्कृतः ॥ ८३ ॥
सभामध्यासनासीनस्तस्थौ ध्याने[39] समाहितः ।
तमर्हन्तं सभासीनं सर्वसंघपुरस्कृतम् ॥ ८४ ॥
दृष्ट्वाऽशोकः स भूमीन्द्रो मुदितः समुपागतः ।
तत्र स सहसोपेत्य साञ्जलिरर्हतो यतीन् ॥ ८५ ॥
सर्वान् नत्वोपगुप्तं तञ्चाष्टांगैः[40] प्राणमन्मुदा ।
ततस्तं गुरुमर्हन्तं वीर्यवान् स यथाविधि ॥ ८६ ॥
तमभ्यर्च्य[41] प्रणम्यैव धर्मं श्रोतुमुपाश्रयत् ।
तथा तन्मन्त्रिणः सर्वे सामात्यसचिवा जनाः ॥ ८७ ॥
तमर्हन्तं यतिं नत्वा तत्रैकान्तमुपाश्रयन् ।
ततः सोऽर्हन् महाभिज्ञो दृष्ट्वा सर्वान्[42] समाश्रितान् ॥ ८८ ॥
आदि-मध्यान्तकल्याणं सद्धर्मं समुपादिशत् ।
तत्सद्धर्मामृतं पीत्वा सर्वे लोकाः प्रबोधिताः ॥ ८९ ॥
धर्मविशेषं विज्ञाय तैर्बोधिव्रतमीप्सितम् ।
ततः सोऽपि महाराजः श्रुत्वा तद्धर्ममुत्तमम् ॥ ९० ॥
सम्बोधिसाधनाचर्यां समैच्छत् चरितुं मुदा[43] ।
ततः स नृपती राजा साञ्जलिः पुरतःस्थितः ॥ ९१ ॥

---

35 समालोक्यं । अवोचत इति कपाठः ।
36 परस्वयम्भू जिनालयः । चतदुपादिश । इति खपाठः ।
37 संप्रार्थितम् इति कपाठः ।
38 उपाचरत् इति कपाठः ।
39 ध्यात्वा इति कपाठः ।
40 तमष्टांगैः । महोत्साहैः । यथाविधिम् । इति खपाठः ।
41 समभ्यर्च्य । प्रणत्वा खपाठः ।
42 सर्वा इति गपाठः ।
43 संचरितुं समैच्छत । समुपाश्रितः इति कपाठः ।

तमर्हन्तं महासत्त्वं नत्वा पश्यन्[44] मुदावदत्।
भदन्त ! श्रोतुमिच्छामि संबोधिसाधनं व्रतम्॥ ९२॥
कुत्र पुण्यतमं क्षेत्रं[45] यत्राशु सिध्यति व्रतम्।
तद् भवान् समुपादिश्य सर्वान् लोकान् प्रबोधयेत्॥ ९३॥
बोधिमार्गे समायोज्य संचारयितुमर्हति।
इति संप्रार्थिते राज्ञा श्रुत्वा सोऽर्हन् महामतिः॥ ९४॥
तमशोकं महीपालं सम्पश्यन्नेवमब्रवीत्।
साधु शृणु महाराज यथा मे गुरुणोदितम्॥ ९५॥
तथाहं ते प्रवक्ष्यामि बोधिव्रतं यदीष्यते।
सर्वक्षेत्रोत्तमं राजन्नुत्तरस्यां हिमालये॥ ९६॥
नेपाल[46] इति विख्यातं यत्राशु सिध्यति व्रतम्।
तत्राप्यतिमहत्पुण्यक्षेत्रं बुद्धैः प्रशंसितम्॥ ९७॥
स्वयंभूचैत्यराजस्य धर्मधातोः समाश्रयः।
तत्र यद्यत्कृतं कर्म तत्तत्संसिध्यति द्रुतम्॥ ९८॥
इति क्षेत्रं महासत्त्वैः संसेवितं जिनैरपि।
इति विज्ञाय राजेन्द्र सम्बोधिं यदि वाञ्छसि॥ ९९॥
तच्चैत्यशरणं गत्वा संचरस्व सुसंवरम्।
एतत्पुण्यविशुद्धात्मा भद्रश्री-सद्गुणर्द्धिमान्॥ १००॥
बोधिसत्त्वो महाभिज्ञो भवे सर्वहितार्थभृत्।
ततः क्रमेण[47] सम्बोधिसंभारं परिपूरयन्॥ १०१॥
निःक्लेशोऽर्हञ्जगन्नाथो भूत्वा सम्बोधिमाप्स्यसि।
इति तेनार्हतो[48] वाक्यं निशम्य स नृपो मुदा॥ १०२॥
उपगुप्तं गरुं नत्वा पप्रच्छैवं समादरात्।
भदन्त ! श्रोतुमिच्छामि स्वयंभूत्पत्तिसत्कथाम्॥ १०३॥
कदा स्वयं समुत्पन्नस्तद्भवान् वक्तुमहर्ति।
इति संप्रार्थितो राज्ञा श्रुत्वा सोऽर्हत् यतिः सुधीः॥ १०४॥
अशोकं तं महीपालं सम्पश्यन्नेवमब्रवीत्।
साधु राजन् यथा प्रोक्तं गुरुणा मे श्रुतं तदा॥ १०५॥
तथाहं संप्रवक्ष्यामि शृणु त्वं चावधानतः।
तदा चासौ जगच्छास्ता शाक्यमुनिस्तथागतः॥ १०६॥
सर्वज्ञो धर्मराजोऽर्हन् मुनीश्वरो विनायकः।
स सर्वसांघिकैः सार्धं जनान्तिकेषु संचरन्॥ १०७॥

---

44 पश्यम्।
45 क्षत्रम्। सिद्ध्यते। सर्वाल्लोकान्। प्रबोधयन् इति कपाठः।
46 नेपाले इति कपाठः।
47 क्रमेना इति कपाठः।
48 तेनार्हतादिष्टम् इति गपाठः।

एकस्मिन् समये तत्र नेपाले समुपागतः ।
गोपुच्छपर्वतपार्श्वे पश्चिमे श्रीस्वयम्भूवः ॥ १०८ ॥
पुच्छाग्राऽभिधचैत्यस्य सन्निधौ सुगताश्रमे ।
सर्वसत्त्वहितायैव पूर्णेन्दुरिव भासयन् ॥ १०९ ॥
सद्धर्मस्योपदेशाय[49] विजहार ससांघिकः ।
यथा स भगवाञ्छास्ता सत्त्वानां धर्मवृद्धये ॥ ११० ॥
सद्धर्मस्योपदेशाय[50] सभासनं समाश्रयत् ।
भगवन्तं विलोक्यैव मञ्जुश्रियः शुभाश्रमे[51] ॥ १११ ॥
विहारे वासिनी चूडाभिधानी ब्रह्मचारिणी ।
अर्हन्ती भिक्षुणी भद्रा सद्धर्मगुणवाञ्छिनी ॥ ११२ ॥
सुप्रसन्ना भक्तिमती[52] काषायचीवरावृता ।
दिव्यपूजोपचाराणि गृहीत्वा श्रद्धयान्विता[53] ॥ ११३ ॥
तत्सद्धर्मामृतं पातुं तत्राशु समुपागमत् ।
तदा तत्र महासत्त्वा बोधिसत्त्वा जिनात्मजाः ॥ ११४ ॥
मैत्रेयप्रमुखाः सर्वे तद्धर्मं श्रोतुमागताः ।
अर्हन्तो भिक्षवश्चापि श्रावका ब्रह्मचारिणः ॥ ११५ ॥
भिक्षुण्यो ब्रह्मचारिण्यः चैलका व्रतिनोऽपि च ।
त्रिरत्नशरणासीनाश्चोपासका उपासिकाः ॥११६ ॥
बुद्धभक्तिरताः सर्वे तद्धर्मश्रोतुमागताः ।
सर्वे ते समुपायातास्तत्र सभासने स्थितम्[54] ॥ ११७ ॥
संबुद्धं तं समालोक्य मुदिताः बोधिमानसाः[55] ।
ते सर्वेऽभ्यर्च्य तं नाथं नत्वा साञ्जलयो मुदा ॥ ११८ ॥
तत्सद्धर्मामृतं पातुं तत्सभायां समागताः[56] ।
ब्रह्मशक्रादयो देवाः सर्वे लोकाधिपा अपि ॥ ११९ ॥
ग्रहास्तारागणाश्चापि सिद्धा विद्याधरास्तथा ।
साध्या रुद्राश्च गन्धर्वा यक्षगुह्यककिन्नराः ॥ १२० ॥
दैत्येन्द्रा राक्षसेन्द्रा च नागेन्द्रा गरुडा अपि ।
एवमन्येपि लोकेन्द्राः सर्वे तत्र मुदागताः ॥ १२१ ॥
तं मुनीन्द्रं समभ्यर्च्य पौनपुण्येन संस्थिताः[57] ।

---

49 समुपादेष्टुं इति कपाठः ।
50 सधर्म्म समुपादेष्टुं इति कपाठः ।
51 तं दृष्ट्वा तदा तत्र मञ्जुश्रियः समाश्रमे इति गपाठः ।
52 श्रया शुद्धा कपाठः ।
53 समादाय प्रमोदिता इति कपाठः ।
54 श्रितं इति घपाठः ।
55 समुपाचरन् इति गपाठः ।
56 समाश्रयन् इति खपाठः ।
57 सत्वा तत्र समाश्रयन् इति कपाठः ।

हारितीयक्षिणी चापि बोधिसत्त्वानुपालिनी ॥ १२२ ॥
भगवन्तं प्रणम्यैव तत्सभायां समाश्रिता[58] ।
अथ स भगवाञ्छास्ता दृष्ट्वा सर्वान् सभाश्रितान् ॥ १२३ ॥
मैत्रेयं समुपामन्त्र्य सम्पश्यन्नेवमब्रवीत्[59] ।
मैत्रेयेमं जगन्नाथं स्वयम्भूवं जिनालयम् ॥ १२४ ॥
धर्मधातुं त्रिरत्नाख्यं पश्येत यूयमादरात् ।
भजेध्वं श्रद्धया नित्यं गत्वात्र शरणं मुदा ॥ १२५ ॥
बोधिचर्याव्रतं धृत्वा हिताय जगतां सदा[60] ।
श्रद्धया ये भजन्त्यत्र शरणं समुपाश्रिताः ॥ १२६ ॥
बोधिचर्याव्रतं धृत्वा हिताय जगतां सदा ।
सर्वे विमुक्तपापास्ते परिशुद्धत्रिमण्डलाः ॥ १२७ ॥
बोधिसत्त्वा महाभिज्ञा भवेयुः सद्गुणाश्रयाः ।
भद्रश्रीसुखसम्पन्नाश्चतुर्ब्रह्मविशारदाः ॥ १२८ ॥
सर्वसत्त्वहितोद्युक्ताः संबोधिव्रतधारिणः ।
न क्वापि दुर्गतिं यायुः सदा सद्गतिसंभवाः ॥ १२९ ॥
त्रिरत्नभजने लग्नाः सद्धर्मसाधनोद्यमाः ।
ततः प्रव्रज्यया बुद्धशासने शरणं गताः ॥ १३० ॥
ब्रह्मचर्यव्रतं धृत्वा संचरेयुः समाहिताः ।
ततस्ते निर्मलात्मानो निःक्लेशाः विजितेन्द्रियाः ॥ १३१ ॥
त्रिविधां बोधिमासाद्या सम्बुद्धपदमाप्नुयुः ।
एवं विज्ञाय ये मर्त्या वाञ्छन्ति सौगतं पदम् ॥ १३२ ॥
ते भजन्तु सदात्रैव श्रद्धया शरणाश्रिताः ।
इत्यादिष्टं मुनीन्द्रेण तन्निशम्य सभाश्रिताः ॥ १३३ ॥
सर्वे प्रमुदिताः सन्तस्तथा भजितुमीच्छिरे ।
मैत्रेयः स ततो धीमान् बोधिसत्त्वो मुदा ततः[61] ॥ १३४ ॥
समुत्थाय मुनीद्रं तं पुरतः समुपागमत् ।
उद्वहन्नुत्तरासंगं नत्वा तत्र मुनीश्वरम् ॥ १३५ ॥
जानुभ्यां भुवि संधाय साञ्जलिरेवमब्रवीत् ।
भगवन् ! नाथ सर्वज्ञ धर्मधातुजिनालयः ॥ १३६ ॥
कदायं स्वयमुत्पन्नस्तद् भवान् वक्तुमर्हति[62] ।
इति संप्रार्थिते तेन मैत्रेयेण महात्मना ॥ १३७ ॥
भगवन् ! तं महाभिज्ञं संपश्यन्नेवमादिशत् ।

---

58 समश्रित ।

59 विशत् ।

60 संचरन्ते जगद्धिते इति कपाठः ।

61 हि मोदितः इति गपाठः ।

62 तन्समादेष्टुमर्हति इति खपाठः ।

साधु शृणु समाधाय मैत्रेय त्वं स्वयंभुवः ॥ १३८ ॥
समुत्पत्तिकथां वक्ष्ये लोकबोधाय साम्प्रतम्[63] ।
पुराभूद् भद्रकल्पेऽत्र विपश्वी नाम सर्ववित् ॥ १३९ ॥
जगच्छास्ता मुनीन्द्रोऽर्हन् धर्मराजस्तथागतः ।
अशीतिवर्षसाहस्र्रं परमायुर्यदा नृणाम् ॥ १४० ॥
तदाहं सत्यधर्माख्यो बोधिसत्त्वोऽभवं किल ।
यदा स भगवाञ्छास्ता बन्धुमत्याः पुराऽन्तिके ॥ १४१ ॥
विहारे धर्ममादिश्य विजहार ससांघिकः ।
तदाहं तं जगन्नाथमाराध्य समुपस्थितः ॥ १४२ ॥
तदात्राभूत् सप्तकोश-व्याससंविस्तरो ह्रदः ।
तदनुशासनं धृत्वा प्राचरं बोधिसम्बरम् ॥ १४३ ॥
अष्टांग-गुण-सम्पन्नो जलाशयो नगावृतः ।
पद्मोत्पलादि-सौगन्धि नानापुष्पप्रशोभितः ॥ १४४ ॥
हंस-सारस-काडम्ब-प्रमुख-पक्षिमण्डितः ।
तीरोपान्तनगारुह-सर्वर्तु-पुष्पितैर्द्रुमैः ॥ १४५ ॥
फलौषधादिवृक्षैश्च समन्तात् परिमण्डितः ।
मीनकच्छपमण्डूकप्रमुख-जलवासिनाम् ॥ १४६ ॥
जन्तूनां निलयोऽगाधः सर्वनाथाधिपालयः ।
तत्र सर्पाहिराजेन्द्रः कर्क्कोदकाभिधो महान् ॥ १४७ ॥
एवं तदा महत् तीर्थं पुण्यामृताश्रयो बभौ ।
सदा ते त्रिदशाः साधर्मप्सरोभिः प्रमोदिताः ॥ १४८ ॥
स्नात्वा संक्रीडमानाः सत्सौख्यं भुक्त्वा दिवं ययुः ।
तथा ब्रह्मादयः सर्वे महर्षयस्तपस्विनः ॥ १४९ ॥
स्नात्वा संध्यादिकं कर्म कृत्वा संसेविरे सदा ।
एवं लोकाधिपाश्चापि स्नात्वात्र सर्वदा मुदा ॥ १५० ॥
स्वे स्वे कुले समभ्यर्च्य महोत्साहैर्निसेविरे ।
एवमन्येपि लोकाश्च व्रतिनो ब्रह्मचारिणः ॥ १५१ ॥
स्नात्वात्रसंबरं धृत्वा पूतात्मानो दिवं ययुः ।
बोधिसत्त्वा तथानैके स्नानदानव्रतं मुदा ॥ १५२ ॥
कृत्वात्र विमलात्मानो लोकहिताय चागमन्[64] ।
एवं सर्वैर्मुनीन्द्रैश्च स्नानव्रतादि यत् फलम् ॥ १५३ ॥
महत्पुण्यतरं श्रेष्ठमाख्यातं बोधिसाधनम् ।
यत्र स्नात्वा त्रिरत्नानां शरणे समुपागताः ॥ १५४ ॥
बोधिचर्याव्रतं धृत्वा जगद्धिताय तेऽगमन्[65] ।

63 सर्वलोकाभिबोधने इति कपाठः ।
64 समाचरञ्जगद्धिते इति कपाठः ।
65 प्राचरन्त जगद्धिते इति कपाठः ।

त आशु विमलात्मानो भद्रश्रीसद्गुणान्विताः ॥ १५५ ॥
बोधिसत्त्वाः महासत्त्वा अभूवन्[66] सुगतात्मजाः ।
केचिन्निक्लेशितात्मानो भवकार्ये[67] च निस्पृहाः ॥ १५६ ॥
श्रावका बोधिमासाद्य बभूवुब्रह्मचारिणः ।
केचिच्च निर्मलात्मानो संसारे विरतास्तथा ॥ १५७ ॥
प्रत्येकबोधिमासाद्य सुनिर्वृतिं समाययुः ।
केचित् संबोधिचित्तं च प्राप्य सद्धर्मलालसाः ॥ १५८ ॥
बोधिचर्याव्रतं धृत्वा हिताय जगतां ययुः ।
केचित्तु सर्वतो भुक्त्वा दिव्यकायसुखान्यपि ॥ १५९ ॥
सद्धर्मगुणसंरक्ताः प्राचरन् सर्वदा शुभे ।
केचित् सर्वे महीपालाः सुनीति-धर्मचारिणः ॥ १६० ॥
कृत्वा सत्त्वहितं कर्म ययुरन्ते निजालयम् ।
अहमपि तदा तत्र स्नात्वाचरं व्रतं मुदा[68] ॥ १६१ ॥
एतत्पुण्यविशुद्धात्मा द्रुतं सम्बोधिमाप्तवान् ।
यैश्चाप्यस्य जलं पीतं तेऽपि निर्मुक्तपातकाः ॥ १६२ ॥
परिशुद्धाशया भद्रा बभूबुर्बोधिभागिनः ।
एवमेदद् महातीर्थं सर्वैरपि मुनीश्वरैः ॥ १६३ ॥
समधिष्ठापितं नूनं प्रशंसितं महीतले ।
तत्र पश्चात् स्वयं धर्मधातुरुत्पत्स्यते ध्रुवम् ॥ १६४ ॥
इत्यादिश्य मुनीन्द्रोऽसौ भूयोऽपि चैवमादिशत् ।
तदा तत्र समुपन्ने धर्मधातौ जिनालये ॥ १६५ ॥
निरुत्पातं शुभोत्साहं प्रवर्तिष्यति सर्वदा ।
सर्वे लोकाश्च तं दृष्ट्वा धर्मधातुं स्वयम्भूवम् ॥ १६६ ॥
श्रद्धया शरणं गत्वा प्रभजिष्यन्ति सर्वदा ।
तदेतत्पुण्यलिप्तास्ते सर्वे लोकाः शुभेन्द्रियाः ॥ १६७ ॥
भद्रश्रीसत्सुखं भुक्त्वा यास्यन्त्यन्ते जिनालयम् ।
इत्यादिष्टं मुनीन्द्रेण विपश्विना निशम्यते ॥ १६८ ॥
सर्वे सभागता लोकाः प्राभ्यनन्दन् प्रबोधिताः ।
इति विपश्विना शास्ता समादिष्टं श्रुतं मया ॥ १६९ ॥
तथा युष्मत्प्रबोधार्थं समाख्यातं प्रबुद्ध्यताम् ।
इत्यादिष्टं मुनीन्द्रेणश्रीघनेन निशम्यते ॥ १७० ॥
मैत्रेयादि-सभालोकाः सर्वेऽपि संप्रसेदिरे ।
[69]भगवद्भासितं श्रुत्वा प्रानमन् सुगतं हि ते ॥ १७१ ॥

इति श्रीस्वयम्भूधर्मधातुसमुत्पत्तिनिदानकथायां प्रथमोऽध्यायः सम्पूर्णः ।

---

[66] अभूवन् इति घपाठः ।
[67] भवसंचारे इति खपाठः ।
[68] सदा इति कपाठः ।
[69] नास्ति पाठः इति खपाठः ।

अथ द्वितीयोऽध्यायः

अथ श्रीमान् महासत्त्वो मैत्रेयः स जिनात्मजः।
भगवन्तं पुनर्नत्वा साञ्जलिरेवमब्रवीत्॥ १॥
भगवञ्छ्रोतुमिच्छामि स्वयम्भूत्पत्तिसत्कथाम्।
तद्भवान्समुपाख्यातुं लोकानां बोधिप्राप्तये[70] ॥ २॥
इति संप्रार्थितं तेन मैत्रेयेण सुधीमता।
भगवान् स्तान् सभालोकान् सम्पश्यन्नेवमब्रवीत्[71] ॥ ३॥
साधु मैत्रेय सर्वेऽपि सभालोकाः समादरात्।
शृणुत संप्रवक्ष्यामि स्वयम्भूत्पत्तिसत्कथाम्॥ ४॥
तद्यथा निर्वृतिं याते विपश्विनि मुनीश्वरे।
चिरकालान्तरेणात्र जगच्छास्ताऽभवत् पुनः॥ ५॥
शिखी नाम मुनीन्द्रोऽर्हन् धर्मराजस्तथागतः।
सर्वज्ञः सुगतः सर्वविद्याधिपो विनायकः॥ ६॥
तदा सप्ततिवर्षाणां सहस्रायुर्नृणामभूत्।
अहं क्षेमकरो नाम बोधिसत्त्वोऽभवं किल॥ ७॥
यदा स भगवाञ्छास्ता शिखी धर्माधिपो जिनः।
अरुणाख्यपुरोपान्ते व्यहरत् सौगताश्रमे॥ ८॥
तदा सर्वे महासत्त्वा बोधिसत्त्वा जिनात्मजाः।
शिखिनस्तस्य वै शास्तुः प्राभजन् समुपस्थिताः।
अहमपि तथा तस्य शिखिनस्त्रिजगद्गुरोः॥ ९॥
शरणे समुपस्थाय प्राभजं सर्वदा मुदा।
तत्रैकसमये सोऽर्हन् भगवान् सर्वविच्छिखी॥ १०॥
सद्धर्मस्योपदेशाय सभासने समाश्रयत्।
तद्वीक्ष्य भिक्षवः सर्वे श्रावका ब्रह्मचारिणः॥ ११॥
भिक्षुण्यो व्रतिनः सर्वे उपासका उपासिकाः।
तत्सद्धर्मामृतं पातुं समागत्य च तं मुनिम्॥ १२॥
नत्वा साञ्जलयस्तत्र परिवृत्य समाश्रयन्।
तदा ब्रह्मामरेन्द्रादि-त्रिदशाश्च समागताः॥ १३॥
सर्वे लोकाधिपाश्चापि धर्मं श्रोतुं ययुर्मुदा[72]।
सिद्धा विद्याधराः साध्या यक्ष-गन्धर्व-किन्नराः॥ १४॥

---

70 संप्रबोधने इति कपाठः।
71 दिशत् इति कपाठः।
72 समागताः इति खपाठः।

गरुडा राक्षसेन्द्राश्च दैत्या नागाधिपा अपि।
ऋषयो ब्राह्मणाश्चापि तीर्थिकाश्च तपस्विनः ॥ १५ ॥
यतयो योगिनश्चापि निग्रन्थाश्च दिगम्वराः।
राजानो क्षत्रिया वैश्या अमात्या मन्त्रिणो जनाः ॥ १६ ॥
शिल्पिनो वणिजः सार्थवाहादयो महाजनाः।
पौरा जानपदा ग्राम्यास्तथान्यदेशवासिनः ॥ १७ ॥
तत्सद्धर्मामृतं पातुं संहर्षिताः समागताः।
तत्र ते समुपागत्य समीक्ष्य तं मुनीश्वरम् ॥ १८ ॥
यथाक्रमं समभ्यर्च्य कृत्वा चापि प्रदक्षिणाम्।
कृत्वाञ्जलिपुटा नत्वा परिवृत्य समन्ततः ॥ १९ ॥
पुरस्कृत्य समुद्वीक्ष्य समादरादुपाश्रयन्।
तान् सर्वान् समुपासीनान् दृष्ट्वा स भगवाञ्छिखी ॥ २० ॥
आदिमध्यान्तकल्याणं सद्धर्मं समुपादिशत्।
तत्सद्धर्मामृतं पीत्वा सर्वे लोकाः प्रबोधिताः ॥ २१ ॥
सद्धर्मसाधनोद्युक्ता बभूवुर्बोधिभागिनः।
तस्मिन् हि समये तत्र पुण्यजलाश्रये ह्रदे ॥ २२ ॥
मणिनालं महद्दीप्तिहीरकेशरमुत्तमम्।
पंचरत्नमयं दीव्यसरोजराजकर्णिकम् ॥ २३ ॥
प्रादुर्भूतं महापद्मं सहस्रदलकाशितम्।
तस्य रत्नसरोजस्य कर्णिकामध्यमण्डले ॥ २४ ॥
श्रीस्वयम्भूसमुत्पनो धर्मधातुर्जिनालयः।
एकहस्तप्रमाणांशः शुभ्ररत्नमयोज्वलः ॥ २५ ॥
सम्बोधिश्रीगुणाधारः सर्वलक्षणमण्डितः।
ज्योतिरूपो जगज्ज्येष्ठः पंचतथागताश्रयः ॥ २६ ॥
जगदीशो जगन्वन्द्यो जगत्पूज्यो जगत्प्रभुः।
अनादिनिधनोऽजीर्णो मान्यः सर्वशुभार्थभृत् ॥ २७ ॥
समन्तभद्ररूपोऽग्रः श्रेष्ठः सद्धर्मरत्नभृत्।
त्रैलोक्य-सद्गुणाधीशश्चतुर्वर्ग-फलप्रदः ॥ २८ ॥
तस्मिंश्चैत्ये समुत्पन्ने साब्धिनगा समन्ततः[73]।
[74]चचाल वसुधा नूनं चैत्योत्पत्तिप्रभावतः ॥ २९ ॥

---

73 रसाचलत् इति गपाठः।
74 नास्ति पाठः इति गपुस्तके।

दिव्यसुगन्धपुष्पाणि संनिपेतुः सुरालयात्।
सुरन्दुन्दुभयो नेदुः दिशः सर्वाः प्रसेदिरे ॥ ३० ॥
वह्नयो दक्षिणावर्ता भद्राभाः संप्रजज्जलुः
सुशीतला गन्धवहा[75] धीरं ववुः समीरणाः ॥ ३१ ॥
ववर्षुः तत्र चाम्बूनि मेघा गम्भीरनिश्वनाः।
ग्रह-तारेन्दुचन्द्राभाः सभासिता विरेजिरे ॥ ३२ ॥
स्तुतिमङ्गलसंगीतिशब्दा व्योम्नि प्रचेदिरे।
सर्वत्रापि सुमाङ्गल्यमहोत्साहं निरन्तरम् ॥ ३३ ॥
सुभिक्षं श्रीगुणाधारं सद्धर्मभद्रसाधनम्।
निरुत्पातं शुभाचारं प्रावर्तत समन्ततः ॥ ३४ ॥
तमेवं स्वयमुत्पन्नं धर्मधातुं जिनालयम्।
समीक्ष्येशादयः सर्वे आरुप्यभुवनाश्रिताः ॥ ३५ ॥
योग-ध्यान-महानन्द-सौख्येऽपि विरतोत्सवाः।
स्वयम्भूवं तमीशानं वन्दितुं समुपाचरन् ॥ ३६ ॥
तथा ब्रह्मादयः सर्वे मुनयो ब्रह्मचारिणः।
एवं स्वयम्भुवं द्रष्टुं मुदिताः समुपाचरन् ॥ ३७ ॥
एवं शक्रादयः सर्वे त्रिदशाः साप्सरोगणाः।
पूजाङ्गानि समादाय द्रष्टुमेनं मुदा ययुः ॥ ३८ ॥
तथाग्नि-धर्मराजोऽपि नैऋतो वरुणो मरुत्।
श्रीदो भूताधिपश्चैव सर्वे लोकाधिपा अपि ॥ ३९ ॥
स्वस्वपरिजनैः सार्द्धं महोत्साहैः प्रमोदिताः।
एवं स्वयम्भुवं चैत्यं संद्रष्टुं समुपाययुः ॥ ४० ॥
धृतराष्ट्रो महाराजो गन्धर्वैः सह मोदितः।
संगीतिवादनोत्साहैः सशैनं द्रष्टुमाययौ ॥ ४१ ॥
विरुढको महाराजः कुम्भाण्डसहितो मुदा।
स्वयम्भुवं तमालोक्य मुदा वन्दितुमाययौ ॥ ४२ ॥
विरुपाक्षोऽपि नागेन्द्रैः सर्वै र्नागाधिपैः सह।
रत्नपूजोपहाराणि धृत्वैनं द्रष्टुमाययौ ॥ ४३ ॥
कुवेरो यक्षराजोऽपि यक्षिणीभिः समन्वितः।
नानाद्रव्योपहाराणि धृत्वैनं द्रष्टुमाययौ ॥ ४४ ॥
वज्रपाणिश्च गुह्येन्द्र-सर्वगुह्यक-संयुतः।
दिव्यभोग्योपहाराणि धृत्वैनं द्रष्टुमाययौ ॥ ४५ ॥
द्रुमः किन्नरराजोऽपि सर्वैः सह-हयाननैः।
तूर्यसंघोषणोत्साहैः सहैनं द्रष्टुमाययौ ॥ ४६ ॥
तथा सर्वार्थसिद्धाख्यः सर्वविद्याधराधिपः[76]।

75 सुगन्ध्याद्या इति गपाठः।
76 धरानृपाः इति खपाठः।

दिव्यपूजोपहाराणि धृत्वैनं द्रष्टुमाययौ ॥ ४७ ॥
गरुडः पक्षिराजोऽपि सर्वैः पक्षिगणैः सह ।
स्व-स्वर्द्धिश्रीमहोत्साहैरेनं संद्रष्टुमाययौ ॥ ४८ ॥
एवं सिद्धाश्च साध्याश्च वसवश्च ग्रहा अपि ।
सर्वास्तारागणाश्चापि सर्वाश्चाप्सरसो गणाः ॥ ४९ ॥
एवं दैत्याधिपाः सर्वे स्व-स्व-परिजनैः सह ।
महासमृद्धिप्रोत्साहैः सहसा समुपाचरन् ॥ ५० ॥
एवं लोकाधिपाः सर्वे दशदिक्षु व्यवस्थिताः[77] ।
दृष्ट्वा तं स्वयमुत्पन्नं वन्दितुं सहसाचरन्[78] ॥ ५१ ॥
सर्वेऽपि ते समागत्य दृष्ट्वा तं जगदीश्वरम् ।
संहर्षिताशया दूरात् प्रणम्य समुपाचरन् ॥ ५२ ॥
ततस्ते श्रीजगन्नाथं सर्वेऽभ्यर्च्य यथाक्रमम् ।
अष्टांगैः प्रणितिं कृत्वा प्राभजन्त समादरात् ॥ ५३ ॥
केचिद्दिव्यसुगन्धैस्तं प्राभिलिप्याभजन् मुदा ।
केचिन्नानाविधैः पुष्पैः केचिद्धूपैर्मनोहरैः ॥ ५४ ॥
केचिच्च पुष्पमालाभिः केचिच्च दिव्यचीवरैः ।
केचिच्च दीपमालाभिः केचिदारतिदीपनैः ॥ ५५ ॥
केचिद्दिव्यामृतैर्भोग्यैः केचिद्दिव्यौषधैरपि ।
केचिन्नानाविधैर्दिव्यरत्नालंकारभूषणैः ॥ ५६ ॥
केचिच्छत्रध्वजैर्वलिव्यजनैश्च वितानकैः ।
केचित् संगीतिसंवाद्यैर्मृदङ्गमुरजादिभिः ॥ ५७ ॥
केचित् तौर्यत्रिकैर्वंशैः शंखैः शृङ्गैश्च केचन ।
काहारैश्च तथा केचित् वीणादिततवादनैः ॥ ५८ ॥
तालादिघनवाद्यैश्च भेर्यानकविमर्दलैः ।
तथा नाना विधैर्मड्डुर्डिण्डिम-झर्झरादिभिः ॥ ५९ ॥
केचिन्नृत्यैश्च गीतैश्च हाहाकारैश्च केचन ।
एवं नानाविधोत्साहैः प्राभजन्त जिनालयम् ॥ ६० ॥
केचित् प्रदक्षिणान्येव कृत्वाऽभजन् सहस्रशः ।
केचिच्च धारणीविद्या-जपस्तोत्रादिभिर्मुदा ॥ ६१ ॥
एवं नानाप्रकारैस्ते सर्वे लोका द्विजादयः[79] ।
श्रद्धया समुपाश्रित्य प्राभजन् तं स्वयम्भुवम् ॥ ६२ ॥
एतद्दिव्यमहोत्साहैः संप्रवृत्तिं प्रसारिताम् ।
श्रुत्वा सर्वे सभालोका विस्मयं समुपाययुः ॥६३ ॥
तत् समीक्ष्य महासत्त्वो रत्नपाणिः पुरःस्थितः[80] ।

---

77 अव्यवस्थिताः इति कपाठः ।
78 सहसैवेतितत् इति खपाठः ।
79 रसाचलत् इति गपाठः ।
80 पुरोगतः इति खपाठः ।

शिखिनं तं मुनिं नत्वा साञ्जलिरेवमब्रवीत् ॥ ६४ ॥
भगवन् या मही सर्वा कम्पिता दिव्यमुत्सवम् ।
प्रसारितं च कस्येदं कारणं कृपया वद[81] ॥ ६५ ॥
इति संप्रार्थितं तेन सुधिया रत्नपाणिना ।
स शिखी भगवान् पश्यन् रत्नपाणिं तमब्रवीत् ॥ ६६ ॥
साधु शृणु महासत्त्व यत् सर्वा चलिता मही ।
दिव्योत्साहैः प्रवृत्तं च तद्धेतुः संनिगद्यते ॥ ६७ ॥
तद्यथात्रास्ति भूलोक उत्तरस्यां हिमालये ।
अष्टाङ्गगुणसम्पन्नपुण्यजलाश्रयो ह्रदः ॥ ६८ ॥
तत्र रत्नमये पद्मे सरोजराजकर्णिके[82] ।
स्वयमेव समुत्पन्नो धर्मधातुर्जिनालयः ॥ ६९ ॥
तदुत्पन्ने मही सर्वा रचिता संप्रमोदिता[83] ।
सर्वत्रापि शुभोत्साहं प्रावर्तत भवालये ॥ ७० ॥
तं समीक्ष्य महेशान-ब्रह्मशक्रादयोऽमराः ।
ग्रहास्ताराश्च सिद्धाश्च साध्या विद्याधरा अपि ॥ ७१ ॥
महर्षयश्च सर्वेऽपि विस्मयेन प्रमोदिताः ।
सर्वे लोकाधिपाश्चापि दैत्या नागाः खगेश्वराः ॥ ७२ ॥
यक्ष-किन्नर-गन्धर्व-गुह्यकराक्षसा अपि ।
एतत्प्रभृतयः सर्वे समीक्ष्य तं स्वयभूवम् ॥७३ ॥
संहर्षिताः समागत्य प्राभजन्त महोत्सवैः ।
एतत्पूजामहोत्साहसंप्रवृत्तिः प्रसारिता ॥ ७४ ॥
एतस्येदं महद्भाग्यनिमित्तं संप्रजायते[84] ।
इत्यादिष्टं मुनीन्द्रेण शिखिना संनिसंम्य सः ॥ ७५ ॥
रत्नपाणिमहासत्त्वः विस्मयाच्च प्रमोदितः ।
सुप्रबुद्धमुखाम्भोजो महासंहर्षिताशयः ॥ ७६ ॥
भूयस्तं शिखिनं नत्वा साञ्जलिरेवमब्रवीत् ।
भगवन् ! तद् विजानीयां यन् मनो मे समीच्छति ॥ ७७ ॥
तदनुज्ञां प्रदायात्र संप्रसादितुमर्हति ।
अहमपि च शास्तारं[85] स्वयम्भूवं तमीश्वरम् ॥ ७८ ॥
श्रद्धया समुपाश्रित्य प्रभजामि महोत्सवैः ।
इति संप्रार्थिते तेन श्रुत्वा स भगवाञ्छिखी ॥ ७९ ॥
रत्नपाणिं महासत्त्वं संपश्यन्नेवमादिशत् ।

---

81 हेतुं तत् समुपादिशः इति कपाठः ।
82 कम्पिते इति कपाठः ।
83 हर्षते इति कपाठः ।
84 सञ्जातम् इति कपाठः ।
85 जगच्छास्तु इति कपाठः ।

कुलपुत्र प्रयाहि त्वं यद्याशु बोधिमिच्छसि ॥ ८० ॥
श्रद्धया समुपाश्रित्य प्रभज तं जिनालयम् ।
ये तत्र समुपाश्रित्य भजेयुः श्रद्धया मुदा ॥ ८१ ॥
त आशु प्राप्य संबोधिं सम्बुद्धपदमाप्नुयुः ।
इत्यादिष्टं मुनीन्द्रेण रत्नपाणिर्निशम्य सः[86] ॥ ८२ ॥
साञ्जलिस्तं मुनिं नत्वा मुदितः प्राचरत् ततः ।
ततस्तेन सहानेके बोधिसत्त्वा जिनात्मजाः ॥ ८३ ॥
श्रावका भिक्षवश्चापि भिक्षुण्यश्चाप्युपासिकाः ।
उपासका भक्तिमन्तो व्रतिनः पुण्यलालसाः ॥ ८४ ॥
ऋषयो ब्राह्मणाश्चापि यतयो योगिनोऽपि च ।
तीर्थिकास्तापसाश्चापि निर्ग्रन्था ब्रह्मचारिणः ॥ ८५ ॥
राजानः क्षत्रिया वैश्या अमात्या मन्त्रिणो जनाः ।
शिल्पिनो वणिजः सार्थवाहाश्चापि महाजनाः ॥ ८६ ॥
पौरा जानपदा ग्राप्यास्तथान्यदेशवासिनः ।
एवमन्येपि लोकाश्च सद्धर्मगुणलालसाः[87] ॥ ८७ ॥
सर्वे तत्र महोत्साहैस्तेन सार्द्धं मुदाऽचरन् ।
एवं स रत्नपाणिस्तैः सर्वैर्लोकैः समन्वितः ॥ ८८ ॥
पूजाङ्गानि समादाय महोत्साहैर्मुदाचरन् ।
एवं स प्रवरःश्रीमान् सर्वान् लोकान् विनोदयन् ॥ ८९ ॥
सहसा तत्र प्रागत्य ददर्शेमं जिनालयम् ।
दृष्ट्वैनं स महासत्त्वः मुदितः समुपागमत्[88] ॥ ९० ॥
यथाविधि समभ्यर्च्च्य प्रणम्य प्राभजन्मुदा ।
एवं सर्वेऽपि ते लोकाः सहायाः पूजनेऽभवन्[89] ॥ ९१ ॥
यथाविधि समभ्यर्च्च्य महोत्साहैर्मुदाभजन् ।
एवं ते सकला लोकाः स्तुत्वा जप्त्वा च धारणीम् ॥ ९२ ॥
प्रदक्षिणाः तु कृत्वाष्टौ प्रणम्य प्राभजन् मुदा ।
एवमन्ये महासत्त्वा बोधिसत्त्वा जिनात्मजाः ॥ ९३ ॥
दशदिग्भ्यः समागत्य प्राभजन्जिनमीश्वरम् ।
अहमपि तदा तेन समेत्य रत्नपाणिना ॥ ९४ ॥
श्रद्धया समुपाश्रित्य मुदा प्राभजमीश्वरम् ।
एतत् पुण्यानुभावेन बोधिं प्राप्य कलावपि ॥ ९५ ॥
जीत्वा मारगणान् सर्वान् धर्माधिपोऽभवं तदा ।
य एनं समुपाश्रित्य भजेयुः श्रद्धया मुदा ॥ ९६ ॥

---

86 अवाप्य इति इति कपाठः ।
87 वाञ्छिनः इति कपाठः ।
88 सरन् इति कपाठः ।
89 तस्यमहर्षयः इति खपाठः ।

ते ते सर्वेऽपि संबोधिं प्राप्य स्युः सुगता द्रुतम् ।
एवं महत्तरं पुण्यं सेवासमुद्भवं मतम्[90] ॥ ९७ ॥
भद्रश्रीसद्गुणापन्नं सम्बोधिज्ञानसाधनम् ।
इति सर्वैर्मुनीन्द्रैश्च समाख्यातं समन्ततः ॥ ९८ ॥
यूयमपि परिज्ञाय भजतैनं[91] समादरात् ।
मुनीन्द्रा अपि तत्रैव चतुःसन्ध्यं दिवानिशम् ॥ ९९ ॥
दृष्ट्वा ध्यात्वा स्मृतिं कृत्वा[92] प्राभजन् तं समादरात् ।
भजन्ति साम्प्रतं सर्वे बुद्धाः सर्वदिगाश्रिताः ॥ १०० ॥
अनागताश्च सर्वेऽपि भजिष्यन्ति तथा सदा ।
अस्य दर्शनमात्रेण प्रदुष्टा अपि पापिनः ॥ १०१ ॥
निर्मुक्तपातका ह्यासु भवेयुर्निर्मलेन्द्रियाः ।
ततस्ते निर्मलात्मानो निःक्लेशा ब्रह्मचारिणः ॥ १०२ ॥
दुर्गतिं नैव गच्छेयुः कुत्रापि हि कदाचन ।
सङ्गतावेव संजाता भद्रश्रीसद्गुणाश्रयाः ॥ १०३ ॥
बोधिसत्त्वा महासत्त्वा भवेयुः सुगतात्मजाः ।
ततस्ते बोधिसम्भारं पूरयित्वा यथाक्रमम् ॥ १०४ ॥
त्रिविधां बोधिमासाद्य निर्वृतिं पदमाप्नुयुः ।
इति मत्वा सदाप्यस्य कृत्वा दर्शनमादरात् ॥ १०५ ॥
अनुमोद्याभ्यनुस्मृत्वा ध्यात्वानुभाव्य सर्वदा ।
नामापि च समुच्चार्य श्रद्धया बोधिवाञ्छिभिः ॥ १०६ ॥
यथाशक्ति प्रकर्तव्या भक्तिसेवा सदादरात् ।
इत्यादिष्टं मुनीन्द्रेण श्रीघनेन निशम्यते ॥ १०७ ॥
मैत्रेयप्रमुखाः सर्वे सभालोकाः प्रबोधिताः ।
तथेत्यभ्यनुमोदन्तो धर्मधातोः स्वयंभुवः[93] ॥ १०८ ॥
श्रद्धया समुपाश्रित्य संभजितुं समीच्छिरे ।
अथ सर्वे सभालोका धर्मधातोः स्वयंभुवः ॥ १०९ ॥
पूजाफलविशेषाणि संश्रोतुं पुनरीच्छिरे ।
तन्मत्वा स महासत्त्वो मैत्रेयः सुगतात्मजः ॥ ११० ॥
भगवन्तं मुनीन्द्रं तं प्रार्थयेदेव मानतः ।
भगवन्नस्याः पूजाया विशेषफलविस्तरम् ॥ १११ ॥
सर्व इमे सभालोकाः श्रोतुमिच्छन्ति साम्प्रतम् ।
तद्भवान् समुपादिश्य पूजाफलविशेषताम् ॥ ११२ ॥
इमान् सर्वान् सभासीनान् संबोधयितुमर्हति[94] ।

---

90 नास्ति इति खपाठः ।
91 भजतास्य इति गपाठः ।
92 धृत्वा इति घपाठः ।
93 स्वयं तदा इति गपाठः ।
94 ससंबोधेत् इति गपाठः ।

इति संप्रार्थितं तेन मैत्रेयेण निशम्य सः ॥ ११३ ॥
भगवान् तान् सभालोकान् सम्पश्यन्नेवमादिशत् ।
शृणुत सकला लोका अस्य पूजाफलं महत् ॥ ११४ ॥
विशेषेण प्रवक्ष्यामि सर्वेषां बोधनाय वै[95] ।
पञ्चामृतैः सहाम्भोभिः संशोभितसुनिर्मलैः ॥ ११५ ॥
ये मुदा स्नापयन्तीमं धर्मधातुं जिनालयम् ।
मन्दाकिन्यां सदा स्नात्वा ते विशुद्धत्रिमण्डलाः ॥ ११६ ॥
दिव्यसुखानि भुंजानः प्रान्ते यान्ति जिनालयम् ।
सुरम्यद्रव्यसंयुक्तं यत्र चैत्ये स्वयंभुवे ॥ ११७ ॥
मोदयन्तो जगच्चित्तं धूपयन्ति मुदा सदा ।
ते सुगंधितसौम्याङ्गा मान्या देवसुरैरपि ॥ ११८ ॥
श्रीमन्तः सुखसंपन्ना भवन्ति रत्नसन्निभाः ।
पंचगन्धैर्मुदा यत्र धर्मधातो जिनालये ॥ ११९ ॥
लिप्याराध्य समाश्रित्य प्रभजन्ति सदादरात् ।
सप्तरत्नसमेतास्ते भद्रश्रीसद्गुणाश्रयाः ॥ १२० ॥
सर्वे लोका हितोद्युक्ता भवन्ति क्षितिपाधिपाः[96] ।
ये चात्र मुनिराजेन्द्रा विचित्रचीवराम्बरैः ॥ १२१ ॥
प्रवार्य श्रद्धया भक्त्या संभजन्ते समादरात् ।
ते दिव्यभव्य-कौशेय-रत्नाभरणभूषिताः ॥ १२२ ॥
सुज्ञा धर्माधिपाः सन्तो भवन्ति भद्रचारिणः ।
ये चैवं कुसुमैः सर्वैर्जलैः स्थलगतैरपि ॥ १२३ ॥
अर्चयित्वा समाश्रित्य संभजन्ते प्रमोदिताः ।
महीन्द्रश्रीसमृद्धास्ते शक्राधिपप्रभान्विताः ॥ १२४ ॥
भद्रश्रीसुखसंपन्ना भवन्ति बोधिभागिनः ।
येचैनं पुष्पमालाभी रचिताभिर्मनोहरैः ॥ १२५ ॥
सर्वपुष्पैः प्रलम्बाभिः शोभयित्वा भजन्ति च ।
भवन्ति श्रीसमृद्धास्ते धर्मकामाः सुराधिपाः ॥ १२६ ॥
सत्कीर्त्तिगुणसंरक्ताः शुभगा बोधिचारिणः ।
ये च पुष्पाणि सर्वाणि मुदात्र सुगतालये ॥ १२७ ॥
अवकीर्य समाराध्य भजन्ति शरणाश्रिताः ।
तेऽपि देवाधिपा स्वर्गे गता पृथ्व्यां[97] नृपाधिपाः ॥ १२८ ॥
महच्छ्रीगुणसम्पन्ना भवन्ति बोधिभागिनः ।
घृतसुगन्धितैलादिसंप्रदीप्तां तमोपहाम् ॥ १२९ ॥

95 लोकाभिबोधने इति कपाठः ।
96 क्षितीतलाः इति कपाठः ।
97 मह्यां इति कपाठः ।

ज्वालयन्ति मुदा येऽस्मिन् धर्मधातौ जिनालये[98]।
सुदृष्टयः सुरूपास्ते ज्ञानदीपतमोपहाः ॥ १३० ॥
भूपार्चितपदाम्भोजा भवन्ति बोधिभागिनः।
प्रणीतं सुरसंभोज्यं दीव्यगन्धसमन्वितम् ॥ १३१ ॥
ये चास्मिन्नुपढौकित्वा प्रभजन्ति समादरात्।
ऋद्धिमन्तो नृपेन्द्रास्ते सप्तरत्नसमन्विताः[99] ॥ १३२ ॥
स्वर्गे देवाधिपाश्चापि भवन्ति बोधिभागिनः।
ये चास्मिन् सुरसंपानं सुवर्णगन्धसंयुतम् ॥ १३३ ॥
उपढौक्य समाराध्य प्रभजन्ते समाहिताः।
ते बलिष्ठा महीपेन्द्राः श्रीसमृद्धा निरोगिणः ॥ १३४ ॥
स्वर्गे गताश्च देवेन्द्रा भवन्ति बोधिभागिनः।
ये चास्मिन् स्कन्दमूलानि बीजपत्रफलानि च ॥ १३५ ॥
श्रद्धया समुपस्थाप्य संभजन्ते समाश्रिताः।
ते प्रभुज्य यथाकामं भोग्यानि विविधान्यपि ॥ १३६ ॥
सद्धर्मसाधनारक्ताः संयान्त्यन्ते[100] जिनालयम्।
ये चास्मिन् सुगताधारं पथ्यौषधगणान्यपि ॥ १३७ ॥
समर्प्य श्रद्धया नित्यं प्रसेवन्ते समादरात्।
ते बलिष्ठा सुपुष्टयाङ्गाः सौम्येन्द्रिया निरामयाः ॥ १३८ ॥
राज्यश्रीसुखमाभुज्य संयान्त्यन्ते सुखावतीम्।
ये चाप्यत्र जिनाधारे धर्मधातौ स्वयम्भुवि ॥ १३९ ॥
वितत्योच्चैर्वितानं च संसेवन्ते समादरात्।
धन्यास्ते गुणिनो वन्द्याः शुद्धवंशा विचक्षणाः ॥ १४० ॥
सर्वार्थसिद्धिसम्पन्नाः प्रयान्त्यन्ते जिनालयम्[101]।
ये चास्मिन् सुगतावासे विचित्रानुच्छ्रितान्ध्वजान् ॥ १४१ ॥
अवरोप्य महोत्साहैः संभजन्तेऽभिनन्दिताः।
श्रीसद्गुणसुखधारा भूत्वा भूपाधिपा भुवि[102] ॥ १४२ ॥
स्वर्गे देवाधिपाश्चान्ते संप्रयान्ति जिनालयम्।
सौवर्णरत्नपुष्पादि-छत्राणि विविधानि ये ॥ १४३ ॥
आरोप्याऽत्र महोत्साहैः संभजन्ते प्रमोदिताः।
ते नरेन्द्राः सुरेन्द्राश्च छत्रोपमाः सदा भवे ॥ १४४ ॥
महत्सुखानि भुक्त्वान्ते संप्रयान्ति जिनालयम्।
ये चास्मिन् सुगतावासे पताकाः पञ्चरङ्गिकाः[103] ॥ १४५ ॥

---

98 स्वयंभुवे इति खपाठः।

99 गन्धरत्नाश्च इति कपाठः।

100 संत्यजन्ति इति कपाठः।

101 गृहालयम् इति कपाठः।

102 भूमौ इति घपाठः।

103 पञ्चकामदा इति कपाठः।

समावलंवयित्वापि संसेवन्ते[104] महोत्सवैः ।
ते भूत्वात्र महीपालाः सदा देवाधिपा अपि ॥ १४६ ॥
भद्रश्रीसत्सुखं भुक्त्वा संयान्त्यन्ते जिनालयम् ।
ये चास्मिन् विविधैर्वाद्यैः संगीतिमुरजादिभिः ॥ १४७ ॥
तौर्यवंशादिभिश्चापि संसेवन्ते महोत्सवैः ।
ते मनोज्ञस्वनादिव्यश्रीश्रीश्रीसद्गुणाश्रयाः ॥ १४८ ॥
सद्धर्मसाधनं कृत्वा व्रजन्ति सुगतालयम् ।
सलाजाक्षतपुष्पाणि ये चास्मिन् सुगतालये ॥ १४९ ॥
प्रक्षिप्य श्रद्धया भक्त्या संभजन्ते समादरात् ।
दुर्गतिं ते न गच्छन्ति संजाताः सङ्गतौ सदा ॥ १५० ॥
सर्वसत्त्वहितं कृत्वा संप्रयान्ति जिनालयम् ।
सधातुद्रव्यरत्नादि-दक्षिणा यत्र ये मुदा ॥ १५१ ॥
श्रद्धया परिढौकित्वा संभजन्ते सदादरात् ।
दिव्यश्रीसुखभुञ्जाना भद्रश्रीसद्गुणाश्रयाः ॥ १५२ ॥
सर्वसत्त्वहितं कृत्वा संप्रयान्ति जिनालयम् ।
ये चापि स्तुतिभिस्तथ्यैरेनं बुद्धालयं मुदा ॥ १५३ ॥
पद्यैर्गद्यमयैश्चापि स्तुत्वा भजन्ति सादरम् ।
बहुरत्नसमृद्धास्ते सर्वविद्याविचक्षणाः ॥ १५४ ॥
भूपाः स्वर्गाधिपाश्चापि भूत्वान्ते यान्ति सौगतम् ।
श्रद्धयैनं जगन्नाथं समाश्रयन्ति श्रद्धया[105] ॥ १५५ ॥
नत्वाष्टांगैः प्रसन्ना ये संभजन्ते समादरात् ।
सप्तरत्नसमेतास्ते नृपाधिपा महर्द्धिकाः ॥ १५६ ॥
सद्धर्मसाधनारक्ता भवन्ति बोधिचारिणः ।
ये चैनं चैत्यराजेन्द्रमनेकशः प्रदक्षिणाम् ॥ १५७ ॥
कृत्वा ध्यात्वाप्यनुस्मृत्वा नामोच्चार्य भजन्त्यपि ।
जातिस्मराश्चिरायुष्का मतिमन्तः सुवर्णिनः ॥ १५८ ॥
वन्द्याः पूज्याश्च मान्यास्ते भवेयुर्बोधिचारिणः[106] ।
शुद्धाश्च भस्मसंक्षालैः समालिप्य समन्ततः ॥ १५९ ॥
समभ्यर्च्य सहोत्साहैर्ये भजन्त्येनमीश्वरम्[107] ।
शोक-क्लेशाग्निसंताप-विवर्जिताश्चिरायुषः ॥ १६० ॥
नीरोगाः सुखिनो देवा भवेयुर्भूमिपाश्च ते ।
ये च निर्माल्यमाकृष्य शोधयित्वात्र सर्वतः ॥ १६१ ॥

---

104 संभन्द्रन्ते इति कपाठः ।
105 स्वयंभुवं इति खपाठः ।
106 ज्ञानिनः इति कपाठः ।
107 गौरवम् इति घपाठः ।

समुपाश्रित्य सेवन्ते सम्बुद्धभक्तिमानसाः ।
निर्मुक्तक्लेश-शोकास्ते दर्शनीयाः शुभेन्द्रियाः[108] ॥ १६२ ॥
श्रीमन्तः पुण्डरीकास्या भवेयुर्बोधिचारिणः ।
जीर्णे शीर्णे विभग्नेऽस्मिन् प्रतिसंस्कृत्य ये मुदा ॥ १६३ ॥
प्रतिष्ठाप्य महोत्साहैः संभजन्ते समादरात् ।
सर्वसम्पत्समृद्धास्ते पुष्टेन्द्रिया निरामयाः ॥ १६४ ॥
धर्मकामाः शुभाचारा भवेयुर्बोधिचारिणः ।
जल्पित्वा यस्य मन्त्राणि धारणीश्च समाहिताः[109] ॥ १६५ ॥
ध्यात्वा स्मृत्वा समुच्चार्य नामापि प्रभजन्ति च ।
तेऽपि सर्वे महासत्त्वाः परिशुद्धत्रिमण्डलाः ॥ १६६ ॥
भद्रश्रीसद्गुणाधारा भवेयुर्बोधिचारिणः ।
एवं महत्तरं पुण्यमस्मिन् धर्माधिपालये ॥ १६७ ॥
श्रद्धाभजनसंभूतमित्यादिष्टं मुनीश्वरैः ।
मयैतत्पुण्यसंक्षिप्तमात्रं तु कथ्यतेऽधुना ॥ १६८ ॥
समग्रं विस्तरेणात्र समाख्यातुं न शक्यते ।
एवं मत्वास्य सत्कारपूजाफलं महत्तरम् ॥ १६९ ॥
श्रद्धया शरणं गत्वा कर्तव्यं भजनं सदा ।
येऽप्यस्मिञ्छरणं गत्वा श्रद्धया समुपाश्रिताः ॥ १७० ॥
सुप्रसन्नाशया भक्त्या भजन्ति बोधिमानसाः ।
न ते गच्छन्ति कुत्रापि दुर्गतिं च कदाचन ॥ १७१ ॥
संजाताः सद्गतिष्वेव भवेयुर्बोधिचारिणः ।
सदा ते सुकुले जाता बोधिसत्त्वा विचक्षणाः ॥ १७२ ॥
सर्वसत्त्वहिताधानं[110] चरेयुर्व्रतमाभवम् ।
ततस्ते बोधिसंभारं पूरयित्वा यथाक्रमम् ॥ १७३ ॥
त्रिविधां बोधिमासाद्य निर्वृतिपदमाप्नुयुः ।
न हि चित्तप्रसादस्य स्वल्पा भवति दक्षिणा ॥ १७४ ॥
तथागतेषु सद्धर्मे संबुद्धे श्रावकेष्वपि ।
एवं ह्यचिन्त्याः संबुद्धा बुद्धा धर्माश्च निर्मलाः ॥ १७५ ॥
अचिन्त्यो हि प्रसन्नानां विपाकश्च महत्फलः ।
एवं मत्वा त्रिरत्नेषु भक्तिपूजा-फलं महत् ॥ १७६ ॥
कार्या भक्तिः सदात्रैव धर्मधातौ जिनालये ।
इत्यादिष्टं मुनीन्द्रेण श्रुत्वा सर्वे समाश्रिताः ॥ १७७ ॥
लोकास्तथेति विज्ञाप्य प्रीत्यानन्द-प्रबोधिताः ।
इति मे गुरुणादिष्टं श्रुतं मया तथोच्यते ॥ १७८ ॥

---

108 शुभाज्ञया इति गपाठः ।

109 समन्ततः इति कपाठः ।

110 हितायात्र इति कपाठः ।

त्वमप्येवं सदा राजन् भज तत्र जिनालयम् ।
तत्पुण्येन ते भद्रं निरुत्पातं सदा भवेत् ॥ १७९ ॥
बोधिचित्तरसं प्राप्य बोधिसत्त्वो भविष्यसि[111] ।
ततः सम्बोधिसंभारं पूरयित्वा तथाक्रमम् ॥ १८० ॥
मारान्निर्जित्य संबोधिं प्राप्य बुद्धपदं लभेः ।
इति शास्त्रार्हता दिष्टं संगम्यैष नराधिपः ॥ १८१ ॥
अशोकः ससभालोकः प्राभ्यनन्दत् प्रबोधितः ।

इति श्रीस्वयंभूत्पत्तिकथायाः श्रीस्वयंभूभट्टारकोद्देशपूजावर्णनं नाम द्वितीयोऽध्यायः सम्पूर्णः ।

111 भवेरपि इति कपाठः ।

अथ तृतीयोऽध्यायः

अथाशोको महीपालः साञ्जलिः पुरतः स्थितः[112]।
तमर्हन्तं यतिं नत्वा प्रार्थयेदेवमादरात्॥ १॥
भदन्त ! श्रोतुमिच्छामि तद्भूमेः सत्कथां शुभाम्[113]।
तत्सम्यक् समुपादिश्य संबोधयतु नो भवान्॥ २॥
इति संप्रार्थिते राज्ञा सोऽर्हन् यतिर्महामतिः।
उपगुप्तो नरेन्द्रं तं सम्पश्यन्नेवमब्रवीत्[114]॥ ३॥
साधु शृणु महाराज ! यथा मे गुरुणोदितम्।
तथाहं ते प्रवक्ष्यामि लोकबोधाय साम्प्रतम्[115]॥ ४॥
तद्यथायं महासत्त्वो मैत्रेयः स जिनात्मजः।
भगवन्तं पुनर्नत्वा साञ्जलिरेवमब्रवीत्॥ ५॥
भगवन् ! ज्ञातुमिच्छामि महाजलाशयो ह्रदः।
कदा भूमिप्रदेशोऽत्र कथं जलाशयोऽभवत्॥ ६॥
कस्य वा समये देशे ग्रामादयः प्रवर्तिताः।
तत्सर्वं समुपादिश्य सर्वानस्मान् प्रबोधय॥ ७॥
इति संप्रार्थिते तेन मैत्रेयेण सः सर्ववित्।
भगवान्तं महासत्त्वं सम्पश्यन्नेवमादिशत्॥ ८॥
साधु ! शृणु ! महासत्त्व ! यदत्राभूत् महीतले।
तत्प्रवृत्तिं समाख्यापि लोकज्ञानाय सम्प्रति[116]॥ ९॥
तद्यथा भूवि लोकानां वर्षषष्टिसहस्रकम्।
परमायुस्तदा शास्ता विश्वभूर्नाम सर्ववित्॥ १०॥
धर्मराजो मुनीन्द्रोऽर्हन् तथागतो विनायकः।
सर्वविद्याधिपस्तायी संबुद्धः सुगतो जिनः॥ ११॥
सोऽनुपमानाम पुर्यामुपकण्ठे जिनाश्रमे।
सर्वसत्त्व-हितार्थेन विजहार ससांघिकः॥ १२॥
मैत्रेयोऽहं तदाऽभूवं विश्वभूव उपासकः।
पर्वताख्यो महासत्त्वो बोधिसत्त्वो हितार्थभृत्॥ १३॥
तत्र स भगवाञ्छास्ता संभासयन् सुधांशुवत्।
सद्धर्मं समुपादेष्टुं सभासने समाश्रयत्॥ १४॥
तं दृष्ट्वा भिक्षवः सर्वे श्रावकाः ब्रह्मचारिणः।

---

112 पुरः आश्रितः इति गपाठः।
113 नास्ति इति कपाठः।
114 दिशते इति खपाठः।
115 सर्वलोकाभिवोधने इति खपाठः।
116 सर्वलोकाभिवोधने इति कपाठः।

प्रत्येक-सुगताश्चापि बोधिसत्त्वाश्च चैलकाः[117] ॥ १५ ॥
भिक्षुण्यो ब्रह्मचारिण्यो यतयोऽयोगिनोऽपि च।
त्रिरत्नभजनासक्ता उपासका उपासिकाः ॥ १६ ॥
एवमन्येपि लोकाश्च सद्धर्मगुणलालसाः।
भद्रश्री-सद्गुणारक्ताः संबुद्धदर्शनोत्सुकाः ॥ १७ ॥
तत्सुधर्मामृतं पातुं समेत्येनं मुनीश्वरम्[118]।
यथाक्रमं समभ्यर्च्य नत्वा साञ्जलयो मुदा ॥ १८ ॥
परिवृत्य पुरस्कृत्य समुद्विक्ष्य समादरात्।
तत्सभायां समाश्रित्य संनिषेदुः समाहिताः ॥ १९ ॥
एवं ब्रह्मादयः सर्व ऋषयो ब्रह्मचारिणः।
तीर्थिका अपि सर्वे तत्सद्धर्मं श्रोतुमागताः ॥ २० ॥
शक्रदयोऽपि देवाश्च सर्वलोकाधिपा अपि।
ग्रहास्तारागणाः सिद्धाः साध्या विद्याधरा अपि ॥ २१ ॥
सर्वेऽपि ते समागत्य भगवन्तं यथाक्रमम्।
समभ्यर्च्य नमस्कृत्य[119] सभायां समुपाश्रयन् ॥ २२ ॥
एवं च ब्राह्मणा विज्ञा राजानः क्षत्रिया अपि[120]।
वैश्याश्च मन्त्रिणोऽमात्या गृहस्थाश्च महाजनाः ॥ २३ ॥
शिल्पिनो वणिजश्चापि सार्थवाहाश्च पौरिकाः।
ग्राम्या जानपदाश्चापि तथाऽन्ये देशवासिनः ॥ २४ ॥
सर्वे ते समुपागत्य भगवन्तं यथाक्रमम्।
समभ्यर्च्य नमस्कृत्य कृत्वा[121] प्रदक्षिणान्यपि ॥ २५ ॥
गरूकृत्य पुरस्कृत्य परिवृत्य समन्ततः।
सत्सधर्मामृतं पातुमुपतस्थुः समाहिताः ॥ २६ ॥
तान्दृष्ट्वा समुपासीनान् विश्वभूर्भगवाञ्जिनः।
आदि-मध्यान्त-कल्याणं सद्धर्मं समुपादिशत् ॥ २७ ॥

117 कौलिका इति गपाठः।
118 कम्पिते इति इति कपाठः।
119 प्रणत्वा तत् इति कपाठः।
120 अथ इति कपाठः।
121 प्रणत्वा च।

तत्सद्धर्मामृतं पीत्वा सर्वे लोकाः सभाश्रिताः ।
धर्मविशेषमाज्ञाय प्राप्यानन्द-प्रबोधिताः ॥ २८ ॥
तस्मिन्क्षणे मही सर्वा चचाल सह पर्वतैः[122] ।
सुप्रसन्ना दिशः सर्वा रेजू रवीन्द्र-वह्नयः ॥ २९ ॥
सुरदुन्दुभयो नेदुर्निपेतुः पुष्पवृष्टयः ।
निरुत्पातं महोत्साहं प्रावर्तत समन्ततः ॥ ३० ॥
तद् विलोक्य सभालोकाः सर्वे ते विस्मयान्विताः ।
श्रोतुं तद्धेतुं सर्वज्ञमुद्वीक्ष्य तस्थुराद्रिताः ॥ ३१ ॥
तदा गगनगञ्जाख्यो बोधिसत्त्वः समुत्थितः ।
उद्वहन्नुत्तरासंगं पुरतः समुपस्थितः[123] ॥ ३२ ॥
सर्वज्ञं तं महाभिज्ञं धर्मराजं विनायकम् ।
विश्वभुवं मुनिं नत्वा साञ्जलिरेवमब्रवीत् ॥ ३३ ॥
निमित्तं भगवन् चैतत्[124] कस्येदं जायतेऽधुना ।
तद् भवान् समुपादिश्य संबोधयतु नो गुरोः ॥ ३४ ॥
इति संप्रार्थिते तेन भगवान् स मुनीश्वरः ।
गगनगंजमालोक्य तां सभां चैवमब्रवीत् ॥ ३५ ॥
कुलपुत्र ! महद्भद्रनिमित्तमिदमाचरत् ।
तदहं संप्रवक्ष्यापि शृणुत यूयमादरात् ॥ ३६ ॥
तद्यथा त्रिगुणाभिज्ञो मंजुश्रीः सुगतात्मजः ।
उत्तरस्यां विहरति महाचीने नगाश्रमे ॥ ३७ ॥
तस्य भार्या उभे ज्येष्ठा केशिनी श्रीवरप्रदा ।
विद्या-सद्गुण-संभर्त्री द्वितीया चोपकेशिनी ॥ ३८ ॥
एकस्मिन् समये तत्र मंजुश्रीः सद्गणोदधिः ।
लोकसंदर्शनं नाम समाधिं विदधे मुदा ॥ ३९ ॥
ध्यानदृष्ट्या ददर्शात्र महाह्रदसरोरुहे[125]।

122 सपर्वताः ।
123 श्रितः ।
124 भगवन्तद्रनैमित्यं ।
125 जिनलयम् इति कपाठः ।

रत्नमयं समुत्पन्नं धर्मधातुं जिनालयम् ॥ ४० ॥
स्वयंभुवं तमालोक्य मंजुदेवः सुसन्मतिः ।
संहर्षितः पुनर्ध्यात्वा मनसैवं व्यचिन्तयत् ॥ ४१ ॥
अहो !! स्वयं समुद्भूतो धर्मधातुर्जिनालयः[126] ।
निर्जने सुजल-ज्योतिरूपः संभासयन् स्थितः ॥ ४२ ॥
तत्तथाहं करिष्यामि गत्वा तत्र महाह्रदे ।
शोषयित्वा तदम्भांसि यथा पृथ्वीतलो भवेत् ॥ ४३ ॥
तदा तत्र महीभूते निर्जले सुप्रतिष्ठिते ।
शिलोच्चये प्रतिष्ठाप्य भजिष्यामि तमीश्वरम् ॥ ४४ ॥
तथा तत्र महीभूते ग्रामादि-वसतिर्भवेत् ।
तदा सर्वेऽपि लोकाश्च भजेयुस्तं जिनालयम् ॥ ४५ ॥
तथा तत्पुण्यभावेन सर्वदा तत्र मंगलम् ।
निरुत्पातं भवेन्नूनं लोकाश्च स्युः सुभाविनः ॥ ४६ ॥
ततस्ते मानवाः सर्वे तमेव शरणाश्रिताः ।
यथाशक्ति महोत्साहैः प्रभजेयुः सदा मुदा ॥ ४७ ॥
ततस्तत्पुण्यशुद्धास्ते सद्धर्म-गुणलालसाः ।
महासत्त्वा बोधिसत्त्वाश्चरेयुर्बोधिसंवरम् ॥ ४८ ॥
ततस्ते बोधिसंभारं पूरयित्वा यथाक्रमम् ।
त्रिविधां विधिमासाद्य निर्वृतिपदमाप्नुयुः ॥ ४९ ॥
एवं कृत्वा महत्पुण्यं प्राप्याहं त्रिजगत्स्वपि ।
कृत्वा धर्ममयं कृत्यं निर्वृतिपदमाप्नुयाम् ॥ ५० ॥
इति ध्यात्वा विनिश्चित्य मञ्जुश्रीः स जिनात्मजः ।
मंजुदेवाभिधं चारुरूपं धृत्वा महर्द्धिमान् ॥ ५१ ॥
केशिनी वरदा नाम मोक्षदा चोपकेशिनी ।
भूत्वानेकैः महासत्त्वैः सर्वैः सह समागमत्[127] ॥ ५२ ॥
ततश्चरन् सभार्योऽसौ मंजुदेवः ससांघिकः ।
सर्वत्र भद्रतां कुर्वन्[128] महोत्साहैः समागमत्[129] ॥ ५३ ॥
तत्र ते समुपागत्य दूरतः संप्रभास्वरम् ।
महाह्रदाब्जमध्यस्थं ददृशुस्तं जिनालयम् ॥ ५४ ॥
तत्र ते तं समालोक्य ज्योतीरूपं समुज्वलम् ।
प्रणम्य[130] सहसोपेत्य कृत्वा प्रदक्षिणानि च ॥ ५५ ॥

---

126 स्वयंभुवः इति गपाठः ।
127 सहसर्वोऽपिनेचरत् इति कपाठः ।
128 कृत्वा इति घपाठः ।
129 चरत् इति खपाठः ।
130 प्रणत्वा इति गपाठः ।

तत्तीरे पर्वते रम्ये सर्वेऽपि ते समाश्रिताः ।
तं चैत्यमेव संवीक्ष्य न्यवसन् ते प्रमोदिताः ॥ ५६ ॥
ततः प्रातः समुत्थाय मञ्जुदेवः स ऋद्धिमान् ।
भक्त्या परमयास्तौषीज्जिनालयं स्वयंभुवम् ॥ ५७ ॥
ज्योतीरूपाय चैतन्यरूपाय भवते नमः ।
अनादि-निधनाय-श्रीदात्रे प्रणवरूपिणे ॥ ५८ ॥
विश्वतो मुखरूपाय स्वाहास्वधास्वरूपिणे ।
पृथ्व्यादिभूतनिर्मात्रे महामहस्वरूपिणे ॥ ५९ ॥
जगत्स्रष्टे जगत्पात्रे जगद्धर्त्रे नमो नमः ।
जगद्वन्द्याय जगतामाराधाय च ते नमः ॥ ६० ॥
अतिस्थूलाय सूक्ष्माय विकाराय विकारिणे ।
निराकृतिकृते तुभ्यं सच्चिदानन्दमूर्तये ॥ ६१ ॥
वषट्कारस्वरूपाय हुतभुजे स्वयं नमः ।
होत्रे हवनरूपाय होमद्रव्याय ते नमः ॥ ६२ ॥
भक्तिलभ्याय सौम्याय भक्तवत्सलाय नमः[131] ।
ध्यानगम्याय ध्येयाय चतुवर्गप्रदायिने ॥ ६३ ॥
अग्ररत्नाय निःसीममहिम्ने सर्वदा नमः ।
गुणातीताय योगाय योगिने च सदा नमः ॥ ६४ ॥
एवं स्तुत्वा मंजुदेवः पुनः क्षमार्थतां व्यधात्[132] ।
प्रसीद भगवन् तावद् ह्रदं संशोषितुं यते ॥ ६५ ॥
इत्युक्त्वा चन्द्रहासं स सज्जीकृत्य समन्ततः ।
त्रिधा प्रदक्षिणीकृत्य समन्ततो व्यलोकयत् ॥ ६६ ॥
विलोक्य स महासत्त्वो याम्यदिशावृतं नगम्[133] ।
चन्द्रहासेन खड्गेन छित्वा जलाशयं व्यधात् ॥ ६७ ॥
तच्छिन्नशैलमार्गेण तज्जलानि समन्ततः ।
प्रनिर्गत्याशु सर्वाणि गंगासंगममाययुः ॥ ६८ ॥
तदारभ्य नदा नद्यो बभूवुर्भूतले ह्रदाः ।
दिग्विदिक्ष्वमलांभोभिस्तद् द्वीपैः परिपूरिताः ॥ ६९ ॥
तत्र निरुध्य येऽम्बुनि यत्र ये नु शिलाः स्थिताः ।
तत्र तत्र स तान् सर्वाञ्छित्वा जलं ह्यवाहयत्[134] ॥ ७० ॥
एवं स सर्वतः छित्वा कृत्वा तज्जलनिर्गमम् ।
त्रिरात्रेण जलानि च सर्वाणि निरचारयत् ॥ ७१ ॥
तज्जलाधानमेकन्तु ह्रदं धनादहाभिधम् ।

---

131 भक्तवत्सले नमः इति कपाठः ।

132 कृत इति गपाठः ।

133 याम्यदिशिकृतम् इति कपाठः ।

134 चारयेत् ।

कर्कोटकस्य नागस्य वासस्थानमभूत्ततः[135] ॥ ७२ ॥
सिंहेनोपद्रुता यद् वद् गजेन्द्राभयविह्वलाः ।
महारावै रुदन्तो वै विद्रुवन्ते दिशो दशः ॥ ७३ ॥
एवं तज्जलसंघातश्चन्द्रहासासिछेदनात् ।
मार्गान्तरान्निरगमत् पंकशेषं यथाभवत् ॥ ७४ ॥
तज्जलाधानमेकन्तु ह्रदं धराद्रहाभिधम् ।
कर्कोटकस्य नागस्य समस्थापयदाश्रयम् ॥ ७५ ॥
ततस्तस्मिन् जले शुष्के यदाधारसरोरुहः ।
तदेव पर्वतीभूय धर्मधातुर्व्यवस्थितः ॥ ७६ ॥
मंजुदेवानुभावेन स सर्वपर्वतोत्तमः ।
अभेद्यो वज्रवत्तेन वज्रकूट इति स्मृतः ॥ ७७ ॥
तदिदं भूतलं रम्यं समन्ततो नगावृतम् ।
उपछन्दोह इत्याख्यो हिमालयोऽपि चोच्यते ॥ ७८ ॥
सुदुर्जया स्वरूपाभूः प्रज्ञा ज्ञानानुभाविनी ।
हेरुकमण्डलाकारा भूत्वा समवतिष्ठते ॥ ७९ ॥
तत्रापि च प्रधाना श्रीर्महादेवी खगानना ।
धर्मोदया समाहुता संतिष्ठते जगत्कृते[136] ॥ ८० ॥
तां दृष्ट्वा स महाचार्यो मञ्जुदेवो महर्द्धिमान् ।
बोधिसत्त्वो महासत्त्वः भूयश्चा[137]नन्दितोऽभवत् ॥ ८१ ॥
ततः स तां महादेवीं समालोक्य प्रमोदितः ।
उरसा शिरसा दृष्ट्वा वचसा मनसा तथा ॥ ८२ ॥
पद्भ्यां कराभ्यां जानुभ्यामष्टांगोऽयमिति स्मृतः ।
अष्टांगैः प्रणतिं कृत्वा सांजलिः समुपाश्रयत् ॥ ८३ ॥
सुप्रसन्नमुखाम्भोजः सुप्रबुद्धः शयाम्बुजः ।
संपश्यन् तां महादेवीं स्तोत्रैरेवं मुदाभजत् ॥ ८४ ॥
महादेवि भगवति भवत्याः शरणं व्रजे ।
वन्दे पादाम्बुजे नित्यं भजामि तत्प्रसीदतु ॥ ८५ ॥
जननी सर्वबुद्धानां त्वमेव बोधिदायिनी ।
सर्वेषां बोधिसत्त्वानां माता हितानुपालिनी ॥ ८६ ॥
सर्वहितार्थ-संसक्ता[138] सर्वपापविशोधिनी ।
दुष्टमारागणाक्षोभा महानन्दा सुखप्रदा ॥ ८७ ॥
सद्धर्म-साधनोत्साह-वलवीर्य-गुणप्रदा ।
निःक्लेशस्तिमित-ध्यान-समाधि-सुखदायिनी ॥ ८८ ॥

---

[135] समस्थाप यदाश्रमं ।
[136] द्धिते इति कपाठः ।
[137] भूयश्चा इति कपाठः ।
[138] संभक्तिं इति गपाठः ।

प्रज्ञागुण-महारत्न-श्री-समृद्धि प्रदायिनी।
तव भक्त्या पदाम्भोजशरणस्थो भजाम्यहम्॥ ८९॥
इति संप्रार्थ्य स प्राज्ञो मंजुदेवः स शम्बरी।
तस्या भक्तिप्रसन्नात्मा समाराधितुमैच्छत॥ ९०॥
अथ तत्र स आचार्यः सगणः संप्रमोदितः।
मार्गशीर्षे सिते पक्षे[139] नवम्यां रविवासरे॥ ९१॥
प्रातः स्नात्वा विशुद्धात्मा शुचिवस्त्रावृतः सुधीः।
उपोषधव्रतं[140] धृत्वा देवीमाराधयन् स्थितः॥ ९२॥
रात्रौ जागरणं कृत्वा धारणी-मन्त्रजल्पनैः[141]।
स्तुतिभिश्च समाराध्य प्राभजच्च जिनेश्वरीम्॥ ९३॥
ततः प्रातः दशम्यां स स्नात्वा गन्धोदकैर्मुदा।
दत्वा दानं यथाकामं परिशुद्धत्रिमण्डलः॥ ९४॥
यथाविधि समभ्यर्च्य तां देवी परमेश्वरीम्।
महोत्साहैः स्तुतिं कृत्वा त्रिधा प्रदक्षिणानि च॥ ९५॥
सुप्रसन्नमुखाम्भोजः सद्धर्मगुणमानसः।
भूयोऽष्टांगैः प्रणम्यैवं प्रार्थयत् साञ्जलिर्मुदा॥ ९६॥
प्रसीदतु जगन्मातर्भवत्याः समुपाश्रयात्।
सम्बोधिसाधनोत्साहो भजामि सर्वदा मुदा॥ ९७॥
इति संप्रार्थ्य स प्राज्ञो नत्वाष्टांगैर्मुदा च ताम्।
तत्पद्मामृतमादाय त्रिधा ह्यञ्जलिनाऽपिबत्॥ ९८॥
तदमृतं निपीयासौ संविशुद्धत्रिमण्डलः।
अष्टाक्षणविनिर्मुक्तः संबुद्धक्षणमाप्तवान्॥ ९९॥
एवं कृत्वा स आचार्य देव्या भक्तिपरायणः।
संबुद्धक्षणमासाद्य सर्वधर्माधिपोऽभवत्॥ १००॥
ततःश्रीमान् स आचार्यो बोधिसत्त्वो जगत्कृते।
ससंघश्चावसत् तत्र भर्मधातोरुपाश्रमे॥ १०१॥
तस्य तत्र स्थितत्त्वेन[142] प्रदेशः श्री मनोहरः।
स्यात्सर्वत्रापि मंजुश्रीपर्वत इति विश्रुतः॥ १०२॥
तत्र स्थितः सदा चासौ धर्मधातोरुपासकः।
सर्वसत्त्वहितार्थेन प्राभजत् स जिनात्मजः॥ १०३॥
तत्समीक्ष्यामला सर्वे ब्रह्मेन्द्र-प्रमुखा अपि।
सर्वे लोकाधिपाश्चापि मुदा तत्र समागताः॥ १०४॥
तत्रैवोपोषधं धृत्वा कृत्वा जागरणं निशि।

---

139 शितैः पक्षैः इति घपाठः।
140 पोषधसम्बरं इति घपाठः।
141 जल्पने इति कपाठः।
142 तत्समभ्यषितत्वात् इति खपाठः।

जपित्वा[143] धारणी-मन्त्रान् ध्यात्वा तां श्रीजिनेश्वरीम् ॥ १०५ ॥
यथाविधि समभ्यर्च्य कृत्वा प्रदक्षिणानि च ।
कृत्वाष्टांगप्रणामानि स्तुतिभिश्चाभजन् मुदा ॥ १०६ ॥
एवं तस्या महादेव्याः सर्वे ते शरणाश्रिताः ।
धर्मश्रीगुणसंपत्ति-महर्द्धिसिद्धिमाप्नुवन् ॥ १०७ ॥
ततस्ते चामराः सर्वे सेन्द्र-ब्रह्मादयोऽधिपाः ।
वज्रकूटं नगाब्जं तं समीक्ष्यन्ते जिनालयम् ॥ १०८ ॥
अनुमोद्याभिनन्दन्ते तस्यापि शरणं गताः ।
महोत्साहैः समभ्यर्च्य प्राभजन्त समादरात् ॥ १०९ ॥
ततः सर्वेऽमरास्तावत् सर्वे लोकाधिपाश्च ते ।
अस्यापि मंजुदेवस्य वज्राचार्यस्य सद्गुरोः ॥ ११० ॥
शरणं समुपासृत्य दिव्यपूजोपहारकैः ।
समभ्यर्च्य महोत्साहैः प्राभजन्त प्रमोदिताः ॥ १११ ॥
एवं मन्वादयः सर्वे मनुयोऽपि महर्षयः ।
यतयो योगिनश्चापि भिक्षवो ब्रह्मचारिणः ॥ ११२ ॥
चैलका बोधिसत्त्वाश्च महासत्त्वा जिनात्मजाः ।
ते सर्वे समुपागत्य तस्या देव्या उपासकाः ॥ ११३ ॥
यथाविधि समभ्यर्च्य प्राभजन्त प्रमोदिताः ।
ततस्ते धर्मधातुञ्च सर्वेऽपि शरणाश्रिताः ॥ ११४ ॥
समभ्यर्च्य महोत्साहैर्नत्वा कृत्वा प्रदक्षिणाम् ।
सुप्रसन्न-मुखाम्भोजाः प्राभजन्त प्रमोदतः[144] ॥ ११५ ॥
ततस्ते च महासत्त्वं मञ्जुदेवं महर्द्धिकम् ।
आचार्यं च समुत्साहैः समर्चयन् प्रमोदिताः ॥ ११६ ॥
प्रत्येक-सुगताश्चापि सर्वे तत्र समागताः ।
तां देवीं धर्मधातुं तमाचार्यं च समर्चयन् ॥ ११७ ॥
सर्वे तथागताश्चापि पूजामेघमहद्धनैः[145] ।
तां देवीं धर्मधातुं तमाचार्यं च समर्चयन् ॥ ११८ ॥
एवमन्येऽपि लोकाश्च दृष्ट्वैव समुपागताः ।
तां देवीं धर्मधातुञ्च तमाचार्यं च प्राभजन् ॥ ११९ ॥
एतत्पुण्यानुभावेन चलिता सानुगा मही ।
पुष्पवृष्टिः शुभोत्साहः प्रावर्तत समन्ततः ॥ १२० ॥
इत्यादिष्टं मुनीन्द्रेण विश्वभूवा निशम्यते ।
सर्वे सभाश्रिता लोका विस्मयं समुपाययुः ॥ १२१ ॥
ततः सर्वेऽपि ते लोकास्तां देवीं श्रीमहेश्वरीम् ।

---

[143] उषित्वा इति इति कपाठः ।
[144] प्रमोदितनः इति कपाठः ।
[145] सर्जनैः इति गपाठः ।

धर्मधातुं तमाचार्यं द्रष्टुमभिववाञ्छिरे ॥ १२२ ॥
तदाशयं परिज्ञाय गगनगञ्ज उत्थितः ।
भगवन्तं प्रणम्यैव साञ्जलिः पुनरब्रवीत्[146] ॥ १२३ ॥
भगवन् ! सर्व इच्छन्ति द्रष्टुं तां सुखगेश्वरीम् ।
धर्मधातुं तमाचार्यं तदनुज्ञां ददातु नः ॥ १२४ ॥
इति संप्रार्थितं तेन भगवान् स मुनीश्वरः ।
गगनगञ्जमात्मज्ञं तं पश्यन्नेवमादिशत् ॥ १२५ ॥
साधु ! साधु ! महादेवीं खगाननां जिनेश्वरीम्[147] ।
धर्मधातुं तमाचार्यमपिद्रष्टुं यदीच्छथ ॥ १२६ ॥
तत्र हिमालये गत्वा तां श्रीदेवीं खगाननाम् ।
धर्मधातुं तमाचार्यं संभजध्वं यथाविधि ॥ १२७ ॥
इत्यादिष्टं मुनीन्द्रेण विश्वभुवा निशम्यते ।
सर्वे लोका महोत्साहैरत्रायायुः प्रमोदिताः ॥ १२८ ॥
अहमपि मुनीन्द्रस्य प्राप्यानुज्ञां प्रमोदितः ।
तैः सार्द्धं प्रस्थितो दूरात्पश्यन्निमं समागतः[148] ॥ १२९ ॥
अत्र प्राप्तः समालोक्य धर्मधातुमिमं मुदा ।
समभ्यर्च्य महोत्साहैस्तैर्लोकैः सह प्राभजम् ॥ १३० ॥
श्रद्धया शरणं गत्वा कृत्वा चैनां प्रदक्षिणाम् ।
स्तुत्वाष्टांगैः प्रणम्यैव[149] प्रार्थयं बोधिसम्वरम् ॥ १३१ ॥
ततोऽहं मंजुदेवाख्यं तमाचार्यं समीक्ष्य च ।
समभ्यर्च्य महोत्साहैः प्राभजं च सहानुगैः ॥ १३२ ॥
ततस्तस्योपदेशेन तां श्रीदेवीं खगाननाम् ।
यथाविधि समाराध्य महोत्साहैः समर्चयम् ॥ १३३ ॥
कृत्वा प्रदक्षिणां चापि नत्वाष्टांगैः प्रमोदितः ।
स्तुत्वा ध्यात्वा च संबोधिं संप्रार्थयं जगत्कृते ॥ १३४ ॥
एतत्पुण्यानुभावेन परिशुद्धत्रिमण्डलः ।
अष्टाक्षणविनिर्मुक्तो बोधिसत्त्वोऽभवं कृती ॥ १३५ ॥
ततः सम्बोधिसंभारं पूरयित्वा यथाक्रमम् ।
जित्वा मारगणान् अर्हन् कलावपि जिनोऽभवम् ॥ १३६ ॥
एवमस्या महादेव्या ये ये शरण आश्रिताः ।
यथाविधि समाराध्य भजेयुर्बोधिमानसाः ॥ १३७ ॥
ते ते सर्वे महासत्त्वाः परिशुद्धत्रिमण्डलाः ।
बोधिसत्त्वा महाभिज्ञा भवेयुस्त्रिगुणाधिपाः ॥ १३८ ॥

---

146 भगवन्तन्तमानस्पश्यन्नेवमब्रवीत् इति कपाठः ।
147 मिहेश्वरी इति कपाठः ।
148 समाययौ ।
149 प्रणत्वा च ।

कुत्रापि ते न गच्छेयुर्दुर्गतिञ्च कदाचन।
सदा सङ्गतिसंजाता भवेयुः श्रीगुणाश्रयाः ॥ १३९ ॥
यथाभिवाञ्छितं द्रव्यं दत्वार्थिभ्यो समादरात्।
यथाकामं सुखं भुक्त्वा सञ्चरेयुर्जगत्कृते ॥ १४० ॥
ततो विशुद्धशीलास्ते चतुर्ब्रह्म-विहारिणः[150]।
बोधिसम्बरमाधाय संचरेयुः सदा शुभे ॥ १४१ ॥
ततस्ते स्युर्महासत्त्वाः सद्धर्मसुखलालसाः।
स्वपरात्महिताधारक्षान्तिव्रतसमारताः ॥ १४२ ॥
ततस्ते सद्गुणाधारा वीर्यवन्तो विचक्षणाः[151]।
सद्धर्मसाधनोद्युक्ता भवेयुस्त्रिगुणाधिपाः ॥ १४३ ॥
ततस्ते सुधियो धीरा निःक्लेशा विजितेन्द्रियाः।
समाधिगुणसम्पन्ना भवेयुर्बोधियोगिनः ॥ १४४ ॥
ततस्ते विमलात्मानः सर्वविद्या-गुणाधिपाः।
प्रज्ञाश्रीरत्नसम्प्राप्ता भवेयुः सुगतात्मजाः ॥ १४५ ॥
ततश्च ते महासत्त्वाः सर्वे सत्त्वा हितोत्सुकाः।
सर्वोपायविधिप्राज्ञा भवेयुस्त्रिगुणाधिपाः ॥ १४६ ॥
ततस्ते बोधिसंभार-प्रणिधिरत्नसागराः।
सर्वसत्त्वहितं कृत्वा संचरेयुः सदाशुभे ॥ १४७ ॥
ततश्च ते महाभिज्ञाः भद्रश्री-सद्गुणान्विताः।
बलिष्ठा दुष्टजेतारो भवेयुस्त्रिभवेश्वराः ॥ १४८ ॥
ततस्ते त्रिविधां बोधिमासाद्य भद्रचारिणः।
सम्बोधिज्ञानसद्रत्नसमृद्धाः स्युर्मुनीश्वराः ॥ १४९ ॥
ततस्ते सुगता बुद्धा दशभूमीश्वरा जिनाः।
बोधिमार्गे प्रतिष्ठाप्य कुर्युः सर्वान्सुधार्मिकान् ॥ १५० ॥
एवं धर्ममयं कृत्वा सर्वत्र भुवनेष्वपि।
सुनिर्वृतिपदं प्राप्य संप्रयायुर्जिनालयम् ॥ १५१ ॥
एवमस्या महादेव्या भजनात् प्राप्तमुत्तमम्[152]।
पुण्यं महत्तरं सिद्धं सम्बुद्धपदसाधनम् ॥ १५२ ॥
इति सत्यं समाख्यातं सर्वैरपि मुनीश्वरैः।
विज्ञायास्या महादेव्या भजध्वं शरणे स्थिताः ॥ १५३ ॥
अस्यापि धर्मधातोश्च भजनोद्भूतमुत्तमम्।
पुण्यं महत्तरं सिद्धं सम्बुद्धपदसाधनम् ॥ १५४ ॥
अस्यापि मञ्जुदेवस्य भजनोद्भुतमुत्तमम्।
पुण्यं महत्तरं सिद्धं सम्बुद्धपदसाधनम् ॥ १५५ ॥

---

150 महोरगा इति कपाठः।
151 भजन्ति च इति खपाठः।
152 हूतमुक्तमं इति कपाठः।

मत्वेति यदि वो वाञ्छा विद्यते सौगते पदे[153]।
सर्वे यूयं समाधाय भजतात्र जिनालये॥ १५६॥
खगाननामहादेव्याः शरणे च समाश्रिताः।
ध्यात्वा स्मृत्वा समुच्चार्य नामापि भजताभवम्॥ १५७॥
य एषां शरणे स्थित्वा ध्यात्वा स्मृत्वा समाहिताः।
नामापि समुदाहृत्य भजन्ति सर्वदा भवे॥ १५८॥
ते सभद्रा न गच्छन्ति दुर्गतिं च कदाचन।
सदा सद्गतिसंजाता भवेयुः श्रीगुणश्रयाः॥ १५९॥
बोधिसत्त्वा महासत्त्वा सद्धर्मबोधिचारिणः[154]।
सर्वसत्त्वहितोद्युक्ता भवेयुः सुगतात्मजाः॥ १६०॥
एवं तेषां महत्सौख्यं भद्रश्रीसद्गुणान्वितम्।
सर्वदापि नीरुत्पातं प्रवर्तते समाहितः॥ १६१॥
दैवोत्पातभयस्तेषां विद्यते न समन्ततः।
एतान् दृष्ट्वा सुराः सर्वे रक्षन्तीन्द्रादयो मुदा॥ १६२॥
अग्न्युत्पातभयं तेषां विद्यते न कदाचन।
ते तान्दृष्ट्वा प्रसीदन्तो रक्षेयुर्वह्नयः सदा॥ १६३॥
अकाल-मरणाद् भीतिस्तेषां न विद्यते क्वचित्।
यद्यमोऽपि समालोक्य रक्षति तां प्रसादतः॥ १६४॥
राक्षसस्य भयं तेषां विद्यते न समन्ततः।
यद् वायवोऽपि ता वीज्य रक्षेयुः सर्वदानुगाः॥ १६५॥
यक्षस्यापि भयं तेषां विद्यते न सदा क्वचित्।
यक्षाः समीक्ष्य रक्षेयुः सर्वे यक्षाधिपा अपि॥ १६६॥
भूतेभ्योऽपि भयं तेषां विद्यते न समन्ततः।
यदीशानोपि तान्पश्यन् संरक्षेत् संप्रमोदितः॥ १६७॥
गन्धर्वोत्पाततो भीतिस्तेषां न विद्यते क्वचित्।
धृतराष्ट्रोऽपि तान्पश्यन् संरक्षेत्संप्रसादितः॥ १६८॥
कुम्भाण्डेभ्योऽपि नास्त्येवं भयं तेषां कदाचन।
विरूढको हि तान् पश्यन्नभिरक्षेत् प्रसादतः॥ १६९॥
नागेभ्योऽपि भयं तेषां विद्यते न सदा क्वचित्।
विरूपाक्षो हि सम्पश्यन्तान् रक्षेत् सम्प्रसादितः॥ १७०॥
यक्षेभ्योऽपि सदा तेषां विद्यते न भयं क्वचित्।
कुवेरो हि समालोक्य संरक्षेत् तान् प्रसादितः॥ १७१॥
भयं न किन्नरेभ्योऽपि तेषामस्ति कदाचन।
द्रुमो हि तान् महासत्त्वान् संवीक्षेच्च प्रसादितः॥ १७२॥
गुह्यकेभ्योऽपि नास्त्येव भयं तेषां सुधर्मणाम्।

---

153 च गुरुपदे इति खपाठः।
154 बोधिकामनात् इति खपाठः।

वज्रपाणिर्हितान् वीक्ष्य प्रसादितो भवेत् सदा ॥ १७३ ॥
तथा विद्याधरेभ्योऽपि भयं तेषां न विद्यते।
यतः सर्वार्थसिद्धोऽपि सम्पश्यन् तान् प्रसीदति[155] ॥ १७४ ॥
ग्रहोत्पातभयस्तेषां विद्यते न कदाचन।
ग्रहाधिपा हि सर्वेऽपि संरक्षेयुः प्रसादतः[156] ॥ १७५ ॥
तथा तारागणोत्पातभयं तेषां न विद्यते।
सर्वास्तारा हि तान् वीक्ष्य रक्षयेयुः प्रसादतः[157] ॥ १७६ ॥
सिद्धाः साध्याश्च रुद्राश्च वीक्ष्यावेयुः सदापि तान्।
तत्तेभ्योऽपि भयं क्वापि तेषां नास्ति कदाचन ॥ १७७ ॥
तथा च मातृकोत्पातं भयं नास्ति कदाचन।
सर्वा हि मातृका दृष्ट्वा रक्षेयुस्तां प्रसादिताः ॥ १७८ ॥
महाकालो गणेशोऽपि स्कन्दश्च भैरवा अपि।
सर्वदा तात्समालोक्य रक्षेयुस्तान् संप्रसादिताः ॥ १७९ ॥
प्रेता भूताः पिशाचाश्च वेताला डाकिनीगणाः।
अपि तान् सर्वदालोक्य संरक्षेयुः प्रसादिताः ॥ १८० ॥
एतेभ्योऽपि भयं तेषां विद्यते न कदाचन।
सर्वेऽपि ते सहायाः स्युः सम्बोधिधर्मसाधने ॥ १८१ ॥
सिंहादिसर्वजन्तुभ्यः पक्षिभ्योऽपि समन्ततः[158]।
सर्पादिकृमिकीटेभ्यो भयं तेषां कदापि न ॥ १८२ ॥
दुष्टप्रत्यर्थिकेभ्योऽपि तस्करेभ्योऽपि सर्वतः।
शत्रुभ्योऽपि भयं तेषां विद्यते न समन्ततः ॥ १८३ ॥
यदेतत्पुण्यलिप्तान् तान् समीक्ष्य ते प्रसादिताः।
सर्वे मैत्रीकृपास्नेहनिबद्धाः स्युर्हितार्थिनः ॥ १८४ ॥
एवं सर्वेऽपि सत्त्वास्तान् दृष्ट्वा ते संप्रसादिताः।
स्निग्धचित्ताः प्रसान्नास्याः पश्येयुर्मैत्रीभावतः ॥ १८५ ॥
राजानोऽपि च तान् दृष्ट्वा मैत्रीस्नेहसभाविताः।
सुप्रसन्नाशयाः प्रीता मानयेयुः सदा मुदा ॥ १८६ ॥
मन्त्रिणोऽपि सदा तेषां मैत्रीस्नेहसुभाषिताः।
मानयेयुः यथाकामं सद्धर्मव्रतसाधनम्[159] ॥ १८७ ॥
ब्राह्मणा अपि सर्वे च तेषां सद्धर्मसाधनम्।
दृष्ट्वानुमोदितात्मानो दधुर्भद्राशिषं सदा ॥ १८८ ॥
ऋषयोऽपि तथा सर्वे ते दृष्ट्वा संप्रसादिताः।

155 वेत्सदा इति कपाठः।
156 समीक्ष्य तानवेत्सदा इति खपाठः।
157 सर्वत्रा वेयुराभवं इति कपाठः।
158 कदाचन इति खपाठः।
159 कदाचन इति खपाठः।

पश्यन्तः कृपया दृष्ट्वा मोदयेयुः शुभाशिषा ॥ १८९ ॥
एवं च योगिनः सिद्धा यतयो ब्रह्मचारिणः ।
तीर्थिकास्तापसाश्चापि व्रतिनश्चाप्युपासकाः ॥ १९० ॥
चैरका भिक्षवश्चापि भिक्षुण्यश्चाप्युपासिकाः ।
अपि तान् सुदृशान् दृष्ट्वा नन्दयेयुः शुभाशिषा ॥ १९१ ॥
एवं च श्रावकाः सर्वे प्रत्येकसुगता अपि ।
बोधिसत्त्वाश्च सर्वेऽपि तान् दृष्ट्वा संप्रसादिताः ॥ १९२ ॥
कृपा-दृष्ट्यानुपश्यन्तो मैत्रीस्नेहसुभाविनः ।
रक्षित्वा बोधिमार्गेषु नियोजेयुः सदा भवम् ॥ १९३ ॥
एवं सर्वेऽपि संबुद्धा दृष्ट्वा तान् संप्रसादिताः ।
सर्वदा तान् रक्षयेयुश्चारयेयुर्जगत्कृते ॥ १९४ ॥
एवं तेषां महत्पुण्यं सम्बुद्धपदसाधनम्[160] ।
भद्रश्रीगुणसंपत्तिसमृद्धिसिद्धिसंपदम् ॥ १९५ ॥
एवं यूयमपि ज्ञात्वा सर्वदा शरणाश्रिताः ।
यथाशक्ति समभ्यर्च्य भजतैतान्त्रिरत्निकान् ॥ १९६ ॥
स्मृत्वा ध्यात्वापि नामापि समुच्चार्य सदा मुदा ।
एषामेव त्रिरत्नानां भजेध्वं शरणे स्थिताः ॥ १९७ ॥
एतत्पुण्यविलिप्ता ये परिशुद्धत्रिमण्डलाः ।
भद्रश्रीगुणसंपन्ना भवेयुस्ते शुभाशयाः ॥१९८ ॥
दुर्गतिं ते न गच्छेयुः सदा सद्गतिसंभवाः ।
बोधिसत्त्वा महासत्त्वा भवेयुर्भद्रचारिणः ॥ १९९ ॥
ततस्ते सर्वसत्त्वानां हितार्थं साधनोद्यताः ।
सुधीरा बोधिसम्भारं पूरयित्वा यथाक्रमम् ॥ २०० ॥
ततो मारगणाञ्जित्वा निःक्लेशा विजितेन्द्रियाः ।
अर्हन्तः त्रिविधां बोधिं प्राप्य यायुर्जिनालयम् ॥ २०१ ॥
एतत्सर्वं मया ख्यातं सर्वैरपि मुनीश्वरैः ।
श्रुत्वानुमोदनां कृत्वा प्रचरेत सदाशुभे ॥ २०२ ॥
इत्यादिष्टं मुनीन्द्रेण निशम्य ते सभाश्रिताः ।
सर्वे तथानुमोदन्तः प्राप्यानन्दं प्रबोधिताः ॥ २०३ ॥

इति श्रीस्वयंभूत्पत्तिसमुद्देशमहाह्रदशोषणधर्मधातुपद्मगिरिसंप्रास्थापनो नाम तृतीयोऽध्यायः सम्पूर्णः ।

---

160 व्रतकारणात् इति कपाठः । गोपनं इति खपाठः ।

अथ चतुर्थोऽध्यायः

अथात्रासौ महासत्त्वो मैत्रेयः सुगतात्मजः ।
भगवन्तं प्रणम्यैव[161] प्राहैवं साञ्जलिर्मुदा ॥ १ ॥
कदात्र भगवन् जाता ग्राम-नगरपङ्क्तयः ।
प्रवर्तिता महाराष्ट्रः तत्समादेष्टुमर्हति ॥ २ ॥
इति संप्रार्थिते तेन मैत्रेयेण निशम्य सः ।
भगवान् तं महाभिज्ञं समालोक्यैवमादिशत् ॥ ३ ॥
साधु शृणु महासत्त्व ! मैत्रेय ! त्वं समाहितः ।
तत्कालं संप्रवक्ष्यामि यदात्र वसतिरभूत् ॥ ४ ॥
यदायूंषि नृणां वर्षचत्वारिंशत्सहस्रकम् ।
धर्मराजो जगन्नाथः क्रकुच्छन्दो[162] मुनीश्वरः ॥ ५ ॥
सर्व-विद्याधिपः शास्ता त्रैधातुक-विनायकः ।
सर्वज्ञोऽयं[163] महाभिज्ञ[164]स्तथागतो जिनोऽभवत् ॥ ६ ॥
स सम्बुद्धो जगल्लोकहितार्थाय[165] ससांघिकः ।
क्षेमावत्या महापुर्या ह्युपारामे मनोरमे ॥ ७ ॥
विहारे सौगतावासे सद्धर्मसमुपादिशत् ।
आदिमध्यान्तकल्याणं विजहार प्रभासयन्[166] ॥ ८ ॥
तदा संबोधिसत्त्वोऽहं ज्योतिः-पालाभिधः सुधीः ।
शास्तारं तं क्रकुच्छन्दं समाराध्य सदाभजम् ॥ ९ ॥
सदा स भगवाञ्छास्ता क्रकुच्छन्दो जगत्कृते ।
जानपदेषु सद्धर्मं समुपादेष्टुमैच्छत ॥ १० ॥
ततः स भगवान् शास्ता सर्वसंघैः समन्वितः ।
सर्वत्र भद्रतां कृत्वा संभाषयन्समाचरत् ॥ ११ ॥
एवं स सञ्चरञ्छास्ता सर्वज्ञो धर्ममादिशत् ।
क्रमेणेह समायातः सन्ददर्श समन्ततः ॥ १२ ॥
दृष्ट्वेमं धर्मधातुं संप्रज्वलितं जिनालयम्[167] ।
ससंघं समुपाश्रित्य प्राभजद्विधिना मुदा ॥ १३ ॥
ततः स प्रस्थितोऽत्रैव शंखाभिधे शिलोच्चये ।
महच्छुद्धशिलायां स विजहार ससांघिकः ॥ १४ ॥
तत्र तं त्रिजगन्नाथं क्रकुच्छन्दोमुनीश्वरम् ।
सभामध्यासनासीनं भिक्षुसंघैः पुरस्कृतम् ॥ १५ ॥
समालोक्य महासत्त्वा जिनात्मजाः समन्ततः[168] ।
तत्सद्धर्मामृतं पातुं संहर्षिताः समागताः ॥ १६ ॥

---

161 मानंम्य इति खपाठः ।
162 ककुच्छन्दः इति खपाठः ।
163 हं इति खपाठः ।
164 मभिज्ञ इति घपाठः ।
165 येन इति कपाठः ।
166 प्रदृष्टिसः इति कपाठः ।
167 महोरगम् इति खपाठः ।
168 नास्ति इति कपाठः ।

भिक्षुण्यपि शुशीलाद्याश्चैलकाश्चाप्युपासकाः।
चैलका व्रतिनश्चापि सर्वे उपासिका अपि ॥ १७ ॥
बोधिसत्त्वा महासत्त्वा सद्धर्मगुणलालसाः।
तत्सद्धर्मामृतं पातुं सर्वे ते समुपागताः ॥ १८ ॥
भगवन्तं समभ्यर्च्य कृत्वा प्रदक्षिणान्यपि।
नत्वा साञ्जलयस्तत्र पश्यन्तः समुपाश्रयन्[169] ॥ १९ ॥
तथा ब्रह्मादयश्चापि महर्षयस्तपस्विनः।
यतयो योगिनश्चापि मुनयो ब्रह्मचारिणः ॥ २० ॥
एवं शक्रादयो देवाः सर्वे लोकाधिपा अपि।
ग्रहास्तारागणाः सिद्धा साध्या विद्याधरा अपि ॥ २१ ॥
गन्धर्वा किन्नरा यक्षा गुह्यका राक्षसा अपि।
दानवा गरुडा नागास्तथान्येह समागताः ॥ २२ ॥
भगवन्तं ससंघं तं समभ्यर्च्य प्रमोदिताः।
नत्वा धर्मामृतं पातुमुपतस्थुः समाहिताः ॥ २३ ॥
एवं च ब्राह्मणा विज्ञा राजानः क्षत्रिया अपि।
वैश्याश्च मन्त्रिणोऽमात्याः सैन्या भृत्या जनाधिपाः[170] ॥ २४ ॥
गृहस्था धनिनः श्रेष्ठाः साधवश्च महाजनाः।
शिल्पिनो वणिजश्चापि सार्थवाहाश्च पौरिकाः[171] ॥ २५ ॥
प्रजा जानपदाः श्राम्याः कार्पटिकाश्च पौरिकाः।
एवमन्येऽपि लोकाश्च सर्वदिग्भ्यः समागताः ॥ २६ ॥
भगवन्तं समालोक्य प्रणम्य[172] समुपागताः।
यथाक्रमं समभ्यर्च कृत्वा प्रदक्षिणान्यपि ॥ २७ ॥
कृत्वाष्टांग-प्रणामाँश्च कृतांजलिपुटो मुदा।
तत्सद्धर्मामृतं पातुं तत्सभायां समन्ततः ॥ २८ ॥
परिवृत्य पुरस्कृत्य समाश्रित्य समाहिताः।
गरूकृत्य मुनीन्द्रास्तं समुद्वीक्ष्य निषेविरे ॥ २९ ॥
ततः स भगवान् दृष्ट्वा सर्वान् तान् समुपस्थितान्।
आर्यसत्यं समालक्ष्य सद्धर्मं समुपादिशत् ॥ ३० ॥
तत्सद्धर्मामृतं पीत्वा सर्वेऽपि ते प्रबोधिताः।
बोधिचर्याव्रतं धर्तुं समैच्छन्त प्रसादिताः ॥ ३१ ॥
तदाशयं परिज्ञाय भगवान् स मुनीश्वरः।
समागतान् बोधिसत्त्वान् सम्पश्यन्नेवमादिशत् ॥ ३२ ॥
कुलपुत्रा मुदायेऽपि श्रद्धया सौगते वृषे।
प्रव्रजितुं समिच्छन्ति तत्र प्रव्रजिताद्रिताः ॥ ३३ ॥
अत्र ये ह्युपछन्दांसि सर्वधर्मार्थसिद्धये।

---

169 समतस्थिरे इति खपाठः।

170 धिपाः इति खपाठः।

171 ब्राह्मणा इति खपाठः।

172 प्रणम्य इति कपाठः।

प्रव्रज्या-शासने बौद्धे चरन्ति बोधिसंवरम् ॥ ३४ ॥
ते सर्वे पातकाद् मुक्ताः परिशुद्धत्रिमण्डलाः ।
निःक्लेशा विमलात्मानो बोधिसत्त्वा जितेन्द्रियाः ॥ ३५ ॥
जित्वा मारगणान् दुष्टान् हन्त ! ते ब्रह्मचारिणः ।
त्रिविधां बोधिमासाद्य सम्बुद्धपदमाप्नुयुः ॥ ३६ ॥
इति मत्वात्र संसारे ये वांछन्ति सुनिर्वृतिम् ।
तत्र प्रव्रज्यया बौद्धं चरन्तु श्रद्धया व्रतम् ॥ ३७ ॥
इत्यादिष्टं मुनीन्द्रेण निशम्य ते प्रबोधिताः ।
सभासीना महासत्त्वा ऐच्छन् प्रवजितुं तदा[173] ॥ ३८ ॥
ततो गुणध्वजादीनां ब्राह्मणानां चतुःशतम् ।
तथाभयं ददौ नाम क्षत्रियाणां शतत्रयम् ॥ ३९ ॥
तथानेके महासत्त्वा वैश्याः शूद्राश्च सज्जनाः ।
सर्वेऽपि सुप्रसन्नास्त ऐच्छन् प्रव्रजितुं तदा ॥ ४० ॥
ततस्ते सर्व उत्थाय साञ्जलयः पुरागताः ।
भगवन्तं प्रणम्यात्राब्रूवन्नेवं समादरात्[174] ॥ ४१ ॥
भगवन् ! नाथ सर्वज्ञ धृत्वाज्ञां भवतो वयम् ।
प्रव्रज्या शासने बौद्धे चर्तुमिच्छामः संवरम्[175] ॥ ४२ ॥
भगवन् ! तद् भवानस्मान् सर्वान् पश्यन् कृपा दृशा ।
समन्वागत्य सद्धर्मं नियोजयितुमर्हति ॥ ४३ ॥
इति तैः प्रार्थिते सर्वैर्भगवान् स मुनीश्वरः ।
सर्वान् तान् सन्मतीः पश्यन् कृपया[176] चैवमादिशत् ॥ ४४ ॥
यद्यत्र सौगते धर्मे प्रव्रजितुं समिच्छथ ।
एतत् प्रव्रज्य सर्वत्र चरत सौगतं व्रतम् ॥ ४५ ॥
इत्यादिश्य स संबुद्धः पाणिना तच्छिरःस्पृशन् ।
तान् सर्वान् सौगते धर्मे समन्वाहरदादरात् ॥ ४६ ॥
ततोऽवतार्य ते केशान् रक्त-चीवर-प्रावृताः ।
खिखिरी-पात्रमाधाय सर्वे ते भिक्षुवोऽभवन् ॥ ४७ ॥
ततः स भगवान् तेभ्यो यतिभ्यो बोधिपाक्षिकान् ।
सद्धर्मान् समुपादिश्य प्रददौ बोधिसम्वरम् ॥ ४८ ॥
ततस्ते विमलात्मानो निःक्लेशा विमलेन्द्रियाः ।
सत्कार-लाभ-निःकांक्षा वीतङ्गा निरंजनाः ॥ ४९ ॥
स्वपरात्म-समाचाराः संसारगतिनिःस्पृहाः ।
मारचर्या-निरासक्ताः समलोष्ट-सुवर्णकाः ॥ ५० ॥

---

173 प्रव्रजितुं समीच्छिरे इति खपाठः ।
174 तमानस्य प्रार्थयन्नेवमादरात् इति कपाठः ।
175 व्रते इति गपाठः ।
176 समामन्भ्यै इति कपाठः ।

क्लेशनिर्गतमात्मानो परिशुद्ध-त्रिमण्डलाः।
अर्हन्तो भद्रकाचारा बभूवुर्ब्रह्मचारिणः॥ ५१॥
ततः सर्वेऽपि ते बौद्धा यतयो बोधिचारिणः।
सर्वसत्त्वहितं कृत्वा संप्राचरन् सदा शुभे॥ ५२॥
ततस्ते विशुद्धात्मानः पंचाभिज्ञमहर्द्धिकाः।
वन्द्याः पूज्याः सदेवानां लोकानां गुरवोऽभवन्॥ ५३॥
तस्मिँश्च समये तत्र गिरेः शंखस्य मूर्द्धनि।
वज्रसत्त्व-कराङ्गुष्ठान्निश्चचाराम्बु निर्मलम्॥ ५४॥
तदेतदभवद् रम्यं[177] पुण्यतीर्थमहासरित्।
यदभूत् सर्वलोकानां चतुवर्गफलप्रदा॥ ५५॥
भूयोऽपि सा नदी[178] तस्य ऋकुच्छन्दस्य तायिनः।
सद्धर्म-देशनावाक्याद् बभूवातिपवित्रता॥ ५६॥
तेनासौ सर्वतीर्थाग्रे [179]वाग्वतीतिप्रसिद्धिताम्।
अभवद्[180] गुणसंभर्त्री सर्वपापविशोधनी॥ ५७॥
ये तत्र विधिना स्नात्वा पितृ-देवादितर्पणम्।
कृत्वा [181]दानादिकं दत्त्वा व्रतं चापि प्रकुर्वते॥ ५८॥
ते संघविमलात्मानो भद्रश्रीसद्गुणान्विताः।
यथाकामं सुखं भुक्त्वा[182] संप्रयान्ति जिनालयम्॥ ५९॥
इति मत्वा सदा तत्र स्नात्वा पित्रादितर्पणम्[183]।
दानादि-संवरं कृत्वा संचरन्तां जगत्कृते॥ ६०॥
तस्या दर्शनमात्रेण पीताम्बु-विमलात्मके।
स्पर्शनादपि नश्यन्ति सर्वाणि पातकान्यपि॥ ६१॥
प्रक्षाल्यापि च तत्रास्यं गंगास्नानफलं भवेत्[184]।
शिलासिंचन-मात्रेण शुद्धानि चेन्द्रियाणि षट्॥ ६२॥
एवं महत्तरं पुण्यं वाग्मती-भजनोद्भवम्।
सर्वतीर्थोत्तमं ख्यातं तेनासौ वाग्मती मता॥ ६३॥
इति मत्वात्र संसार इच्छन्ति ये सदा शुभम्।
वाग्मतीं श्रीसुखाधारां भजन्तु सर्वदापि ते॥ ६४॥
भूयोऽप्येषा सरिज्जाता तस्यैव करसंभवा।

---

177 तदेमान्वद्भूति स्पन्दं इति कपाठः।
178 साददि इति गपाठः।
179 वाग्मतीति इति खपाठः।
180 भद्रश्री इति खपाठः।
181 स्नानादिकम् इति खपाठः।
182 सुरे भूत्वा इति कपाठः।
183 देवादितर्पणम् इति गपाठः।
184 लभेत् इति कपाठः।

सापि पवित्रतां याता[185] ऋकुच्छन्दस्य वाक्यतः ॥ ६५ ॥
तत्र प्रव्रजितानां यत् श्मश्रुकेश-नखानि च ।
कृत्वा भागद्वयं तत्र भागमेकं प्रचिक्षिपुः ॥ ६६ ॥
तदा केशावतीत्यासीत् प्रसिद्धा सा महानदी ।
एको भागस्तु तत्रैव संस्थापितः शिलातले ॥ ६७ ॥
यावन्ति श्मश्रु-केशानि तावन्त्यपि शिलातले ।
प्रादुर्भूतानि चैत्यानि तान्यद्यापि लसन्ति[186] हि ॥ ६८ ॥
सापि नदी महातीर्थं वाग्मतीव प्रसिद्धताम्[187] ।
तेषां प्रव्रजितानां हि जाता पुण्यानुभावतः ॥ ६९ ॥
तेषां प्रव्रजितानाञ्च भिक्षूणां ब्रह्मचारिणाम् ।
तदा पुण्य-महाकीर्ति-शब्दः सर्वत्र प्रासरत् ॥ ७० ॥
तदनन्तरमष्टौ च वीतरागा निराश्रयाः ।
ज्योतिरूपा निराकाराः प्रादुर्भूता जगत्कृते ॥ ७१ ॥
एकः शंखगिरेः पार्श्वे मणिचूडाश्रमान्तिके ।
मणिलिङ्ग इति ख्यातः सोऽद्यापि संप्रतिष्ठते ॥ ७२ ॥
द्वितीयोऽभूच्च गोकर्णस्थले ज्योतिर्मयाकृतिः ।
चारुगिरौ तृतीयश्च कुम्भतीर्थे चतुर्थकः ॥ ७३ ॥
पंचमः फणिशैले च षष्ठश्च गर्तकस्थले ।
सप्तमो गन्धवत्यां च ह्यष्टमो विक्रमस्थले ॥ ७४ ॥
एते ह्यष्टौ महादेवाः वीतरागा निरञ्जनाः ।
ज्योतिरूपा निरांकाराः प्रादुर्भूता जगद्धिते ॥ ७५ ॥
अत्रैषां वीतरागाणामनुभावात् समन्ततः ।
मनोरमा मही जाता सर्वपीठोत्तमावनौ ॥ ७६ ॥
तदा योऽभूद् महातेजा महासामन्त-वंशजः ।
कृपाकारुण्य-भद्रात्मा बोधिसत्त्वो नृपोऽभवत् ॥ ७७ ॥
तत्र स नृपराजेन्द्रः ऋकुच्छन्देन तायिना[188] ।
सहात्र द्रष्टुमायातः स्वयंभूवं खगाननाम् ॥ ७८ ॥
दूरात्स एनमालोक्य स्वयंभूवं जिनालयम् ।
प्रणम्य समुपागत्य चक्रे प्रदक्षिणात्रयम् ॥ ७९ ॥
ततोऽभ्यर्च्य महोत्साहैरेनं पञ्जजिनात्मकम् ।
सुप्रसन्नो ह्यभूत्तस्मात् बोधिचित्तश्च भूपतिः[189] ॥ ८० ॥
अष्टांगैश्च नमस्कृत्य प्राभजच्छरणाश्रितः[190] ।

185 पवित्रिता भूतो इति कपाठः ।
186 वसति इति घपाठः ।
187 प्रसीद्धता इति गपाठः ।
188 बुद्धिना इति खपाठः ।
189 नास्ति इति घपाठः ।
190 शरणंगतैः इति कपाठः ।

ततस्तथा स राजेन्द्रो मंजुदेवं च सद्गुरुम् ॥ ८१ ॥
यथाविधि समभ्यर्च्य प्राभजत् संप्रमोदितः ।
ततस्तथा स राजेन्द्रः खगाननां जिनेश्वरीम् ॥ ८२ ॥
यथाविधि समभ्यर्च्य महोत्साहैर्मुदाभजत् ।
ततोऽष्टौ वीतरागाँश्च सर्वानेतान् स्वयंभुवः ॥ ८३ ॥
दृष्ट्वा प्रमुदितो राजा महोत्साहैस्तथाऽभजत् ।
एतत्पुण्यानुभावैः स महत्पुण्याशयः कृती ॥ ८४ ॥
सर्वधर्माधिराजेन्द्रः सर्वलोकाधिपो बभौ ।
सर्वविद्याधिपो राजा भद्रश्रीसद्गुणाश्रयः ॥ ८५ ॥
धर्माकर इति नाम्ना प्रसिद्धोऽभूद् स भूपतिः ।
ततः सोऽत्र महाराजः संस्थातुकाम आत्मना ॥ ८६ ॥
ऋकुच्छन्दं मुनीन्द्रं तं प्रणिपत्य न्यवेदयत् ।
भगवन् ! कृपया सर्वं विजानीयात् मयेच्छितम् ॥ ८७ ॥
तदनुज्ञां पालयामि[191] करोत्वनुग्रहं मयि[192] ।
इति संप्रार्थिते तेन भगवान्स मुनीश्वरः ॥ ८८ ॥
धर्माकरं नरेन्द्रं तं सम्पश्यन्नेवमादिशत् ।
साधु राजन् महासत्त्व ! यदेव त्वं समीच्छसि ॥ ८९ ॥
तथा त्वमिह सन् स्थित्वा पालय बोधयन् प्रजाः ।
तथात्र सकलान् लोकान् संस्थाप्य संप्रबोधय ॥ ९० ॥
बोधिमार्गे प्रतिष्ठाप्य चारयस्व सदा शुभे ।
धर्मेण पालयन् सर्वलोकान् स्वयं समाचरन् ॥ ९१ ॥
यथाकामसुखं प्राप्य चरस्व त्वं जगत्कृते ।
धर्मनीत्या समाधाय कुर्या[193] लोकहितं सदा ॥ ९२ ॥
साधय बोधिसंम्भारं सदेहोऽत्र निवासतः[194] ।
सदास्य शरणे स्थित्वा धर्मधातोः स्वयम्भूवः ॥ ९३ ॥
श्रद्धया भजनं कृत्वा संचरस्व जगत्कृते ।
अस्याः खगाननायाश्च देव्याः शरण आश्रितः ॥ ९४ ॥
सर्वदा भजनं कृत्वा चरस्व बोधिसंवरम् ।
अस्यापि मंजुदेवस्य शरणं समुपाश्रयन् ॥ ९५ ॥
बुद्धानुशासनं धृत्वा सद्धर्मे संचरस्व त्वम् ।
एषां च वीतरागाणामष्टानामपि सर्वदा ॥ ९६ ॥
श्रद्धया भजनं कृत्वा साधय धर्ममुत्तमम् ।

---

191 नास्ति इति कपाठः ।
192 पदत्वामेनुग्रहं कर्तुमर्हति इति कपाठः ।
193 कृत्वा इति कपाठः ।
194 निवसाश्रिता इति घपाठः ।

वाग्मतीप्रमुखानाञ्च तीर्थानां समुपाश्रयात्॥ ९७ ॥
स्नानदानादिकं कृत्वा पितॄन् देवाञ्च तोषयन्।
लब्ध्वा त्रिकाय-संशुद्धिं धृत्वा संबोधिमानसम्॥ ९८ ॥
सर्वसत्त्वहितं कृत्वा निवस त्वं यथासुखम्।
एवं राजेन्द्र लोकाँश्च सर्वानपि प्रबोधय॥ ९९ ॥
एतेषामपि सर्वेषां संस्थाप्य शरणे सदा।
पूजा-भक्ति-महोत्साहैः चारयित्वा समादरात्॥ १०० ॥
बोधिमार्गे प्रतिष्ठाप्य चारयस्व सदा शुभे।
एवं कृत्वा महाराज ! संबोधि-निहिताश्रयः॥ १०१ ॥
बोधिचर्याव्रतं धृत्वा संचरस्व जगद्धिते।
एतत्पुण्याभिलिप्तात्मा भविष्यसि जिनात्मजः॥ १०२ ॥
बोधिसत्त्वो महाभिज्ञो भद्रश्री-सद्गुणाश्रयः।
कदाचिदपि नैव त्वं दुर्गतौ च क्वचित् पतेः[195] ॥ १०३ ॥
सदासद्गतिसंजातः समृद्धिसिद्धिमान्सुधीः।
श्रीमान् सर्वगुणाधीशः सर्वलोकाधिपः कृती॥ १०४ ॥
क्रमेण बोधिसंभारं पूरयित्वा समाहितम्।
त्रिरत्नभजनोत्साहैर्महानन्दसुखं सदा॥ १०५ ॥
भुंजानो निर्मलाचारश्चतुर्ब्रह्म-विहारिणः।
निःक्लेशो निर्जयन् मारान् सर्वानर्हत्वमाप्नुहि॥ १०६ ॥
त्रिविधां बोधिमासाद्य संबुद्धपदमाप्नुयाः।
लोकाः सर्वेऽपि चैवं हि परिशुद्धत्रिमण्डलाः॥ १०७ ॥
बोधिसत्त्वा महासत्त्वाः सदा सद्गतिसंभवाः।
बोधिचर्याव्रतं धृत्वा संचरन्ति जगद्धिते[196] ॥ १०८ ॥
जित्वा मारगणान् सर्वान् चतुर्ब्रह्मविहारिणः
निःक्लेशा निर्मलात्मानः संसारगतिनिःस्पृहाः॥ १०९ ॥
अर्हन्तः त्रिविधां बोधिं प्राप्य बुद्धत्वमाप्नुयुः।
एषां च वीतरागाणाष्टानामपि साम्प्रतम्॥ ११० ॥
पूजाफलविशेषत्वं वक्ष्यामि शृणु तन्नृप !।
वाग्मतीसलिले यस्तु स्नात्वा नित्यं समाहितः॥ १११ ॥
अष्टावेतान् महेशाँश्च वीतरागान् सदा भजेत्।
एतत्पुण्यविशुद्धात्मा श्रीसमृद्धिसुखान्वितः॥ ११२ ॥
संसारे सर्वदा सौख्यं भुक्त्वा यायाच्छिवालयम्।
घृतेन स्नापयेत् यस्तु वीतरागान् स्वयंभूवः॥ ११३ ॥
शिवालयं व्रजेत् सोऽपि मधुरं ब्रह्ममन्दिरम्।
दध्ना यः स्नापयेद् देवान् वीतरागान् स्वयंभुवः॥ ११४ ॥

---

[195] पतीन् इति गपाठः।
[196] जगत्कृते इति कपाठः।

स यायाद् वैष्णवं लोकं श्री समृद्धिसुखाश्रयम्[197] ।
स्नानादिक्षुरसेनापि विद्याधरं पदं व्रजेत् ॥ ११५ ॥
गन्धोदकेन गान्धर्वं क्षीरेण शशिनः पदम् ।
शीतोदकेन शुद्धात्मा निष्पापो निर्मलेन्द्रियः ॥ ११६ ॥
एषां पूजां च यः कुर्यान् नानापुष्पैः सुगन्धितैः[198] ।
सर्वकामसुखं भुक्त्वा मोदते मनुजाधिपः ॥ ११७
विल्वपत्राणि श्रेष्ठानि रोहणाच्च ह्यतन्द्रितः ।
शिवं सर्वत्र प्राप्नोति यज्ञानां च सहस्रकम् ॥ ११८ ॥
नैवेद्यं ढोकयेद्यः स दीर्घायुः स्याद् बली नृपः ।
दीपमालां च यो दद्यात्तेजस्वी स्यात्सुदृष्टिमान् ॥ ११९ ॥
गुग्गुलं यो ढौकयति नश्यते सर्वपातकम् ।
तिलपात्रं च यो दद्याद् दुर्गतिं स व्रजेन्न हि ॥ १२० ॥
सुवर्णं यः प्रदद्याच्च स यायात् सङ्गतौ सदा ।
तिलधेनुं प्रदद्याद्यो स संयायाच्छिवालयम् ॥ १२१ ॥
रौप्यखुरां हेमशृंगीं रणद्घण्ठारवं सुखम् ।
सवत्सां कपिलां दद्याद्यः स यज्ञफलं लभेत् ॥ १२२ ॥
यो रत्नकंचुकं दद्यात् स भवेद् बहुरत्नवान् ।
वस्त्रवान् वस्त्रदानेन भूमिदानेन भूमिवान्[199] ॥ १२३ ॥
तूर्यसंगीति-नृत्यादि-महोत्साहं प्रचारयेत् ।
यः स दिव्यश्रुतिप्राप्तः शिवपार्श्वचरो भवेत् ॥ १२४ ॥
नीलोत्पलार्कपद्मानि यो दद्यात् स श्रियं लभेत् ।
योऽर्चयेद् विल्वपत्रेण स वलिष्ठो भवेत् कृती ॥ १२५ ॥
धत्तुरकेन निर्वीर्यः पूजनाद् बलवान् भवेत्[200] ।
सुगन्धिकुसुमैः सर्वान् योष्ट्वपि समर्चयेत् ॥ १२६ ॥
स श्रीमान् सुभगो धीमान् भवेत्सौगन्धिताश्रयः ।
दिव्यातिसुन्दरः कान्तो भद्रश्री-सद्गुणार्द्धिमान् ॥ १२७ ॥
पुष्पैः पत्रैः फलैर्मूलैः स्तोत्रैर्वा योऽर्चयेच्छिवम्[201] ।
स देवालयमासाद्य भुक्त्वा दिव्यसुखं चरेत् ॥ १२८ ॥
यश्च प्रदक्षिणाः कृत्वा भजेन्नित्यं समादरात् ।
रूपवान् स भवेदन्ते संप्राप्नुयाच्छिवालयम् ॥ १२९ ॥
यश्च स्तोत्रैः प्रसन्नात्मा भजेदेतान् महेश्वरान् ।
स तु पित्र्यालयं गत्वा महानन्दसुखं लभेत् ॥ १३० ॥

---

197 सुखात्मकम् इति कपाठः ।
198 सुबन्धितैः इति गपाठः ।
199 वीर्यवान् इति कपाठः ।
200 निवार्य केन वीरेण सद् वनो इति कपाठः ।
201 शुभम् इति गपाठः ।

यश्च नाम समुच्चार्य जपित्वा स समाहितः।
सोऽपि श्रीमान् महाभिज्ञः प्रान्ते यायाच्छिवालयम्[202] ॥ १३१ ॥
अष्टांगैः प्रणतिं कृत्वा यो भजेत् तान् महेश्वरान्।
स यायात् सङ्गतावेव दुर्गतिं न कदाचन ॥ १३२ ॥
स्मृत्वा ध्यात्वा समुच्चार्य नामापि यो भजेत् सदा।
स दिव्यामृतभुंजानो रमेद् दिवि यथासुखम् ॥ १३३ ॥
यश्च दृष्ट्वा प्रसान्नात्मा प्रणमेत् सांजलिर्मुदा।
सोऽपि दिव्यामृतं भुक्त्वा रमेत् स्वर्गे सुरैः सह ॥ १३४ ॥
इत्येषां वीतरागाणामष्टानां भजनाद् ध्रुवम्।
विशेषफलमाज्ञाय भजस्वैनां यथेच्छया ॥ १३५ ॥
तदत्र भूतले शुद्धं विधाय पुरमाश्रयन्।
सर्वान् लोकान् प्रतिष्ठाप्य पालयन् सर्वदा वस ॥ १३६ ॥
तदात्र सर्वदिग्भ्योऽपि सर्वलोकाः प्रमोदिताः।
आगत्य संस्थितिं कृत्वा निवसेयुः सदा मुदा[203] ॥ १३७ ॥
तदा जानपादाश्चात्र ग्रामाश्च नागराण्यपि।
निर्गममागमं चापि प्रवर्तेयुः समन्ततः ॥ १३८ ॥
तथा देवाः सुरेन्द्राश्च सर्वे लोकाधिपा अपि।
आगत्यात्र समालोक्य धर्मधातोः स्वयंभुवः[204] ॥ १३९ ॥
गन्धर्वा गुह्यका यक्षाः किन्नरा राक्षसा अपि।
कुम्भाण्डा गरुडा नागाः सिद्धा विद्याधरा अपि ॥ १४० ॥
साध्याश्च मातृकाश्चापि सभैरवगणा अपि।
ऋषयो योगिनश्चापि यतयस्तीर्थिका अपि ॥ १४१ ॥
श्रावका भिक्षवोऽर्हन्तश्चेलकाश्चाप्युपासकाः।
बोधिसत्त्वा महासत्त्वाः शैवाः कौलाश्च वैष्णवाः ॥ १४२ ॥
आगत्यात्र समालोक्य धर्मधातोः स्वयंभुवः।
देव्याः खगाननायाश्च मंजुदेवस्य सद्गुरोः[205] ॥ १४३ ॥
एषां च वीतरागाणां तीर्थानां चानुभावताम्।
प्रसादिताः समाश्रित्य भवेयुः सर्वदा मुदा ॥ १४४ ॥
तदात्र सर्वदैतेषां सर्वपुण्यानुभावतः।
सुभिक्षं मंगलोत्साहं निरुत्पातं भवेद् धुवम् ॥ १४५ ॥
इत्यादिष्टं मुनीन्द्रेण क्रकुच्छन्देन सांप्रतम्।
धर्माकरः समाकर्ण्य तथेति प्रत्यबुध्यत ॥ १४६ ॥
ततः स नृप उत्थाय साञ्जलिस्तं मुनीश्वरम्।

---

202 स्वर्णिमम् इति कपाठः।
203 ध्रुवम् इति कपाठः।
204 स्वयंभुवि इति गपाठः।
205 सद्गुरौ इति कपाठः।

ऋकुच्छन्दं ससंघं तं प्रणिपत्य[206] न्यवेदयत् ॥ १४७ ॥
भगवन् ! भगतामाज्ञां धृत्वा मयात्र सर्वदा ।
पुरं विधाय लोकानां हितार्थे निवसिष्यते[207] ॥ १४८ ॥
तद् भवान् कृपयालोक्य सर्वदात्र हिमालये ।
ससंघो धर्ममादिश्य विहरेन्नु जगद्धिते ॥ १४९ ॥
इति संप्रार्थिते तेन भगवान् स मुनीश्वरः ।
धर्माकरं महासत्त्वं संपश्यन्नेवमब्रवीत् ॥ १५० ॥
नाहं सदात्र तिष्ठेयं चरेयं सर्वभूतले ।
सर्वसत्त्वहितार्थं हि भवामि धर्मदीक्षकः ॥ १५१ ॥
इत्यादिश्य मुनीन्द्रोऽसौ ऋकुच्छन्दः स सांघिकः ।
ततः संप्रस्थितोऽन्यत्र धर्मं संबोधयन् मुदा[208] ॥ १५२ ॥
ततो धर्माकरः सोऽत्र विधाय नगरं तथा ।
राज्यांगानि प्रतिष्ठाप्य राज्यं कृत्वाध्यतिष्ठत ॥ १५३ ॥
तदात्र सर्व आगत्य मन्दिरेषु समन्ततः ।
आश्रित्य संस्थितिं कृत्वा निवसन्तो मुदाऽचरन् ॥ १५४ ॥
ततोऽन्येपि समायाताः सर्वदिग्भ्योऽत्र मानवाः[209] ।
जानपदे पुरेऽनेकं ग्रामेषु न्यवसन् मुदा ॥ १५५ ॥
तथा देवा सुराद्याश्च सर्वे लोकाधिपा अपि ।
स्वस्वपरिजनैः सार्द्धमागत्यात्र मुदाऽवसन् ॥ १५६ ॥
तथा महर्षयश्चापि यतयो ब्रह्मचारिणः ।
योगिनो भिक्षवोऽर्हन्तो व्रतिनश्चाप्युपासकाः ॥ १५७ ॥
बोधिसत्त्वा महासत्त्वाश्चैलकाः श्रावका अपि ।
यथाभिलषिते देशे कृत्वा श्रमं समाश्रयन् ॥ १५८ ॥
तथान्ये तीर्थिकाः शैवा वैष्णवाः कौलिका अपि ।
यथाभिलषिते स्थाने कृत्वाश्रमं समाश्रयन् ॥ १५९ ॥
प्रत्येकसुगताश्चापि समागत्य समन्ततः ।
विविक्ते आश्रमे रम्ये सामाश्रित्य मुदाऽवसन् ॥ १६० ॥
मुनीन्द्रा अपि चागत्य विहृत्यात्र ससंघिकाः ।
प्राप्य सम्बोधिसद्धर्मं सम्प्रप्यात्र[210] त्वरागताः ॥ १६१ ॥
एवं पुण्यतमा भूमिरियं हिमलयाह्वया ।
सुखावतीनिभा रम्या बोधिसत्त्वसमाश्रया ॥ १६२ ॥
बहूनि चात्र तीर्थानि सर्वपापहराण्यपि ।

---

206 प्रणत्वेवं इति कपाठः ।
207 निवसे खलु इति घपाठः ।
208 धर्मं संबोधयन् मुदा इति घपाठः ।
209 सर्वत इति खपाठः ।
210 समादेश्यन् इति कपाठः ।

जातानि सन्ति सर्वार्थसमृद्धिसिद्धिदान्यपि ॥ १६३ ॥
तदेतेषु च तीर्थेषु स्नात्वा चरति सद्व्रतम् ।
पापं हन्तुं शुभं प्राप्तुं समीच्छन्त्यत्र ये नराः ॥ १६४ ॥
येऽत्र तीर्थेषु सर्वेषु स्नात्वा नित्यं समाहितः ।
जप-यज्ञादि-कर्माणि कृत्वा चरन्ति सम्वरम्[211] ॥ १६५ ॥
पितॄञ्चापि समभ्यर्च्य देवाञ्च श्रद्धयादरात् ।
दत्वा दानं समाधाय ध्यात्वापीशं भजन्ति च ॥ १६६ ॥
तेऽपि सर्वे विकल्माषाः परिशुद्ध-त्रिमण्डलाः ।
श्रीमन्तः सिद्धिमन्तश्च भवेयुः सद्गुणाश्रयाः[212] ॥ १६७ ॥
ततस्ते सर्वसत्त्वानां हितार्थे धर्मसाधकाः ।
बोधिसत्त्वा महासत्त्वा भवेयुः सुगतात्मजाः ॥ १६८ ॥
ततस्ते बोधिसम्भारं पूरयित्वा यथाक्रमम् ।
त्रिरत्नभजनं कृत्वा संचरेयुर्जगद्धिते[213] ॥ १६९ ॥
ततस्ते विमलात्मानो निःक्लेशा विजितेन्द्रियाः ।
अर्हन्तः त्रिविधां बोधिं प्राप्येयुः सौगतं पदम् ॥ १७० ॥
एवं मत्वात्र तीर्थेषु सर्वेषु बोधिवाञ्छिभिः ।
स्नात्वा दानादिकं कर्म कर्तव्यं सर्वदा भवे ॥ १७१ ॥
इत्यादिष्टं मुनीन्द्रेण समादिष्टं निशम्य ते ।
सर्वे सभाश्रिता लोकाः प्राभ्यनन्दन् प्रबोधिताः ॥ १७२ ॥

इति श्रीस्वयंभूचैत्यसमुत्पत्तिकथा-वीतरागतीर्थ-राष्ट्रप्रवर्तनो नाम चतुर्थोऽध्यायः समाप्तः ।

---

211 बोधिकम् इति गपाठः ।
212 सद्गुणान्विताः इति कपाठः ।
213 जगत्कृते इति खपाठः ।

अथ पंचमोऽध्यायः

अथासौ च महासत्त्वो मैत्रेयः साञ्जलिर्मुदा।
भगवन्तं तमानम्य प्रार्थयेदेवमादरात्॥ १॥
भगवन्! तत्र तीर्थानां स्नान-दानादि-कर्मजम्।
पुण्यफलविशेषत्वं समादिशतु साम्प्रतम्॥ २॥
इति संप्रार्थिते तेन भगवान् स मुनीश्वरः।
मैत्रेयं तं महासत्त्वं सम्पश्यन्नेवमादिशत्॥ ३॥
साधु शृणु महासत्त्व तीर्थसेवाफलोद्भवम्।
पुण्यं तत्र विशेषत्वं वक्ष्यामि बोधनाय ते[214]॥ ४॥
तद्यथा मूलतीर्थानि कथ्यन्ते द्वादशैव हि।
महापुण्यानि सर्वेषां तीर्थानां यानि भूतले॥ ५॥
अमोघ-फलदायिन्यां वाग्मत्यां यत्र संगमे।
तत्तीर्थशोधनं ख्यातं दशपापविशोधनात्॥ ६॥
तत्र नागाधिपो रक्तस्तक्षकाख्यः सुकान्तिमान्।
उज्वालयन् महारत्नं श्रीमत्फणा-विभूषितः॥ ७॥
ये नराः श्रद्धया तत्र पुण्यतीर्थे यथाविधि।
स्नानं कुर्युर्मुदा यावदेकविंशति-वासरम्॥ ८॥
जप-यज्ञादि-कर्माणि कुर्युः सप्तदिनान्यपि।
पितॄन् देवाञ्च संपूज्य कुर्युः संतृप्तमोदितान्[215]॥ ९॥
दद्युर्दानानि चार्थिभ्यो यथेप्सितं समादरात्।
शुद्धशीलाः समाधाय चरेयुश्च व्रतं तथा॥ १०॥
एतत्पुण्यविशुद्धास्ते निःक्लेशा निर्मलेन्द्रियाः।
बोधिसत्त्वा महासत्त्वा भवेयुः श्रीगुणाश्रयाः॥ ११॥
ततस्ते बोधिसम्भारं पूरयित्वा यथाक्रमम्।
त्रिविधां बोधिमासाद्य संबुद्धपदमाप्नुयुः॥ १२॥
ततश्चामरदायिन्या वाग्मत्या यत्र संगमः।
तच्छान्ततीर्थमाख्यातं क्लेश-दोष-विशोधनम्॥ १३॥
तत्र नागाधिपः शुक्लः सोम-शिखीति-विश्रुतः।
विलसन्मणि-रत्नश्री-फणामण्डल[216]-भूषितः॥ १४॥

---

[214] सर्व बोधने इति कपाठः।
[215] सन्तृप्तकारकान् इति कपाठः।
[216] दीप्तिमण्डल इति खपाठः।

तत्रापि शान्ततीर्थं च ये क्लेशदुःखिता नराः ।
कुर्युस्नानं तदा यावदेकविंशति-वासरम् ॥ १५ ॥
जप-यज्ञादिकं कुर्युश्चरेयुश्चाधि-पोषधम्[217] ।
पितॄन् देवाञ्च संपूज्य कुर्युः संतुष्ट-नन्दितान् ॥ १६ ॥
दद्युर्दानानि चार्थिभ्यो यथाभिलषितं मुदा ।
शुद्धशीलाः समाचारा ध्यात्वा भजेयुरीश्वरम् ॥ १७ ॥
एतत्पुण्याभिलिप्तास्ते परिशुद्ध-त्रिमण्डलाः ।
बोधिसत्त्वा महासत्त्वा भवेयुः श्रीगुणालयाः ॥ १८ ॥
ततस्ते बोधिसम्भारं पूरयित्वा यथाक्रमम् ।
अर्हन्तस्त्रिविधां बोधिं प्राप्नुयुः सौगतं पदम्[218] ॥ १९ ॥
ततश्च मणिरोहिण्या वाग्मत्या यत्र संगमः ।
तत्रोर्द्धनिःसृता शुद्ध-स्फटिकादारसन्निभा ॥ २० ॥
रुद्रधारामृताख्याता तस्याश्च तत्र संगमात् ।
त्रिवेणीसंगमस्तेन शंकरतीर्थमुच्यते ॥ २१ ॥
तत्र नागाधिपः शंखपालो गौरातिसुन्दरः ।
मणिरश्मिसमुद्दिप्तः श्रीमत्फणा-विभूषितः ॥ २२ ॥
तत्र शंकरतीर्थे ये मानवाश्च यथाविधि ।
स्नानं कुर्युर्मुदा यावदेकविंशतिवासरम् ॥ २३ ॥
जप-यज्ञादिकर्माणि कुर्युश्च सप्तवासरम्[219] ।
पितॄन् देवाञ्च संपूज्य तर्पयेयुर्यथाविधि ॥ २४ ॥
दद्युर्दानानि चार्थिभ्यः श्रद्धया बोधिमानसाः ।
ध्यात्वा भजेयुरीशं च सञ्चरेयुरुपोषधम्[220] ॥ २५ ॥
एतत्पुण्य-विशुद्धात्मनिःक्लेशाः निर्मलेन्द्रियाः ।
लभेरन् श्रीमहापुष्टिशान्ति-गुणाश्च शान्त्यपि ॥ २६ ॥
दुर्गतिं ते न यायुश्च जायन्ते[221] सङ्गतौ सदा ।
बोधिसत्त्वा महासत्त्वा भवेयुर्भद्रचारिणः ॥ २७ ॥
ततस्ते बोधिसंभारं पूरयित्वा यथाक्रमम् ।
अर्हन्तस्त्रिविधां बोधिं प्राप्येयुः सौगतं पदम् ॥ २८ ॥
ततश्च राजमञ्जर्या वाग्मत्या यत्र संगमः ।
तद्राजतीर्थमाख्यातं राज्यारोग्यसुखप्रदम्[222] ॥ २९ ॥
तत्र नागाधिपः शुक्लः सुरूपाख्यातिसुन्दरः ।

---

217 औषधम् इति खपाठः ।
218 उत्तमं पदम् इति खघपाठः ।
219 सप्ताहाविधिः इति खपाठः ।
220 संचरेञ्चपोषढं इति कपाठः ।
221 संजाताः इति घपाठः ।
222 पदं इति घपाठः ।

मणिरत्न–महादीप्ति–श्रीप्रभा–मण्डिताश्रयः ॥ ३० ॥
तत्र ये मानवा यावदेकविंशतिवासरम् ।
स्नानं दानं जपं ध्यानं कुर्युर्दध्युश्च संवरम् ॥ ३१ ॥
एतत्पुण्य–विशुद्धास्ते निर्दोषा विमलेन्द्रियाः[223] ।
राज्यैश्वर्यं सदारोग्यं भद्रं सौख्यमवाप्नुयुः ॥ ३२ ॥
तेऽपि न दुर्गतिं यायुः सदा सद्गति–संभवाः ।
बोधिसत्त्वा महासत्त्वा भवेयुः श्रीगुणाश्रयाः ॥ ३३ ॥
ततस्ते बोधिसम्भारं पूरयित्वा यथाक्रमम् ।
अर्हन्तस्त्रिविधां बोधिं प्राप्य यान्तु जिनालयम्[224] ॥ ३४ ॥
तथात्र विमलावत्याः केशावत्याश्च संगमे ।
मनोरथं तदाख्यातं स्वेच्छालंकार–संप्रदम् ॥ ३५ ॥
तत्र नागाधिपो भीमः कुलिकाख्योऽतिकर्वुरः ।
फणामणि–समुद्दीप्त–श्रीप्रभामण्डिताश्रयः ॥ ३६ ॥
तत्र मनोरथे तीर्थे मनुजा ये यथाविधि ।
स्नान–दानादिकं कुर्युरेकविंशतिवासरम् ॥ ३७ ॥
तेऽपि न दुर्गतिं यायुः सदा सद्गतिसंभवाः ।
बोधिसत्त्वा महासत्त्वा भद्रश्री–सद्गुणाश्रयाः ॥ ३८ ॥
पट्टसुवस्त्ररत्नादि[225]–स्वेच्छालंकारभूषिताः ।
सर्वसत्त्व–हिताधानं चरेयुर्बोधिसंवरम् ॥ ३९ ॥
ततस्ते बोधिसंभारं पूरयित्वा यथाक्रमम् ।
त्रिविधां बोधिमासाद्य संबुद्धपदमाप्नुयुः ॥ ४० ॥
ततश्च कुसुमावत्याः केशावत्याश्च संगमे ।
निर्मलतीर्थमाख्यातं कल्पनाविघ्ननाशनम् ॥ ४१ ॥
तत्र नागो पलालाख्यः पीतवर्णो महाकृतिः ।
दिव्यरत्न–प्रभोज्ज्वाल[226]–श्रीमत्फणा–विभूषितः ॥ ४२ ॥
तत्र ये मानवा यावदेकविंशतिवासरम् ।
स्नानदानादिकं कुर्युस्तथा सर्वे च पूर्ववत् ॥ ४३ ॥
तेऽपि न दुर्गतिं यायुः सदा सद्गतिसंभवाः ।
बोधिसत्त्वा महासत्त्वा भद्रश्रीसद्गुणश्रयाः ॥ ४४ ॥
कलि–विघ्न–मल–क्लेश–निर्मुक्त–भद्रचारिणः ।
सर्वसत्त्व–हितारक्ता भवेयुर्ब्रह्मचारिणः ॥ ४५ ॥
ततस्ते बोधिसंभारं पूरयित्वा यथाक्रमम् ।
अर्हन्तो बोधिमासाद्य सम्बुद्धपदमाप्नुयुः ॥ ४६ ॥

---

223 शुभकामेन्द्रियाः इति खपाठः ।

224 बुद्धालयम् इति कपाठः ।

225 सुवर्णवस्त्राणि इति कपाठः ।

226 प्रमोदिप्त इति कपाठः ।

तत सुवर्णवत्या च वाग्मत्या यत्र संगमः ।
निधानतीर्थमाख्यातं सर्व-सम्पत्तिदायकम् ॥ ४७ ॥
तौ नागौ हरितवर्णौ नन्दोपनन्दनावुभौ ।
नाना-रत्न प्रभाद्दीप्ति-श्री-मत्फणाविभूषितौ ॥ ४८ ॥
तत्र ये मनुजा यावदेकविंशतिवासरम् ।
स्नानादिपूर्ववत्सर्वं कर्म कुर्युर्यथाविधि[227] ॥ ४९ ॥
तेऽपि न दुर्गतिं यायुः सदा सद्‌गतिसंभवाः ।
बोधिसत्त्वा महासत्त्वा भद्रश्री-सद्‌गुणाश्रयाः ॥ ५० ॥
सर्वसत्त्वार्थ-सम्पन्ना भवेयुर्धर्मचारिणः ।
एतावदस्य महात्म्यं सर्वं वक्तुं न शक्यते ॥ ५१ ॥
तेप्येवं बोधिसंभारं पूरयित्वा यथाक्रमम् ।
अर्हन्तो[228] बोधिमासाद्य सौगतं पदमाप्नुयुः ॥ ५२ ॥
ततश्च पापनाशिन्याः केशवत्यास्तु संगमे ॥
ज्ञानतीर्थं तदाख्यातं दिव्यभोगसुखप्रदम् ॥ ५३ ॥
तत्र नागाधिपः शुक्लो वाशुकिर्नाम भीषणः ।
दिव्य-रत्न[229] प्रभाश्रीमत्फणालङ्कारमण्डितः ॥ ५४ ॥
तत्र ये मानवाः स्नान्ति ह्येकविंशतिवासरम् ।
स्नान दानादि-कर्माणि कुर्युः सर्वाणि पूर्ववत् ॥ ५५ ॥
तेऽपि न दुर्गतिं यायुर्जाताः सदापि सङ्गतौ ।
सर्व-भोग-महासम्पत्सुखवन्तो निरामयाः ॥ ५६ ॥
बोधिसत्त्वा महासत्त्वाश्चतुर्ब्रह्मविहारिणः ।
भद्रश्रीसद्‌गुणाधारा भवेयुर्बोधिचारिणः ॥ ५७ ॥
तथा ते बोधिसंभारं पूरयित्वा यथाक्रमम् ।
अर्हन्तो बोधिमासाद्य सर्वज्ञ-पदममाप्नुयुः ।
भद्‌श्री-सद्‌गुणाधाराः सम्बुद्धगुणसाधिनः ॥ ५८ ॥
ततश्च यत्र वाग्मत्याः केशावत्याश्च संगमः ।
तच्चिन्तामणिरित्याख्यं सर्वकामार्थ-संपदम् ॥ ५९ ॥
गंगा च यमुना चापि तथा देवी सरस्वती ।
पूर्वं प्रत्यागताः तत्र तेन पञ्च-समागमः ॥ ६० ॥
तत्र नागाधिपः शुक्लो वरुणःसर्वनागराट् ।
दिव्यरत्न-प्रभाश्रीमत्फणामण्डलभूषितः ॥ ६१ ॥
तत्र ये मानवा[230] यावदेकविंशति-वासरम् ।
स्नानदानादिकं सर्वे कुर्युः पूर्ववदादरात् ॥ ६२ ॥

---

227 कर्मकामार्थसंभवम् इति खपाठः ।
228 भिक्षवः इति गपाठः ।
229 शुभदीप्ति इति खपाठः ।
230 देवाता इति कपाठः ।

तेऽपि न दुर्गतिं यायुः सदा सद्गतिसंभवाः ।
संपूर्णपरमायुष्काः विद्याधिपा विचक्षणाः ॥ ६३ ॥
सुसन्ताना महाभोगा धर्मार्थकामभोगिनः ।
बोधिसत्त्वा महासत्त्वाश्चतुर्ब्रह्मविहारिणः ॥ ६४ ॥
भद्रश्री-सद्गुणाधारा भवेयुः बोधिचारिणः ।
ततस्ते बोधिसंभारं पूरयित्वा यथाक्रमम् ।
अर्हन्तो बोधिमासाद्य संबुद्ध-पदमाप्नुयुः ॥ ६५ ॥
ततश्च यत्र वाग्मत्या रत्नावत्याः समागमः ।
प्रमोदतीर्थमाख्यातं रतिप्रीतिपदार्थदम्[231] ॥ ६६ ॥
तत्र नागाधिपः पद्मो धवलो दिव्यसुन्दरः ।
दिव्यरत्नमहाकान्तिः फणामण्डलभूषितः ॥ ६७ ॥
तत्र ये मानवा यावदेकविंशतिवासरम् ।
स्नान-दानानि-सर्वाणि कुर्युः कर्माणि पूर्ववत् ॥ ६८ ॥
तेऽपि न दुर्गतिं यायुः सदा सद्गतिसंभवाः ।
रति-प्रीति-सुखानन्द-महासौख्य-समन्विताः ॥ ६९ ॥
बोधिसत्त्वा महासत्त्वाः परिशुद्धत्रिमण्डलाः ।
भद्रश्रीसद्गुणाधारा भवेयुर्बोधिसाधिनः ॥ ७० ॥
ततस्ते बोधिसंभारं पूरयित्वा यथाक्रमम् ।
अर्हन्तश्त्रिविधां बोधिं प्राप्य यायुर्जिनालयम्[232] ॥ ७१ ॥
तत्रैव यत्र वाग्मत्याः चारुमत्याः समागमः ।
तत्सुलक्षणमाख्यातं श्रीतेजो भाग्यसम्पदम् ॥ ७२ ॥
तत्र नागो महापद्मोऽति धवलोऽति सुन्दरः ।
दिव्यरत्न-प्रभाश्रीमत्फणामण्डलमण्डितः ॥ ७३ ॥
तत्र ये मानवा यावदेकविंसतिवासरम् ।
स्नानं दानं जपं ध्यानं कुर्युर्यज्ञं च पूर्ववत् ॥ ७४ ॥
तेऽपि न दुर्गतिं यायुः सदा [233]सद्गतिसंभवाः ।
श्रीतेजो [234]भोग्यसंपन्नाः सुरूपलक्षणान्विताः ॥ ७५ ॥
बोधिसत्त्वा महासत्त्वाः भद्रश्रीसद्गुणाश्रयाः ।
सर्वसत्त्व-हितोद्युक्ता भवेयुर्बोधिचारिणः ॥ ७६ ॥
ततस्ते बोधिसंभारं पूरयित्वा यथाक्रमम् ।
अर्हन्तः त्रिविधां बोधिं प्राप्येयुः सौगतं पदम् ॥ ७७ ॥
ततश्च यत्र वाग्मत्याः प्रभावत्याः समागमः ।
जयतीर्थं समाख्यातं सर्वशत्रुभयान्तकृत् ॥ ७८ ॥

---

231 वशार्थदम् इति घपाठः ।
232 शुभंपदम् इति घपाठः ।
233 पुण्यगति इति कपाठः ।
234 भाग्य इति खपाठः ।

तत्र नागाधिपः शुक्रः श्रीकान्ति-दिव्य-सुन्दरः ।
दिव्यरत्न-प्रभाश्री-मत्फणामण्डलमण्डितः ॥ ७९ ॥
तत्र ये मानवा यावदेकविंशतिवासरम् ।
स्नात्वा यज्ञादिकर्माणि कुर्युः सर्वाणि पूर्ववत् ॥ ८० ॥
तेऽपि न दुर्गतिं यायुः सदा सद्गतिसंभवाः ।
निर्भयास्त्रिगुणोत्साहा जयिनो निर्जितारयः ॥ ८१ ॥
बोधिसत्त्वा महासत्त्वाश्चतुर्ब्रह्मविहारिणः ।
भद्रश्रीसद्गुणाचारा[235] भवेयुर्बोधिचारिणः ॥ ८२ ॥
ततस्ते बोधिसंभारं पूरयित्वा यथाक्रमम् ।
अर्हन्तस्त्रिविधां बोधिं प्राप्येयुः सौगतं पदम् ॥ ८३ ॥
द्वादशैतानि तीर्थानि महान्त्यत्र हिमालये ।
अन्यान्यपि च सन्त्यत्र तानि वक्ष्याम्यहं[236] शृणु ॥ ८४ ॥
तद्यथोपरि वाग्मत्याः स्रोतसि द्वारसंनिधौ ।
सौन्दर्यतीर्थमाख्यातं सौन्दर्यगुणसंपदम् ॥ ८५ ॥
तत्र ये मानवा यावदेकविंशतिवासरम् ।
स्नान-दानानि-कर्माणि कुर्युः सर्वाणि पूर्ववत् ॥ ८६ ॥
तेऽपि न दुर्गतिं यायुः सदा सद्गतिसंभवाः ।
सुरूपलक्षणोपेताः श्रीमन्तः सद्गुणान्विताः ॥ ८७ ॥
बोधिसत्त्वा महासत्त्वाः चतुर्ब्रह्मविहारिणः ।
सर्वसत्त्वहिताधानं चरेयुर्बोधिसंवरम् ॥ ८८ ॥
ततस्ते बोधिसंभारं पूरयित्वा यथाक्रमम् ।
अर्हन्तः त्रिविधां बोधिं संप्राप्येयुर्जिनालयम् ॥ ८९ ॥
तदुपरि च यत्तीर्थम् अगस्त्येति महर्षिणा ।
नित्यस्नानं जपं ध्यानं कृत्वा यज्ञं च सेवितम् ॥ ९० ॥
तेनागस्त्यमहत्तीर्थं तदा ख्यातं मुनीश्वरैः[237] ।
तत्र ये मनुजाः स्नायुस्ते यायुः परमां गतिम् ॥ ९१ ॥
दानं यज्ञं जपादिञ्च कुर्युर्ध्यात्वापि चेश्वरम् ।
तोषं ययुस्तथा पितॄन्दद्युर्दानं यथेप्सितम् ॥ ९२ ॥
सर्वे ते विमलात्मानश्चतुर्ब्रह्मविहारिणः ।
बोधिसत्त्वा महासत्त्वा भवेयुः श्रीगुणाश्रयाः ॥ ९३ ॥
तथा ते बोधिसंभारं पूरयित्वा यथाक्रमम् ।
अर्हन्तः त्रिविधां बोधिं प्राप्य बुद्धत्वमाप्नुयुः ॥ ९४ ॥
तत्रैवानन्तनागेन यदाश्रितं महाह्रदम्[238] ।

---

235 सद् गुणाधारा इति कपाठः ।
236 वदामि ते इति कपाठः ।
237 नृपालकैः इति गपाठः ।
238 महत् तोयम् इति कपाठः ।

तेन तदह्रदमाख्यातमनन्ततीर्थमर्थदम् ॥ ९५ ॥
तत्र ये मनुजा यावदेकविंशति वासरम् ।
स्नानं दानं जपं ध्यानं कुयुर्यज्ञं च पूर्ववत् ॥ ९६ ॥
तेऽपि न दुर्गतिं यायुःसदा सद्गतिसम्भवाः ।
बोधिसत्त्वा महासत्त्वा भवेयुः श्रीगुणाश्रयाः ॥ ९७ ॥
तथा ते बोधिसम्भारं पूरयित्वा यथाक्रमम् ।
अर्हन्तो[239] बोधिमासाद्य सर्वज्ञपदमाप्नुयुः ॥ ९८ ॥
तत्रैव च महत्तीर्थमार्यतारानिषेवितम् ।
तेनेदं कथितं चार्यतारातीर्थं सुभाग्यदम् ॥ ९९ ॥
तत्रापि ये नरा यावदेकविंशतिवासरम् ।
स्नानं दानं जपं ध्यानं यज्ञं कुर्युर्यथाविधि ॥ १०० ॥
तेऽपि न दुर्गतिं यायुःसंजाताः सद्गतौ सदा ।
बोधिसत्त्वा महासत्त्वाः परिशुद्धत्रिमण्डलाः ॥ १०१ ॥
[240]सौभाग्याशालिनो धीरा भद्रश्रीसद्गुणाश्रयाः ।
सर्वसत्त्वहितोत्साहा भवेयुर्बोधिचारिणः ॥ १०२ ॥
तथा ते बोधिसंभारं पूरयित्वा यथाक्रमम् ।
अर्हन्तस्त्रिविधां बोधिं प्राप्येयुः सौगतं पदम् ॥ १०३ ॥
अत उर्ध्वञ्च वाग्मत्याः प्रभवतीर्थमुत्तमम् ।
सर्वेषामपि तीर्थानां प्रधानमग्रमुच्यते ॥ १०४ ॥
तत्रैकस्नान-मात्रेण गंगा-स्नान-शताधिकम् ।
पुण्यं महत्तरं सिद्धं वाञ्छितार्थसुखप्रदम् ॥ १०५ ॥
तत्र ये मानवा यावदेकविंशतिवासरम् ।
स्नानं दानं जपं ध्यानं यज्ञं कुर्युर्यथाविधि ॥ १०६ ॥
सुविशुद्ध-त्रिकायास्ते यथाकामं सुखानि च ।
धर्मार्थ[241]-श्रीसमृद्धाः स्युश्चतुर्ब्रह्मविहारिणः ॥ १०७ ॥
क्वचिन्न दुर्गतिं यायुः संजाताः सद्गतौ सदा ।
स्वपरात्महितं कृत्वा संचरेयुः सदा शुभे ॥ १०८ ॥
ततस्ते विमलात्मानः सुविशुद्धेन्द्रियाशयाः ।
बोधिसत्त्वा महासत्त्वा भवेयुः सद्गुणाकराः ॥ १०९ ॥
तथा ते बोधिसंभारं पूरयित्वा यथाविधि ।
अर्हन्तस्त्रिविधां बोधिं प्राप्येयुः सौगतं पदम् ॥ ११० ॥
तं शंखपर्वतं नाम सर्वशिलोच्चयोत्तमम् ।
समारोहण-मात्रेण निष्णातः सिद्धिमान् भवेत् ॥ १११ ॥
तत्रापि ये समाश्रित्य स्नात्वा ध्यात्वा समाहिताः ।

---

239 ज्ञानिनः इति कपाठः ।

240 सुष्टुभाग्येन इति घपाठः ।

241 भावार्थ इति खपाठः ।

जपः यज्ञादि दानं च कुर्युः संबोधिमानसाः ॥ ११२ ॥
तेऽपि न दुर्गतिं यायुः सदा सद्गति-संभवाः ।
बोधिसत्त्वा महासत्त्वाः परिशुद्ध-त्रिमण्डलाः ॥ ११३ ॥
निःक्लेशा विमलात्मानः सर्व-सत्व-हिताशयाः ।
भद्रश्री-सद्गुणाधारा भवेयुर्ब्रह्मचारिणः ॥ ११४ ॥
ततस्ते बोधिसंभारं पूरयित्वा यथाक्रमम् ।
अर्हन्तो बोधिमासाद्य संबुद्धपदमाप्नुयुः ॥ ११५ ॥
बहूनि[242] चोपतीर्थानि विद्यन्तेऽत्र हिमालये ।
तानि तीर्थानि सर्वाणि भुक्ति-मुक्ति-प्रदायीनि ॥ ११६ ॥
यत्र यत्र श्रवन्तीनामन्येषां च समागमः ।
तत्र तत्रापि तीर्थानि पुण्य-फल-प्रदायिनि ॥ ११७ ॥
तेषां चाप्युपतीर्थानां पृथक्पृथक्फलं महत् ।
पाप-संशोधनं पुण्यं सद्धर्मसुखसाधनम् ॥ ११८ ॥
तेष्वपि ये नराः स्नात्वा चरेयुः पोषधं व्रतम् ।
दद्युर्दानानि चार्थिभ्यः कुर्युर्यज्ञान् च ये मुदा ॥ ११९ ॥
पितॄन् संतर्प्ययेयुश्च पूजयेयुः सुरानपि ।
स्मृत्वा ध्यात्वा त्रिरत्नानां भजेयुर्मन्त्रजल्पनैः[243] ॥ १२० ॥
एवं लोकाधिपानां च स्मृत्वा ध्यात्वा समाहिताः ।
जपित्वा नाम मन्त्राणि साधयेयुर्यथाविधि ॥ २२१ ॥
तानि सर्वाणि सिध्येयुः साधितानि जगद्धिते[244] ।
दद्युश्चेह शुभोत्साहं परत्र निर्वृतं पदम् ॥ १२२ ॥
तेऽपि न दुर्गतिं यायुः सदा सद्गतिसंभवाः ।
निःक्लेशा विमलात्मानः परिशुद्धत्रिमण्डलाः ॥ १२३ ॥
बोधिसत्त्वा महासत्त्वाश्चतुर्ब्रह्म-विहारिणः[245] ।
भद्रश्री-सद्गुणोधारा भवेयुर्बोधिचारिणः ॥ १२४ ॥
ततस्ते बोधिसम्भारं पूरयित्वा यथाक्रमम् ।
अर्हन्तो बोधिं संप्राप्य यायुर्नूनं जिनालयम् ॥ १२५ ॥
एवं विज्ञाय सर्वेषां तीर्थानामपि सत्फलम् ।
भद्रश्री-सद्गुणात्साहं सौख्यसंबोधिसाधनम् ॥ १२६ ॥
सर्वेष्वेतेषु तीर्थेषु-भद्रश्री-गुण-वाञ्छिभिः ।
स्नान-दानादिकं कर्म कर्त्तव्यं बोधि-प्राप्तये ॥ १२७ ॥
ये य एतेषु तीर्थेषु स्नात्वा नित्यं यथाविधि ।
दत्वा दानं व्रतं धृत्वा ध्यात्वा भजेयुरीश्वरम् ॥ १२८ ॥

---

242 अन्यानि इति कपाठः ।
243 भजेयुनेमिजल्पनैः इति खपाठः ।
244 लोकहिते इति खपाठः ।
245 महोत्सवा इति गपाठः ।

ते ते सर्वे विकल्माषाः परिशुद्ध-त्रिमण्डलाः।
निःक्लेशा विमलात्मानो भवेयुर्बोधिभागिनः॥ १२९ ॥
इति लोकाधिपैः सर्वैर्ब्रह्मेन्द्रप्रमुखैरपि।
सर्वाण्येतानि[246] तीर्थानि संसेवितानि सर्वदा॥ १३० ॥
तथा च मुनिभिः सर्वैस्तापसैर्ब्रह्मचारिभिः।
यतिभिर्योगिभिश्चापि तीर्थिकैः श्रावकैरपि॥ १३१ ॥
ब्राह्मणैर्वैष्णवैः शैवैः कौलिकैरपि शक्तिकैः।
देवैश्च दानवैश्चापि यक्षगन्धर्वकिन्नरैः॥ १३२ ॥
गुह्यक[247]-सिद्धसाध्यैश्च ग्रहैर्विद्याधरैरपि।
अप्सरोभिश्च सर्वाभिः सदा संसेवितानि हि॥ १३३ ॥
नागेन्द्रैर्गरुडैश्चापि कुम्भाण्डै राक्षसैरपि।
एवमन्यैरपि प्रेत्य सेवितानि शुभार्थिभिः॥ १३४ ॥
ग्रहैश्च सांघिकैश्चापि व्रतिकैश्चाप्युपासकैः।
बोधिसत्त्वैर्मुनीन्द्रैश्च सेवितानि जगद्धिते॥ १३५ ॥
अहमपि तथैतेषु तीर्थेषु समुपाश्रयम्।
स्नत्वा दानानि दत्वा च कृत्वा यज्ञं यथाविधि॥ १३६ ॥
पितॄन् सन्तर्पयित्वापि समभ्यर्च्य सुरानपि।
त्रिरत्नभजनं कृत्वा प्राचरं पोषधं व्रतम्॥ १३७ ॥
धर्मधातुं समाराध्य स्मृत्वा ध्यात्वा समाहितः।
जपित्वा धारणी-मन्त्रं प्राचरं बोधिसम्वरम्॥ १३८ ॥
एतत्पुण्यानुभावेन परिशुद्ध-त्रिमण्डलाः।
निःक्लेशो निर्मलात्मानः चतुर्ब्रह्मविहारिणः॥ १३९ ॥
बोधिसत्त्वा महासत्त्वाः भद्रश्री-सद्गुणान्विताः।
आशु संबोधिसंभारं पूरयित्वा यथाक्रमम्॥ १४० ॥
जित्वा मारगणान् सर्वान् कलावपि जगद्धिते।
त्रिविधां बोधिमासाद्य संबुद्धो धर्मराड् भवेत्॥ १४१ ॥
यूयमपि च ज्ञात्वैव चरत बोधिप्राप्तये।
यूयं सर्वेषु तीर्थेषु श्रद्धया गच्छत सदा[248]॥ १४२ ॥
धर्मधातुं समभ्यर्च्य स्मृत्वा ध्यात्वा समाहिताः।
जपित्वा धारणीमन्त्रं संभजत जगद्धिते॥ १४३ ॥
एतत् पुण्यप्रभावेण परिशुद्धत्रिमण्डलाः।
दुर्गतिं नैव गच्छेत तिष्ठेत[249] सद्गतौ सदा॥ १४४ ॥
तत्र सदा त्रिरत्नानां शरणे समुपस्थिताः।

---

246 सर्वकर्माणि इति कपाठः।
247 चारण इति घपाठः।
248 सर्वेषु तेषु तीर्थेषु प्रवध्वं यथाविधि इति कपाठः।
249 जायध्वं इति गपाठः।

सत्कारैर्भजनं कृत्वा संचरेत जगद्धिते ॥ १४५ ॥
तेषां हि विमलात्मानां चतुर्ब्रह्मविहारिणाम् ।
बोधिसत्त्वा महासत्त्वा भवेयुर्भद्रचारिणः ॥ १४६ ॥
ततः श्रीसद्गुणाधाराः सर्वविद्याविचक्षणाः ।
सर्वसत्त्वा हिताधानं कुर्वन्तु ते[250] जगद्धिते ॥ १४७ ॥
ततः संबोधिसंभारं पूरयित्वा यथाक्रमम् ।
आशु त्रिबोधिसामाद्य प्राप्स्यथ सौगतं पदम् ॥ १४८ ॥
इत्यादिष्टं मुनीन्द्रेण श्रुत्वा सर्वे प्रबोधिताः ।
मैत्रेयादि-सभालोकाः प्राप्यानन्द समाश्रिताः[251] ॥ १४९ ॥

इति श्रीस्वयंभूसमुत्पत्तिकथायाम् अनेकतीर्थसंजातपुण्यमहात्म्य-वर्णनं नाम पंचमोऽध्यायः सम्पूर्णः ।

---

250 संचरध्वे इति घपाठः ।

251 प्रबोधिताः इति कपाठः ।

अथ षष्ठोऽध्यायः

अथासौ च महासत्त्वो मैत्रेयः सुगतात्मजः।
मुनीन्द्रं श्रीघनं नत्वा साञ्जलिरेवमब्रवीत्॥ १॥
यदिदं भगवन्! धर्मधातुवागीश्वराभिधम्।
प्रसिद्धं हेतुना केन तत्समादेष्टुमर्हति॥ २॥
इति संप्रार्थिते तेन मैत्रेयेण स सर्ववित्।
भगवान् तं महासत्त्वं संपश्यन्निदमादिशत्॥ ३॥
येनात्र हेतुना धर्मधातु-वागीश्वराभिधम्।
प्रसिद्धं तत्प्रवक्ष्यामि शृणु मैत्रेय सादरम्॥ ४॥
तद्यथायुर्यदा नृणां त्रिंशद्वर्षसहस्रकम्।
शोभावत्यां महापुर्यामुदपादि तदा जिनः॥ ५॥
संबुद्धोऽर्हञ्जगच्छास्ता धर्मराजो मुनीश्वरः।
कनक-मुनीरित्याख्यस्तथागतो विनायकः॥ ६॥
तदाहं कुलपुत्रस्तु सुधर्मा नाम आत्मवित्[252]।
बोधिसत्त्वो महासत्त्वो धर्मश्रीसद्गुणार्थभृत्॥ ७॥
स कनकमुनेः शास्तुः शासने समुपाश्रितः।
त्रिरत्नभजनं कृत्वा प्राचरं बोधिसंवरम्॥ ८॥
यदा स भगवाञ्छास्ता शोभावत्या उपाश्रमे।
विहारे [253]शोभितारामे विजहारससांघिकः॥ ९॥
तदा तत्र सभालोके ब्रह्मेन्द्र-प्रमुखाः सुराः।
सर्वलोकाधिपाश्चापि धर्मं श्रोतुमुदागताः॥ १०॥
सर्वे ग्रहाश्च ताराश्च सर्वविद्याधरा अपि।
सिद्धाः साध्याश्च रुद्राश्च मुनयोऽपि महर्षयः॥ ११॥
गन्धर्वाः किन्नरा यक्षा गुह्यका राक्षसा अपि।
कुम्भाण्डा गरुडा नागा दैत्याश्चापि समागताः॥ १२॥
यतयो योगिनश्चापि तीर्थिकाश्च तपस्विनः[254]।

---

[252] संभवः इति कपाठः।
[253] कुक्कुटारामे इति खपाठः।
[254] सौगता इति खपाठः।

पाखण्डाश्च परिव्राजो निर्ग्रन्था ब्रह्मचारिणः ॥ १३ ॥
श्रमणाः श्रावकाश्चापि व्रतिनश्चाप्युपासकाः ।
तत्सद्धर्मामृतं पातुं सादरं समुपागताः ॥ १४ ॥
ब्राह्मणा क्षत्रियाश्चापि वैश्याश्च मन्त्रिणो जनाः ।
गृहाधिपाश्च[255] श्रेष्ठाश्च भृत्याः सैन्याधिपा अपि ॥ १५ ॥
शिल्पिनो वणिजश्चापि सार्थवाहा महाजनाः ।
पौरा जानपदा ग्राप्याः कार्पटिकाश्च शौरिकाः ॥ १६ ॥
तथान्ये वासिनश्चापि सर्वलोकाः प्रसादिताः ।
तत्सद्धर्मामृतं पातुं सादरं समुपागताः ॥ १७ ॥
तान् सर्वान् समुपायातान् दृष्ट्वा स भगवान्मुदा ।
सभामध्यासनासीनस्तस्थौ ध्यात्वा प्रभासयन् ॥ १८ ॥
तं मुनीन्द्रं प्रभाकान्तं दृष्ट्वा सर्वेऽपि सांघिकाः ।
श्रमणाः श्रावकाः सर्वे भिक्षवो ब्रह्मचारिणः ॥ १९ ॥
भिक्षुण्यो ब्रह्मचारिण्य उपासिकाश्च चैलिकाः ।
चैलका व्रतिनश्चापि धर्मकामा उपासकाः ॥ २० ॥
सर्वेऽपि ते समागत्य प्रणम्य[256] तं मुनीश्वरम् ।
परिवृत्य परस्कृत्य धर्मं श्रोतुमुपाश्रयन् ॥ २१ ॥
ततो ब्रह्मादयो देवाः सर्वे लोकाधिपा अपि ।
तं मुनीन्द्रं समभ्यर्च्च्य प्रणम्य च यथाक्रमम् ॥ २२ ॥
परिवृत्य पुरस्कृत्य तत्सभायां समन्ततः ।
संपश्यन्तं मुनीन्द्रं तमुपतस्थुः समाहिताः ॥ २३ ॥
ततस्ते मानवाः सर्वे ऋषि-विप्रनृपादयः ।
तं मुनीन्द्रं[257] समभ्यर्च्च्य संप्रणम्य यथाक्रमम् ॥ २४ ॥
तत्सभां समुपाश्रित्य परिवृत्य समन्ततः ।
पुरस्कृत्य समुद्वीक्ष्य संतस्थिरे समाहिताः ॥ २५ ॥
ततस्तान् समुपासीनान् दृष्ट्वा स भगवान् मुदा ।
आर्यसत्यं समारभ्य सद्धर्मं समुपादिशत् ॥ २६ ॥

---

[255] देवाधिपाश्च इति गपाठः ।
[256] प्रणत्वा इति कपाठः ।
[257] नागाननम् इति कपाठः ।

क्रमेण[258] बोधिचर्याग्रमार्याष्टांङ्गं च तत्पथम्।
आदिश्य बोधिमार्गे तान् सर्वान् लोकान् नियोजयेत्॥ २७॥
तत्सद्धर्मामृतं पीत्वा सर्वे लोकाः प्रबोधिताः।
सद्धर्मसाधनायुक्ता बभूवुर्बोधिमानसाः॥ २८॥
तदा विक्रमशिलाख्ये विहारे भिक्षुरात्मवित्।
ससंघो व्याहरद् धर्मश्रीमित्राख्यः सुधीर्यतिः॥ २९॥
स तत्र सर्वलोकानां हितायैव समाश्रितः।
ससंघो नामसंगीतिं व्याख्यातुमभ्यवाञ्छत॥ ३०॥
ततः स सन्मतिः सर्वान् आमन्त्र्य तत्र सादरम्[259]।
सभामध्यासनासीनस्तस्थौ ध्यानसमाहितः॥ ३१॥
तं सभासन आसीनं दृष्ट्वा सर्वेऽपि सांघिकाः।
तत्सद्धर्मामृतं पातुमिच्छन्तः[260] समुपागताः॥ ३२॥
तत्र तेऽपि यतिं नत्वा परिवृत्य समन्ततः।
पुरस्कृत्य समीक्षन्त उपतस्थुः समाहिताः॥ ३३॥
तत्राऽऽन्येऽपि समायाता लोका द्विजनृपादयः।
वैश्याश्च मन्त्रिणोऽमात्याः भृत्याः शैन्याधिपा अपि॥ ३४॥
शिल्पिनो वणिजश्चापि सार्थवाहा महाजनाः।
पौरा जानपदा ग्राम्यास्तथान्ये देशवासिनः॥ ३५॥
सर्वे ते समुपागत्य प्रणम्य तं यतिं मुदा।
परिवृत्य पुरस्कृत्य संपश्यन्तमुपाश्रयन्॥ ३६॥
ततः स यतिरालोक्य सर्वान् तान्समुपाश्रितान्।
मञ्जुश्रीनामसंगीतिं समाख्यातुं यथाक्रमम्॥ ३७॥
तत्समादिष्टमाकर्ण्य सर्वे लोकाः सभाश्रिताः।
संबुद्ध–गुणमाहात्म्यं मत्वानन्दप्रबोधिताः॥ ३८॥
ततः सर्वेऽपि लोकास्ते ब्राह्मणा भूमिपादयः।
नत्वा तं यातिमामन्त्र्य स्वस्वालयं मुदाऽऽययुः॥ ३९॥
ततस्ते श्रावका विज्ञा यतयो ब्रह्मचारिणः।
द्वादशाक्षर–गुह्यार्थं सम्यक् संश्रोतुमीच्छिरे॥ ४०॥
ततस्ते योगिनः सर्वे कृताञ्जलिपुटा मुदा।
शास्तारं तं यतिं नत्वा समामत्र्यैवमब्रूवन्॥ ४१॥
भदन्त ! द्वादशानां यदक्षराणां विशेषतः।
विशुद्धिं श्रोतुमिच्छामः तत्समादेष्टुमर्हति॥ ४२॥
इति तैः प्रार्थितो धर्मश्रीमित्रः स सुधीरपि।
द्वादशाक्षर–गुह्यार्थं विशुद्धिं न समादिशत्॥ ४३॥

---

258 शनैः इति घपाठः।
259 संघानाम प्रसादरं इति खपाठः।
260 अमृतज्ञानम् इति गपाठः।

विशुद्धिमनभिज्ञाय विषण्णात्मा स उत्थितः ।
ध्यानागारं समासीनो ध्यात्वैवं समचिन्तयन् ॥ ४४ ॥
न ह्येतदक्षरं[261] गुह्यं विशुद्धिश्च न ज्ञायते ।
तत्कथं उपदेक्ष्यामि हाहा कुत्र भ्रमानि वा[262] ॥ ४५ ॥
इति चिन्ता-विषण्णात्मा लज्जा-संमोहिताशयः ।
स्मृत्वा रत्नत्रयं ध्यात्वा तस्थौ धैर्यसमाहितः ॥ ४६ ॥
तत्क्षणे स त्रिरत्नानां स्मृति-पुण्यानुभावतः ।
प्राप्तवान् सहसा वीर्यं महोत्साहं च तत्क्षणे[263] ॥ ४७ ॥
ततः सन्मतिशौण्डोऽसौ पुनर्ध्यात्वा समाहितः ।
मनसा सर्वलोकेषु विचारयन् व्यलोकयन् ॥ ४८ ॥
तदापश्यन् महाचीन उत्तरस्यां नगोत्तमे ।
मञ्जुश्रियं महाभिज्ञं सर्व-विद्याधिपेश्वरम् ॥ ४९ ॥
बोधिसत्त्वं महासत्त्वं सर्व-धर्माधिपप्रभुम् ।
सर्व-गुह्य-विशुद्ध्यर्थं विज्ञानज्ञानदायकम् ॥ ५० ॥
तं पश्यन् मनसा धर्मश्री-मित्रः सुसमुत्सुकः ।
सहसोत्थाय तान् संघान् समामन्त्र्यैवमब्रवीत् ॥ ५१ ॥
भो भवन्तो गमिष्यामि महाचीने नगोत्तमे ।
मंजुश्रियं महासत्त्वं द्रष्टुमिच्छामि सांप्रतम् ॥ ५२ ॥
एतस्या नामसंगीत्या गुह्यविशुद्धिविस्तरम् ।
पृष्ट्वा सम्यक् परिज्ञाय ह्यागमिष्याम्यहं द्रुतम् ॥ ५३ ॥
यावन्नाहमिहायातः तावत्सर्वे समाहिताः ।
त्रिरत्न-भजनं कृत्वा तिष्ठत मा विषीदत ॥ ५४ ॥
इत्युक्त्वा स महाभिज्ञस्ततः संप्रस्थितो द्रुतम् ।
सञ्चरन्नत्र नेपालमण्डलं[264] समुपाययौ ॥ ५५ ॥
तमायातं यतिं नत्वा मञ्जुदेवः स सर्ववित् ।
स्वान्तिके समुपाद्रष्टुमैच्छत् ऋद्धिं प्रदर्शयन् ॥ ५६ ॥
ततः श्रीमंजुदेवोऽपि भूत्वा कृषिकरः स्वयम् ।
शार्दूल-मृगराजाभ्यां हलेनाकर्षयन् महीम् ॥ ५७ ॥
तं दृट्वा दूरतो धर्मश्रीमित्रो ह्यतिविस्मितः ।
किमेतत् महदाश्चर्यमितिद्रष्टुं समागमत्[265] ॥ ५८ ॥
ततः स समुपाश्रित्य दृष्ट्वा तन्महदद्भुतम् ।
कृषिकरं तमामन्त्र्य पप्रच्छैवं व्यलोकयन् ॥ ५९ ॥

---

261 नेतेदक्षरं इति गपाठः ।
262 भ्रमेमहि इति घपाठः ।
263 एवं मतिं महावीर्यं महोत्साहिनिमाप्तवान् इति कपाठः ।
264 विषये इति कपाठः ।
265 सुयाचरत् इति खपाठः।

अस्मात् स्थानाच्च भो साधो महाचीन-नगोत्तमः।
पंचशीर्षः कियद्दूरे तदुपदेष्टुमर्हति ॥ ६० ॥
इति संप्रार्थिते तेन श्रुत्वा स हलवाहकः।
सुचिरं तं यतिं पश्यन् सादरमेवमब्रवीत् ॥ ६१ ॥
यत्त्वं कुत इहायासि किमर्थमुत्तरे पथि।
महाचीनं च गन्तुं त्वं दूरतः[266] परिपृच्छसि ॥ ६२ ॥
अद्य प्रवर्तते सायं तद्विहारे ममाश्रमे।
उषित्वा[267] प्रातरुत्थाय गच्छ मद्देशितात् पथः ॥ ६३ ॥
इति तेनोदितं धर्मश्रीमित्रस्तु निशम्य सः।
तथेत्यनुमतं धृत्वा तूष्णीं भूत्वा व्यतिष्ठत ॥ ६४ ॥
ततः संबोधितं भिक्षुं मत्वा स हलवाहकः।
तौ शार्दूलमृगेन्द्रौ द्वौ तत्रैवान्तर्व्यधापयत् ॥ ६५ ॥
हलं तु सर्वलोकानां संप्रबोधनहेतवे।
तत्रैवौच्चैः स्थल-क्षेत्रे यूपवदवरोपयत् ॥ ६६ ॥
अद्यापि तन्महीस्थानं मंजुश्रीभूः प्रसिद्धितः।
सा वाचेति प्रसिद्धा च यत्रावरोपितं हलम् ॥ ६७ ॥
ततस्तं[268] यतिमाहूय सायं स हलवाहकः।
तत्र प्रविश्य धर्मश्रीमित्रः पश्यति विस्मितः ॥ ६८ ॥
ततो मूल-फल-स्कन्ध-पत्रादि भोगमादरात्।
दत्वा तस्मै स्वयं भुक्त्वा तस्थौ स हलवाहकः ॥ ६९ ॥
ततः स विविधां धर्मश्रीमित्रो रजनीकथाम्।
भाषित्वा तं महाभिज्ञं कृषिकरो व्यनोदयत् ॥ ७० ॥
ततः स मंजुदेवस्तं यतिं छात्रालये निशि।
प्रेषयित्वा स्वयं गुह्यागारे शय्यां समाश्रयत् ॥ ७१ ॥
तत्र प्रविश्य धर्मश्रीमित्रः संप्रति विस्मितः।
सुप्त्वाश्रमे समुत्थाय मनसैवं व्यचिन्तयत् ॥ ७२ ॥
नाद्यात्र शयनीयं यदयं पुमान्महर्द्धिकः।
भार्यया सह कथ्यं किं किं वदेच्च[269] सविनोदयन् ॥ ७३ ॥
इति ध्यात्वा स धर्मश्रीमित्रो यतिः समुत्थितः।
सत्वरं निभृतं तस्य द्वारमूलमुपाश्रितः ॥ ७४ ॥
तत्क्षणे मञ्जुदेवं तं केशिनी सुप्रिया सती।
शय्यासनासमासीना भर्तारमेवमब्रवीत् ॥ ७५ ॥

---

266 नास्ति इति खपाठः।
267 अज्झित्वा इति कपाठः।
268 यतेस्तम् इति गपाठः।
269 कुर्यात् इति कपाठः।

स्वामिन् ! कोऽयं यतिर्धीमान् किमर्थमस्मदाश्रमे ।
इह कुतः समायातः तत्समादेष्टुमर्हति ॥ ७६ ॥
इति संप्रार्थितो देव्या मञ्जुदेवो निशम्य सः ।
केशिनीं तां प्रियां भार्यां सम्पश्यन्नेवमब्रवीत् ॥ ७७ ॥
साधु शृणु प्रिये देवि यदर्थं स इहागतः ।
तदर्थं हि महद्धेतुं[270] वक्ष्यामि ते विचारयन् ॥ ७८ ॥
अयं भिक्षुर्महाभिज्ञो बोधिसत्त्वो महामतिः ।
विख्यातो यो महाधर्मश्रीमित्राख्यो महान् यतिः ॥ ७९ ॥
विक्रमशिला-चाख्याते विहारे स निवासकः ।
नामसंगीतिव्याख्यानं शिष्येभ्यो विस्तरं व्यधात् ॥ ८० ॥
द्वादशाक्षर-गुह्यार्थं विशुद्धिं ज्ञान-विस्तरम् ।
नाम सम्यगुपाख्यातुं नाशक्नोत्[271] स सुधीरपि ॥ ८१ ॥
तदायं सुविषण्णात्मा ध्यानागारे समाश्रितः ।
ध्यात्वा[272] लोकेषु सर्वत्र विलोक्यैवं व्यचिन्तयत् ॥ ८२ ॥
मञ्जुश्रीरेव जानीयात्सर्वं गुह्यं विशुद्धिवित् ।
[273]द्वादशाक्षरगुह्यार्थं विशुद्धिं समुपादिशेत् ॥ ८३ ॥
इति ध्यात्वा समुत्थाय सर्वान् शिष्यान् ससांघिकान् ।
बोधयित्वा महोत्साहाद् वीर्येण प्राचरत्ततः ॥ ८४ ॥
उत्तरस्यां महाचीने पंचशीर्षेऽस्मदाश्रमे ।
गन्तुमनेन मार्गेण चरन्निह समागतः ॥ ८५ ॥
तमिह समये यातं दृष्ट्वा समृद्धिभावतः ।
बोधयित्वैवमाहूय ह्यानीतः[274] स्वाश्रमेऽधुना ॥ ८६ ॥
इति भर्त्रा समादिष्टं श्रुत्वा सा केशिनी प्रिया ।
स्वामिनं तं समालोक्य पप्रच्छैव समादरात् ॥ ८७ ॥
स्वामिन्नहं न जानामि शृणोमि न कदाचन ।
कथमेतद्विशुद्ध्यर्थं समुपादिश मेऽधुना ॥ ८८ ॥
इति संप्रार्थितो देव्या मंजुदेवो निशम्य सः ।
केशिनीं तां प्रियां भार्यां सम्पश्यन्नेवमब्रवीत् ॥ ८९ ॥
साधु देवि तव प्रीत्या साम्प्रतमुपदिश्यते ।
एतदर्थं महागुह्यं गोपनीयं प्रयत्नतः ॥ ९० ॥
इत्युक्त्वा मञ्जुदेवोऽसौ तस्मै देव्यै यथाविधि ।
द्वादशाक्षर-गुह्यार्थ-विशुद्धिं समुपादिशत् ॥ ९१ ॥

---

270 महीज्ञानम् इति गपाठः ।
271 शक्नोति न इति घपाठः ।
272 आलोक्य इति कपाठः ।
273 तन्मन्त्राक्षर इति खपाठः ।
274 नयामि इति गपाठः ।

एतत्सर्वं समाख्यातं विस्तरं स महामतिः।
धर्मश्रीमित्र आकर्ण्य प्रीत्यानन्देन बोधितः॥ ९२॥
तत्सर्वं मनसि ध्यात्वा धर्मश्रीमित्रः साम्प्रतम्[275]।
मंजुश्रीरयमेवेति निश्चयं समुपाययौ॥ ९३॥
ततः स सुप्रसन्नात्मा द्वारमूले कृताञ्जलिः।
अष्टांगप्रणतिं कृत्वा तस्थौ तद्गतमानसः॥ ९४॥
ततः प्रातः समुत्थाय केशिनी मोक्षदायनी।
द्वारकपाटमुद्घाट्य बहिर्गन्तुमुपाक्रमत्॥ ९५॥
तत्र तं यतिमालोक्य द्वारमूले व्यवस्थितम्।
भीता सा केशिनी देवी द्रुतमुपाचरत्ततः॥ ९६॥
प्रत्यागतां च तां दृष्ट्वा मञ्जुदेवः स सर्ववित्।
विभिन्नास्यां समालोक्य पप्रच्छैवमधीरवत्॥ ९७॥
देवि! किं द्वारमुद्घाट्य सत्त्वरं त्वमुपागता।
दृष्ट्वा किं तत्र भीतासि तत्सत्यं वद मे पुरः॥ ९८॥
इति पृष्टं जगच्छास्तुर्भक्ता सा केशिनी तदा[276]।
स्वामिनं तं समालोक्य शनैरेवं न्यवेदयेत्॥ ९९॥
स्वामिन् यतिर्नमस्कृत्य द्वारमूले निपातितः।
जीवितो वा मृतो वासौ मया न ज्ञायते खलु॥ १००॥
इत्युक्तं भार्यया श्रुत्वा मंजुदेवः स उत्थितः।
उपेत्य द्वारमूले तं संददर्श निपातितम्॥ १०१॥
दृष्ट्वा स मञ्जुदेवस्तं यतिं नत्वा जितेन्द्रियम्।
हस्तं धृत्वा समुत्थाप्य संपश्यन्नेवमब्रवीत्॥ १०२॥
यते किमर्थमत्रैव द्वारं ध्यात्वावतिष्ठसि।
तन्मम पुरतः सर्वं वद त्वं तु समाहितः॥ १०३॥
इत्युक्त्वो मञ्जुदेवेन धर्मश्रीमित्र उन्मनाः।
मञ्जुश्रियं तमष्टांगैर्नत्वैवं प्रार्थयन्मुदा॥ १०४॥
भगवन्! नाथ! सर्वज्ञ सर्वविद्याधिप प्रभोः।
भवत्पादाम्बुजे भक्त्या शरणे समुपाश्रये॥ १०५॥
भवानेव जगच्छास्ता मञ्जुश्रीर्भगवानपि।
ज्ञायते दृश्यते ह्यत्र ज्ञानरत्ननिधिर्मया॥ १०६॥
तद् भवान् हि विजानाति यदर्थमिह चागतः[277]।
तन्मेऽभिवांच्छितं शास्ता संपूरयितुमर्हति॥ १०७॥
इति संप्रार्थितस्तेन मञ्जुदेवो निशम्य सः।
विज्ञाय तं महाभिज्ञं संपश्यन्नेवमब्रवीत्॥ १०८॥

---

[275] उत्थिते मुदा इति खपाठः।
[276] विरात् इति घपाठः।
[277] व्रज इति कपाठः।

कथं विनाऽभिषेकं त्वां मन्त्रार्थमुपदिश्यताम्[278] ।
तावदत्राभिषेकं त्वं गृहाणादौ[279] यदीच्छसि ॥ १०९ ॥
इत्युक्तं मञ्जुदेवेन निशम्य स यतिः सुधीः ।
मञ्जुदेवं नमस्कृत्य[280] साञ्जलिरेवमब्रवीत् ॥ ११० ॥
सर्वज्ञ ! भगवञ्छास्ता निर्धनोऽहमकिञ्चन ।
किं दास्ये भवते शास्त्रे दक्षिणां गुरुभक्तिमान् ॥ १११ ॥
इति तेनोदितं श्रुत्वा मञ्जुदेवः स सन्मतिः ।
संपश्यन् तं यतिं धर्मश्रीमित्रमेवमब्रवीत् ॥ ११२ ॥
यतः किं धनसंपत्या श्रद्धा ते यदि विद्यते ।
तुष्यन्ते गुरवो भक्तिमात्रेणात्र धनेन न ॥ ११३ ॥
इत्युक्तो मञ्जुदेवेन धर्मश्रीमित्र उन्मनाः ।
अष्टांगैस्तं गुरुं नत्वा प्रार्थयेदेवमादरात् ॥ ११४ ॥
भगवन् ! यदि भक्त्यैव तुष्यतेऽत्र भवान् मम ।
भवतां सुश्रूषामेव करोमि भक्तिमानहम् ॥ ११५ ॥
इति मे कृपया शास्त अभिषेकं यथाविधि ।
दत्वा द्वादशमन्त्रार्थं विशुद्धिं दातुमर्हसि ॥ ११६ ॥
इति संप्रार्थितः तेन मञ्जुदेवः स सर्ववित् ।
भक्तिमन्तं तमालोक्य पश्यन्नेवमभाषत ॥ ११७ ॥
दास्यामि ते महाभाग भक्तिः श्रद्धास्ति ते यदि ।
अभिषेकं प्रसान्नात्मा समादत्स्व समाहितः ॥ ११८ ॥
ततः स मञ्जुदेवः श्रीवज्राचार्यं यथाविधि ।
संस्थाप्य मण्डलं धर्मधातुवागीश्वराभिधम् ॥ ११९ ॥
तन्मण्डलं समाराध्य समभ्यर्च्य यथाविधि ।
अभिषेकं प्रसन्नाय तस्मै ददौ स वज्रधृक् ॥ १२० ॥
ततस्तान् मण्डले देवान् संदर्शयन् यथाक्रमम् ।
पूजयित्वा यथाशक्ति शरणे समयोजयत् ॥ १२१ ॥
ततस्तस्मै प्रसन्नाय मञ्जुदेवो यथाविधि ।
द्वादशाक्षर-गुह्यार्थं विशुद्धिं समुपादिशत् ॥ १२२ ॥
ततो लब्धाभिषेकोऽसौ धर्मश्रीमित्र उन्मनाः ।
द्वादशभूमि-गुह्यार्थं विशुद्धिज्ञानमाप्तवान् ॥ १२३ ॥
तस्मै शास्त्रे सभार्याय स्वमात्मानं स दक्षिणाम् ।
संकल्प्य श्रद्धया भक्त्या नत्वैवं प्रार्थयन् मुदा ॥ १२४ ॥
भगवन् नाथ सर्वज्ञ भवत्कृपाप्रसादतः ।
संप्राप्तपूर्ण-संकल्पो भवामि श्रीगुणार्थभृत् ॥ १२५ ॥

278 देश्यते इति गपाठः ।
279 गृहवाण्हेदं इति गपाठः ।
280 तस्य इति कपाठः ।

तत्सदाहं भवत्पादशरणे समुपाश्रितः ।
यथात्र भवदादिष्टं तथैव संचरे भवे ॥ १२६ ॥
तन् मेऽनुज्ञादि दत्वात्र संबोधिज्ञानसाधनम् ।
सर्वसत्त्व-हितार्थेन चरेयं बोधिसंवरम् ॥ १२७ ॥
इति संप्रार्थ्य धर्मश्रीमित्रः स समुपाश्रितः ।
श्रद्धाभक्ति-प्रसन्नात्मा गुरुसेवा परोऽभवत् ॥ १२८ ॥
ततःस मंजुदेवस्तं महासत्त्वं विचक्षणम् ।
मत्वा संबोधि-चर्यायां नियोक्तुं संव्यनोदयत् ॥ १२९ ॥
साधु साधु महाभाग ! संचरत्वं जगद्धिते ।
संबोधि-साधनं बोधिचर्याव्रती सदा भव ॥ १३० ॥
एतत्पुण्याभिलिप्तात्मा परिशुद्धत्रिमण्डलः ।
बोधिसत्त्वो महाभिज्ञो भवो श्रीसद्गुणाश्रयः ॥ १३१ ॥
ततस्त्वं बोधिसंभारं पूरयित्वा यथाक्रमम् ।
निःक्लेशो बोधिप्राप्तोऽर्हन् सम्बुद्धपदमाप्नुहि ॥ १३२ ॥
इति मे शासनं धृत्वा स्मृत्वा ध्यात्वा समाहितः ।
त्रिरत्नं समुपाश्रित्य संचर त्वं जगद्धिते ॥ १३३ ॥
यदि जगद्धितं कर्तुं संबोधिं प्राप्तुमिच्छसि ।
सद्धर्मं समुपादिश्य सर्वान् लोकान् प्रबोधय ॥ १३४ ॥
ततस्तान् बोधितान् सर्वान् क्रमेण बोधिसाधनम् ।
बोधिमार्गे प्रतिष्ठाप्य चारयस्व जगद्धिते ॥ १३५ ॥
ततस्तेषां समालोक्य चित्तं संबोधिनिश्चितम् ।
त्रियानं समुपादिश्य परमार्थे नियोजय ॥ १३६ ॥
एवं कृत्वा महद्धर्ममाशु सम्बोधिसाधनम् ।
भद्रश्री-सद्गुणापन्नं समाप्नुहि जगच्छुभे ॥ १३७ ॥
तेनाशु परिशुद्धात्मा सम्बुद्धपदमाप्नुहि ।
जगद्धर्ममयं कृत्वा जिनालयं समाप्नुयाः ॥ १३८ ॥
इति भद्रव्रतं धृत्वा गत्वा त्वं स्वाश्रमे पुनः ।
व्याख्याय नाम-संगीतिं सद्धर्मं संप्रसारय ॥ १३९ ॥
अहमपि महासत्त्व ! श्रोतुं त्वद्धर्मदेशनाम् ।
सांघिकाँश्चापि तान्द्रष्टुमायास्यामि तवाश्रमे ॥ १४० ॥
इति शास्ता समादिष्टं निशम्य स महामतिः ।
धर्मश्रीमित्र आलोक्य तं गुरुमेवमब्रवीत् ॥ १४१ ॥
महर्द्धिको भवाञ्छास्ता विज्ञास्यते कथं मया ।
इति चिह्नं समाधाय तत्रागन्तुं समर्हति ॥ १४२ ॥
इति तेनोदितं श्रुत्वा मञ्जुदेवः स सन्मतिः ।
धर्मश्रीमित्रमालोक्य पुनरेवमभाषत ॥ १४३ ॥
वत्साहमुत्पलं धृत्वा समायास्यामि ते सभाम् ।
तेन चिह्नेन मां तत्र संजानीष्व समागतम् ॥ १४४ ॥

इति सत्यं समाधाय धृत्वानुशासनं मम।
सद्धर्मं समुपादेष्टुं प्रयाहि तेऽस्तु मंगलम्॥ १४५॥
इति शास्ता समादिष्टं श्रुत्वा स यतिरुत्सुकः।
शास्तारं तं समालोक्य प्रणम्यैवमभाषत॥ १४६॥
प्रसीदतु भगवाञ्छास्ता क्षन्तुमर्हति चागसम्।
भवत्प्रसादतः सर्वं सिध्यते मे समीहितम्॥ १४७॥
तदनुशासनं धृत्वा भवतां च जगद्धिते।
व्याख्यातुं नामसंगीतिं संचरे साम्प्रतं गुरोः॥ १४८॥
इति संप्रार्थ्य धर्मश्रीमित्रः स संप्रसादितः।
शास्तुस्तस्य पदाम्भोजं नत्वा संप्रस्थितो ततः॥ १४९॥
मात्रोराचार्ययोश्चापि मोक्षदा-वरदाख्ययोः।
पादाम्बुजेषु संनम्य[281] संप्रस्थितः प्रमोदितः॥ १५०॥
ततः स सन्मतिर्धर्मश्रीमित्रः सहसाव्रजत्।
आशु स्वाश्रममासाद्य विहारं समुपाविशत्॥ १५१॥
तत्र तं यतिमायातं दृष्ट्वा सर्वेऽपि सांघिकाः।
प्रणम्य कुशलं पृष्ट्वा प्रवेशयन् निजालयम्॥ १५२॥
ततः परेद्युरामन्त्र्य सर्वान्संघान् स सन्मतिः।
व्याख्यातुं नामसंगीतिं सभासने समाश्रयत्॥ १५३॥
तं सभासनासीनं दृष्ट्वा सर्वेऽपि सांघिकाः।
द्विजा भूपादयश्चापि सर्वे लोकाः समागताः॥ १५४॥
तत्र सर्वेऽपि ते लोकाः प्रणम्य तं यतिं क्रमात्।
परिवृत्य पुरस्कृत्य समन्तत उपाश्रयन्॥ १५५॥
तान् सर्वान्समुपासीनान् दृष्ट्वा स यतिरात्मवित्।
व्याख्याय नामसंगीतिं सविशुद्धिं समादिशत्॥ १५६॥
तदा तत्र मनस्तस्य जिज्ञासितुं स मञ्जुवाक्।
धृत्वोत्पलं विनिन्द्यांगः कुचीवरमुपाचरत्॥ १५७॥
तत्र स मक्षिकान् काये उत्पलेन निवारयन्[282]।
समागत्य सभैकान्ते पश्यल्लोकानुपाश्रयेत्॥ १५८॥
समाश्रितं स धर्मश्रीमित्रो दृष्ट्वात्मनो गुरुम्।
उत्पलेन परिज्ञाय मनसैवं व्यचिन्तयत्॥ १५९॥
अहो नूनमयं शास्ता मनो जिज्ञासितुं मम।
कुचरा दुर्भगाकारो धृत्वोत्पलमिहागतः॥ १६०॥
कार्यं कथं समुत्थाय प्रत्युत्थानादिकं पुनः[283]।
अथ पश्यन्नमस्कारं न कुर्यां गुरवे कथम्॥ १६१॥

281 सनत्वा।
282 प्रदर्शयन् इति गपाठः।
283 तत्कथमहममुत्थाय प्रत्युङ्गम्य न मेय हि इति कपाठः।

यद्यत्राहं समुत्थाय नमेयमेनमादरात् ।
दृष्ट्वा लोका इमे मां धिक्कुर्युः सर्वे विचारतः ॥ १६२ ॥
एतैर्न ज्ञायते यो हि मञ्जुश्री ऋद्धिमानपि[284] ।
ईदृगेवास्य शास्ता यमिति मे स्याद् विहास्यता ॥ १६३ ॥
इति ध्यात्वा स धर्मश्रीमित्रो लज्जाभिमोहितः ।
मनसैवं नमस्कृत्य शास्तारन्तममानयेत् ॥ १६४ ॥
ततः स विमुखीभूय पश्यन्नप्यविभावितः ।
अज्ञातवान्निवापश्यन् पदमात्रमुपादिशत् ॥ १६५ ॥
ततः सर्वेऽपि ते लोकाः श्रुत्वा सद्धर्मदेशनाम् ।
उत्थाय तं यतिं नत्वा स्वस्वालयमुपाचरन् ॥ १६६ ॥
ततो लोके गते धर्मश्रीमित्रः स समुत्थितः ।
शास्तारं तं समालोक्य वन्दितुं समुपाचरत् ॥ १६७ ॥
तं दृष्ट्वा मञ्जुदेवोऽसौ वन्दितुं समुपागतम् ।
अपश्यन् विमुखीभूय ततः संप्रस्थितोऽभवत्[285] ॥ १६८ ॥
तं दृष्ट्वा विमुखीभूतो धर्मश्रीमित्र आत्मनः ।
अपराधं महत्पापामनुस्मृत्वापतद् भुवि ॥ १६९ ॥
निपतन्तं तमालोक्य मञ्जुश्रीः स कृपानिधिः[286] ।
सहसा पाणिना धृत्वा समुत्थाय तथाचरत् ॥ १७० ॥
तत्र स उत्थितो धर्मश्रीमित्रस्तं महामतिम् ।
प्रचरन्तं समालोक्य नत्वाहैवं मृषा पुनः ॥ १७१ ॥
भगवन्न मया दृष्टो भवानत्र समागतः ।
पश्चादुत्पलचिह्नेन ज्ञायतेऽत्र समाश्रितः ॥ १७२ ॥
इत्युक्त्वा स मृषावादं साञ्जलिस्तस्य सद्गुरोः ।
मञ्जुदेवस्य पादाब्जे प्रणनाम रुदन् पुनः ॥ १७३ ॥
तत्र तस्य मृषा वक्तुरुभेऽपि नयने मुखात् ।
शास्तुः पादाब्जयो रग्रे निपेतं तु महीतले ॥ १७४ ॥
तत्पतितं स धर्मश्रीमित्रो[287] विहतमानसः ।
चिराद्रुदन् समुत्थाय शास्त्रारमेवमब्रवीत् ॥ १७५ ॥
भगवन् यन्मयाज्ञानादपराधं कृतं गुरौ ।
भवति तद् भवाञ्छास्ता क्षन्तुमर्हति [288]दुर्मतेः ॥ १७६ ॥
इति संप्रार्थितं तेन मंजुश्रीः स कृपानिधिः ।
विचक्षुष्कं तमालोक्य कृपादृशैवमब्रवीत् ॥ १७७ ॥

---

284 शिद्धिमान् इति खपाठः ।
285 भविष्यति इति गपाठः ।
286 महद्धिधृक् इति कपाठः ।
287 मञ्जुश्रीः इति खपाठः ।
288 त्वङ्कृति इति खपाठः ।

यदपि लज्जया कर्म ज्ञात्वापि दुष्कृतं त्वया।
तस्येदं फलमासाद्य भोक्ता त्वमेव वर्तसे॥ १७८॥
तथापि ज्ञानदृष्ट्या त्वं सम्पश्य दृष्टिमान् यथा।
ज्ञानं हि तेऽस्ति यत्तेन ज्ञानश्रीमित्र उच्यसे॥ १७९॥
इत्युक्त्यैव स मञ्जुश्रीः क्षणादन्तर्हितस्ततः।
आकाशात् पक्षिवद् गत्वा स्वाश्रमे समुपाययौ॥ १८०॥
अत्रैतत्सर्ववृत्तान्तं भार्ययोः पुरतोर्मुदा।
समाख्याय स मंजुश्रीस्तस्थौ लोकहितार्थभृत्[289] ॥ १८१॥
ततःप्रभृति ज्ञानश्रीमित्रो ज्ञाननेन चक्षुषा।
पश्यन् सद्धर्ममाख्याय प्राचरच्च जगद्धिते॥ १८२॥
तदा मैत्रेय तेनास्य धर्मधातोः स्वयंभूवः।
अभूत्प्रसिद्धिस्तद्धर्मधातुवागीश्वराभिधः॥ १८३॥
इति मत्वात्र ये धर्मधातुं वागीश्वरं नराः[290]।
श्रद्धया विधिनाभ्यर्च्य भजन्ति शरणाश्रिताः॥ १८४॥
अभिषेकं च संप्राप्य बोधिचित्ता समाहिताः।
सद्धर्म-धारणी-विद्यामन्त्राणि धारयन्ति ये॥ १८५॥
ते सर्वे विमलात्मानः परिशुद्धत्रिमण्डलाः।
बोधिसत्त्वा महासत्त्वाश्चतुर्ब्रह्मविहारिणः॥ १८६॥
भद्रश्रीसद्गुणाधाराः सर्वविद्याविचक्षणाः।
ऋद्धि-सिद्धि-महाभिज्ञा भवेयुर्भद्रचारिणः॥ १८७॥
आशु सम्बोधिसंभारं पूरयित्वा यथाक्रमम्।
अर्हन्तस्त्रिविधां बोधिं प्राप्य यायुर्जिनालयम्॥ १८८॥
इति मत्वाऽभिवाञ्छन्ति प्राप्तुं ये सौगतं पदम्।
तेऽत्र बौद्धालये धर्मधातुवागीश्वरे सदा॥ १८९॥
श्रद्धया भजनं कृत्वा प्राप्याभिषेकमादरात्।
सधर्मधारणी-विद्यामन्त्र-साधनतत्पराः॥ १९०॥
यथाविधि समभ्यर्च्य संबोधि-निहिताश्रयाः।
बोधिचर्याव्रतं धृत्वा संचरन्ति जगद्धिते[291] ॥ १९१॥
[292]आशु ते विमलात्मानः परिशुद्धत्रिमण्डलाः।
बोधिसत्त्वमहासत्त्वाश्चतुर्ब्रह्मविहारिणः॥ १९२॥
भद्रश्रीसद्गुणाधाराः सर्वविद्याविचक्षणाः।
ऋद्धिसिद्धिमहाभिज्ञा भवेयुर्भद्रचारिणः॥ १९३॥
ततः संबोधिसंभारं पूरयित्वा द्रुतं क्रमात्।

---

289 लोककर्मकरी इति कपाठः।
290 मुदा इति घपाठः।
291 त्वमदर्थ इति गपाठः।
292 अर्थायते इति खपाठः।

अर्हन्तस्त्रिविधां बोधिं प्राप्य यास्यथ निर्वृतिम् ॥ १९४ ॥
इत्यादिष्टं मुनीन्द्रेण निशम्य ते सभाश्रिताः ।
सर्वे तथेति विज्ञाय प्राभ्यनन्दन् प्रबोधिताः ॥ १९५ ॥

इति श्रीस्वयंभूधर्मधातु-वागीश्वराभिधानप्रसिद्धप्रवर्तनो नाम षष्ठोऽध्यायः समाप्तः ।

अथ सप्तमोऽध्यायः

अथ भूयः स मैत्रेयो बोधिसत्त्वो महामतिः ।
भगवन्तं प्रणम्यैव साञ्जलिरेवमब्रवीत् ॥ १ ॥
भगवन् ! शिलयाच्छाद्य धर्मधातुमिमं कदा ।
केनैव हेतुना स्तूपं को व्यधादीष्टिकामयम् ॥ २ ॥
भगवन् तत्समालोक्य सर्वान् लोकान् सकौतुकान् ।
एतद्धेतुं समादिश्य विनोदयितुमर्हति ॥ ३ ॥
इति संप्रार्थितं तेन मैत्रेयेण मुनीश्वरः ।
भगवान् स महासत्त्वं संपश्यन्नेवमादिशत् ॥ ४ ॥
शृणु मैत्रेय[293] येनायं गुप्तीकृतः प्रकाशने ।
एतद्धेतुं समाख्यामि सर्वे लोकाभिबोधने ॥ ५ ॥
तद्यथा निर्वृतिं याते संबुद्धे कनके मुनौ ।
[294]विंशतिवर्षसाहस्र्रं नृणामायुर्यदाऽभवत् ॥ ६ ॥
तदाभूद् भगवाच्छास्ता धर्मराजो मुनीश्वरः ।
सर्वज्ञोऽर्हन् महाभिज्ञः काश्यपाख्यस्तथागतः ॥ ७ ॥
स संबुद्धो महापुर्यां वाराणस्यामुपाश्रमे ।
मृगदावे जिनावासे विजहार ससांघिकः ॥ ८ ॥
तदा संबोधिसत्त्वोऽहं ज्योतिराजाभिधःकिल ।
काश्यपस्य[295] जगच्छास्तुः शरणस्थ उपासकः ॥ ९ ॥
यदा स काश्यपः शास्ता सर्वत्रैधातुकाधिपः ।
सद्धर्मं समुपादेष्टुं सभासने समाश्रयत् ॥ १० ॥
तत्सद्धर्मामृतं श्रोतुं सर्वे लोकाः पातुं समागताः ।
ब्रह्मशक्रादयो देवाः सर्वे लोकाधिपा अपि ॥ ११ ॥
ग्रहास्तारागणाश्चापि विद्याधराश्च साप्सराः ।
सिद्धाः साध्याश्च रुद्राश्च यक्षगुह्यककिन्नराः ॥ १२ ॥
कुम्भाण्डा[296] राक्षसाश्चापि नागाश्च गरुडा अपि ।
ऋषयस्तापसाश्चापि तीर्थिका ब्रह्मचारिणः ॥ १३ ॥
यतयो योगिनश्चापि तथान्ये चाप्युपासकाः ।
ब्राह्मणा क्षत्रियाश्चापि राजानोऽपि महीभृतः ॥ १४ ॥
वैश्याश्च मन्त्रिणोऽमात्या भृत्या सैन्याधिपा अपि ।
शिल्पिनो वणिजश्चापि सार्थवाहा महाजनाः ॥ १५ ॥
पौरा जानपदा ग्राम्या नैगमाः पार्वता अपि ।
तथान्यदेशिका लोका अपि सर्वे समागताः ॥ १६ ॥

---

293 बोधिमैत्रेय इति घपाठः ।
294 त्रिंशतिवर्ष इति घपाठः ।
295 ककुच्छन्दस्य इति गपाठः ।
296 कर्बुराश्च इति खपाठः ।

तत्र सभासनासीनं संबुद्धं तं मुनीश्वरम्[297]।
भगवन्तं समालोक्य सर्वे संघाः समाययुः ॥ १७ ॥
भिक्षवः श्रावकाः सर्वे यतयो योगिनोऽपि च।
चैलका व्रतिनश्चापि सर्वे उपासका अपि ॥ १८ ॥
भिक्षुण्योऽपि तथा सर्वा व्रतिण्यश्चैलिका अपि।
श्राविकाश्चापि तत्रैव[298] तथान्याः समुपागताः ॥ १९ ॥
बोधिसत्त्वा महासत्त्वा ऋषयो ब्रह्मचारिणः।
तीर्थिका वैष्णवाः शैवा निर्गन्थाश्च तपस्विनः ॥ २० ॥
तथान्येऽपि समायाताः सद्धर्मगुणलालसाः।
सर्वेऽपि ते मुनीन्द्रं तं दृष्ट्वा ययुः प्रमोदिताः ॥ २१ ॥
तत्र सर्वेऽपि ते लोकास्तं मुनीन्द्रं यथाक्रमम्।
अभ्यर्च्य विधिना नत्वा तत्सभायामुपाश्रयन् ॥ २२ ॥
तत्र सर्वेऽपि ते लोकाः परिवृत्य समन्ततः।
पुरस्कृत्य मुनीन्द्रं तं संपश्यन्तः समीहिताः ॥ २३ ॥
तत्सद्धर्मामृतं पातुं तृषार्ता इव सागरम्।
साञ्जलयः प्रसन्नास्याः समातस्थुर्यथाक्रमम् ॥ २४ ॥
तान् लोकान् समुपासीनान् सर्वान्संघान्सुरानपि।
सर्वान् लोकाधिपाँश्चापि दृष्ट्वा स भगवाञ्जिनः[299] ॥ २५ ॥
आर्यसत्यं समारभ्य संबोधि-ज्ञानसाधनम्।
[300]आदि-मध्यान्त-कल्याणं सद्धर्मं समुपादिशत् ॥ २६ ॥
तत्सद्धर्मामृतं पीत्वा सर्वे लोकाः प्रबोधिताः।
सदा भद्रसुखं प्राप्तुं समीच्छिरे सुसंवरम् ॥ २७ ॥
ततः सर्वेऽपि ते लोकाः संबुद्ध-गुणवाञ्छिनः।
बोधिचर्या-व्रतं धृत्वा संचरिरे सदा शुभे ॥ २८ ॥
तदा सर्वाणि कार्याणि कृत्वा वज्री स योगवित्।
मञ्जुदेवः[301] सहभार्यां स्वयं निर्वृतिमाययौ ॥ २९ ॥
ततो गत्वा महाचीने स मञ्जुश्रीर्निजाश्रमे।
स्वदिव्यवपुराधाय तस्थौ भार्या-समन्वितः ॥ ३० ॥
अत्र तेषां शरीराणि शिष्याः सर्वेऽपि पावके।
संस्कृत्य विधिनास्थीनि गृहीत्वा समशोधयन् ॥ ३१ ॥
ततस्तेऽत्र तदस्थीनि गर्भेस्थाप्य यथाविधि।
चैत्यं कृत्वा प्रतिष्ठाप्य समभ्यर्च्य सदाभजन् ॥ ३२ ॥
ये चेदं चैत्यमभ्यर्च्य भजन्ति श्रद्धया सदा।

---

[297] महर्द्धिकम् इति कपाठः।
[298] नास्ति इति कपाठः।
[299] भवतां जिनः इति खपाठः।
[300] पूर्व-मध्ये च इति गपाठः।
[301] प्रभुदेव इति खपाठः।

ते तस्य मञ्जुदेवस्य सद्धर्मगुणमाप्नुयुः ॥ ३३ ॥
मत्वैवं येऽभिवाञ्छन्ति मञ्जुश्रीधर्मसद्गुणम्[302] ।
अत्र मञ्जुश्रियश्चैत्यं सर्वदा प्रभजन्तु ते ॥ ३४ ॥
इत्यादिष्टं मुनीन्द्रेण निशम्य ते सभाजनाः ।
सर्वे तथेति श्रुत्वैवं प्राभ्यनन्दन् प्रबोधिताः ॥ ३५ ॥
अथाऽसौ भगवान् भूयः शाक्यसिंहो मुनीश्वरः ।
मैत्रेयं तां सभाञ्चापि समालोक्यैवमादिशत् ॥ ३६ ॥
ततश्चिराद्गते काले गौडराष्ट्रे नराधिपः ।
अभूत्प्रचण्डदेवाख्यः श्रीमान् वज्रधरांशजः ॥ ३७ ॥
स राजा सुचिरं राज्यं नीतिधर्मेण पालयन् ।
सर्वान् लोकाञ्छुभे धर्मे नियुज्य समचारयत् ॥ ३८ ॥
एतद्धर्मानुभावेन सदा तत्र समन्ततः ।
सुभिक्षं मंगलोत्साहं निरुत्पातं प्रावर्तत ॥ ३९ ॥
तदा सर्वेऽपि ते लोकाः सद्धर्मगुणलालसाः ।
कुलधर्म-सदाचारा-दानशीलव्रते रताः ॥ ४० ॥
सत्यसंधानिका धीराश्चतुर्ब्रह्मविहारिणः ।
कुलेशभजनं कृत्वा प्राचरन्त मिथो हिते ॥ ४१ ॥
दृष्ट्वा स नृपती राजा सर्वान् लोकान् शुभार्थिनः ।
मुदितस्तान् समामन्त्र्य सम्पश्यन्नेवमादिशत् ॥ ४२ ॥
भो लोकाः[303] पौरिकाः सर्वे सद्धर्मं यदि वाञ्छथ ।
त्रिरत्नभजनं कृत्वा चरत बोधिसम्बरम् ॥ ४३ ॥
तेन यूयं शुभात्मानः परिशुद्धत्रिमण्डलाः ।
बोधिसत्त्वा महासत्त्वा भवत बोधिचारिणः ॥ ४४ ॥
ततस्ते निर्मलात्मानो निःक्लेशा विमलेन्द्रियाः[304] ।
अर्हन्ता बोधिमासाद्य सम्बुद्धपदमाप्स्यथ ॥ ४५ ॥
इत्यादिष्टं नरेन्द्रेण सर्वै र्लोकैश्च संश्रुतम्[305] ।
तथेति प्रतिविज्ञाप्य प्राभ्यनन्दन् प्रबोधिताः ॥ ४६ ॥
ततः सर्वेऽपि ते लोका धृत्वा राज्ञानुशासनम् ।
त्रिरत्नभजनं कृत्वा प्राचरन्त शुभं चिरम् ॥ ४७ ॥
दृष्ट्वा तान् सकलान् लोकान् बोधिचर्याव्रतारतान् ।
महानन्द-प्रसन्नात्मा पुनरेव व्यचिन्तयन् ॥ ४८ ॥
सफलं जीवितं जन्म ममैतच्छासने रताः[306] ।
सर्वेऽलोकाः समाधाय प्रचरन्ति सदा शुभे ॥ ४९ ॥

---

302 सद्गृहम् इति गपाठः ।
303 भो देवा इति गपाठः ।
304 संयतेच्छितम् इति खपाठः ।
305 निशंम्यते इति कपाठः ।
306 स्थिता इति गपाठः ।

अथ प्रचण्डदेवौऽसौ दृष्ट्वा राज्यं महोत्सवम्।
संसारेऽनर्थ संदृष्ट्वा चिन्तयामास ह्यात्मवित्॥ ५० ॥
अत्राहं जालसांक्रान्तोऽनूनं स्यां जीर्णितेन्द्रियः।
तदा रोगाभिभूतोऽपि व्रजेयं[307] मरणं ध्रुवम्॥ ५१ ॥
तदत्रैव कियत्कालं तिष्ठेयं सन्मुखान्वितः।
अवश्यं भाविनो भावा भवन्ति भवचारिणाम्॥ ५२ ॥
सदा भवे भवेद् नूनं भद्रं नूनं सद्धर्मचारिणाम्।
दुःखमेव[308] सदा कामचारिणां भवचारणे॥ ५३ ॥
तस्मादहं परित्यज्य कामाश्रयं गृहाश्रमम्।
निर्जने वन एकाकी विहरेयं समाहितः॥ ५४ ॥
स्मृत्वा रत्नत्रयं ध्यात्वा संबोधिनिहिताशयः।
बोधिचर्याव्रतं धृत्वा संचरेयं जगद्धिते॥ ५५ ॥
इति निश्चित्य स प्राज्ञः प्रचण्डदेव आत्मवित्।
नृपतिर्मन्त्रिणः सर्वान् समामन्त्र्यैवमादिशत्॥ ५६ ॥
भो सर्वे मन्त्रिणो यूयं शृणुत मे वचो हितम्।
अथ यथा मयाख्यातं तथा चरितुमर्हथ॥ ५७ ॥
तद्यथा जरसाक्रान्तो वृद्धः स्यां जीर्णितेन्द्रियः।
तथा रोगाभिभूतोऽपि ग्रसिष्ये मृत्युना ध्रुवम्॥ ५८ ॥
इति मे त्रस्यते चित्तं दुर्गति-भयशंकितम्।
अवश्यं भाविनो भावा भवन्ति भवचारिणम्॥ ५९ ॥
भवे भवेत् सदा भद्रं नूनं सद्धर्मचारिणाम्।
दुःखमेव सदा कामचारिणां भवचारिणे[309] ॥ ६० ॥
अनर्थराज्यं विषयोपभोग्यं भयंकरं सर्वभयाकुलं यत्।
अनित्यमसारमिति विचिन्त्य आगारमध्ये वसितुं न रोचते॥ ६१ ॥
इति मत्वाहमुत्सृज्य कामाश्रयं गृहाश्रमम्।
वनाश्रमे शुभारामे विहर्तुमुत्सहेऽधुना॥ ६२ ॥
तदहं[310] स्वात्मजं पुत्रं शक्तिदेवं नृपासने।
प्रतिष्ठाप्य नृपं कर्तुमिच्छामि सांप्रतं खलु॥ ६३ ॥
तद् भवन्तो निशम्यात्र सर्वेऽपि मम शासनम्।
अभिषिञ्च्य नृपं कृत्वा भजतैनं ममात्मजम्॥ ६४ ॥
इत्यादिष्टं नरेन्द्रेण श्रुत्वा ते मन्त्रिणो जनाः।
प्रमाणं शासनं भर्तुरित्येवं प्रतिशुश्रुवुः॥ ६५ ॥
तदा राजा स तं पुत्रं शक्तिदेवममन्त्रयत्।

---

307 व्रजित्वा शरणम् इति खपाठः।
308 सुखं स्यात् इति खपाठः।
309 गृहं संगमात् इति खपाठः।
310 त्वामहङ् इति कपाठः।

भेदो दण्डः सामदानमित्युपायचतुष्टयम् ॥ ६६ ॥
अत्राहं जरसाक्रान्तं नूनं स्यां निर्जितेन्दियम्।
तदा रोगाभिभूतेऽपि व्रजेयं मरणं ध्रुवम् ॥ ६७ ॥
तद्-वनाश्रयमिच्छामि श्रेयः श्लाघेन यन्मया[311]।
पुरो मृत्यू रिपुं हन्ति गृहसंरक्तमेव वा ॥ ६८ ॥
तस्मात् संसारभीतो मे बहुधा भयशंकया।
नात्र स्थातुं मनो रेमे गच्छामि निर्जनं वनम् ॥ ६९ ॥
तस्मान् मया यथा प्रोक्तं तथा चरितुमर्हसि।
प्रजानां पालनं कृत्वा धर्मनीत्या समाचर ॥ ७० ॥
लोकान् मा खेद तत्पापं कुलधर्मं समाचर।
परेष्वपि दयायुक्तैर्दानं हि श्रद्धया कुरु ॥ ७१ ॥
प्राणातिपातादत्तादानं काममिथ्यादि मा कुरु।
मा मृषावाद पैशुन्यं पारुष्यं भिन्नमेव च ॥ ७२ ॥
माभिध्या-व्यापाददोषैर्मिथ्या दृष्ट्यादि संत्यज।
एतानि तानि सर्वाणि धारय दृढचेतसा ॥ ७३ ॥
पापानां मूल एष हि सुगतेनेति देशितः।
इत्थं कृतेऽपि नृपतेर्न भविष्यन्ति हानयः ॥ ७४ ॥
धर्मेण प्राप्यते राज्यं धर्मेण घनवर्धनम्।
धर्मेण कामाः साध्यन्ते धर्मेण मोक्षः सिध्यते ॥ ७५ ॥
कामसिद्ध्या हि मोक्षं च प्राप्यते नात्र संशयः।
अनेन ज्ञानमार्गेण सशास नृपतिः सुतम् ॥ ७६ ॥
ततः स जनको राजा शक्तिदेवं स्वमात्मजम्।
अभिषिच्य प्रतिष्ठाप्य नृपासने नृपं व्यधात् ॥ ७७ ॥
ज्ञानाङ्कुशभयेनैव कुंचितः सगजो यथा।
तत्र स जनकः सर्वं पुत्राय सर्वमर्पयत् ॥ ७८ ॥
त्यक्त्वा परिग्रहान् सर्वान् पुनरेवमभाषत।
अद्यारभ्यासि सर्वेषां लोकानामधिपः प्रभुः ॥ ७९ ॥
सर्वधर्मानुशास्ता च सर्वसत्त्वहितार्थभृत्।
ननाम पितरं तेन श्रुत्वा वाक्यं रसानिव ॥ ८० ॥
धृत्वाज्ञां ते यथा तात प्रजानां प्रतिपालने।
इत्याज्ञाप्य ततो भूपः प्रचण्डदेवःसन्मतिः ॥ ८१ ॥
प्रबोध्य पुत्रपत्न्यादीन् एको ययौ वनाश्रमम्।
तृणेषु निर्जनारण्ये विविक्त उटजाश्रये ॥ ८२ ॥
तृणासनसमासीनः तस्थौ ध्यान-समाहितः।
तत्रैको विहरन् कंचित्कालं स ऋषिधर्मभृत्[312] ॥ ८३ ॥

---

311 तत् कृतम् इति खपाठः।
312 बुद्धधर्मदृक् इति घपाठः।

सर्वसत्त्वहितोत्साही मनसैवं व्यचिन्तयत्।
किमेवं निर्जनेऽरण्ये ध्यात्वैको[313] विहरन्निह॥ ८४॥
कस्मै समुपदेक्ष्यामि सद्धर्मं बोधिसाधनम्।
दान[314]शीलक्षमावीर्यध्यानप्रज्ञासमुद्भवम्॥ ८५॥
पुण्यं सत्त्वहितार्थाय समाख्यातं मुनीश्वरैः।
तदेवं निर्जने स्थित्वा किं मे धर्मार्थसाधनम्॥ ८६॥
विना सत्त्वहितार्थेन निरर्थं तपसापि हि।
किमत्र दुष्करेणापि तपसा सिद्धिसाधनम्॥ ८७॥
केवलं सद्गतौ श्रीमत्सौख्यलाभार्थमेव यत्।
विना सत्त्वहितार्थेन निष्फलं सिद्धिसाधनम्॥ ८८॥
तदत्र निर्जने स्थित्वा तपसा निष्फलं मम[315]।
यत्सत्त्वानां हितार्थाय धर्मश्रीगुणसाधनम्॥ ८९॥
विद्यासिद्धिः समृद्धिश्च क्षणं वीर्यबलं शुभम्।
तन्ममैतानि सर्वाणि संसिद्धिसंमितान्यपि॥ ९०॥
विना सत्त्वहितार्थेन निरर्थानि पशोरिव।
तदिदं व्रतमुसृज्य दुष्करं बोधिमानसः॥ ९१॥
बोधिचर्याव्रतं धृत्वा चरेऽहं च जगद्धिते।
तस्मात् तीर्थेषु तीर्थेषु पीठेषु पुण्यभूमिषु॥ ९२॥
सद्धर्मदेशनां[316] कुर्वन् सत्त्वेभ्यः प्रचराण्यहम्।
एतत्पुण्यविशुद्धात्मा परिशुद्धत्रिमण्डलः॥ ९३॥
आशु बोधिं समासाद्य संबुद्धपदमाप्नुयाम्।
इति निश्चित्य स प्राज्ञः प्रचण्डदेव उत्थितः॥ ९४॥
ततः सत्त्वहितार्थेन प्रचचार समाहितः।
एवं सः प्रचरन् धर्ममुपदेश्य समन्ततः॥ ९५॥
पुण्यक्षेत्रेषु तीर्थेषु पीठेषु प्रागमन् मुदा।
एवं भ्रमन् स सर्वत्र भूतलेषु यथाक्रमम्॥ ९६॥
क्रमेण संचरन्नत्र हिमालयं समाययौ।
अत्रायातः स संवीक्ष्य सर्वज्ञ संप्रमोदितः॥ ९७॥
अहो हीदं महापीठमिति प्रोच्याभ्यनन्दत।
ततः स इदमालोक्य धर्मधातुं जिनालयम्[317]॥ ९८॥
ज्योतिरूपं प्रसन्नात्मा प्रणत्वैह समाययौ।
अत्र स समुपागत्य समीक्ष्येनं जिनालयम्॥ ९९॥

---

313 कृत्वैकाकी इति घपाठः।

314 ज्ञानशील इति गपाठः।

315 सुफलं गतम् इति खपाठः।

316 सत्कर्मदेशना इति कपाठः।

317 स्वयंभुवि इति खपाठः।

यथाविधि समभ्यर्च्य श्रद्धाभक्ति-प्रसन्नधीः ।
नैकप्रदक्षिणीकृत्य स्तुत्वा गीतैर्मनोहरैः ॥ १०० ॥
अष्टांगैः प्रणतिं कृत्वा ध्यात्वा जप्त्वा भजन् मुदा ।
ततश्चेदं स संवीक्ष्य मञ्जुदेवस्य निर्मितम् ॥ १०१ ॥
चैतन्यमभ्यर्च्य स्तुत्वा गीतैर्नत्वा भजन् मुदा ।
ततोऽसौ च महादेवीं योनिरुपां खगाननाम् ॥ १०२ ॥
समालोक्य प्रसान्नात्मा[318] यथाविधि समर्चयत् ।
तत्रापि स महासत्त्वः स्तुत्वा गीतैर्मनोहरैः ॥ १०३ ॥
अष्टांङ्गैः प्रणतिं कृत्वा प्रदक्षिणान्येकशः ।
श्रद्धया शरणं गत्वा स्मृत्वा ध्यात्वा समाहितः ॥ १०४ ॥
तद्विद्या-धारणीमन्त्रं जपित्वा प्राभ्यनन्दत ।
ततोऽसौ च महासत्त्वो वाग्मतीप्रमुखान्यपि ॥ १०५ ॥
तीर्थान्येतानि सर्वाणि समीक्ष्य प्राभ्यनन्दत ।
ततः स तेषु तीर्थेषु सर्वेष्वपि यथाक्रमम् ॥ १०६ ॥
स्नात्वा दानव्रतादीनि कृत्वा भजन् प्रमोदितः ।
ततोऽष्टौ वीतरागाँश्च दृष्ट्वा स संप्रहर्षितः ॥ १०७ ॥
यथाविधि समभ्यर्च्य स्तुत्वा नत्वा भजन् क्रमात् ।
ततः प्रचण्डदेवः[319] स बोधिसत्त्वः प्रसादितः ॥ १०८ ॥
अत्रैव सर्वदाश्रित्य व्रतं चरितुमैच्छत ।
ततः स विमलालोक्य हिमालये समन्ततः ॥ १०९ ॥
सद्धर्मं परमानन्दं भुक्त्वोत्सहे सुनिवृतौ ।
ततः स मञ्जुदेवस्य शिष्यं शासनसम्भृतम् ॥ ११० ॥
सद्गुरुं समुपाश्रित्य प्रार्थयदेव मानतः ।
भदन्तात्र पुण्यक्षेत्रे महापीठे हिमालये ॥ १११ ॥
प्रव्रज्यासम्वरं धृत्वा संस्थातुमुत्सहे सदा ।
तद् भवान् कृपया मह्यं संबोधिज्ञानसाधनम् ॥ ११२ ॥
प्रव्रज्यासम्वरं दातुं समर्हति जगद्धिते[320] ।
इति संप्रार्थितं तेन निशम्य स गुणाकरः ॥ ११३ ॥
बोधिसत्त्वं सुविज्ञं तं सम्पश्यन्नेवमब्रवीत् ।
एहि भद्र समिच्छा ते यद्यस्ति बौद्धसम्वरे ॥ ११४ ॥
प्रवज्याव्रतमाधाय संचर त्वं समाहितः ।
इत्युक्त्वा स महाभिज्ञः प्रव्रजितं विधाय तम् ॥ ११५ ॥
बोधिचर्याव्रतं दत्वा प्रचारयज्जगद्हिते ।
तत्र स मुण्डितपात्री सुरक्तचीवरावृतः ॥ ११६ ॥
ब्रह्मचारी यतिर्भिक्षुर्निःक्लेशोऽर्हन् सुधीरभूत् ॥

318 स्वचित्तेन इति घपाठः ।
319 नृपाल इति खपाठः ।
320 स्वयम्भुव इति घपाठः ।

तस्य नाम तदा शान्तश्रीभिक्षुरिति कल्पितम्[321] ॥ ११७ ॥
स देवासुरलोकानामपि वन्द्यार्चितोऽभवत् ।
तदारभ्य स शान्तश्रीर्धर्मधातोर्जिनालये ॥ ११८ ॥
त्रिरत्नभजनं कृत्वा तस्थौ बोधिव्रतं चरन् ।
स एकस्मिन् दिने चेमं ज्योतिरूपं प्रभास्वरम् ॥ ११९ ॥
रत्नपद्मासनासीनं पश्यन्नेवं व्यचिन्तयत् ।
अहो ह्ययं स्वयं जातो ज्योतिरूपः प्रभास्वरः ॥ १२० ॥
रत्नपद्मासमासीनः संतिष्ठते जगद्धिते ।
कियत्कालमयं श्रीमान् धर्मधातुर्जिनालयः ॥ १२१ ॥
एवं संभासयन् लोकान् संस्थास्यते जगद्धिते ।
यतः कलौ समयाते लोके पंचकषायिते[322] ॥ १२२ ॥
सर्वे लोका दुराचारा भविष्यन्ति दुराशयाः ।
मदाभिमानिनो दुष्टा लोभिनः कामचारिणः ॥ १२३ ॥
ईर्ष्यालवः प्रमत्ताश्च मात्सर्यव्याकुलाशयाः ।
क्लेशाहंकारगर्वान्धा निर्विवेकाः प्रमादिनः ॥ १२४ ॥
कामभोगातिसंरक्ता दशाकुशलचारिणः ।
तदा कथमयं श्रीमान् ज्योतिरूपः प्रभास्वरः ॥ १२५ ॥
रत्नपट्टा[323]समासीन एवं तिष्ठेज्जगद्धिते ।
नूनं ये लाभिनो दुष्टाः क्लेशव्याकुलमानसाः ॥ १२६ ॥
इमं चैत्यं प्रतिक्षिप्य रत्नानि हरेयुस्तदा ।
मुर्खाः तथान्येऽपि जना दुष्टाः क्लेशाभिमानिनः ॥ १२७ ॥
ज्योतिरूपमिमं चैत्यं ध्वंसयिष्यन्ति सर्वथा ।
एवं तदा कलौ काले ध्वंसितेऽस्मिन् जिनालये ॥ १२८ ॥
महापातकसंभूतं महोत्पातं भवेद् ध्रुवम् ।
इति हेतोरहं धर्मधातोरस्य सुरक्षणे ॥ १२९ ॥
गुप्तिकर्तुं शिलाच्छाद्य चैत्यं कुर्यां महोच्छ्रयम् ।
तदा सर्वेऽपि लोकास्ते इमं स्तूपं महोच्छ्रितम् ॥ १३० ॥
समीक्ष्य श्रद्धया भक्त्या भजिष्यन्ति प्रसादिताः[324] ।
तदैतत् पुण्यभावेन सर्वदात्र समन्ततः ॥ १३१ ॥
सुभिक्षं मङ्गलोत्साहं निरुत्पातं भवेद् ध्रुवम् ।
इति ध्यात्वा स शान्तश्रीः शास्तारं तं पुनर्मुदा ॥ १३२ ॥
उपेत्य साञ्जलिर्नत्वा प्रार्थयेदेवमादरात् ।

321 नामोऽभूत् इति कपाठः ।
322 पञ्चपालने इति घपाठः ।
323 कौशेयवस्त्र इति गपाठः ।
324 प्रभञ्जने इति खपाठः ।

भदन्त सद्गुरोः शास्तुर्यदिच्छामीह साम्प्रतम् ॥ १३३ ॥
धर्मधातुमिमं चैत्यं गुप्तिकर्तुं सुरक्षणे।
तदूर्ध्वं शिलयाच्छाद्य स्वीष्टिकाभिः समुच्छ्रितम्[325] ॥ १३४ ॥
स्तूपं कृत्वा प्रतिष्ठाप्य स्थिरीकर्तुं समुत्सहे।
इत्यत्र मे भवाञ्छास्ता गुप्तिं कृत्वाभिरक्षणे ॥ १३५ ॥
धर्मधातोः जगद्भर्तुरनुज्ञां दातुमर्हति।
इति संप्रार्थिते तेन शान्तश्रिया निशम्य सः ॥ १३६ ॥
महामतिर्महासत्वं तं पश्यन्नेवमब्रवीत्।
भद्र ! स्वयम्भुवस्तस्य गुप्तीकर्तुं यदीच्छसि[326] ॥ १३७ ॥
प्रत्येकं श्रावकं यानं मुक्त्वा महति संश्रितः।
वज्राभिषेकमादाय चरं वज्रव्रतं पुनः ॥ १३८ ॥
ततो मारान् विनिर्ज्जित्य समाराध्य जिनेश्वरं ।
संप्रार्थ्य शिलयाच्छाद्य कुरु स्तूपं समुछ्रितं ॥ १३९ ॥
इति शास्ता समादिष्टं निशम्य स प्रमोदितः।
शास्तारं तं प्रणम्यैव[327] प्रार्थयदेवमादरात् ॥ १४० ॥
सद्गुरुर्मे भवाञ्छास्ता धर्मधातुसुरक्षणे।
वज्रचर्याव्रतं दत्वा चारय मां जगद्धिते ॥ १४१ ॥
इति संप्रार्थिते तेन शान्तश्रिया निशम्य सः।
महामतिर्महासत्त्वं तं समीक्ष्यैवमब्रवीत् ॥ १४२ ॥
यदि श्रद्धास्ति ते भद्र ! वज्रचर्या-महाव्रतम्।
यथाविधि प्रदास्यामि तद् गृहाण जगद्धिते ॥ १४३ ॥
इत्युक्त्वा स महाचार्यस्तस्मै शान्तश्रिये क्रमात्।
साभिषेकं महायाने वज्रचर्याव्रतं ददौ ॥ १४४ ॥
शान्तिश्रीवज्राचार्य इति नाम स्थापितं तदा[328]।
ततः प्राप्ताभिषेकः स शान्तश्रीर्वज्रयोगवित् ॥ १४५ ॥
स्वात्मानं दक्षिणां तस्मै गुरवे प्रददौ मुदा।
ततः स वज्रधृग् योगी महाभिज्ञः सुसिद्धिमान् ॥ १४६ ॥
स्वकुलेशं समाराध्य सगणं प्राभजन् मुदा।
ततः स वज्रधृग् योगी महाभिज्ञः सुसिद्धिमान् ॥ १४७ ॥
सद्धर्मसाधनोत्साही सर्वविद्याभिपोऽप्यभूत्।
ततः शास्तुरनुज्ञां स समासाद्य प्रसादितः ॥ १४८ ॥
धर्मधातुं समाराध्य प्रार्थयेदेव मानतः।
भगवन् नाथ सर्वज्ञ भवतां रक्षणाय यत् ॥ १४९ ॥
ज्योती रूपं समाच्छाद्य चैत्यं कर्त्तुमिहोत्सहे।

---

325 समुद्घृतम् इति कपाठः।
326 त्वमन्तरा इति घपाठः।
327 प्रणत्वा च इति खपाठः।
328 चाधिज्ञप्राप्तोऽभूत्। तत्क्षणे नयज्ञानमपि तेनैव प्राप्तम् इति खपाठः।

तद् भवान् त्रिजगन्नाथ कृपया मे प्रसीदतु ॥ १५० ॥
यदत्राप्यपराधं मे तत्सर्वं क्षन्तुमर्हति ।
इति संप्रार्थ्य स प्राज्ञो ज्योतीरूपं जिनालयम् ॥ १५१ ॥
स रत्नपद्मैराछाद्य शिलया समगोपयत्[329] ।
तदुपरीष्टिकाभिश्च विधाय चैत्यमुच्छ्रितम् ॥ १५२ ॥
यथाविधि प्रतिष्ठाप्य महोत्साहैः सदाभजत् ।
तत इदञ्च पुच्छाग्रं मञ्जुदेवस्य निर्मितम् ॥ १५३ ॥
चैत्यं स शिलयाछाद्य स्तूपं व्यधान्महोत्तमम् ।
इदं स्तूपं च शान्तश्रीः प्रतिष्ठाप्य यथाविधि ॥ १५४ ॥
सर्वदा श्रद्धया भक्त्या महोत्साहैर्मुदाभजत् ।
ततश्चासौ महाचार्य आराध्य पंचदेवताः ॥ १५५ ॥
पंच सुराः पुरेष्वेवं प्रतिष्ठाप्य सदाभजत् ।
तद् यथा देवता-पंच-प्रथमं वायुदेवताम् ॥ १५६ ॥
वायुपुरे प्रतिष्ठाप्य वह्निपुरेऽग्निदेवताम् ।
नागपुरे च नागेन्द्रो वसुपुरे वसुन्धराम् ॥ १५७ ॥
शान्तिपुरे महाश्रीमत्सम्वरं सुगणं तथा ।
एतान् सर्वान् समाराध्य स आचार्यो यथाविधि ॥ १५८ ॥
महोत्साहैः समभ्यर्च्य प्राभजत् सर्वदा मुदा ।
एवं कृत्वा स आचार्य शान्तश्रीश्च महर्द्धिकः ॥ १५९ ॥
भद्रश्रीमन्त्रसंसिद्धः सर्वविद्याधिपोऽभवत् ।
ततो भूयः स आचार्यो बोधिसत्त्वो महामतिः ॥ १६० ॥
सर्वसत्त्वहितोत्साही ध्यात्वैवं समचिन्तयत् ।
अत्रैवमहमाराध्य सर्वान् देवान् यथाविधि ॥ १६१ ॥
प्रतिष्ठाप्य समभ्यर्च्य महोत्साहैर्भजे मुदा ।
तथात्र सर्वदा धर्मधातुवागीश्वरं सदा ॥ १६२ ॥
स्मृत्वा ध्यात्वा समाराध्य संतिष्ठेयं जगद्धिते ।
इति ध्यात्वा स शान्तश्रीराचार्यस्त्रिगुणार्थ[330]भृत् ॥ १६३ ॥
सर्वसत्त्वहितार्थेन तस्थावत्रैव नन्दितः ।
एवं ता देवता भक्त्या भजन्ति ये यथाविधि ॥ १६४ ॥
ते भद्रश्रीगुणापन्ना भवेयुर्बोधिचारिणः ।
तद्विशेषफलं चापि शृणु मैत्रेय सांप्रतम् ॥ १६५ ॥
सर्व-सत्त्वानुबोधार्थं वक्ष्याम्यत्र समासतः ।
तद्यथा ये समाराध्य सगणां वायुदेवताम् ॥ १६६ ॥
यथाविधि समभ्यर्च्य संभजन्ते समादरात् ।

---

329 समाच्छादितम् इति कपाठः ।
330 त्रिबोधिकृत् इति कपाठः ।

तेषां वातमहोत्पातभयं क्वापि न विद्यते ॥ १६७ ॥
निरोग्यं[331] श्रीसमापन्नं कामभोग्यं सदा भवे।
ये चाप्येवं समाराध्य सगणां वह्निदेवताम् ॥ १६८ ॥
यथाविधि समभ्यर्च्य संभजन्ते समादरात्।
तेषां वह्निमहोत्पातं भयं क्वापि न विद्यते ॥ १६९ ॥
परिपुष्टेन्द्रि[332]यारोग्यं महासौख्यं सदा भवेत्।
ये चाप्येवं समाराध्य सगणां नागदेवताम्[333] ॥ १७० ॥
यथाविधि समभ्यर्च्य प्रभजन्ते[334] सदा मुदा।
तेषां न विद्यते क्वापि दुर्भिक्षोत्पातजं भयम् ॥ १७१ ॥
भद्रश्रीरत्नसंपत्तिकामभोग्यं सदा भवे।
ये चाप्येवं समाराध्य सगणां श्रीवसुन्धराम् ॥ १७२ ॥
यथाविधि समभ्यर्च्य सम्भजन्ते समादरात्।
तेषां दारिद्र्यदुःखादि भयं नास्ति कदाचन ॥ १७३ ॥
भद्रश्रीसद्गुणापन्नमहासंपत्सुखं सदा।
ये चाप्येवं समाराध्य सगणं सम्बरं जिनम् ॥ १७४ ॥
यथाविधि समभ्यर्च्य सम्भजन्ते समादरात्।
तेषां मारोपसर्गं च भयं क्वापि न विद्यते ॥ १७५ ॥
सद्धर्मरत्नसंपत्तिमहैश्वर्यसुखं सदा।
ये चेदं चैत्यमाराध्य मञ्जुदेवेन निर्मितम् ॥ १७६ ॥
यथाविधि समभ्यर्च्य सम्भजन्ते समादरात्।
तेदुर्भगा दुराचारा दुष्टाः स्युर्न कदाचन ॥ १७७ ॥
सर्वे धर्माधिपा नाथा भवेयुः श्रीगुणाकराः।
ये चापीदं समाराध्य धर्मधातुं जिनालयम्[335] ॥ १७८ ॥
यथाविधि समभ्यर्च्य संभजन्ते समादरात्।
ते सर्वे विमलात्मानो भद्रश्रीसद्गुणाश्रयाः ॥ १७९ ॥
बोधिसत्त्वा[336] महाभिज्ञा भवेयुर्बोधिचारिणः।
य एता देवताः सर्वाः स्मृत्वा ध्यात्वापि सर्वदा ॥ १८० ॥
नामापि च समुच्चार्य संभजन्ते समाद्रिताः।
तेऽपि सर्वे न यास्यन्ति दुर्गतिं च कदाचन ॥ १८१ ॥
सदा सद्गतिसंजाता भवेयुः श्रीगुणाश्रयाः।
ततस्ते सुकृतारक्ताः सद्धर्मगुणलालसाः ॥ १८२ ॥

---

331 सुकृत्यम् इति खपाठः।
332 परिपूर्णेन्द्रिये इति गपाठः।
333 वासुदेवताम् इति घपाठः।
334 कुर्वन्ति इति खपाठः।
335 शुभालये इति गपाठः।
336 महासत्त्वा इति घपाठः।

त्रिरत्नशरणं कृत्वा[337] संचरेयुः सदा शुभे।
ततस्ते विमलात्मानः परिशुद्धेन्द्रियाशयाः॥ १८३॥
बोधिसत्त्वा महासत्त्वाश्चतुर्ब्रह्मविहारिणः।
सर्वसत्वहिताधानं चरेयुर्बोधिसम्वरम्॥ १८४॥
ततस्ते बोधिसंभारं पूरयित्वा यथाक्रमम्।
दशभूमीश्वरा नाथा भवेयुः सुगतात्मजाः॥ १८५॥
ततस्ते निर्मलात्मानः संसारगतिनिःस्पृहाः।
अर्हन्तः सबलं मारं निर्जित्य स्युर्निरंजनाः॥ १८६॥
त्रिविधां बोधिमासाद्य सद्धर्मगुणभास्कराः[338]।
सर्वसत्त्वहितार्थेन संबुद्धपदमाप्नुयुः॥ १८७॥
येऽप्येतद्गुणमाहात्म्यं श्रुत्वा तत्रानुमोदिताः।
तथा तत्पुण्यमाहात्म्यं प्रशंसन्ति समादरात्॥ १८८॥
तेऽपि सर्वे विकल्माषाः परिशुद्धत्रिमण्डलाः।
श्रीमन्तः सद्गुणाधारा भवेयुर्बोधिमानसाः॥ १८९॥
न ययुर्दुर्गतिं क्वापि सदा सद्गतिसम्भवाः।
सर्वसत्वहितं कृत्वा संचरेरञ्जगद्धिते॥ १९०॥
ततः सर्वाधिपास्ते स्युर्धर्मार्थ-संप्रपूरकाः।
बोधिसंभारं संपूर्य संबुद्धपदमाप्नुयुः॥ १९१॥
इति सत्यं परिज्ञाय बौद्धं पदं यदीच्छथ।
एतान् देवान् समाराध्य भजत सर्वदा भवे॥ १९२॥
एतत्पुण्यानुभावेन यूयमप्येवमाभवम्।
दुर्गतिं नैव गच्छेत[339] कदाचित् कुत्रचिद् ध्रुवम्॥ १९३॥
सदा सद्गतिसंजाता भद्रश्रीसद्गुणाश्रयाः।
बोधिसत्त्वा महासत्त्वा भवत बोधिचारिणः॥ १९४॥
ततः संबोधिसंभारं पूरयित्वा यथाक्रमम्।
त्रिविधां बोधिमासाद्य संबुद्धपदमाप्स्यथ॥ १९५॥
इति मत्वात्र ये लोका वाच्छन्ति सौगतं पदम्।
स देवान् सगणान् सर्वान् समाराध्य भजन्तु च॥ १९६॥
इत्यादिष्टं मुनीन्द्रेण निशम्य ते सभाश्रिताः।
सर्वे तथेति विज्ञाप्य प्राभ्यनन्दन् प्रबोधिताः॥ १९७॥
तदा शान्तश्रिया योऽसौ[340] गुप्तीकृतो जिनालयः।
इत्यादिश्य मुनीन्द्रोऽपि समाधिं गतः तत्क्षणम्[341]॥ १९८॥

इति श्रीस्वयंभूधर्मधातु-वागीश्वर-गुप्तीकृत-प्रवर्तनो नाम सप्तमोऽध्यायः सम्पूर्णः।

---

337 शरणे गत्वा इति कपाठः।

338 गुणलालसाः इति खपाठः।

339 यायात् इति कपाठः।

340 यस्सं इति कपाठः।

341 विद्धेक्षणं इति घपाठः।

अथाष्टमोऽध्यायः

अथ स भगवाञ्छास्ता समाधेरुत्थितः पुनः ।
मैत्रेयं तं सभां चापि समालोक्यैवमादिशत् ॥ १ ॥
शृणु मैत्रेय भूयो स्यादेतद् देवानुभावतः[342] ।
सिद्धभूमेः प्रवक्ष्यापि महत्सिद्धिप्रभावताम् ॥ २ ॥
तद्यथात्रोपछन्दोहे सिद्धलोके हिमालये ।
नेपाल इति विख्यात एतद् देवानुभावतः[343] ॥ ३ ॥
सदा भद्रमहोत्साहं सुभिक्षं निरुपद्रवम् ।
सर्वद्रव्यसमापन्नं समृद्धं धाम राजते ॥ ४ ॥
तदा सर्वत्र लोकाश्च दशकुशलचारिणः ।
त्रिरत्नभजनारक्ताः प्राचरन्तः सदा शुभम् ॥ ५ ॥
एतत्पुण्यानुलिप्तास्ते चतुर्ब्रह्मविहारिणः ।
भद्रश्रीसद्गुणाधारा बभूवुर्बोधिचारिणः ॥ ६ ॥
एवमेषां प्रसिद्धाभूद् ऋद्धि सिद्धिगुणार्थदा ।
ऋद्धा स्फीता सुभिक्षा श्रीसमाश्रयाभिशोभिता ॥ ७ ॥
तेनात्र योगिनो विज्ञा यतयो ब्रह्मचारिणः ।
स्मृत्वा[344] ध्यात्वा कुलेशानं समाराध्य समाश्रयत् ॥ ८ ॥
तथान्येऽपि सुलोकाश्च समागत्य प्रसादिताः ।
धर्मधातुमिमं भक्त्या भजमानाः समाश्रयन् ॥ ९ ॥
सर्वेष्वपि च तीर्थेषु स्नानदानादि संवरम् ।
कृत्वाष्टौ वीतरागांश्च भजन्तः समुपाश्रयन् ॥ १० ॥
एताश्च देवताः पञ्च समाराध्य यथाविधि ।
भजमानाः[345] सदोत्साहैः प्राचरन्त समाहिताः ॥ ११ ॥
तदा खगाननां देवीं समाराध्य यथाविधि ।
भजमाना महोत्साहैः प्राचरन्त सदा शुभम् ॥ १२ ॥
एवमिमं च पुच्छाग्रं चैत्यं मञ्जुश्रियोऽपि ते ।
सर्वे लोकाः समाराध्य प्राभजन्त प्रसादिताः ॥ १३ ॥
एवं सर्वेऽपि लोकाश्च सद्धर्माभिरता मुदा ।
सदा भद्राणि कर्माणि कृत्वात्र सर्वदाश्रयन् ॥ १४ ॥
एवमेषां महासिद्धि-भूमिः श्रीसंप्रशोभिता[346] ।
महाजन-समाकीर्णा सर्वभूम्युत्तमा बभौ ॥ १५ ॥
ततः कालान्तरेणात्र राजा भूमिर्यतिर्नृपः ।
श्रीगुणकामदेवाख्यः शास्ता लोकाधिपोऽभवत् ॥ १६ ॥
तदा स नृपतिः प्रौढो युवा कामातिलालसः ।

---

342 बुद्धानुभवति इति गपाठः ।
343 बुद्धानुभाविता इति खपाठः ।
344 कृतं इति गपाठः ।
345 विज्यमाने इति खपाठः ।
346 प्रमोदिता इति गपाठः ।

यथा कामरसं भुक्त्वा प्राचरन् स्वेच्छयारमन् ॥ १७ ॥
ततः स क्षत्रियास्त्वेवं कामभागाभिमोहितः ।
प्रमदागुणसंरक्तो नीतिधर्मे निरादरः ॥ १८ ॥
दृष्ट्वा स सुन्दरीं कान्तामगम्यामपि मोहतः[347] ।
बलेनापि समाकृष्य बुभुजे स्वेच्छया तदा ॥ १९ ॥
एवं स नृपोराजापि कामधर्मातिलालसः ।
मन्त्रिषु सर्वराज्याङ्गं निवेश्य स्वेच्छया रमेत् ॥ २० ॥
ततस्ते मन्त्रिणः सर्वे नृपं तं प्रमदावशे[348] ।
प्रतिष्ठाप्य यथाकामं भुक्त्वाऽचरन् यथेच्छया ॥ २१ ॥
तथा भृत्या जनाश्चापि सर्वेऽपि क्लेशिताशयाः ।
सद्धर्मं तं प्रतिक्षिप्य प्राचरन् कामभोगिनः ॥ २२ ॥
ब्राह्मणाश्च तथा सर्वे दशाकुशलचारिणः ।
स्वकुलधर्ममर्यादां त्यक्त्वाऽचरन् यथेच्छया ॥ २३ ॥
वैश्याश्चापि तथा धर्मद्रव्यसंग्रहलालसाः ।
स्वकुलवृत्तिमुत्सृज्य भुक्त्वाऽचरन् यथेप्सितम्[349] ॥ २४ ॥
महाजनास्तथा सर्वेऽप्यन्यायद्रव्यसाधिनः ।
स्वकुलधर्ममुत्सृज्य भोगात्ते प्राचरन् सुखम् ॥ २५ ॥
वणिजोऽपि तथा सर्वे मिथ्यार्थसाधनोद्यताः ।
सत्यधर्मं प्रतिक्षिप्य चेरुः क्लेशाभिमानिताः ॥ २६ ॥
शिल्पिनोऽपि तथा सर्वे कवलभृतिलालसाः ।
अविधिज्ञाः प्रमादान्धाश्चक्रुःकर्म यथेच्छया ॥ २७ ॥
तथा नारीजनाश्चापि कामक्लेशाकुलाशयाः[350] ।
स्वकुलधर्ममुत्सृज्य प्राचरन्त यथेप्सितम् ॥ २८ ॥
एवं सर्वेऽपि लोकाश्च दशाकुशलसंरताः ।
स्वकुलाचारमुत्सृज्य प्राचरन्त यथेच्छया ॥ २९ ॥
तीर्थिकाश्चापि ये दुष्टास्ते दृष्टैवं जिनालयम् ।
निन्दित्वा परिभाषन्तः प्राचरन्त यथेच्छया ॥ ३० ॥
तदात्र बहवो दुष्टा चौरा धूर्ताः प्रगल्भिकाः ।
साधुजनान् प्रतिक्षिप्य चेरु मत्तद्वीपा इव ॥ ३१ ॥
साधवः[351] सज्जनाश्चापि नीचकर्मानुचारिणः ।
सद्धर्मविरतोत्साहाश्चेरु भुक्त्वैव नीचवत् ॥ ३२ ॥
तदैवं पापसंचारात् सर्वत्राप्यचरत् कलिः[352] ।

---

347 कामत इति खपाठः ।
348 प्रमनाग्रहे इति घपाठः ।
349 अथेच्छिता इति गपाठः ।
350 विलासिता इति कपाठः ।
351 पुराश्च इति खपाठः ।
352 किल इति गपाठः ।

सद्धर्मो दुर्बलीभूतो नीचवद्विलयं ययौ ॥ ३३ ॥
तदात्र प्रवरीभूते कलेः संचारतां गते ।
दृष्ट्वा लोकाधिपाः सर्वेऽभवन् धर्मपराङ्मुखाः ॥ ३४ ॥
ततोऽत्र विमुखीभूय सर्वलोकाधिपा अपि ।
धिग्नृपमिति निन्दन्तो द्रष्टुमपि न चेच्छिरे[353] ॥ ३५ ॥
तदात्र लोकपालानां सुदृष्टिविरतोत्सवे ।
ईतयः[354] समुपाक्रम्य प्रावर्त्तितुमुपाचरन् ॥ ३६ ॥
ततो देवा अपि क्रूरा ये दुष्टा मारपक्षिकाः[355] ।
सर्वे तत्र समागत्य महोत्पातं प्रचक्रिरे ॥ ३७ ॥
वह्निरपि तथालोक्य दुष्टवत् कोपिताशयः ।
धूमाकुलार्चिषा दग्धा महोत्पातं व्यधादिह ॥ ३८ ॥
धर्मराजोऽपि रुष्टोभून् निर्दयी निरुजानपि ।
निहन्तुं प्राणिनः सर्वान् महामारीमचारयत् ॥ ३९ ॥
नैऋत्यो राक्षसेन्द्रोऽपि प्रकोपितातिनिर्दयः ।
सर्वत्रापि प्रविष्टोऽत्र महोत्पातं व्यधात्सदा ॥ ४० ॥
वरुणो नागराजोऽपि प्रदुष्टः क्रूरचक्षुषा ।
दृष्ट्वा वारिवहान् मेघान् सर्वान् वृष्टिं न्यवारयत् ॥ ४१ ॥
मरुतोऽपि[356] तथालोक्य प्ररुष्टा निर्दयाः स्थिराः ।
असाध्यं प्राचरन्तात्र महोत्पातं प्रचक्रिरे ॥ ४२ ॥
तथा यक्षाश्च ये दुष्टाः किन्नरा गुह्यका अपि ।
गृहे गृहे प्रविश्यापि रोगोत्पातं प्रचक्रिरे ॥ ४३ ॥
तथा भूताः पिशाचाश्च वेतालाः कटपूटिनाः[357] ।
डाकिण्यः प्रमथाश्चापि शाकिन्यः सगणास्तथा ॥ ४४ ॥
रुद्रा अपि सगन्धर्वाः कुम्भाण्डा गरुडा अपि ।
सर्वत्र प्रचरन्तोऽत्र महोत्पातं प्रचक्रिरे ॥ ४५ ॥
मातृका अपि सर्वांश्च सगणा अप्रसादिताः ।
सुदुष्टं तं समालोक्य द्रष्टुं च न समाहिरे ॥ ४६ ॥
ग्रहास्तारागणाः सर्वे विरुद्धा अप्रसादिताः ।
अनुसंदर्शनं वापि कर्तुं नैवाववाञ्छिरे ॥ ४७ ॥
कुलेशा[358] अपि सर्वाश्च देवता अप्रसादिताः ।

---

[353] समन्तात् इति गपाठः ।
[354] इयतः इति कपाठः ।
[355] गारपक्षका इति खपाठः ।
[356] मन्यतापि इति घपाठः ।
[357] कठपूटका इति खपाठः ।
[358] कौलिका इति गपाठः ।

संत्रासाय समर्थास्तान् पश्यन्त्य एव तस्थिरे ॥ ४८ ॥
एवमन्येऽपि देवाश्च सर्वत्राणपराङ्मुखाः ।
तेषां संदर्शनं कर्तुमपि नैव ते वांछिरे ॥ ४९ ॥
तेषां त्राणं तदेकापि न शशाक कथञ्चन ।
एवमत्र महोत्पातं प्रावर्तत समन्ततः ॥ ५० ॥
एकमत्र महोत्पातं प्रावर्ततापि सर्वतः ।
सर्वक्लेशहतात्मानः प्रचक्रुर्विग्रहं मिथः ॥ ५१ ॥
तदेवं कलिसंरक्तान् सर्वान् लोकान् विलोक्य सः ।
नृपतिः सुचिरं ध्यात्वा मनसैवं व्यचिन्तयत्[359] ॥ ५२ ॥
हा कष्टं पापजं घोरं जायतेऽत्राधुना मम ।
तत्पापशमनायैवं को दद्यान्मे हिताशयः[360] ॥ ५३ ॥
कथमिह महद्दुःखं शमीकर्तुं विधास्यते ।
पश्यन्नेवमुपेक्ष्यैव रमेयं साम्प्रतं च किम् ॥ ५४ ॥
यो हि राजा प्रजादुःखमुपेक्ष्य रमते सुखे ।
स किं राजा प्रभुर्भर्ता दुष्याहिवद्विगर्ह्यते ॥ ५५ ॥
यत्र राजा प्रजादुःखम्पनाय न विचारयेत् ।
स्वयमेव सुखं भुक्त्वा रमंश्चरेद् यथेच्छया[361] ॥ ५६ ॥
तत्र सर्वप्रजा लोकाः क्लेशव्याकुलमानसाः ।
सत्यधर्मकुलाचारं हित्वा चरेयुरौद्धता ॥ ५७ ॥
ततस्ते दुरितारक्ता दशाकुशलचारिणः ।
महापापेऽपि निर्लज्जाः संचरेरन् यथेच्छया ॥ ५८ ॥
एतत् सर्वं महोत्पातं भुञ्जीयान्नृपतिर्ध्रुवम् ।
इति सत्यं समाख्यातं नीतिविज्ञैर्महर्षिभिः ॥ ५९ ॥
इत्येतत्पापवैपाक्यं भोक्तव्यं हि मया भवे ।
तदत्र किं[362] करिष्यामि यदुपायं न चिन्त्यते ॥ ६० ॥
धिग् जन्म मेऽत्र संसारे यस्य राज्ये सदा कलिः ।
दुर्भिक्षादि महोत्पातं प्रवर्तते दिवानिशम् ॥ ६१ ॥
धन्यास्ते पुरुषा ये हि निःक्लेशा विमलाशयाः ।
विमुक्त-भव-संचारा भिक्षवो ब्रह्मचारिणः ॥ ६२ ॥
किं मेऽत्र जन्म संसारे सुकुलमपि तन्नृणाम् ।
यदहं पशुवद् भुक्त्वा काममेव रमे गृहे ॥ ६३ ॥
तदेतत्पापलिप्तोऽहं क्लेशव्याकुलमानसः ।
नरकेषु भ्रमन् दुःखं भुंजीयां विविधं सदा ॥ ६४ ॥

---

[359] कृतं कृतम् इति गपाठः ।
[360] कृताशये इति खपाठः ।
[361] शुखेच्छता इति खपाठः ।
[362] तदानी कि इति गपाठः ।

तदा को मे सुहृन् मित्रं संरक्षितुमुपाचरेत् ।
धर्मादेव तदा त्राणं सर्वदुःखापहं भवेत् ॥ ६५ ॥
धर्माणां प्रवरो बौद्धो धर्मः सर्वभयापहः[363] ।
सवार्थसाधनं सिद्धमित्याख्यातं जगद्धितम् ॥ ६६ ॥
इत्यहं साम्प्रतं गत्वा गोशृङ्गे पर्वते स्थितम् ।
शान्तश्रियं महाचार्यं प्रार्थयेयं समादरात् ॥ ६७ ॥
स एव हि महाचार्यं एतदुत्पातशान्तये ।
विधानं समुपादिश्य कुर्यान्मेऽत्र हितं सदा ॥ ६८ ॥
इति निश्चित्य भूपालः पुरोहितं समन्त्रिणम् ।
महाजनान् सपौरांश्च समामन्त्र्यैवमादिशत् ॥ ६९ ॥
भो भवन्तो यदत्रैवं महोत्पातं प्रवर्तते ।
तच्छान्तिकरणं धर्मं कर्तुमिच्छामि सांप्रतम् ॥ ७० ॥
तदाचार्यं महाभिज्ञं शान्तिश्रियं समादरात् ।
प्रार्थयित्वा तदादेशाद् कर्तुमिच्छामि सदृशम् ॥ ७१ ॥
इति सर्वे वयं तत्र गोशृङ्गाग्रे समादरात् ।
शान्तश्रियं महाचार्यं प्रार्थनाय च व्रजामहै ॥ ७२ ॥
इत्यादिष्टं नरेन्द्रेण श्रुत्वा पुरोहितादयः ।
सर्वे तथेति विज्ञाप्य प्राभ्यनन्दन् प्रबोधिताः ॥ ७३ ॥
ततः स नृपती राजा समन्त्रिजनपौरिकाः ।
पुरोहितं पुरोधाय गोशृङ्गाग्रे मुदाचरत् ॥ ७४ ॥
तत्र दृष्ट्वा तमाचार्यं नृपतिः संप्रमोदितः ।
समेत्य साञ्जलिर्नत्वा पादाब्जे समुपाश्रयत् ॥ ७५ ॥
तथा सर्वेऽपि लोकाश्च समीक्ष्येनं[364] प्रसादिताः ।
समेत्य पादयोर्नत्वा समुपतस्थिरे मुदा ॥ ७६ ॥
तान् सर्वान् समुपासीनान् समीक्ष्य स महामतिः ।
शान्तश्रीस्तं महीपालं सम्पश्यन्नेवमादिशत् ॥ ७७ ॥
राजन् सदास्तु वो भद्रं सर्वत्रापि निरन्तरम्[365] ।
किमर्थमिह प्रायातः तन्मेऽग्रे वक्तुमर्हसि ॥ ७८ ॥
इति शान्तश्रिया प्रोक्ते नृपतिः स कृताञ्जलिः ।
प्रणम्य तं महाचार्यं पश्यन्नेवं न्यवेदयत्[366] ॥ ७९ ॥
भो श्रीशास्त यदर्थेऽहं भवच्छरणमाव्रजे ।
तदर्थं प्रार्थयाम्यत्र समुपादेष्टुमर्हति ॥ ८० ॥
यन्मेऽत्र पापतो राज्ये महोत्पातं प्रवर्तते ।

---

363 सर्वपुरान् इति कपाठः ।
364 संप्रदाने इति खपाठः ।
365 सुभंकृतर इति गपाठः ।
366 प्रकल्पिता इति घपाठः ।

तच्छान्तिकरणोपायं समुपादेष्टुमर्हति ॥ ८१ ॥
इति संप्रार्थिते राज्ञा शान्तश्रीर्मन्त्रवित् सुधीः ।
नृपतिं तं महासत्त्वं समालोक्यैवमादिशत् ॥ ८२ ॥
नृपते पापतोऽत्रैवं महोत्पातं प्रवर्तते ।
तत्पापशमनोपायं वक्ष्यापि ते शृणुष्व तत् ॥ ८३ ॥
यः त्वमत्र[367] नृपो राजा सर्वधर्मानुपालकः ।
नीतिधर्मनुसारेण संपालयसि न प्रजाः ॥ ८४ ॥
मन्त्रिणोऽपि तथा सर्वनीतिधर्मपराङ्मुखाः ।
भुक्त्वा कामसुखान्येव प्रचरन्ति यथेच्छया ॥ ८५ ॥
तथा भृत्या जनाश्चापि पौराश्चापि महाजनाः ।
स्वकुलधर्ममुत्सृज्य प्रचरन्ति यथेच्छया[368] ॥ ८६ ॥
एवं सर्वेऽपि लोकाश्च दशाकुशलचारिणः ।
सद्धर्माणि[369] प्रतिक्षिप्य प्रचरन्ति प्रमादतः ॥ ८७ ॥
तदैतत् पापवैपाक्यं भोक्तव्यमेव हि भवे ।
येनैव यत्कृतं कर्म भोक्तव्यं तेन तत्फलम् ॥ ८८ ॥
एवं मत्वा नृपः स्वामी स्वयं नीत्या विचारयन् ।
बोधयित्वा प्रयत्नेन लोकान् संपालयेत् सदा ॥ ८९ ॥
यद्यत्र नृपतिः सम्यगविचार्य प्रमादतः[370] ।
स्वयं कामसुखान्येव प्रचरेयुर्यथेच्छया ॥ ९० ॥
तथा सर्वेऽपि लोकाश्च नृपचर्यानुचारिणः
भुक्त्वा कामसुखान्येव प्रचरेयुर्यथेच्छया ॥ ९१ ॥
तदा तत्र महोत्पातं ध्रुवम् पापात् प्रवर्तते ।
प्रवर्तिते महोत्पाते लोका स्युः पापदुःखिताः ॥ ९२ ॥
तत्र तान् नृपतिः पश्यन्नुपेक्ष्य निर्दयँश्चरत् ।
लोकसंरक्षणेऽसक्तः स सर्वपापभाग् भवेत् ॥ ९३ ॥
सर्वाण्यपि हि पापानि सर्वलोकैः कृतान्यपि ।
पतित्वा नृपतेरग्रे प्रदद्युस्तत्फलानि हि ॥ ९४ ॥
इति सत्यं समाख्यातं सर्वैरपि मुनीश्वरैः ।
मत्वा राजा स्वयं नीत्या विचारयन् समाचरेत् ॥ ९५ ॥
इति तेन समादिष्टं शान्तश्रिया समन्त्रिणा[371] ।
श्रुत्वा स नृपतिर्भीत्या संतापतापिताशयः ॥ ९६ ॥
शान्तश्रियं तमाचार्यं समीक्ष्य शरणं गतः ।
नत्वा पदाम्बुजे भूयः प्रार्थयेदेवमादरात् ॥ ९७ ॥

[367] यत्त्यागात् इति खपाठः ।
[368] शुभात्मता इति घपाठः ।
[369] सधर्मे इति कपाठः । यद्यपि धर्माणि प्रयोग वेदेषु दृश्यते । तथाप्यत्र ग्रन्थकृता लौकिकव्याकरण नियमान् अविचैव तथा कृतमिति प्रतीयते ।
[370] प्रमोदतः इति गपाठः ।
[371] सहलोकिकैः इति खपाठः ।

शास्तः सदा चरिष्यामि भवदाज्ञां शिरोवहन्।
तन् मे यदुचितं धर्मं तं समादेष्टुमर्हति ॥ ९८ ॥
इति संप्रार्थिते राज्ञा श्रुत्वाचार्यः स सन्मतिः ।
नृपतिं तं महासत्त्वं सम्पश्यन्नेवमादिशत् ॥ ९९ ॥
राजञ्छृणु समाधाय वक्ष्यामि शुभकारणम्।
यद्यस्ति ते कृपा लोके तत् कुरु यन्मयोदितम् ॥ १०० ॥
तद्यथैतेषु तीर्थेषु स्नात्वा नित्यं यथाविधि[372] ।
शुचिशीलसमाचारः समाहितत्रिमण्डलः ॥ १०१ ॥
सम्बोधिप्रणिधानेन सर्वसत्त्वहितार्थभृत्।
त्रिरत्नभजनं कृत्वा चरस्व पोषधं व्रतम् ॥ १०२ ॥
तत इमं जगन्नाथं[373] धर्मधातुं जिनालयम्।
यथाविधि समाराध्य संभजस्व सदादरात् ॥ १०३ ॥
तथा सर्वा इमा पंचदेवताश्च यथाविधि ।
समाराध्य समभ्यर्च्य संभजस्व समादरात् ॥ १०४ ॥
इमं मञ्जुश्रियश्चापि चैत्यमाराध्य सर्वदा ।
यथाविधि समभ्यर्च्य संभजस्व महोत्सवैः ॥ १०५ ॥
तथाष्टौ वीतरागांश्च समाराध्य यथाविधि ।
समभ्यर्च्य महोत्साहैः संभजस्व सदादरात्[374] ॥ १०६ ॥
तथा माहेश्वरीं देवीं खगाननां समादरात्।
समाराध्य समभ्यर्च्य संभजस्व यथाविधि ॥ १०७ ॥
एते सर्वेऽपि देवा हि सर्वलोकाधिपेश्वराः ।
सर्वसत्त्वहितार्थेन प्रादुर्भूताः स्वयं खलु ॥ १०८ ॥
तदत्रैतेषु देवेषु सर्वेषु श्रद्धया सदा।
विधिना भजनं कृत्वा संचरस्व जगद्धिते[375] ॥ १०९ ॥
लोकांश्चापि तथा सर्वान् बोधयित्वा प्रयत्नतः ।
सर्वेष्वेतेषु तीर्थेषु स्नानदानादिकं सदा ॥ ११० ॥
कारयित्वा महत्पुण्यं जगद्भद्रसुखार्थदम्।
संबुद्धगुणसत्सौख्यं चारय पोषधं व्रतंम् ॥ १११ ॥
एतेषां च त्रिरत्नादिदेवानां भजनं सदा।
कारयित्वा महोत्साहैर्बोधिमार्गे प्रचारय ॥ ११२ ॥
तदैतत्पुण्यभावेन सर्वत्रापि चरच्छुभम्।
तदा सर्वमहोत्पातं सर्वत्र विलयं व्रजेत् ॥ ११३ ॥
तदा ब्रह्मामरेन्द्राद्याः सर्वे लोकाधिपा अपि।

---

[372] यथेप्सितम् इति गपाठः ।
[373] खगाननाम इति घपाठः ।
[374] समाकृतात् इति खपाठः ।
[375] शुभात्मके इति गपाठः ।

सुदृशात्र समालोक्य पालयेयुः सदा मुदा ॥ ११४ ॥
तदा संपालितेऽस्मिन् तैः सर्वैर्लोकाधिपैः पुनः ।
सुभिक्षं श्रीशुभोत्साहं प्रवर्तयेद्धि सर्वदा ॥ ११५ ॥
तदा सर्वेऽपि लोकाश्च नीरोगाः श्रीगुणाश्रयाः ।
विरम्य[376] पापमार्गेभ्यः संचरेरन् सदा शुभे ॥ ११६ ॥
एवं धृत्वा सदा राजन् महापुण्यप्रभावतः ।
अन्ते बोधिं समासाद्य संबुद्धपदमाप्नुयुः ॥ ११७ ॥
एवं महत्तरं पुण्यं त्रिरत्नभजनाद् भवम् ।
विज्ञायादौ त्रिरत्नानां भजस्व श्रद्धया स्मरन्[377] ॥ ११८ ॥
ततः सर्वेषु तीर्थेषु स्नात्वा शुद्धेन्द्रियाशयः ।
त्रिरत्नशरणं गत्वा भजस्व पोषधं व्रतम् ॥ ११९ ॥
ततः सर्वानिमान् देवान् धर्मधातुमुखान् सदा ।
यथाविधि[378] समाराद्य संभजस्व समर्चयन् ॥ १२० ॥
लोकानपि तथा सर्वान् बोधयित्वा प्रयत्नतः ।
सर्वेष्वेतेषु यत्नेन स्नापयित्वा यथाविधि ॥ १२१ ॥
त्रिरत्नशरणे स्थाप्य संबोधिज्ञानसाधनम् ।
भद्रश्रीसद्गुणाधारं चारय पोषधं व्रतम्[379] ॥ १२२ ॥
एतेषामपि देवानां कारयित्वा सदार्चनम् ।
बोधिमार्गे प्रतिष्ठाप्य यत्नतः पालयञ्छुभे ॥ १२३ ॥
एवं कृत्वा महत्पुण्यं प्राप्य श्रीसद्गुणाश्रयः ।
बोधिसत्त्वो महासत्त्वो महाभिज्ञो भवेद् ध्रुवम् ॥ १२४ ॥
ततः संबोधिसंभारं पूरयित्वा यथाक्रमम् ।
अर्हन् बोधिं समासाद्य संबुद्धपदमाप्नुयाः ॥ १२५ ॥
इति शान्तश्रिया शास्ता समादिष्टं निशम्य सः ।
नृपस्तथेति विज्ञाप्य कर्तुमेवं समैच्छत ॥ १२६ ॥
ततः स नृपतिः सर्वान् मन्त्रिणः सचिवाञ्जनान् ।
पौरान्[380] महाजनाँश्चापि समामन्त्र्यैवमादिशत् ॥ १२७ ॥
भो मन्त्रिणो जनाः सर्वेऽमात्याः पौरा महाजनाः ।
आचार्येण यथादिष्टं तथा चरितुमर्हथ ॥ १२८ ॥
अहमपि तथा धृत्वा सर्वदा भद्रकारणम्[381] ।
त्रिरत्नशरणं कृत्वा व्रतं चरितुमुत्सहे ॥ १२९ ॥

---

[376] विरचय्य इति कपाठः ।
[377] खगाम् इति खपाठः ।
[378] यथेच्छयै इति खपाठः ।
[379] औषधं वृति इति खपाठः ।
[380] पुरवास्या इति गपाठः ।
[381] भद्रकल्पका इति गपाठः ।

इत्यादिष्टं नरेन्द्रेण श्रुत्वा ते मन्त्रिणो जनाः।
पौरा महाजनाः सर्वे तथेति प्रतिशुश्रुवुः ॥ १३० ॥
ततः स नृपतिः सर्वैः सपुरोहितमन्त्रिभिः।
अमात्यैः सचिवैः पौरैर्महाजनैः समन्वितः ॥ १३१ ॥
सर्वेष्वेतेषु तीर्थेषु स्नात्वा यथाविधि क्रमात्।
शुद्धशीलः[382] समाधाय प्राचरत् पोषधं व्रतम् ॥ १३२ ॥
ततस्ते विमलात्मानः त्रिरत्नशरणं गताः।
धर्मधातुं समाराध्य समभ्यर्च्याभजन्मुदा ॥ १३३ ॥
तथा वायुपुरे वायुदेवतां च यथाविधि।
अग्निपुरेऽग्निदेवं च नागपुरे फणेश्वरम् ॥ १३४ ॥
वसुपुरे वसुन्धरां सद्धर्मश्रीगुणप्रदाम्।
शान्तपुरे महेशानं सम्वरं सगणं क्रमात् ॥ १३५ ॥
यथाविधि समभ्यर्च्य श्रद्धया समुपाश्रितः।
तथा मञ्जुश्रियश्चैत्यं समभ्यर्च्याभजन् सदा ॥ १३६ ॥
तथाष्टौ वीतरागांश्च श्रीदेवींश्च खगाननाम्[383]।
यथाविधि समाराध्य समभ्यर्च्याभजत् सदा ॥ १३७ ॥
तथा सर्वेऽपि लोकास्ते नृपवृत्तानुचारिणः।
स्नात्वा सर्वेषु तीर्थेषु शुद्धशीलाः समादरात् ॥ १३८ ॥
त्रिरत्नशरणं कृत्वा चरन्तः पोषधं व्रतम्।
धर्मधातुमुखान् सर्वान् देवाँश्चाभ्यर्च्य प्राभजन् ॥ १३९ ॥
तदैतत्पुण्यभावेन सर्वत्र शुभमाचरत्।
ततः सर्वं महोत्पातं क्रमेण प्रशमं ययौ ॥ १४० ॥
तदा सर्वेऽपि ते लोका नीरोगाः पुष्टितेन्द्रियाः[384]।
महानन्दं सुखं प्राप्य बभूवुधर्मलालसाः ॥ १४१ ॥
तद् दृष्ट्वा स नृपो राजा प्रत्यक्षं धर्मसत्फलम्।
अहो सद्धर्ममाहात्म्यमित्युक्त्वानन्दितोऽचरत् ॥ १४२ ॥
किन्तु सवृष्टिरेवात्र न बभूव कथंचन।
तद् दृष्ट्वा स नृपश्चासीद् दुर्भिक्षशंकिताशयः ॥ १४३ ॥
ततः स करुणाविष्टहृदयःस नृपः पुनः।
शान्तश्रियं तमाचार्यं नत्वैवं प्राह साञ्जलिः ॥ १४४ ॥
आचार्य कृपया तेऽत्र चरते शुभताधुना।
सर्वदापि महोत्पातं संशाम्यत समन्ततः ॥ १४५ ॥
सुवृष्टिरेव नाद्यापि प्रवर्त्तते कथंचन।
सुवृष्टिकरणोपायं तत् समादेष्टुमर्हति ॥ १४६ ॥

---

382 युद्धशिल इति खपाठः।
383 महोत्तमी इति गपाठः।
384 पुरुषेन्द्रिया इति गपाठः।

इति संप्रार्थितं राज्ञा श्रुत्वाचार्यः स सन्मतिः[385] ।
नृपतिं तं महासत्त्वं संपश्यन्नेवमब्रवीत् ॥ १४७ ॥
साधु राजञ्छृणुष्वात्र सदा सुभिक्षकारणम् ।
सुवृष्टिकरणोपायमुपदेक्ष्यापि सांप्रतम् ॥ १४८ ॥
लिखित्वा मण्डलं नागराजानां तद्यथाविधि ।
तत्र नागाधिपान् सर्वानावाह्याराध य स्वयम् ॥ १४९ ॥
तदत्र त्वं[386] महावीरो भवस्वोत्तरसाधकः ।
यथा मयोपदिष्टानि तथा सर्वाणि साधय ॥ १५० ॥
इत्याचार्यसमादिष्टं श्रुत्वा स नृपतिर्मुदा ।
तथेति प्रतिविज्ञाप्य तथा भवितुमैच्छत ॥ १५१ ॥
ततः स वज्रधृग् विद्वान् नागपुरं यथाविधि ।
लिखित्वा मण्डलं रम्यं प्रतिष्ठाप्य समर्चयत् ॥ १५२ ॥
तत्र नागाधिपान् सर्वानाचार्यः स यथाक्रमम् ।
समाराध्य समावाह्य पूजयितुं समालभत्[387] ॥ १५३ ॥
तत्र नागाधिपाः सर्वे समागत्य यथाक्रमम् ।
स्वस्वासनं समाश्रित्य संतस्थिरे प्रसादिताः ॥ १५४ ॥
कर्कोटकोऽहिराडेक एव न लज्जयागतः ।
तत्समीक्ष्य स शान्तश्रीर्महाचार्यो महर्द्धिमान्[388] ॥ १५५ ॥
नृपतिं तं महावीरं महासत्त्वं महर्द्धिकम् ।
महाभिज्ञं[389] समालोक्य समामन्त्र्यैवमादिशत् ॥ १५६ ॥
राजन् नागाधिपाः सर्वे समागता इहाधुना ।
एकः कर्कोटको नागराज एवेह नागतः ॥ १५७ ॥
विरूपोऽहं कथं नागराज महासभासने ।
गत्वा तिष्ठेयमित्येवं ध्यात्वा नायाति लज्जया ॥ १५८ ॥
अतस्तं सहसा राजन् गत्वा तत्र महाह्रदे ।
कर्कोटकं तमामन्त्र्य संप्रार्थ्येह समानय[390] ॥ १५९ ॥
यदि संप्रार्थ्यमानोऽपि नागच्छेदिह सोऽहिराट् ।
तदा बलेन धृत्वापि सर्वथा तं समानय ॥ १६० ॥
इत्याचार्यसमादिष्टं श्रुत्वा स नृपतिः सुधीः ।
शान्तश्रियं तमाचार्यं पश्यन्नेवं न्यवेदयत् ॥ १६१ ॥
आचार्य ! कथमेकोऽहं तत्र गाढमहाह्रदे ।

---

385 ऋद्धिका इति खपाठः ।
386 त्वञ्चात्र इति कपाठः ।
387 समाकृतम् इति खपाठः ।
388 महत्कृत इति घपाठः ।
389 महाकरम् इति कपाठः ।
390 सुसंस्कार इति खपाठः ।

गत्वा बलेन नागेन्द्रं धृत्वा नेतुं प्रशक्नुयाम् ॥ १६२ ॥
इति निवेद्य तं राजा श्रुत्वाचार्यः स मन्त्रवित् ।
नृपतिं तं महावीरं सम्पश्यन्नेवमब्रवीत् ॥ १६३ ॥
हरिदश्वं समारुह्य पुष्पं मन्मन्त्रशोधितम् ।
धृत्वा व्रज प्रशक्नोषि मम मन्त्रानुभावतः ॥ १६४ ॥
दुर्वाकाण्डमिदं[391] पुष्पं तत्रादौ क्षिप मां स्मरन् ।
भ्रमन् यत्र चरेत् पुष्पं तन् यथानुसरन् व्रज ॥ १६५ ॥
इत्युपदेश्य दुर्वाकं काण्डं मन्त्राभिशोधितम् ।
पुष्पं दत्वा नरेन्द्राय पुनरेवमुपादिशत् ॥ १६६ ॥
गत्वैवं नृपते तत्र नागपुरे समेत्य तम् ।
कर्कोटकं समामन्त्र्य मद्गिरैवं निवेदय ॥ १६७ ॥
भो कर्कोटक नागेन्द्र यदर्थमहमिहागतः ।
तद्भवानपि[392] जानीयात् तथापि वक्ष्यते मया ॥ १६८ ॥
गोशृङ्गेस्ति महाचार्यः शान्तश्रीर्वज्रभृत् कृती ।
दुर्भिक्षशमनं कर्त्तुं सुवृष्टिचारणे सदा ॥ १६९ ॥
तत्र गागपुरे सर्वान् नागाधिपान् यथाविधि ।
समाराध्य समावाह्य पूजयितुं समारभत् ॥ १७० ॥
सर्वे नागाधिपास्तत्र वरुणाद्याः समागताः ।
त्वमेव नागतः कस्मात् सहसा गन्तुमर्हसि ॥ १७१ ॥
एवं संप्रार्थ्यमानोऽपि नागछेत् सोऽहिराड् यदि ।
बलेनापि समाकृष्य सहसा नीयतां त्वया ॥ १७२ ॥
इति शान्तश्रिया शास्ता समादिष्य समादरात् ।
प्रेषितोऽहं[393] तदर्थेऽत्र तत् समागन्तुमर्हति ॥ १७३ ॥
इत्यादिश्य स आचार्यः पुष्पं मन्त्राभिशोधितम् ।
दत्वा तं नृपतिं वीरं प्रैषयत् तत्र सत्वरम् ॥ १७४ ॥
इत्याचार्यसमादिष्टं निशम्य स महामतिः ।
दुर्वाकुण्डं समादाय तथेत्युक्त्वा ततोऽचरत् ॥ १७५ ॥
ततः स नृपतिर्वीरः शास्तुराज्ञां शिरोवहन् ।
हरिदश्वं समारुह्य संचरन्तद् ह्रदं ययौ[394] ॥ १७६ ॥
तत्र तीरं समासाद्य पश्यन् नृपः स तं ह्रदम् ।
नत्वाचार्यमनुस्मृत्वा दुर्वाकाण्डं जलेऽक्षिपत् ॥ १७७ ॥

---

391 दुर्वेपुष्पम् इति गपाठः ।
392 त्वमेव गमनम् इति कपाठः ।
393 प्रेषयित्वेह इति गपाठः ।
394 गृहं ययौ इति खपाठः ।

तत्प्रक्षिप्तं जलेऽगाढे भ्रमन् नागपुरेऽचरत्।
राजाप्यश्वं समारुह्य तत्पुष्पानुसरन् ययौ॥ १७८॥
एवं नागपुरे गत्वा नृपतिः स विलोकयन्।
कर्कोटक[395] महीन्द्रं तं सहसा समुपाचरत्॥ १७९॥
तत्र समेत्य स वीरः कर्कोटकमहीश्वरम्।
यथाचार्येण संदिष्टं तथा सर्वं न्यवेदयत्॥ १८०॥
तत् सन्निवेदितं सर्वं श्रुत्वा नागाधिपोऽपि सः।
किञ्चिदप्युत्तरं नैव ददौ तस्मै महीभुजे॥ १८१॥
ततः स नृपतिश्चैव निवेद्य तं महीश्वरम्।
संपश्यन् समुपामन्त्र्य प्रार्थयेदेवमादरात्॥ १८२॥
नागेन्द्रोऽत्र प्रसीद त्वं शास्तुराज्ञां शिरोवहन्[396]।
त्वदामन्त्रण एवाहं प्रागतस्तत् समाव्रज॥ १८३॥
इति संप्रार्थ्यमानोऽपि राज्ञा स भुजगाधिपः।
किञ्चित्प्रत्युत्तरं नैव ददौ तस्मै महीभुजे ददौ॥ १८४॥
ततोऽसौ नृपतिर्वीरः शास्त्रादिष्टं यथा तथा।
सर्वं निवेद्य तस्याग्रे पुनरेवमभाषत॥ १८५॥
नागेन्द्र नापराध[397] मे यत्त्वया न श्रुतं वचः।
तन्मे शास्त्रा यथादिष्टं तथा नूनं चरेय हि॥ १८६॥
इत्युक्तेऽपि नरेन्द्रेण कर्कोटकोऽहि योऽपि सः।
किञ्चिदप्युत्तरं नैव ददौ राज्ञे महीभृते॥ १८७॥
ततः स नृपतिवीरः शास्तुराज्ञां शिरोवहन्।
धृत्वा तमहिमाकृष्य गरुत्मानिव प्राचरत्॥ १८८॥
ततो हयात् समानीतो गुणकामदेवेन सः।
आनीतो येन मार्गेण वशिकाचल उच्यते॥ १८९॥
एवं धृत्वा समाकृष्य स वीरस्तं महीश्वरम्।
तदा नागपुरे[398] नीत्वा शास्तुरग्रे समाचरत्॥ १९०॥
आचार्य भवदादेशात् तथा कर्कोटकोऽहिराट्।
धृत्वाकृष्य मयानीतस्तं समीक्ष्य प्रसीदतु॥ १९१॥
इति निवेदितं राज्ञा श्रुत्वाचार्यः समादितः[399]।
नृपतिं तं महावीरं सम्पश्यन्नेवमादिशत्॥ १९२॥
साधु राजन्! महावीर! यदानीतस्त्वयाहिराट्।
तदेनमासने नीत्वा संस्थापय यथाक्रमम्॥ १९३॥

[395] कर्कोदके इति खपाठः।
[396] स्वयं वहे इति गपाठः।
[397] नराधिप इति कपाठः।
[398] कनकपुरे इति कपाठः।
[399] स्वयेच्छया इति खपाठः।

इत्याचार्यसमादिष्टं श्रुत्वा स नृपतिस्तथा।
नागराजं तमामन्त्र्य स्वासने संन्यवेशयत्॥ १९४॥
तं दृष्ट्वा स्वासनासीनमाचार्यः स यथाविधि।
नागेन्द्रान् तान् समावाह्य समाराध्य समर्चयत्॥ १९५॥
ततः स वज्रधृग् विद्वान् आचार्यः स महीपतेः।
सर्वान् नागाधिपान् स्तुत्वा प्रार्थयच्चैवमादरात्॥ १९६॥
भो भवन्तो महानागराजाः सर्वे मयाग्रतः।
समाराध्य समावाह्य यथाविधि समर्चिताः॥ १९७॥
तन्मे सदा प्रसीदन्तु दातुमर्हन्ति वाञ्छितम्।
सर्वलोकहितायैव आराधयामि नान्यथा॥ १९८॥
यदत्र पापसंचाराद् दुर्भिक्षं वर्ततेऽधुना।
तेन सर्वेऽपि दुःखार्ता लोकाश्चरन्ति पातकम्॥ १९९॥
तद्दुर्भिक्षाभिशान्त्यर्थं सुभिक्षकरणं सदा।
सुवृष्टिचरणोपायं करोमीदं जगद्धिते॥ २००॥
ते भवन्तोऽत्र सर्वेऽपि सर्वसत्त्वाभिरक्षणे।
चायरितुं समर्हन्ति सुवृष्टिमत्र सर्वदा॥ २०१॥
इति संप्रार्थितं तेन शान्तश्रिया निशम्य[400] तत्।
सर्वे नागाधिपास्तस्य तथेति प्रतिशुश्रुवुः॥ २०२॥
तैस्तथेति प्रतिज्ञातं नागराजैर्निशम्य सः।
शान्तश्रीर्नागराजान् तान् प्रार्थयदेवमादरात्॥ २०३॥
भवन्तो मे प्रसीदन्तु यदहं प्रार्थये पुनः।
सर्वसत्त्वहितायैव दातुमर्हन्ति वाञ्छितम्॥ २०४॥
इति संप्रार्थिते तेन शान्तश्रिया निशम्यते।
सर्वनागाधिपाः तस्मै तथेति प्रतिशुश्रुवुः॥ २०५॥
सर्वैर्नागाधिपैस्तैस्तैः प्रतिज्ञातं निशम्य सः।
आचार्यस्तानहीन्द्राँश्च प्रार्थयेदेवमादरात्॥ २०६॥
भवन्तः श्रूयतां वाक्यं यन् मया प्राथ्र्यते पुनः।
तद्भवद्भिः प्रतिज्ञातं संध्यातव्यं तथा सदा॥ २०७॥
यदात्र पापसंचाराद् दुर्वृष्टिश्चाभवद् ध्रुवम्।
तदा सुवृष्टिसंसिद्धिसाधनं तत् प्रणीयताम्॥ २०८॥
तद्यथा भवतां पट्टे लिखित्वा मण्डलं[401] शुभम्।
यथाविधि प्रतिष्ठाप्य स्थापयितुं समुत्सहे॥ २०९॥
दुर्वृष्टिः स्याद्यदाप्यत्र तदेवं पट्टमण्डलम्।
प्रसार्य विधिनाराध्य समावाह्य समर्चयेत्॥ २१०॥
एवं प्रसार्य पट्टेस्मिन् संपूजिते यथाविधि।

400 नियम्यते इति कपाठः।
401 सुपटं तदा इति गपाठः।

सुवृष्टिरत्र युष्माभिः संभर्तव्या जगद्धिते ॥ २११ ॥
इति संप्रार्थिते तेन शान्तश्रिया निशम्य ते ।
सर्वनागाधिपास्तस्मै तथेति प्रतिशुश्रुवुः ॥ २१२ ॥
ततः स मन्त्रवित् प्राज्ञः सर्वनागाधिपाज्ञया ।
लिखित्वा मण्डलं पट्टे प्रतिष्ठाप्य यथाविधि ॥ ११३ ॥
पश्चात्[402] कालेऽत्र दुर्वृष्टिर्वृत्ते सुवृष्टिसाधने ।
नागपुरेऽत्र संस्थाप्य निर्दग्धं संप्रगोपितम् ॥ ११४ ॥
ततो वज्री स आचार्यः सर्वान् तान् भुजगाधिपान् ।
संप्रार्थ्य विनयं कृत्वा विससर्ज विनोदयन् ॥ ११५ ॥
ततः सर्वेऽपि ते नागराजाः स्वस्वालयं गताः ।
मेघमालां समुत्थाप्य सर्वज्ञः समवर्षयन् ॥ २१६ ॥
तदा सुवृष्टिसंचाराद् दुर्भिक्षं विलयं ययौ ।
सुभिक्षमंगलोत्साहं प्रावर्तत समन्ततः ॥ २१७ ॥
तदा सर्वेऽपि लोकास्ते महानन्दप्रमोदिताः ।
त्रिरत्नभजनं कृत्वा प्राचरन्त सदा शुभे ॥ २१८ ॥
ततः स नृपती राजा दृष्टसत्यः प्रसादितः ।
शान्तिश्रियं तमाचार्यं समभ्यर्च्य यथाविधि ॥ २१९ ॥
नत्वाष्टांङ्गैः प्रसान्नात्मा कृत्वा प्रदक्षिणानि च ।
कृताञ्जलिपुटः पश्यन् प्रार्थयच्चैवमादरात् ॥ २२० ॥
भो भगवन् महाचार्य भवद्धर्मानुभावतः ।
सर्वोत्पातं शमीभूतं सुवृष्टिः संप्रवर्तते ॥ २२१ ॥
तदत्र सर्वदा नूनं निरुत्पातं समन्ततः ।
धर्मश्रीमंगलोत्साहं भवदेव निरन्तरम् ॥ २२२ ॥
एवं सदा कृपा दृष्ट्या संपश्यन् विषमे मम ।
निरुत्पातं[403] शुभोत्साहं कर्तुमर्हति सर्वथा ॥ २२३ ॥
साम्प्रतं सफलं जन्म संसारजीवितं च मे ।
यल्लोकाश्च सुखीभूताः संचरन्ते सदा शुभे ॥ २२४ ॥
तदहं साम्प्रतं शास्तर्भवदाज्ञां शिरोवहन् ।
स्वराज्याश्रममाश्रित्य चरेयं पालयञ्जगत् ॥ २२५ ॥
तन्मेऽनुग्रहमाधाय कृपया संप्रसादितः ।
संबोधिसाधने चित्तं सुस्थितिं कर्तुमर्हति ॥ २२६ ॥
इति विज्ञाप्य भूपालस्तस्य शास्तुः पदाम्बुजे ।
नत्वानुज्ञां समासाद्य महोत्साहैः पुरं ययौ ॥ २२७ ॥
तत्र स नृप आश्रित्य समन्त्रिसचिवो मुदा ।
बोधिचर्याव्रतं धृत्वा तस्थौ कुर्वन् सदा शुभम् ॥ २२८ ॥

इति श्रीस्वयंभूचैत्याश्रमनामसाधनसुवृष्टिचारणो नामाष्टमोऽध्यायः समाप्तः ।

---

402 ततोऽपि इति कपाठः ।

403 कदोत्पातम् इति खपाठः ।

अथ नवमोऽध्यायः

अथ मैत्रेय आलोक्य समुत्थाय कृताञ्जलिः।
भगवन्तं तमानम्य प्रार्थयच्चैवमादरात्॥ १॥
कदा शान्तिकरो[404] नाम तस्याभवत् कथं पुनः।
तद्धेतुं श्रोतुमिच्छामि समुपादेष्टुमर्हति॥ २॥
इति संप्रार्थिते तेन मैत्रेयेण स सर्ववित्[405]।
भगवान् तं महासत्त्वं सम्पश्यन्नेवमादिशत्॥ ३॥
शृणु मैत्रेय वक्ष्यामि शान्तश्रियो महद्गुणान्।
सद्धर्मसाधनोत्साहान् भद्रश्रीसद्गुणार्थदान्॥ ४॥
योऽसौ राजा महासत्त्वः सद्धर्मगुणलालसः।
त्यक्त्वा कामसुखं राज्यं तीर्थयात्रामुपाचरत्॥ ५॥
स सर्वेष्वपि तीर्थेषु स्नात्वा दानं विधाय[406] च।
त्रिसमाधिसमाधाय संचरन् पोषधं व्रतम्॥ ६॥
एवं सर्वेषु पीठेषु भ्रमन् सद्धर्ममानसः।
योगचर्याव्रतं धृत्वा प्रचचार समाहितः[407]॥ ७॥
पुण्यक्षेत्रेषु सर्वेषु भ्रमन्नेवमिहागतः।
दृष्ट्वैमं मण्डलं रम्यं विस्मितं समुपाययौ॥ ८॥
अत्रैमं दूरतो दृष्ट्वा धर्मधातु[408] जिनालयम्।
मुदाष्टाङ्गैः प्रणम्याशु संद्रष्टुं समुपाययौ॥ ९॥
समेत्य स महासत्त्वो ज्योतिरूपं जिनालयम्।
धर्मधातुमिमं दृष्ट्वा प्रणम्य समुपाश्रयत्॥ १०॥
ततः सम्मुदितो राजा नेपालेऽत्र मनोरमे।

---

404 शान्तिकृतो इति खपाठः।
405 सर्वज्ञते इति घपाठः।
406 कृत्वेति इति खपाठः।
407 महाकृते इति कपाठः।
408 खगेश्वरम् इति गपाठः।

सर्वत्रापि च संद्रष्टुं प्रचचार विलोकयन् ॥ ११ ॥
तेषु सर्वेषु तीर्थेषु स्नात्वा दत्वा यथेप्सितम् ।
यथाविधि समाधाय व्रतं चचार योगतः ॥ १२ ॥
ततोऽष्टौ वीतरागाँश्च दृष्ट्वा स संप्रमोदितः ।
यथाविधि[409] समाराध्य समभ्यर्च्य सदाभजत् ॥ १३ ॥
ततश्चासौ महादेवीं खगाननां महेश्वरीम् ।
यथाविधि समाराध्य समभ्यर्च्याभजन्मुदा ॥ १४ ॥
ततो मञ्जुश्रियश्चैत्यं समीक्ष्य तं प्रमोदितः।
यथाविधि समभ्यर्च्य प्राभजत् समुपस्थितः ॥ १५ ॥
ततश्चैतत्महत्पुण्यैः शान्तिश्रीशुभितेन्द्रियः[410] ।
प्रवज्या-संवरं धृत्वा ब्रह्मचारी बभूव सः ॥ १६ ॥
यत्तस्य सुप्रशान्तश्री-शोभितानीन्द्रियानि षट् ।
तस्य नाम प्रसिद्धं च शान्तश्रीरित्यभूद्यतः ॥ १७ ॥
ततोऽसौ सन्मतिर्विज्ञो बोधिसत्त्वो जगद्धिते[411] ।
वज्रचर्याव्रतं गृह्य प्रचचार समाहितः ॥ १८ ॥
ततश्च शिलयाच्छाद्य धर्मधातुमिमं जिनम् ।
इष्टिकाभिर्महत्स्तूपं विधाय समगोपयत् ॥ १९ ॥
ततः पंचपुरेष्वत्र स्थापिताः पञ्जदेवताः ।
मञ्जुश्रियमिदं चैत्यमनेन च महत्कृतम् ॥ २० ॥
एवं कृत्वात्र कार्याणि सर्वाणि स महापतिः ।
बोधिसत्त्वो महाभिज्ञः प्रचचार जगद्धिते ॥ २१ ॥
ततश्चात्र महत्पातं शमीकृत्य समंततः ।
भद्रश्रीमङ्गलोत्साहो स शान्तश्रीः सदाव्यधात् ॥ २२ ॥
ततश्चासौ महाभिज्ञो दुर्वृष्टिः परिवर्तते ।
नागराजान् समाराध्य सुवृष्टिं समचारयत् ॥ २३ ॥
एवं स त्रिगुणाभिज्ञो महोत्पातप्रशान्तिकृत् ।
शुभंकरः सदा तेन शान्तिकर इति स्मृतः[412] ॥ २४ ॥
ईदृग्मन्त्री महाभिज्ञो वज्राचार्यो महामतिः ।
समृद्धिसिद्धिसंपन्नो न भूतो न भविष्यति ॥ २५ ॥
एवं विधाय सर्वज्ञो निरुत्पातं शुभोत्सवम् ।
बोधिसत्त्वः स शान्तश्रीस्त्रैलोक्यमहितोभवत् ॥ २६ ॥
एवमस्य महत्पुण्यं भद्रश्रीगुणसाधनम् ।

---

409 सुष्टु विद्ये इति खपाठः ।
410 शुभकामता इति घपाठः ।
411 जगत्कृति इति खपाठः ।
412 कृत इति कपाठः ।

विज्ञाय शरणं गत्वा सेवितव्यं शुभार्थिभिः[413] ॥ २७ ॥
विज्ञाय शरणं गत्वा श्रद्धया समुपाश्रिताः ।
यथाविधि समाराध्य भजेयुः सर्वदा मुदा ॥ २८ ॥
ते सर्वे विमलात्मानो निःक्लेशा विजितेन्द्रियाः ।
भद्रश्रीगुणसंपत्तिं सर्द्धिसिद्धिं समाययुः ॥ २९ ॥
ते च तस्य सदा स्मृत्वा ध्यात्वापि च समाहितः ।
नामापि च समुच्चार्य भजेयुः श्रद्धया[414] सदा ॥ ३० ॥
तेऽपि सर्वे विकल्माषाः परिशुद्धत्रिमण्डलाः ।
सद्गुणश्रीसमापन्ना भवेयुर्बोधिचारिणः ॥ ३१ ॥
इत्येवं तन्महत्पुण्यं विज्ञाय तद्गुणार्थिनः ।
तस्यैव शरणं गत्वा भजन्तु ते सदा मुदा ॥ ३२ ॥
इत्यादिष्टं मुनीन्द्रेण सर्वेऽपि ते सभाश्रिताः ।
लोकास्तथेति विज्ञाप्य प्राभ्यनन्दत् प्रबोधिताः ॥ ३३ ॥
एवमसौ महासत्त्वो भद्रश्रीसद्गुणार्थभृत् ।
सर्वसत्त्वहितं कृत्वा संतस्थे सुचिरं[415] तथा ॥ ३४ ॥
ततः काले गते राजा वृद्धोऽभूज्जीर्णितेन्द्रियः ।
निःक्लेशो विरतारागो ध्यात्वैवं समचिन्तयत् ॥ ३५ ॥
अहं वृद्धोऽतिजीर्णाङ्गः स्थास्याम्येवं कियच्चरम् ।
अवश्यं दैवयोगेन यास्यामि मरणं ध्रुवम् ॥ ३६ ॥
तदत्राहं स्वपुत्राय यूने लोकानुपालने ।
साभिषेकमिदं राज्यं दातुमर्हामि साम्प्रतम् ॥ ३७ ॥
इति ध्यात्वा स भूपालो नरेन्द्रदेवमात्मजम् ।
अभिषिच्य नृपं कृत्वा बोधयन्नेवमादिश ॥ ३८ ॥
राजन् ! पुत्र ! समाधाय धर्मनीत्या समाचरन् ।
त्रिरत्नभजनं कृत्वा संचरस्व सदा शुभे ॥ ३९ ॥
अद्यारभ्यासि सर्वेषां लोकानामधिपः प्रभुः[416] ।
सर्वधर्मानुशास्ता च सर्वसत्त्वहितार्थभृत् ॥ ४० ॥
तदत्र सकलान् लोकान् धर्मनीत्यानुपालयन् ।
त्रिरत्नभजनं कृत्वा संचरस्व सदा शुभे ॥ ४१ ॥
इत्यनुशास्य तं पुत्रं पिता स भवनिस्पृहः ।
सर्वपरिग्रहान् त्यक्त्वा वानप्रस्थं समाश्रयत्[417] ॥ ४२ ॥

---

413 शुभं करं इति खपाठः ।
414 भार्यया इति खपाठः ।
415 सुपूर्वम् इति गपाठः ।
416 गुरुः इति गपाठः ।
417 समाधिहि इति कपाठः ।

तत्रस्थोऽसौ महाभिज्ञः परिशुद्धत्रिमण्डलः[418] ।
समाधिनिहितः स्वान्तः संचरे ब्रह्मसंवरम् ॥ ४३ ॥
ततः काले गते मृत्युसमये स समाहितः ।
त्रिरत्नं संस्मरन् त्यक्त्वा देहं ययौ सुखावतीम् ॥ ४४ ॥
ततः स नृपती राजा नरेन्द्रदेव इन्द्रवत् ।
संबोधयन् प्रयत्नेन सर्वान् लोकानपालयत् ॥ ४५ ॥
सोऽपि राजा विशुद्धात्मा सद्धर्मगुणलालसः ।
शान्तिकरं तमाचार्यं समेत्य शरणं ययौ ॥ ४६ ॥
तत्र स समुपाश्रित्य शास्तुराज्ञां शिरोवहन्[419] ।
त्रिरत्नभजनं कृत्वा प्राचरत् सर्वदा शुभे ॥ ४७ ॥
सदा सर्वेषु तीर्थेषु स्नानं कृत्वा यथाविधि ।
पितृभ्यः प्रददौ पिण्डमर्थिभ्योऽपि यथेप्सितम् ॥ ४८ ॥
तथाष्टौ वीतरागाँश्च क्षेत्रलोकाधिपानपि ।
यथाविधि समाराध्य समर्चयेत् स पर्वसु ॥ ४९ ॥
तथा च श्रीमहादेवीं खगाननां यथाविधि ।
समाराध्य समभ्यर्च्य महोत्साहैर्मुदाभजत् ॥ ५० ॥
तथा मञ्जुश्रियश्चैत्ये पूच्छाग्रेऽस्मिन्नुपाश्रयत् ।
यथाविधि समाराध्य समभ्यर्च्याभजत् सदा ॥ ५१ ॥
तथा वायुपुरे वायुदेवताः सगणा अपि[420] ।
यथाविधि समाराध्य समभ्यर्च्याभजत् सदा ॥ ५२ ॥
तथा वह्निपुरे वह्निदेवाताः सगणा अपि ।
यथाविधि समाराध्य समभ्यर्च्याभजत् सदा ॥ ५३ ॥
तथा नागपुरे नागदेवताः सगणा अपि ।
यथाविधि समाराध्य समभ्यर्च्याभजत् सदा ॥ ५४ ॥
तथा वसुपुरे देवीं वसुन्धारां समण्डलाम्[421] ।
यथाविधि समाराध्य समभ्यर्च्यासदाभजत् ॥ ५५ ॥
तथा शान्तिपुरे श्रीमत्सम्वरं सगणं जिनम् ।
यथाविधि समाराध्य समभ्यर्च्य सदाभजत् ॥ ५६ ॥
तथा तस्य धर्मधातोः नरेन्द्रः समुपाश्रितः ।
यथाविधि समाराध्य प्राभजत् सर्वदार्चयन् ॥ ५७ ॥
एवं स नृपती राजा सद्धर्मगुणलालसः ।
त्रिरत्नभजनं कृत्वा संप्राचरत् सदा शुभे ॥ ५८ ॥
एवं स नृप एतेषु तीर्थयात्रादिकर्मसु ।

---

418 त्रिधातुकः इति कपाठः ।

419 सुधावहा इति कपाठः ।

420 सलाजा अपि इति खपाठः ।

421 सभाकृते इति गपाठः ।

बोधयित्वा प्रयत्नेन सर्वान् लोकान् यथाजयत्[422] ॥ ५९ ॥
तथा सर्वेऽपि ते लोका धृत्वा नृपानुशासनम्[423] ।
एतेषु तीर्थयात्रादिकर्मसु संप्रचेरिरे ॥ ६० ॥
तथाष्टौ वीतरागांश्च देवीं खगाननामपि ।
पञ्चैता देवताश्चापि चैत्यं मञ्जुश्रियोऽपि च ॥ ६१ ॥
जगदीशं जगन्नाथं धर्मधातुं जिनालयम्[424] ।
यथाविधि समभ्यर्च्य प्राभजन् ते सदा मुदा ॥ ६२ ॥
एतद्धर्मानुभावेन सर्वदात्र सुमङ्गलम् ।
निरुत्पातं महोत्साहं प्रावर्तत समन्ततः ॥ ६३ ॥
एवं स नृपती राजा नरेन्द्रदेव आत्मनः[425] ।
बोधिचर्याव्रतं धृत्वा संप्राचरद् जगद्धिते ॥ ६४ ॥
पुरानपि तथा सर्वान् लोकान् यत्नेन बोधयन् ।
बोधिमार्गे समायुज्य प्राचारयज्जगद्धिते ॥ ६५ ॥
एवं स इन्द्रवद् राजा बोधिसत्त्वो जगत्प्रभुः[426] ।
सर्वसत्त्वहितं कृत्वा तस्थौ चिरं शुभे रमन् ॥ ६६ ॥
ततः श्रीमान् स आचार्यः शान्तिकरो महर्द्धिकः ।
कृतकृत्यः प्रबुद्धोऽपि निर्वातुं नाभिवाञ्छति ॥ ६७ ॥
सर्वसत्त्वहिताकांक्षी शान्तिपुराग्रसंस्थिते ।
ध्यानागारे महाचैत्ये योजनैकप्रमाणिके ॥ ६८ ॥
आरोप्य श्रीमहाज्वाले चिन्तमणिमहाध्वजम् ।
स प्राज्ञः स महासत्त्वो बोधिसत्त्वो जिनात्मजः ॥ ६९ ॥
समाधिधारणीविद्यायोगध्यानसमाहितः ।
सम्बोधिप्रणिधिं धृत्वा तस्थौ निश्चलमानसः ॥ ७० ॥
यदा सद्धर्महीनेऽत्र लोकपंचकषायिते ।
तदोत्थाय समाधेः स सद्धर्मं देशयिष्यति ॥ ७१ ॥
यदा यदात्र सन्मित्रः शास्ता विद्याधिपो न हि ।
तदा तदा स सन्मित्रः शास्ता विद्याधिपोऽभवेत् ॥ ७२ ॥
सर्वान् लोकान् प्रयत्नेन निवार्य पापमार्गतः ।
बोधिमार्गे प्रतिष्ठाप्य चारयिष्यति धर्मकम् ॥ ७३ ॥
एवं ध्यात्वा स आचार्यः शान्तिकरः समाधिभृत् ।
सर्वसत्त्वहितार्थेन तस्थौ योगसमाहितः ॥ ७४ ॥
एवं स त्रिगुणाचार्यः सर्वसत्त्वहितार्थभृत् ।
बोधिसत्त्वमहाभिज्ञः तिष्ठतेऽत्र जगद्धिते ॥ ७५ ॥

---

422 यथाकृतम् इति खपाठः ।
423 याचनम् इति गपाठः ।
424 जिनेश्वरी इति घपाठः ।
425 आत्मजा इति गपाठः ।
426 जगत्कृते इति खपाठः ।

ये तस्य शरणं गत्वा स्मृत्वा ध्यात्वा समादरात्[427] ।
नामापि च समुच्चार्य भजन्ति श्रद्धया सदा ॥ ७६ ॥
तेऽपि सर्वे महाभिज्ञा बोधिसत्त्वा विचक्षणाः ।
भद्रश्रीगुणसंपन्ना भविष्यन्ति सदा भवे ॥ ७७ ॥
ततस्ते विमलात्मानश्चतुर्ब्रह्मविहारिणः ।
बोधिचर्याव्रतं धृत्वा चरिष्यन्ति जगद्धिते ॥ ७८ ॥
ततस्ते बोधिसंभारं पूरयित्वा यथाक्रमम् ।
अर्हन्तो बोधिमासाद्य प्राप्स्यन्ति सौगतं पदम् ॥ ७९ ॥
ये च तद्गुणमाहात्म्यं शृण्वन्ति श्रद्धया मुदा ।
तेऽपि तद्गुणसंपत्ति-संसिद्धिं समवाप्नुयुः ॥ ८० ॥
इति विज्ञाय वाञ्छन्ति ये तस्य गुणसंपदः ।
ते तु सद्गुणमाहात्म्यं श्रोतुमर्हन्ति सादरम् ॥ ८१ ॥
इत्यादिष्टं मुनीन्द्रेण श्रुत्वा सर्वसभाश्रिताः ।
लोकास्तथेति संश्रुत्य प्राभ्यनन्दन् प्रबोधिताः ॥ ८२ ॥

इति श्रीमहाचार्यशान्तिकरगुणसंसिद्धिमाहात्म्यानुभावप्रकथनप्रवृत्तो नवमोऽध्यायः सम्पूर्णः ।

---

427 समाचर इति खपाठः ।

अथ दशमोऽध्यायः

अथासौ भगवान् भूयो मैत्रेयं तं महामतिम् ।
समालोक्य[428] सभां चापि समामन्त्र्यैवमादिशत् ॥ १ ॥
शृणु मैत्रेय वक्ष्यामि मञ्जुश्रियो जगद्गुरोः ।
सद्धर्मगुणमाहात्म्यं संबोधिज्ञानदायकम्[429] ॥ २ ॥
यदियं भिक्षुणी चूडा सुशीला ब्रह्मचारिणी ।
इदं मञ्जुश्रियश्चैत्यं श्रद्धया समुपाश्रिता ॥ ३ ॥
शुद्धोत्पलस्रजा नित्यं समभ्यर्च्य यथाविधि ।
स्मृत्वा ध्यात्वा समाराध्य सभक्त्या श्रद्धया सदा ॥ ४ ॥
आद्यां चले चुले वन्दे स्वाहेति नवमाक्षरम्[430] ।
धारणीं परमां विद्यां पठन्ती भजने सदा ॥ ५ ॥
एतत्पुण्यानुभावेन चुडेयं भिक्षुणी सती ।
पंचाभिज्ञावती वर्षैर्द्वादशभिर्भवेद् ध्रुवम् ॥ ६ ॥
ततश्चेयं महाभिज्ञा श्रीसमृद्धिगुणाश्रया ।
सर्वसत्त्वहितं कृत्वा प्रचरेद् बोधिसंवरम् ॥ ७ ॥
ततोऽर्हन्ती महाप्राज्ञा परिशुद्धत्रिमण्डला ।
त्रिविधा[431] बोधिमासाद्य संबुद्धपदमाप्स्यति ॥ ८ ॥
एवमन्येपि लोकाश्च चैत्यमञ्जुश्रियः स्थले ।
पठन्ति धारणीमेनां भजन्ति श्रद्धया सदा ॥ ९ ॥
तेऽपि सर्वे विकल्माषाः परिशुद्धत्रिमंडलाः ।
भद्रश्रीसद्गुणाधारा बोधिसत्त्वा जितेन्द्रियाः ॥ १० ॥
पञ्चाभिज्ञपदप्राप्ताश्चतुर्ब्रह्मविहारिणः ।
सर्वतत्त्वहिताधारा चरेयुर्बोधिसम्वरम् ॥ ११ ॥
ततस्ते बोधिसंभारं पूरयित्वा[432] यथाक्रमम् ।
जित्वा मारगणान् सर्वान् निःक्लेशा विमलेन्द्रियाः ॥ १२ ॥
अर्हन्तोऽपि महाभिज्ञाः संबोधिसाधनारताः ।
त्रिविधां बोधिमासाद्य संबुद्धपदमाप्नुयुः ॥ १३ ॥
यूयमपीति मत्वात्र चैत्यं मञ्जुश्रियस्तथा ।
पठन्तो[433] धारणीमेनां भजध्वं बोधिमानसाः ॥ १४ ॥
एतत्पुण्याभिलिप्ता हि परिशुद्धत्रिमण्डलाः ।
यूयमपि तथा सर्वे भवेयुः सुगतात्मजाः ॥ १५ ॥
बोधिसत्त्वा महासत्त्वा भद्रश्रीसद्गुणाश्रयाः ।

---

428 सभालाक्य इति कपाठः ।
429 ज्ञानजननम् इति कपाठः ।
430 दशमाक्षरे इति घपाठः ।
431 ततोऽत्र इति खपाठः ।
432 पर्यन्त इति घपाठः ।
433 पठ्यन्ते इति कपाठः ।

महाभिज्ञा जगन्नाथा भवेयुर्भद्रचारिणः ॥ १६ ॥
ततः संबोधिसंभारं पूरयित्वा यथाक्रमम् ।
जित्वा मारगणान् सर्वान् चतुर्ब्रह्मविहारिणः ॥ १७ ॥
अर्हन्त[434]स्त्रिविधां बोधिं प्राप्य बुद्धा भविष्यथ ।
इति सत्यं परिज्ञाय यदि संबोधिमिच्छथ ॥ १८ ॥
एतन्[435] मञ्जुश्रियश्चैत्यं भजध्वं सर्वदा मुदा ।
इत्यादिष्टं मुनीन्द्रेण निशम्य ते ससांघिकाः ॥ १९ ॥
सर्वलोकास्तथेत्युक्त्वा प्राभ्यनन्दन् प्रबोधिताः ।
ततः सर्वेऽपि ते लोका ब्रह्मशक्रादयोऽमराः ॥ २० ॥
सर्वे लोकाधिपाश्चापि सार्द्धं परिजनैर्मुदा ।
भगवन्तं मुनीन्द्रं तं ससंघसंप्रसादिताः ॥ २१ ॥
नत्वा प्रदक्षिणीकृत्य स्वस्वालयं मुदा ययुः ।
सर्वे मर्त्या नृपाद्याश्च समन्त्रिजनपौरिकाः ॥ २२ ॥
ससांघिकं मुनीन्द्रं तं नत्वा स्वस्वालयं ययुः ।
हारीति यक्षिणी सापि सात्मजा बौद्धरक्षिणी ।
गता सापि च तत्सर्वं स्वीकृत्यैव मुदा तदा ॥ २३ ॥
त्रिरत्नभजनं कृत्वा धर्मधातोरुपाश्रयात् ।
ततः स[436] भगवांश्चापि समुत्थाय ससांघिकः ।
प्रभासयञ्जगद्भासैर्जटोद्यानश्रमं ययौ ॥ २४ ॥
ततः परञ्च भगवान् लोककल्याण–मानसः ।
तायित्वात् त्रिजगन्नाथो विहारं सह सांघिकैः ।
सद्धर्मं समुपादिश्य विजहार जगद्धिते ॥ २५ ॥
इति मे गुरुणादिष्टं श्रुतं मया तथोच्यते ।
श्रुत्वाप्येतन्महाराज ! श्रद्धयाभ्यनुमोदय ॥ २६ ॥
इति शास्त्रार्हतादिष्टं निशम्य स नराधिपः[437] ।

---

434 बुद्धा तथेति इति खपाठः ।
435 नत्वैनम् इति घपाठः ।
436 तत्र सर्बा इति गपाठः ।
437 कृपया इति खपाठः ।

प्रसादितं तमर्हन्तं नत्वा प्राहैवमादरात् ॥ २७ ॥
भदन्तोऽहं समिच्छामि संद्रष्टुं तं स्वयंभुवम् ।
तन्नेपालं प्रगच्छामि तदनुज्ञां प्रदेहि मे[438] ॥ २८ ॥
इति संप्रार्थितं राज्ञा श्रुत्वा सोर्हन्यतिर्मुदा ।
नृपतिं तं महासत्त्वं संपश्यन्नेवमादिशत् ॥ २९ ॥
साधु राजन् ! समिच्छा ते यद्यस्ति तं स्वयम्भूवम् ।
द्रष्टुं गच्छ समाराध्य भज श्रद्धासमन्वितः ॥ ३० ॥
सर्वतीर्थेषु च स्नात्वा दत्वा दानं यथेप्सितम् ।
वीतरागाान् समाराध्य समभ्यर्च्य समाादरात् ॥३१॥
धर्मोदयां महादेवीं खगाननां जिनेश्वरीम् ।
श्रद्धया समुपाश्रित्य समभ्यर्च्य भजादरात् ॥ ३२ ॥
पञ्चपुरस्थिताः पञ्च देवताश्च यथाविधि[439] ।
समाराध्य समभ्यर्च्य भज भक्त्या समादरात् ॥ ३३ ॥
मञ्जुदेवस्य चैत्यं च समालोक्य यथाविधि ।
समाराध्य समभ्यर्च्य भजैनां धारणीं पठन् ॥ ३४ ॥
आचार्यं च गुहासीनं समाधिध्यानसंस्थितम् ।
ध्यात्वाराध्य समभ्यर्च्य नत्वा भज समादरात् ॥ ३५ ॥
एवमन्यान् महासत्त्वान् धर्मधातोरुपासकान् ।
सर्वानपि समाराध्य समभ्यर्च्य समादरात् ॥ ३६ ॥
एतत्पुण्यविशुद्धात्मा भद्रश्रीसद्गुणाश्रयः ।
बोधिसत्त्वो महासत्त्वो जगद्भर्ता भवेदपि[440] ॥ ३७ ॥
ततः संबोधिसंभारं पूरयित्वा यथाक्रमम् ।
अर्हन् सम्बोधिमासाद्य संबुद्धपदमाप्स्यसि ॥ ३८ ॥
इति सत्यं परिज्ञाय संबोधिं यदि वाच्छसि ।
प्राप्स्यसि तन् महत्सौख्यं धर्मधातोः प्रसादतः ॥ ३९ ॥
गत्वा तत्र महोत्साहैर्धर्मधातुं विलोक्य तम् ।

---

438 ददस्वतु इति कपाठः ।
439 तथेतितम् इति खपाठः ।
440 भवेष्व च इति कपाठः ।

यथाविधि समाराध्य भजस्व समुपाश्रितः ॥ ४० ॥
गच्छ ते मङ्गलं भूयात् सिध्यतु ते समीहितम् ।
यथेच्छया समालोक्य समायाहि प्रमोदितः ॥ ४१ ॥
इति शास्त्रा[441] समादिष्टं श्रुत्वा स नृपतिर्मुदा ।
तं गुरुं साञ्जलिर्नत्वा प्राप्यानुज्ञामनन्दत ॥ ४२ ॥
ततः स नृपती राजा समन्त्रिजनपौरिकाः ।
राजर्द्धि[442]-मंगलोत्साहैः संप्रस्थितोऽत्र मुदाचरत् ॥ ४३ ॥
तत्र मार्गे स राजेन्द्रः सर्वान् लोकान् प्रसादयन् ।
महोत्साहैश्चरन्नाशु नेपालं समुपाययौ ॥ ४४ ॥
तत्र प्राप्तः समालोक्य दूरात् तं श्रीस्वयम्भुवम् ।
साञ्जलिः प्रणतिं कृत्वा प्रमनाः सहसाचरत् ॥ ४५ ॥
तत्र सर्वत्र संवीक्ष्य शुभोत्साहप्रवर्तितम् ।
विस्मयानन्दितान् सर्वान् नृपतिः समुपासरेत् ॥ ४६ ॥
तत्र सर्वेषु तीर्थेषु क्रमेण स नराधिपः ।
स्नात्वार्थिभ्यो यथाकामं ददौ दानं चरन् व्रतम् ॥ ४७ ॥
ततोऽष्टौ वीतरागान् स नृपतिर्वीक्ष्य हर्षितः ।
यथाविधि समाराध्य भजत्यर्च्य यथाविधिः ॥ ४८ ॥
ततो मुदाचरन् वीक्ष्य धर्मधातुं जिनालयम् ।
यथाविधि समाराध्य समभ्यर्च्याभजत् क्रमात् ॥ ४९ ॥
ततो वायुपुरे वायुदेवतां सगणां मुदा ।
यथाविधि समाराध्य समभ्यर्च्य भजत् क्रमात् ॥ ५० ॥
ततश्चाग्निपुरे वह्निदेवतां सगणामपि ।
यथाविधि समाराध्य संपूज्याभजदादरात् ॥ ५१ ॥
ततो नागपुरे नागदेवताः सगणा अपि ।
यथाविधि समाराध्य समभ्यर्च्य मुदाभजत् ॥ ५२ ॥
ततो वसुपुरे देवीं सगणां श्रीवसुन्धराम्[443] ।
यथाविधि समाराध्य भजत्यर्च्य समादरात् ॥ ५३ ॥
ततः शान्तिपुरे श्रीमत्सम्वरं सगणं तथा ।
यथाविधि समाराध्य समभ्यर्च्य मुदाभजत् ॥ ५४ ॥
ततः शान्तिकराचार्यं समाधिध्यानसंस्थितम् ।
ध्यात्वाराध्य समभ्यर्च्य प्राभजत् संप्रमोदितः ॥ ५५ ॥
ततो धर्मोदयां देवीं खगाननां महेश्वरीम्[444] ।
यथाविधि समाराध्य समभ्यर्च्य मुदाभजत् ॥ ५६ ॥

---

441 गुर्वा इति कपाठः ।
442 राज्येन इति गपाठः ।
443 श्रीधुरेणे इति घपाठः ।
444 विनायकीम् इति खपाठः ।

सम्बुद्धं पुण्डरीकाक्षं सर्वज्ञ-करुणास्पदम्।
समन्तभद्र-शास्तारं शाक्यसिंहं नमाम्यहम्॥ ५७॥
श्रीघनं श्रीगुरुं श्रेष्ठं शीलराशिं शिवंकरम्।
श्रीमन्तं श्रीकरं शान्तं शान्तिमूर्तिं नमाम्यहम्॥ ५८॥
नैरात्मवादिनं सिंहं निरवद्यनिराश्रवम्।
नीतिज्ञं निर्मलात्मानं निष्कलंकं नमाम्यहम्॥ ५९॥
निर्द्वन्द्वं निरहंकारं निर्विकल्पं तथागतम्[445]।
निर्धूतनिखिलक्लेशं निष्प्रपञ्चं नमाम्यहम्॥ ६०॥
विश्वेश्वरं विशेषं तं विश्वरूपं विनायकम्।
विश्वलक्षणसंपूर्णं वीतरागं नमाम्यहम्॥ ६१॥
विद्यावरेण सम्पन्नं विश्वेशं विमलप्रभम्।
विनीतवेगं विमलं वीतमोहं नमाम्यहम्[446]॥ ६२॥
दुर्दान्तदमकं शान्तं शुद्धं पञ्चजिनालयम्।
सुगतिं सुश्रुतं शुभ्रकीर्तिं चापि नमाम्यहं मुदा॥ ६३॥
योगीश्वरं दशबलं लोकज्ञं लोकपूजितम्।
लोकाचार्यं लोकमूर्तिं लोकनाथं नमाम्यहम्॥ ६४॥
कलंकमुक्ति[447] कामारिं सकलैकं कलाधरम्।
कान्तमूर्तिं दयापात्रं कनकाभं नमाम्यहम्॥ ६५॥
ततो मञ्जुश्रियश्चैत्यं धर्मधातुमुपाश्रयन्।
यथाविधि समाराध्य समभ्यर्च्यानतोऽभजत्॥ ६६॥
ततो मुदा चरन् वीक्ष्य धर्मधातुं जिनालयम्।
यथाविधि समाराध्य समभ्यर्च्याभजन् मुदा॥ ६७॥
भक्त्या परमयास्तौषीज्जिनालयं स्वयंभुवम्।
ज्योतीरूपाय चैतन्यरूपाय भवते नमः॥ ६८॥
मुरादिनिधनाय श्रीदात्रे प्रणवरूपिणे।
विश्वतोमुखरूपाय भक्तवत्सल! ते नमः॥ ६९॥
पृथ्व्यादिभूतनिर्मात्रे जगद्वन्द्याय ते नमः।
जगत्स्रष्टे जगत्पात्रे जगद्धर्त्रे नमो नमः॥ ७०॥
ध्यानगम्याय ध्येयाय चर्तुवर्गप्रदायिने।
एवं स्तुत्वा ह्यशोकः स पुनः क्षमापनं व्यधात्॥ ७१॥
एवं स नृपतिः सर्वान् धर्मधातोरुपासकान्।
महासत्त्वान्[448] समभ्यर्च्य सत्कृत्य समतोषयत्॥ ७२॥
एवं स नृपराजः श्रीधर्मधातोरुपाश्रितः।

---

445 महोत्सवम् इति कपाठः।
446 प्रनमामि इति घपाठः।
447 कङ्कालिमूर्ति इति कपाठः।
448 बुधानेति इति खपाठः।

त्रिरत्नभजनं कृत्वा प्राचरद् बोधिसम्बरम् ॥ ७३ ॥
ततः स नन्दितो राजा समन्त्रिजनपौरिकः ।
नन्वा प्रदक्षिणीकृत्य धर्मधातुं मुदाचरत् ॥ ७४ ॥
ततश्चरन् स भूमीन्द्रो महोत्साहैः प्रमोदितः ।
सहसा पुरमासाद्य विहारं समुपाचरत् ॥ ७५ ॥
तत्रोपेत्य तमर्हन्तमुपगुप्तं ससांघिकम् ।
समीक्ष्य[449] साञ्जलिर्नत्वा सभैकान्तं समाश्रयत् ॥ ७६ ॥
तं समायातमालोक्य सोऽर्हन् शास्ता प्रसन्नदृक् ।
स्वागतं कुशलं कच्चिन्नृपतिं पर्यपृच्छत ॥ ७७ ॥
तच्छ्रुत्वा स महीपालः शास्तारं तं कृताञ्जलिः ।
प्रणत्वा सुप्रसन्नाश्यः संपश्यन्नेवमब्रवीत् ॥ ७८ ॥
समागतोस्म्यहं शास्तर्भवत्कृपानुभावतः ।
कुशलं मे कथं न स्यात् सर्वत्रापि सदापि हि ॥ ७९ ॥
भवत्कृपानुभावेन नेपालेऽहं मुदाचरन् ।
दृष्ट्वा सर्वेषु तीर्थेषु स्नात्वा दानं यथेप्सितम्[450] ॥ ८० ॥
तथाष्टौ वीररागाँश्च समालोक्य प्रमोदितः ।
यथाविधि समाराध्य समभ्यर्च्य जिनं क्रमात् ॥ ८१ ॥
ततः समीक्ष्य तं श्रीमद्धर्मधातुं स्वयंभुवम् ।
यथाविधि समाराध्य समभ्यर्च्याभजन् मुदा ॥ ८२ ॥
ततो वायुपुरे वायुदेवताभ्यर्च्चिता मया ।
ततश्चाग्निपुरे वह्निर्देवतापि मयार्चिता ॥ ८३ ॥
तथा नागपुरे नागराजाश्चापि मयार्च्चितः ।
तथा वसुपुरे देवी वसुन्धरा समर्चिता ॥ ८४ ॥
ततः शान्तिपुरे श्रीमत्सम्वरश्च समर्चितः ।
ततः शान्तिकराचार्यः समालोक्य मयार्चितः[451] ॥ ८५ ॥
देवीखगानना चापि समाराध्य समर्चिता ।
मञ्जुदेवस्य चैत्यं च यथाविधि समर्चितम् ॥ ८६ ॥
एवं भदन्त ! तत्रोपच्छन्दोहे पुण्यभूतले ।
यथाविधि समाराध्य सर्वदेवा मयार्चिताः ॥ ८७ ॥
एतत्पुण्यं मया लब्धं भवत्कृपानुभावतः ।
तदत्र जन्मसाफल्यं जीवितं चापि मेऽधुना ॥ ८८ ॥
तथात्र[452] सर्वदा शास्त ! धर्मधातुं जिनालयम् ।
स्मृत्वा नाम समुच्चार्य ध्यात्वा भजेयमाभवम् ॥ ८९ ॥

---

449 प्रह्लाय इति कपाठः ।
450 यथोत्तरम् इति घपाठः ।
451 निगद्यता इति खपाठः ।
452 एहि शास्तृ इति गपाठः ।

इति राज्ञा समाख्यातं श्रुत्वा सोऽर्हन् प्रसादितः।
नृपतिं तं समालोक्य पुनरेवं समादिशत्॥ ९०॥
धन्योऽसि यन्महाराज ! धर्मधातुं जिनालयम्।
स्मृत्वा ध्यात्वापि संभक्तिमिच्छसेऽत्र सदा भज॥ ९१॥
एतत्पुण्यविशुद्धात्मा भद्रश्रीसद्गुणाश्रयः।
बोधिसत्त्वो महासत्त्वः सर्वधर्माधिपो भवेः॥ ९२॥
ततः संबोधिसंभारं पूरयित्वा यथाक्रमम्।
अर्हन् स्त्रिबोधिमासाद्य ध्रुवं बुद्धपद[453] लभे॥ ९३॥
समुत्पत्तिकथां तस्य धर्मधातोः स्वयंभुवः।
श्रुत्वापि यन्महत्पुण्यं संबोधिसाधनं लभेत्॥ ९४॥
इति मत्वा समुत्पत्तिकथां तस्य स्वयंभुवः।
सत्कृत्य श्रद्धया मर्त्याः श्रोतुमर्हन्ति सर्वथा॥ ९५॥
समुत्पत्तिकथां तस्य धर्मधातोः स्वयंभुवः[454]।
शृण्वन्ति ये नरा भक्त्या सत्कृत्य श्रद्धया मुदा॥ ९६॥
दुर्गतिं ते न गच्छन्ति कुत्रापि हि कदाचन।
सदा सद्गतिसंजाता भद्रश्रीसद्गुणाश्रयाः॥ ९७॥
सर्वसत्त्वहिताधानबोधिचर्याव्रते रताः।
महाभिज्ञा जगन्नाथा भवेयुः सुगतात्मजाः॥ ९८॥
क्रमेण बोधिसम्भारं पूरयित्वा जगद्धिते।
अर्हन्तः त्रिविधां बोधिं प्राप्येयुः सौगतं पदम्[455]॥ ९९॥
इति मत्वा महाराज ! श्रोतव्यं श्रद्धयादरात्।
स्वयंभूगुणमाहात्म्यं दुर्लभं बोधिवाञ्छिभिः॥ १००॥
शृण्वन्ति ये नरा भक्त्या सत्कृत्य श्रद्धया मुदा।
स्वयंभूगुणमाहात्म्यं सद्धर्मश्रीगुणार्थदम्॥ १०१॥
तेऽपि न दुर्गतिं यायुः सदा सद्गतिसंगताः।
भद्रश्रीसद्गुणाधारा भवेयुर्बोधिलाभिनः॥ १०२॥
तस्मादेतन्महत्पुण्यं श्रुत्वा ध्यात्वा सदादरात्।
स्मृत्वा नाम समुच्चार्य संभक्तव्यं स्वयंभुवम्॥ १०३॥
अहमपि पुरा राजन् धर्मधातोः स्वयंभुवः।
श्रुत्वा सद्गुणसांकथ्यं बभूव संप्रमोदितः॥ १०४॥
ततोऽहं सहसा तत्र नेपाले समुपाचरम्[456]।
स्नात्वा सर्वेषु तीर्थेषु ददौ दानं यथेप्सितम्॥ १०५॥
अष्टौ तान् वीतरागाँश्च समाराध्य मयार्चिताः।

---

[453] स्वयम्भुवपदे इति खपाठः।
[454] खगेश्वराम् इति घपाठः।
[455] सुगतां तथा इति खपाठः।
[456] उपदिश्यताम् इति कपाठः।

देवीं खगाननां चापि समाराध्य समर्चिता ॥ १०६ ॥
मञ्जुदेवस्य चैत्यं च समाराध्य समर्चितम् ।
पञ्च पुरा स्थिताः पञ्चदेवताश्च समर्चिताः[457] ॥ १०७ ॥
तथा शान्तिकराचार्यः समालोक्य समर्चितः ।
ततः शरणमाश्रित्य धर्मधातोः स्वयंभुवः ॥ १०८ ॥
सत्कृत्य श्रद्धया नित्यं समाराध्य मुदाऽभजम् ।
एवं तत्र सदाश्रित्य धर्मधातोरुपासकः ॥ १०९ ॥
त्रिरत्नभजनं कृत्वा प्राचरन् बोधिसंवरम् ।
एतत्पुण्यविशुद्धात्मा परिशुद्धत्रिमण्डलः ॥ ११० ॥
अहं बोधिं समासाद्य जिनात्मजो भवेऽधुना ।
इति विज्ञाय मनुजा वाञ्छन्ति ये सुनिर्वृतिम्[458] ॥ १११ ॥
धर्मधातुं समाराध्य भजन्तु ते सदा मुदा ।
स्मृत्वा ध्यात्वा च नामापि समुच्चार्य समादरात् ॥ ११२ ॥
समालोक्य प्रणम्याऽपि भजन्तु तं जिनालयम् ।
ये भजन्ति सदा स्मृत्वा ध्यात्वा नत्वा जिनालयम् ॥ ११३ ॥
द्रुतं संबोधि[459]मासाद्य संबुद्धपदमाप्नुयुः ।
इति सत्यं समाख्यातं सर्वैरपि मुनीश्वरैः ॥ ११४ ॥
श्रुत्वानुमोद्य तं धर्मधातुं स्मृत्वा भजन्त्वलम् ।
सुभाषितमिदं येपि श्रुत्वानुमोदिताशयाः ॥ ११५ ॥
धर्मधातुमनुस्मृत्वा ध्यात्वा भजन्ति सर्वदा ।
तेऽपि चैतत्महत्पुण्यपरिशुद्धत्रिमण्डलाः ॥ ११६ ॥
भद्रश्रीसद्गुणाधाराश्चतुर्ब्रह्मविहारिणः ।
बोधिसत्त्वा महासत्त्वा महाभिज्ञाः शुभेन्द्रियाः[460] ॥ ११७ ॥
द्रुतं संबोधिमासाद्य संबुद्धपदमाप्नुयुः ।
इति मे गुरुणादिष्टं श्रुतं मया तथोच्यते ॥ ११८ ॥
त्वमपीदं सदा लोकान् श्रावयित्वानुमोदय ।
एतत्पुण्यानुभावेन सर्वत्र सर्वदापि ते ॥ ११९ ॥
निरुत्पातं शुभोत्साहं भवेन्नूनं नराधिपः ।
इति तेनार्हतादिष्टं श्रुत्वाशोको नृपो मुदा ॥ १२० ॥
तथेति प्रतिविज्ञाप्य प्राभ्यनन्दत् सपार्षदः ।
ततः सर्वेऽपि ते लोका निशम्यैतत्सुभाषितम्[461] ॥ १२१ ॥
अनुमोद्य महोत्साहैः संचेरिरे शुभे सदा ।

---

457 शुभे हनि इति घपाठः ।
458 धर्मधात्व इति खपाठः ।
459 तत्रेति सद्रुते इति गपाठः ।
460 शुकिङ्कृति इति गपाठः ।
461 शुभेहति इति घपाठः ।

तदैतत्पुण्यभावेन सर्वत्र तत्र सर्वदा ॥ १२२ ॥
निरुत्पातं शुभोत्साहं प्रावर्तत निरन्तरम् ।
इत्यादिश्य महाभिज्ञो जयश्रीः स महामतिः ॥ १२३ ॥
सर्वान् तान् सांघिकान् पश्यन् पुनरेवं समादिशत् ।
यत्रेदं धर्मसांकथ्यं प्रावर्तयेत् कलावपि ॥ १२४ ॥
भाषेत् यः शृणुयाद्यश्च श्रावयेद्यः प्रचारयेत् ।
एतेषां तत्र सर्वेषां सम्बुद्धाः सकलाः सदा ॥ १२५ ॥
कृपा-दृष्ट्या समालोक्य प्रकुर्युर्भद्रमाभवम् ।
सर्वाः पारमिता देव्यस्तेषां तत्र सदा शिवम्[462] ॥ १२६ ॥
कृत्वा संबोधिसंभार[463] पूरयेयुर्यथाक्रमम् ।
सर्वेऽपि बोधिसत्त्वाश्च प्रत्येकसुगता अपि ॥ १२७ ॥
अर्हन्तो योगिनस्तेषां प्रकुर्यु मङ्गलं सदा ।
सर्वे लोकाधिपाश्चापि सर्वे चापि महर्षयः ॥ १२८ ॥
तत्र तेषां हि सर्वेषां कुर्युः समीक्ष्य मङ्गलम् ।
सर्वे देवाधिपाश्चापि सर्वदैत्याधिपा अपि ॥ १२९ ॥
तथा सर्वेऽपि गन्धर्वाः सर्वयक्षाधिपा अपि ।
गरुडा नागराजाश्च कुम्भाण्डाधीश्वरा अपि[464] ॥ १३० ॥
समीक्ष्य सर्वदा तेषां रक्षां कुर्युः समन्ततः ।
सर्वाश्च मातृका देव्यः सभैरवगणा अपि ॥ १३१ ॥
कृत्वा रक्षां सदा तेषां कुर्युर्भद्रं समन्ततः ।
सर्वे ग्रहाश्च ताराश्च सिद्धा विद्याधरा अपि ॥ १३२ ॥
साध्याश्चापि सदालोक्य तेषां कुर्युः सुमङ्गलम् ।
भूतप्रेतपिशाचाश्च दुष्टा मारगणा अपि ॥ १३३ ॥
वीक्ष्य तेषां प्रसन्नास्ते रक्षां कुर्युः सदा मुदा ।
स्वयंभूगुणमाहात्म्यं सांकथ्यं योऽलिखेत् मुदा[465] ॥ १३४ ॥
तेनापि लिखितं सर्वं महायानसुभाषितम् ।
लेखापितं च येनेदं धर्मधातुसुभाषितम् ॥ १३५ ॥
तेनापि सकलं सूत्रं लेखापितं भवेद् ध्रुवम् ।
लिखितं चापि येनेदं प्रतिष्ठाप्य यथाविधि ॥ १३६ ॥
शुद्धस्थाने गृहे स्थाप्य पूजाङ्गैः सर्वदार्चितम् ।
तेनार्हन्तो जिनाः सर्वे प्रत्येकसुगता अपि ॥ १३७ ॥
ससंघा[466] बोधिसत्त्वाश्च भवन्ति पूजिताः खलु ।

462 शुभम् इति गपाठः ।
463 कर्मान्त इति कपाठः ।
464 महोत्तमा इति गपाठः ।
465 लिख्य इति गपाठः ।
466 सर्वसत्त्वा इति खपाठः ।

यश्चापीदं स्वयं धृत्वा परेभ्योऽपि समादिशत् ॥ १३८ ॥
भावयेत् सततं स्मृत्वा ध्यात्वापि प्रणमेन्मुदा ।
तस्य सर्वमुनीन्द्रो हि प्रत्येकसुगता अपि ॥ १३९ ॥
अर्हन्तो बोधिसत्त्वाश्च तुष्टा दद्युः समीहितम् ।
यश्चैतदुपदेष्टारं सर्वांश्च श्रावकानपि ॥ १४० ॥
यथाविधि समभ्यर्च्य भोजनैः समतोषयेत् ।
तेन सर्वेऽपि संबुद्धाः प्रत्येकसुगता अपि ॥ १४१ ॥
अर्हन्तो भिक्षवः सर्वे योगिनो ब्रह्मचारिणः ।
बोधिसत्त्वाश्च सर्वेऽपि व्रतिनो यतयोऽपि च ॥ १४२ ॥
अर्चिता भोजितास्तुष्टा भवेयुरनुमोदिताः ।
किमेवं बहुनोक्तेन सर्वे बुद्धा मुनीश्वराः ॥ १४३ ॥
सर्वास्ताराश्च देव्योऽपि सर्वसंघा जिनात्मजाः ।
नित्यं तेषां कृपा-दृष्ट्या समालोक्यानुमोदिताः ॥ १४४ ॥
रक्षां विधाय सर्वत्र वरं दद्युः समीहितम् ।
तुष्टाः स्युः पूजया सर्वे देवा देव्यश्च निश्चितम्[467] ॥ १४५ ॥
सर्वे लोकाधिपाश्चापि सर्वे देवा सुराधिपाः ।
रक्षां कृत्वा वरं दद्युस्तेषां सद्धर्मसाधने ॥ १४६ ॥
राजानोऽपि सदा तेषां रक्षां कृत्वानुमोदिताः ।
यथाभिवाञ्छितं दत्वा पालयेयुः सदादरात् ॥ १४७ ॥
मन्त्रिणोऽपि सदा तेषां सामात्यसचिवानुगाः ।
सभृत्यसैन्यभट्टाश्च भवेयुर्हितकारिणः ॥ १४८ ॥
सर्वे वैश्याश्च सर्वार्थभर्तारः स्युः सुहृन्प्रियाः ।
श्रेष्ठिमहाजनाः सर्वे भवेयुर्हितकारिणः ॥ १४९ ॥
द्विषोऽपि दासतां यायुर्दुष्टाश्च स्युर्हिताशयाः ।
एवमन्येपि लोकाश्च सर्वे स्युर्मैत्रमानसाः ॥ १५० ॥
पशवः पक्षिणश्चापि सर्वकीटाश्च जन्तवः[468] ।
नैव तेषां विरुद्धाः स्युर्भवेयुर्हितशंसिनः ॥ १५१ ॥
एवं सर्वत्र लोकेषु तेषां सद्धर्मसाधिनाम् ।
निरुत्पातं शुभोत्साहं सौमाङ्गल्यं सदा भवेत् ॥ १५२ ॥
एवं भद्रतरं पुण्यं स्वयंभूभवनोद्भवम् ।
नत्वा तं त्रिजगन्नाथं भजध्वं सर्वदा मुदा ॥ १५३ ॥
ये तस्य शरणे स्थित्वा स्मृत्वा ध्यात्वा समाहिताः ।
नामापि च समुच्चार्य भजन्ति श्रद्धया सदा ॥ १५४ ॥
तेषां त्रिण्यपि रत्नानि सुप्रसन्नानि सर्वदा[469] ।

---

467 मङ्गला इति कपाठः ।
468 जैत्रका इति खपाठः ।
469 अस्यानि इति घपाठः ।

कृपा-दृष्ट्या समालोक्य कृत्वा देयुः सदा शुभम् ॥ १५५ ॥
इति शास्त्रा समादिष्टं जयश्रिया निशम्यते ।
जिनेश्वरीमुखाः संघाः सर्वेऽनन्दन् प्रबोधिताः ॥ १५६ ॥
सर्वावती सभा सापि श्रुत्वैतत् संप्रसादिता ।
तथेति प्रतिविज्ञाप्य प्राभ्यनन्दन् प्रबोधिताः ॥ १५७ ॥
ततस्ते सकला लोकाः समुत्थाप्य प्रसादिताः ।
जयश्रियं ससंघं तं नत्वा स्वस्वाश्रमं ययुः[470] ॥ १५८ ॥
तत्र नित्यमुपेत्यासौ ससंघ-सजिनात्मजाः ।
स्नात्वा सर्वेषु तीर्थेषु धृत्वा व्रतं यथाविधि ॥ १५९ ॥
ततोऽष्टौ वीतरागाँश्च देवीं चापि खगाननाम् ।
पञ्च ता देवताश्चापि यथाविधि समर्चयन्[471] ॥ १६० ॥
तथा शान्तिकराचार्यं चैत्यं मञ्जुश्रियोऽपि च ।
धर्मधातुं समाराध्य ध्यात्वाभ्यर्च्य सदाभजन् ॥ १६१ ॥
तदैतत्पुण्यभावेन विषये तत्र सर्वदा ।
निरुत्पातं शुभोत्साहं प्रावर्तत समन्ततः ॥ १६२ ॥
ततश्चासौ महाभिज्ञो जयश्रीः सुगतात्मजः ।
सर्वान् तान् सांघिकान् पश्यन् पुनरेवं समादिशत्[472] ॥ १६३ ॥
यत्रेदं धर्मसांकथ्यं प्रचारितं स्वयंभुवः ।
तत्रैतत्पुण्यभावेन भवतु सर्वदा शुभम् ॥ १६४ ॥
सम्बुद्धास्तत्र सर्वेऽपि प्रत्येकसुगता अपि ।
अर्हन्तो बोधिसत्त्वाश्च कुर्वन्तु मंङ्गलं सदा ॥ १६५ ॥
सर्वे लोकाधिपाश्चापि सर्वे चापि महर्षयः[473] ।
समालोक्य सदा तत्र प्रकुर्वन्तु सुमङ्गलम् ॥ १६६ ॥
काले वर्षन्तु मेघाश्च भूयाच्छस्यवती मही ।
निरुत्पातं सुभिक्ष्यं च भवन्तु तत्र सर्वदा ॥ १६७ ॥
राजा भवतु धर्मिष्ठो मन्त्रिणो नीतिचारिणः[474] ।
सर्वे लोकाः सुवृत्तिस्था भवन्तु धर्मसाधकाः ॥ १६८ ॥
सर्वे सत्त्वाः समाचाराः संबोधिविहिताशयाः ।
त्रिरत्नभजनं कृत्वा संचरन्तु सदा शुभे ॥ १६९ ॥
इति जयश्रियादिष्टं श्रुत्वा सर्वेऽपि सांघिकाः ।
एवमस्त्विति प्राभाष्य प्राभ्यनन्दन् प्रसादिताः[475] ॥ १७० ॥

---

470 स्वालये तदा इति खपाठः ।
471 समुन्नये इति घपाठः ।
472 भविष्यति इति कपाठः ।
473 सुमङ्गला इति खपाठः ।
474 धारिणः इति कपाठः ।
475 प्रसन्नता इति खपाठः ।

इति श्रीधर्मधातुस्वयम्भूत्पत्तिधर्ममहात्म्यसुभाषितसूत्रे दशमोऽध्यायः सम्पूर्णः ॥

असंस्कृतं च्युतं भ्रष्टं पुराणं रत्नपूरितम् ।
संस्कृतं श्रद्धया सर्वं युक्त्या बुद्ध्या श्रमेण च ॥
अनेन कर्मणा प्रापि यच्च पुण्यं मयाऽधुना ।
तेन पुण्येन लोकोऽयं भवेत् सौख्यपरायणः ॥
योगीन्द्रानन्दशिष्येण काशीनाथेन धीमता ।
संस्कारैर्भूषितं पुस्तं कीटानुविद्धरत्नवत् ॥

ये धर्मा हेतुप्रभवा हेतून् तेषां तथागतो ह्यवदत् ।
तेषां च यो निरोध एवं वादी महाश्रमणः ॥ शुभमस्तु ॥

देयधर्मोऽयं प्रवरमहायायिनः श्रीमत्रुद्रवर्णमहाविहारावस्थितः ।
परमोपासकश्रीशाक्यवंशोद्भवेन श्रीरामानन्देन लिखितोऽगमत् संपूर्णताम् ॥ शुभमस्तु सर्वदा ॥
नेपाले हायने यातः नागमुनीरसान्वितेः ।
चाषाढे क्षीणचन्द्रे तु पंचम्याञ्च तिथौ शुभे ॥ १ ॥
संपूर्णमगमत् तस्मिन् रामानन्देन लेखितः ।
यदि क्वचिदशुद्धं चेत् शोधनीयं महद्बुधैः ॥ २ ॥
यत्पुण्यं लेखने प्रोक्तं यत्पुण्यं च प्रसरणे ।
तत्पुण्येन जगत् सर्वं प्राप्नुयाद् बोधिमुत्तमाम् ॥ ३ ॥

《斯瓦扬布往世书》英文、中文译本

英文译者：Kashinath Nyaupane，Anandavardhan Nyaupane
中文译者：张冬梅、马维光

Chapter One

第一章

I bow down to the Mine of Dharma and the Lady of Speech (Mañjuśrī) as well as the three gems (Buddha, Dharma and the Sangha of Bodhisattva).

我向吉祥的法藏[1]和语言女神[2]（文殊师利[3]）以及三宝[4]躬

---

① Mine of Dharma（直译“法藏”），这一基本概念在梵文均以 Dharmadhātu 一词表达。而汉语主要有三个词表达法界、法藏、法性等，本书翻译为“法藏”。对“法藏”一词的解释：(1) 法，谓法性；藏，为含藏。又作佛法藏、如来藏，意指如来藏中涵摄无量之妙德；(2) 法，教法之意；藏，含藏之意。指佛陀所说之教法；以教法含藏多义，故称法藏。或指含藏此等教说之圣教、经典等；经典含藏众多之法门，故有此称。(3) 纳藏经典之府库亦称法藏，或宝藏、经藏、轮藏、经堂。——转引自《佛光大词典》

对“法界”的解释，有四种含义：1. 法者诸法，界者分界，诸法各有自体，而分界不同，故称法界。2. 法者诸法，界者边际之义，穷极诸法的边际，故称法界。3. 法者诸法，界者性之义，诸法在外相上虽千差万别，但皆同一性，故称法界。4. 一一之法，法尔圆融，具足一切诸法，故称法界。——转引自《佛学常见词汇》

② 梵文为Vāgīśvara，为语言之主（Lord of Speech），在印度教也是梵天的一个名号，在佛教是文殊师利（Mañjuśrī）的一个名号。本书开篇向印度教司掌学问、艺术与语言的女神（Vāgīśvarī）萨拉斯瓦蒂（Sarasvatī）致敬，是礼仪开篇致敬女神的一种俗套。

③ Mañjuśrī，音译为文殊师利、曼殊师利，略称文殊、曼殊、妙吉祥、妙音等。

④ 佛陀（Buddha）、佛法（Dharma）、僧伽（Saṅgha）。

身下拜！

1. The one who promotes the true religion in all three realms (heaven, earth and the underworld), I bow down to such Lord Buddha, also called the Śrīghana (Dense in glory), as I take asylum in him.

我向所有三界（天界、地界和冥界）[①] 中开示微妙正法者，也被称为功德聚[②]的伟大佛陀，恭身下拜，我皈依于他。

2. Bowing down to the protector of all three worlds, I am about to tell the story of how the great spot Svayaṃbhū, which is the Mine of Dharma and is equivalent to the Tushita realm of the Buddha, came to emerge on earth. Come, listen with devotion...

我向所有三界的保护主[③]躬身下拜，我要讲述伟大地方——斯瓦扬布[④]的故事，它是法藏胜者之地，等同于佛国的兜率净土[⑤]出现在大地上。来吧，请专心倾听……

3. The one who listens to the true story of Svayaṃbhū with devotion, he will attain purity in all three bodies and definitely turn into a Bodhisattva.

以虔诚之心聆听斯瓦扬布的起源真实故事的人，他的三身[⑥]将

---

① 佛教把世界分成欲界、色界和无色界，合称三界。其中，欲界又分三层，上自六欲天，中自人界之四大洲，下至无间地狱，即所谓天、地、冥三界。

② Śrīghana，功德聚，功德积聚之意，为佛之德称，诸佛系由因位永劫之修行，积聚无量功德而证得的果报，故有此美称。

③ Trijagatīśāna।

④ Svayaṃbhū，意为自生者、自然生、自性之光、自我本原等。

⑤ Tuṣita，兜率天，有妙足天、知足天、喜足天、喜乐天之义。为欲界上六天的第四层天。在佛教典籍中说，此天的内院即弥勒菩萨弘法度生处。

⑥ trikāya，即法报化三身。

获得净化，并且一定会转升为菩萨（Bodhisattva）①。

4. The story begins this way:

Once upon a time, Sugata's son was a great Bodhisattva named Jayaśrī, who lived in a vihāra (monastery) named Bodhimanda in the Sangha.

故事是这样开始的：

从前，善逝（Sugata）② 之子，一个智慧通达的大菩萨胜吉祥（Jayaśrī），与僧团一起住在一个名为菩提道场（Bodhimaṇḍa）③的寺院内。

5. In that very monastery lived another wise monk named Jineśvara, who took refuge in Jayaśrī and served him full of devotion, asking him for knowledge and wisdom.

就在那座寺院，还住着一位智慧的僧人，名叫最胜自在（Jineśvara），他皈依于胜吉祥并全身心地侍奉他，向他求教知识与智慧。

6. Consequently, for the welfare of all the living beings, Jayaśrī, who knew the secrets to the welfare of humanity, took the highest seat at

---

① Bodhisattva，音译为菩提萨埵，略称“菩萨”，意译觉有情、道众生、道心众生等。《翻译名义集》卷一引僧肇释：“菩提，佛道名；萨埵，秦言大心众生。有大心入佛道，名菩提萨埵。”引智释：“用诸佛道，成就众生故，名菩提萨埵。”引法藏释：“菩提，此谓之觉，萨埵此曰众生。以智上求菩提，用悲下救众生。”意谓修持大乘六度，求无上菩提（觉悟），利益众生，于未来成就佛果的修行者。旧译有开士、始士、高士、大士、圣士、超士、力士、无双、大圣、法臣等。与声闻、缘觉并称为“三乘”。菩萨的修行称“菩萨行”；其教法以达到佛果为目的，称“菩萨乘”，经典称“菩萨藏”；戒律称“菩萨戒”。佛典上常提到的菩萨有弥勒、文殊、普贤、观世音、大势至等。大乘僧侣或居士有时也被尊称为菩萨，如印度大乘佛教学者龙树、世亲等也被称为菩萨。——转引自任继愈主编《宗教大辞典》，上海辞书出版社 1998 年版，第 595 页。

② 佛有十个称号：如来、应供（阿罗汉）、正遍知、明行足、善逝、无上士、世间解、调御丈夫、天人师、佛世尊。

③ Bodhimaṇḍa，菩提道或菩提道场，即菩提迦耶，位于印度比哈尔邦迦耶城南，该处因释迦牟尼佛在菩提树下禅定悟道而闻名于世。

the assembly of the monks in order to teach the true religion.

因此，为了所有众生的利益，通晓人类福祉奥秘的胜吉祥，为教授微妙正法，在僧侣集会上他位居高座。

7. In the assembly, all Mahāsattvas (Great beings), Buddha's disciples, Bodhisattvas, Arhant, Bhikkhu, Brahmacārin and Śrāvakas were present.

集会上，到场的有菩萨大士①、佛子②、菩萨、阿罗汉（Arhant）、比丘（Bhikkhu）、梵行男子（Brahmacārin）和声闻弟子（Śrāvaka）。

8. In the assembly, Bhikkhunīs, Brahmacāriṇīs, Upāsakas and Upāsikās, householders and wealthy laymen were present.

集会上，有比丘尼（Bhikkhunī）、梵行女子（Brahmacāriṇī）、虔信者（Vratin）③、优婆塞和优婆夷（Upāsaka，Upāsikā）、众户家主（gṛhastha）和富有居士（mahājana）。

9. In the assembly, Brāhmanas, Jainas, Hindu monks, ascetics, kings, ministers, secretaries, armies and their generals, as well as the public: townsmen and townswomen were also present.

集会上，有婆罗门（Brāhmana）、外道④（tīrthika）、出家者⑤（yati）、苦行者⑥（tapasvin）、国王（rāja）、大臣（mantrin）、书

---

① Mahāsattva，音译为摩诃萨、摩诃萨埵，有大菩萨、大士、大导师等义。

② 对“佛子”（jinātmaja）的释义：1. 信顺教法，承其家业者，即欲成佛而使佛种不绝，乃大乘佛教对菩萨之美称。[法华卷一方便品、梵网经卷下] 2. 佛教徒，受大乘菩萨戒者。[菩萨璎珞本业经卷上] 3. 佛弟子、佛教信者。4. 一切众生。众生常依顺佛，佛之忆念众生，犹如父母忆子女；且众生本具成佛之性，故称众生为佛子。[法华文句卷九] ——转引自《天台教学辞典》

③ vratin，有出家人、苦行者、虔信者、恪守誓言或持戒者义。

④ tīrthika，为外学、外道、梵志、异道等非佛教信徒或异教徒。

⑤ yati，意为苦行者、出家者、弃世者，这一类修道士，有克制自己的激情、放弃这个世界、与世无争等宗教信条。

⑥ tapasvin，苦行者，修苦行的人或乞士。

记官（amātya，侍臣）、军队及其将领（adhipati），出席集会的还有普通公众：城里的男女市民等。

10. Countrymen and countrywomen, villagers, city folks and forest dwellers alike, to drink the sweet nectar of true religion, were present in the assembly, full of devotion.

出席在场的还有城镇男女居民、村民、大都市居民和林居者，要饮到正法甘露，他们齐聚于此，充满虔诚。

11—14. Having seen the mass of the devotees encircling Jayaśrī, who, standing with their hands joined, were worshipping, serving and being completely immersed into the Bodhisattva Jayaśrī; the wise Jineśvara understood that everyone present was very keen and enthusiastic on listening to the preaching of the true religion. Subsquently, Jineśvara dropped on one knee, arranged his upper robe and looking at Jayaśrī, humbly said:

看到广大信众团团围住胜吉祥，他们站立双手合掌致敬，全然归心、侍奉于菩萨胜吉祥；智慧的最胜自在知道在场的每个人都非常渴望聆听真正的法布施。于是，他下意识地单膝跪下，整理一下上身的衣袍，看着导师胜吉祥，恭敬地说道：

15. "O Bhadanta! I am willing to take on the path of the Bodhi. For that, what am I to do? Which austere vow should I start at first? How do I achieve concentration?

"哦，大德啊！我愿意走菩提之路。为此，我要怎么做呢？首先我将发什么样的庄重誓言呢？我如何达到安顿身心专注于此①呢？

16. Therefore, O Dear God, enlighten us all present here and make us walk the Bodhi way; the path that is auspicious."

---

① samāhita，有已安顿、已定心、集中精神等义。

因此，贤者啊，请您详细开导我们所有到场的人，指引我们走菩提之路（bodhisaṃvara）；这条道路是吉祥的。”

17. Upon hearing the requests and prayers of the wise Jineśvara; the Bodhisattva Jayaśrī commandingly addressed the mass as such：

听到佛子智慧的最胜自在的恳求和祈祷后，大菩萨胜吉祥对信众庄严地说出这样的话：

18. “O my dear children, listen carefully! If your true desire is to walk down the Bodhi path, I shall teach you so gradually. The practice of the Bodhi path is excellent and essential.

“哦，亲爱的孩子们，请仔细听啊！如果你们真正渴望依持三菩提善戒（saṃbodhi saṃvara），我将逐步这样（yathā-krama，次第）教导你们。这三菩提誓言（saṃbodhi vrata）的修持是美妙和根本的。

19. The one who, despite living in the mortal realm, desires to practice the Bodhi ways, needs to submit himself to the enlightened guru and serve him well.

一个人，尽管生活在尘世，却渴望修持菩提道①，需要皈依于觉悟了的导师（guru）②，竭力侍奉于他。

20. Thenceforth, he needs to walk in the path as shown by the guru, with focus and concentration, procedurally, according to guru's teachings.

自此，他必须有重点地、专心地和有序地依照导师的教诲，走导师所指明的道路。

---

① saṃvara，音译“三跋罗”，有善戒、律仪、持戒等义。

② 音译“古鲁”。导师，“即教化引导众生入于佛道之圣者。特指释尊，或为佛、菩萨之通称。《法华经》卷五从地涌出品举出菩萨众中有上行、无边行、净行、安立行四导师，谓此四菩萨为众中最上首唱导之师。上记皆以诸佛、大菩萨等名为导师。后世对于在法会中，叙述愿文、表白，而引导一座之大众者，亦称导师，为法会仪式之中心人物”。——转引自《佛光大辞典》

21. To begin, one needs to bathe in the holy place to attain purity. After attaining such purity, one needs to take refuge in the tri-ratna (three gems); and having worshipped the Buddha procedurally, with the hope of gaining knowledge in mind; one has to devote themselves into the practice of Bodhi."

伊始，他需要在圣地沐浴以获得心灵净化。获得这种净化后，他需要皈依三宝（tri-ratna，佛陀、佛法和僧团）；依规拜佛，并希冀心灵获得真识（三菩提）；一个人必须把自己投身于菩提的实践中去。"

22. Having focus of mind and a resolution of the world's welfare, a scholar should practice the austerity with the hope of knowledge.

集中思想和下定为世界福祉的决心，一个明智的人应该抱着求知的愿望去实行布萨戒行①。

23. The one who engages in such austere ways is completely purified. His mind, speech and body are cleansed. His intellect and mind both turn towards the Bodhahood. He then transcends into the Mahāsattva and eventually the Bodhisattva state; and becomes ready to work for the welfare of the world.

投入这种严峻修行的人，他的思想、言语和身体②都被完全净化。他的知识与心灵二者都转向了佛性（Bodhahood），成为菩萨、大菩萨，并为利乐一切有情而效劳。

24. Subsequently, the person attains the state of Saṃbodhi. He becomes focused; full of merits and virtues. Eventually, he proceeds to dwell in the four Brāhmavihāras.

随后，此人达到三菩提善戒。他变得静心专注；他的行动充

---

① Upoṣadhavrata，布萨戒行，每半月（十五日与二十九日或三十日）集众僧说戒经，使比丘住于净戒中，能长养善法。又在家之法，于六斋日持八戒而增长善法。

② trikāya।

满美德和功德①。最后，他安居于四梵住②。

25. He becomes free of all grief, agony and anxiety. He gets rid of klesa and earthly mundane desires. Thus, he becomes enlightened.

他从一切忧伤、苦恼和焦虑中解脱出来。摆脱了烦恼和世俗的各种欲望。于是，他大悟了。

26. In this way, he starts promoting the true religion. Having promoted the true religion, he then proceeds into nirvana, the ultimate freedom.

这样，他开始促进正法事业。促进了真正的宗教，然后他进入涅槃③，获得终极自由。

27. After that, he pledges to become Buddha and to spread the enlightenment in the entire world. "I shall establish people onto the path of Bodhi and show them the reality of this world", he vows.

此后，他立志成佛，并向全世界传播觉悟思想。他发誓："我要让人们走上菩提之路，向他们展示这个世界的真实。"

28. In this way, all the Buddhas, who have ever existed, are existing and will exist, owe it to the fruit of their austerity.

就是这样，一切过去曾经存在、现在存在、将来存在的佛，

---

① 对于"功德"的解释："1. 修行是功，身心清净是德。2. 灭除内心的愚痴是功，智慧现前是德。3. 德者得也，修行有所得，故曰功德。"——转引自《佛学常见词汇》；有布施功德、供养功德、供养般若功德、持戒功德、赞佛功德、大功德等。

② 四种梵住或四梵住（Caturbrāhmavihāra），即修习慈（maitrī）悲（karunā）喜（muditā）舍（upekṣā），四梵住亦称"四无量心"，四种清净无染之心，为《阿含经》到大乘诸经中反复倡导的精神。慈、悲、喜、舍的无限扩大、无限深化，称为大慈、大悲、大喜、大舍。《清净道论》中说，当知以最胜处及以无过失性而称为梵住。以对诸有情正确地行道故住于最胜。天界之四种至高之心境（慈悲喜舍）。梵天以无过失之心而住，如此与这些相应的禅修者相当于梵天而住。故以最胜处及以无过失性而称为梵住。

③ nirvāṇa，有安乐、幸福、解脱、寂灭、涅槃等义。

都要归功于他们的愿行①具足的功德。

29. After attaining Bodhahood, they became Buddha, are becoming Buddha and will become Buddha. This is how all Bodhisattvas, Mahāsattvas and the disciples of Buddha came into existence.

获得佛果后，他们成就为佛，变化为佛和将要成就为佛。这就是所有菩萨、大菩萨和佛子们如何产生出现的。

30. Similarly, the Arhants came to be, are being and will be. All these liberated beings are pure in three dimensions; in their body, mind and speech.

Thereby, after the attainment of Bodhahood, they all reach the ultimate state of nirvana.

同样地，阿罗汉过去、现在、将来都会存在。所有这些获得解脱的众生，在三世都是纯洁的；他们的身体、思想和言语都得到净化。

那么，在获得菩提后，他们都达到涅槃的终极境界。

31. "Therefore, having understood the path of Bodhi, if you wish for your own welfare, take up the solemn vow of Bodhi, in the refuge of the tri-ratna."

"因此，了解了菩提之路后，如果你们期盼自己的福祉，就在三宝的庇护下，做出菩提的庄重誓言②。"

32. After the great Jayaśrī instructed everyone so, the disciple of Buddha Jineśvara, with the image of Buddha in his mind, asked:

伟大的胜吉祥向大家这样开示后，佛子最胜自在，以心境相应佛，这样问道：

---

① vrata，有誓愿、誓言、戒行等义。宗教誓言或实践，包括：任何虔诚的仪式，有功绩的奉献行为，虔诚或苦行的功德行为（-puny），神圣庄严的誓言，规则，神圣的实践（斋戒、禁食、节制等）。

② Bodhi vrata，菩提誓愿（言）。

33. "Oh, Lord! Which auspicious location should be chosen for the vow of Bodhi? How do I partake in this vow, and where? Pray tell me."

"哦，尊者啊，菩提誓言应该选在哪个吉祥的地点发出？我该如何履行这个誓言，并且在哪里？恳请告诉我。"

34. Upon hearing the question, Jayaśrī, the disciple of Buddha, looked at Mahāsattva Jineśvara and answered:

听到了这个问话，佛子智慧的胜吉祥，看了一下大菩萨最胜自在，这样回答：

35. "I will answer the question you have raised. I will tell you the proper place to start the vow, as Buddha himself once told me.

"孩子，我将回答你提出的问题。我将告诉你开始发誓的适当地点，如同牟尼之主他本人曾告诉过我的。

36. The places are many: sacred vihāras, āśramas, shrines of the Buddha, holy places where other attained Bodhisattva, caityas, all are locations where the vow of Bodhi can be upheld.

地方众多：朝圣地①、圣地②、寺院③、佛所④，其他人获得菩提的神圣地方、支提、佛像前⑤，所有菩提誓言能够受到加持的地方。

37. The vow can be taken in any place of the Buddha. But, among all sacred places, the place where the Svayaṃbhū Caitya lies is the holiest and most appropriate.

这个誓言可以在佛陀所在的任何地方⑥做出。但是，在所有神

① puṇyakṣetra，意为福田、圣地、朝圣地等。

② tīrtha，有清凉池、沐浴圣地等义。

③ vihāra，意为住处、僧珈蓝、僧坊、僧房、寺舍、寺院、精舍等。

④ sugatāśrama，即佛曾经的住处、寺舍和道场等圣地。

⑤ pratimā，有画像、塑像义。

⑥ buddhakṣetra，为佛土、佛国土、佛刹之义。

圣的地方之中，斯瓦扬布支提[1]所在的地方是最神圣和最适合的。

图1 斯瓦扬布大佛塔

38. With this knowledge, any wise person that seeks the path of Bodhi, can take residence near Svayaṃbhū.

有了这样的认识[2]，任何一位渴望愿行[3]的聪慧者，他都可以依止斯瓦扬布胜者之地发愿修行。

39. The one, who, in Svayaṃbhū, performs this vrata with a pure

---

① Svayaṃbhū Caitya।

② vijña，有知、识等义。

③ 即走菩提之路。

heart, attains the greatest merit and indestructible bodhi sādhana.

依止斯瓦扬布之地，以一颗纯洁的心来实现这一誓言的人，他就会取得最伟大的功德和坚不可摧的菩提成就（bodhi sādhana）。

40. He who upholds this solemn vow will reach the highest purity of the mind and the soul, be full of merit, endowed with welfare, virtues and all great qualities, and will eventually become a Bodhisattva, Mahāsattva, and ultimately equal to the son of Buddha.

秉持这一神圣誓言的人，他将达到思想和心灵的最高的纯洁境界①，充满了功德，赋予福祉、美德和所有伟大品质（sadguṇa），最终将成为菩萨、大菩萨，并最终等同于佛子。

41. Such a person would never find themselves in a state of despair, would never be wretched, never get entangled in the worldly devices, would always walk the path of welfare and good fortune; for this Bodhicarya vrata would protect them from any ill or harm that comes their way.

这样的人永远不会自陷绝境，永不生苦痛，永不会陷入世俗事务的缠绕，而会善生，永远踏上世界福祉和好运之路②，因为这个菩提行誓言（Bodhicarya vrata）将保护他们免受来自修行道路上的任何不幸或伤害。

42. The one, who puts himself in the path of welfare as such, with the devotion to knowledge and welfare of the world, must walk the earth with purpose.

一个人，这样把自己投身于幸福之路，献身于真识③和世界福

① visuddhātman，心灵或思想得到净化，纯洁无瑕。

② 永远不会堕入恶趣（durgati）而生正趣（sadgatisaṃjāta），走好运、幸福之路。

③ saṃbodhi，三菩提。

祉，那么他必须有目的地行走于世间①。

43. Having performed the bodhi vrata, three types of bodhi must be attained by the person before he moves on to the path of nirvāṇa.

做过菩提誓言，他在走向涅槃道路之前，（这个人必须次第完成菩提资粮②），取得三种菩提。

44. Thus, with the understanding of the ways of Bodhi, go to Svayaṃbhū and devote yourself to Buddha, Dharma and Sangha, to partake in this great vrata."

因此，了解了菩提之路，就走向斯瓦扬布，把自己皈依于三宝（佛陀、佛法和僧伽），来践行这个伟大的誓言。"

45. Hearing the wise words of the Arhant Jayaśrī, Jineśvar looks at him and says:

听到阿罗汉佛子胜吉祥的智慧话语，最胜自在看着他，又说道：

46. "O Bhadanta, having heard your upadeśa, my heart is gladdened. Now I want to devote myself to Svayaṃbhū and perform this vow of Bodhi.

"哦，大德啊，听了您的教导，我心欢喜。现在我要把自己奉献给斯瓦扬布，做出菩提誓。

47. O Lord, Svayaṃbhū is the king of all caitya, the Dharmadhātu, the home of the Buddha. But where is it on this earth? Pray tell me."

哦，尊者啊，斯瓦扬布是一切支提③之王，吉祥法藏，佛家

① samsaralloke，在世间流转；Saṃsāralloke，在生死轮回的世间。

② trividhāmbodhimāsādya।

③ caitya，音译支提、制地，有塔、塔庙等义，是窣堵波（stūpa）佛塔的一种，指不置舍利的佛塔。陈翰笙在《古代中国与尼泊尔文化交流》（《历史研究》1961年第2期）中说："中国覆钵奇白（caitya）佛塔也源自尼泊尔"。

(jinālaya)①。但是，在这大千世界它究竟在哪里？恳请告诉我。”

48. Jayaśrī, having heard the prayers of the Mahāsattva Jineśvar, looked at the Mahāsattva and said so:

（阿罗汉出家者智者）胜吉祥，听了大菩萨最胜自在的祈求，看看他，这样说道：

49. “Look, it is in the northern part of the earth, in the laps of the Himālaya. There is a mountain range shaped like a cow's tail. That land is known as Nepal.”

“看啊，它在大地的北部，在喜马拉雅山脉（Himālaya）怀抱之中，有一条形状像牛尾（gopuccha）的山脉。那片土地被称为尼泊尔（Nepāla）。”

50. The mountain has had four names in the four ages. In Satya age, the mountain was known as Padmagiri.

这座山在四个时代里有四个名称。在真实（Satya）② 时代，这座山被称为莲花山（Padmagiri）。

51. In the Tretā age, the mountain was known as Vajrakūṭa; in Dvāpara as the Gośṛṅgaḥ and now in the Kali age, it is known as Gopuccha.

在三分（Tretā）时代③，这座山被称作金刚山（Vajrakūṭa）；在二分（Dvāpara）时代，被叫作牛角山（Gośṛṅgaḥ），那么现在，

---

① Jinālaya，在本书多译作“胜者之地”或“佛家”，其中 Jina，有最胜、胜者义；ālaya，有住处、房屋、宫殿、阿赖耶等义。“佛家，佛之净土也。《观无量寿经》曰：‘当坐道场生诸佛家。’《观经》散善义曰：‘即入诸佛之家，即净土是也。’初地以上为佛家。《观经》慧远疏曰：‘不思议佛法，是佛住处，名为佛家。初地已上，入佛家中。依之趣行，名生佛家。’”——转引自丁福保编《佛学大辞典》“举凡佛道修行之道场、佛所住之世界、初地以上之境地等，亦称佛家。”——《佛学大词典》（https://foxue.bmcx.com/fujia_foxued/）

② 也被称为正法时代、圆满时代；真实时代是真理和纯洁的时代。

③ “圆满时代尚苦行，三分时代尚知识，二分时代尚祭祀，争斗时代唯独尚布施。”引自蒋忠新译《摩奴法论》，中国社会科学出版社 2007 年版，第 12 页。

在迦利（Kali）时代[①]，它被称为牛尾山（Gopuccha）。

52. The mountain, among Nepali people, is famous as the Sāmhegu.

这座山，在尼泊尔人民中间，以"萨姆亥古"[②] 而著称。

53. On that famed mountain of Nepal, there exist precious minerals, gems and elements. There are many beautiful and exotic trees, and there are many jungles with such trees covering the area beautifully.

在尼泊尔那座著名的山上，蕴藏着珍稀的矿物、宝石和多种元素。有许多美丽和独特的吉祥树，这片地区就被拥有如此美丽树木的丛林所覆盖。

54. The land is decorated with flowers, fortified with many types of medicinal herbs. The trees are strange and beautiful, almost hard to describe, with large birds residing there, whose words echo in the air. And the insects buzz around.

这片土地以繁花来装饰，用许多种类的医用药草来坚固。树木奇特而美丽，几乎难以描述，那里栖息着巨型的鸟类，它们的叫声回荡在高空。而各种昆虫则嗡鸣四处飞舞。

55. The beings there, animals and humans exist in perfect harmony. Sages, full of the highest merit and virtue, such as Bhadracāra, meditate in that land.

那里的众生——动物与人类在完美的和谐中相处。修行者们[③]，充满了至高的功德和美德，贤善而行[④]，在那片土地禅定。

---

① 也被称为末法时代或争斗时代。See *Svayaṃbhū Purāṇa*, by Min Bahadur Shakya, Shanta Harsha Bajracharya, Nagarjuna Institue of Exact Methods, P. O. Box 100, Chakupat, Lalitpur, Nepal, 2001.

② Sāmhegu，此被认为是更为久远的山名。

③ 即虔诚的修习苦行的人（tapasvin）。

④ 修菩萨行的誓言履行。

56. Complete with all eight of the highest qualities, and full of springs with water like elixir, fragrant with the scent of flowers lingering in the air; such a country served by the wind is strange.

富有所有最高的八种品质①，像灵丹妙药一样充盈的泉水，空气中弥漫着令人愉悦的花香；由阵风吹拂的这样一片国土是奇妙的。

57. Divine beings like gods and sages, who are usually invisible to the mundane eye, for the welfare of the world, live there respectfully.

诸神和圣贤②，对光顾那里的凡夫俗子肉眼是看不到的，他们为了世界的福祉，尊严地生活在那里。

58. It is the place with forests full of bejeweled lotuses. Such forests are home to divine swans and fishes; with celestial gems such as crystals illuminating the land.

这是一片林区，缀满宝石般的莲花。这样的林地是圣洁的天鹅和鱼类的家园；饰以天上的宝石像水晶一样照亮着这片土地。

59. There lies a caitya, a hand tall in height, which is the residence of Lord Buddha, called the Svayaṃbhū. It exists for the welfare of the whole world.

那里有一个支提，腕尺高，世尊佛陀的居所，被称作斯瓦扬布。它为了所有世界的福祉而存在。

60. The place is served by Gods like Brahmā and Indra, lords of many dimensions, Daityas, Serpents and divine falcons.

这个地方由诸神，如梵天（Brahmā）和因陀罗（Indra）③，所有大小不等的神主，底提（Daitya，神魔族，“神眷”），大蛇王

---

① 八功德水，具有八种品质的水，即澄净、清凉、甘美、轻软、润泽、安和、除患、增益。八功德水，充满于极乐世界的七宝池和须弥山与七金山之间的内海中。

② 他们呈现为光体（virājita）。

③ 原词“Śakra”，帝释，因陀罗的一个名号。

（nāgendra）和神圣金翅鸟（Garuḍa）① 服务。

61. All types of divine demigods, such as Siddha, Vidyādhara, Sādhyas, Yakṣas, Gandharvas, Kinnaras, demons, Indras, Rudras, grahas (planets) and tārās (stars) are also in service of the holy place.

形形色色的神圣的半神半人，如成就者②、持明（Vidyādhara）、成业者（Sādhya）、药叉（Yakṣa，或"夜叉"）、乾闼婆（Gandharva）、紧那罗（Kinnara）、魔族（Rākṣasa，罗刹）、因陀罗属（Indra）、楼陀罗属（Rudra）③、行星（Graha）和星星④也都为这一神圣地方服务。

62. Similarly, Vasu, celestial nymphs (apsaras), lords of the heaven, sages, gurus, brahmcāris and other divine beings also dwell in the land of Nepal, near Svayaṃbhū.

同样地，有财神（Vasu）、天国的飞天（apsara，仙女）和三十天诸神们⑤的服务，也有仙人（ṛṣi）、苦行者（yati）、瑜伽士和梵行者居住在斯瓦扬布附近尼泊尔的土地上。

63. All kinds of pilgrims, Vedic sages, learned ones, meditators, pious men and women; in the morning, day, evening and the night, in all four periods of the day, worship the caitya, the Svayaṃbhū, and receive goodwill and happiness.

各种各样的朝圣者⑥，吠陀仙人，博学者（vijña，睿哲），冥想者（tāpasa，苦行者），虔诚的男人和女人们（sajjan，善男信女）；在早晨，在白天，在傍晚和夜里，在一天的所有四个时段，

---

① Garuḍa，金翅鸟，音译为揭路荼、迦楼罗；也是毗湿奴大神的坐骑。

② Siddha，悉陀（半神名）。

③ 楼陀罗是一群神中的一个，共有十一位，被认为是湿婆（Śiva）或作乐者（Śaṁkara）的次等化身，据说楼陀罗是这一群神的首领。

④ tārā，"星星"，亦有"度母"或"救度母"义。

⑤ Tridaśādhipa।

⑥ 包括异道（tīrthika）。

崇拜这个支提——斯瓦扬布，并接受善愿和祝福。

64. The constant worshipping of the caitya by such special beings, with respect and enthusiasm, earns them piousness and spiritual gratification.

被这些特殊的生灵们，怀着敬意和热情不断地赞美和崇拜，支提使他们得到了巨大力量和精神的满足。

65. As such, the Lord Buddha, whose body is the Dharmadhātu, is Svayaṃbhū himself. He resides there as Svayaṃbhūnātha for the good of the world, to teach the world the path of enlightenment.

这样，三界之主（Trijagannātha，佛世尊），他的身体是法藏，是斯瓦扬布自身。为了世界福祉和教导众生走正觉之路，斯瓦扬布主作为他的化身驻锡那里。

66. But this is the Kali age, where many people are cruel and wicked, cunning and evil, and the sight of Dharmadhātu, which resides as a beautiful bejeweled lotus, arises greed and wrong intentions in their hearts.

但这是迦利时代，那里许多人是残忍和恶劣的，狡猾而奸诈，而且看到法藏，居住在一朵美丽的宝石装饰的莲花上，在他们的心中就会生起贪婪和犯罪的恶念。

67. Thus, Lord Buddha, having foreseen the Kali age's evil, to protect the shrine from theft, hid the Dharmadhātu deep inside the earth, and covered it with bricks and stones and soil, and built a caitya on top of it.

因此，佛世尊预见到了末法时代的邪恶，为了保护神龛免遭偷盗，法藏就被隐蔽在地下深处，并用砖、石和土覆盖其上，然后在上面建造了一座支提。

68. The caitya is decorated by flags and symbols. And the ones who arrive there only see the outer structure of the caitya, and do not see

the hidden interior with the Dharmadhātu.

这座支提以旗帜和象征物装饰。而到达那里的人们只看到支提的外部结构，并不能见到被深藏于内部的法藏。

69. The people who arrive with devotion worship the caitya with their hands joined in reverence, chanting the prayers respectfully, walking around in clockwise direction.

带着虔诚崇拜庙宇而来的人们，双手合掌敬拜这座支提，恭敬地吟唱颂诗，做右绕拜仪（顺时针方向环绕）。

70. With different salutations and bows, the caitya that stands there is worshipped by many; and it is equivalent to the worshipping of the Dharmadhātu that resides inside the caitya.

矗立于那里的佛塔，被许多人朝拜，通过不同的礼拜和侍奉；这就等同于对居于佛塔内的三界之主法藏的朝拜。

71. The caitya resides there for the welfare of the entire world, and the people that worship there get purified and go home with newfound happiness and inner peace.

庄严佛塔位于那里是为了整个世界的福祉，而崇拜那里的人们得到净化，并且带着新发现的幸福和内心的平静返回家园。

72. Such people shall never walk the path of evil; they shall only walk the path of good and right, and are filled with respect for dharma, and dharma protects them.

这样的人们将永远不走邪恶之路①，他们一出生便转生正趣，走善良与正确的道路，并且充满了对佛法的尊崇，佛法也会保护他们。

73. Bodhisattvas, Mahāsattvas, and great beings from all three dimensions, people filled with the intentions of welfare, reside around

① 不堕入恶趣。

the caitya.

菩萨、大菩萨和三曼荼罗[①]净化了的圣人，他们充满了幸福的意愿，围绕着这座支提居住。

74. Near Svayaṃbhū, many people practice the Bodhicarya Vrata, for the world's welfare. Thus, you must do the same.

许多人为了世界的福祉，敬信斯瓦扬布，践行菩提行誓言。因此，你必须同样这么去做。

75. Thus, having worshipped the Svayaṃbhū caitya, you all shall walk the world with good feelings. The evil of the world should never come to you, only good. Consequently, you will become Bodhisattvas, Mahāsattvas and the children of Buddha.

那么，发愿践行，朝拜了斯瓦扬布支提，你们全体将带着善意走向世界。这世界的邪恶永远不会降临于你们，唯有美好。最终，你们将成为菩萨、大菩萨和佛之子弟。

76. In this way, having received the Bodhi dharma and jñāna, you all shall become filled with knowledge and will be established into the path of Buddha."

这样，次第完成菩提资粮，获得菩提正法（Bodhi dharma）和

---

① tri-maṇḍala，意为三世、三轮等，译为“三曼荼罗”（三曼陀罗、三蔓陀罗）等。此处应指“身语意”三曼荼罗。See *Svayaṃbhū Purāṇa*, by Min Bahadur Shakya, Shanta Harsha Bajracharya, Nagarjuna Institue of Exact Methods, P. O. Box 100, Chakupat, Lalitpur, Nepal, 2001.

maṇḍala，音译为曼荼罗、曼陀罗、蔓陀罗等。“华译为轮转圆满具足、坛、道场等。向例在印度修法时，必须筑坛，坛中安置佛像以祭供，后来把修法时所筑的坛及佛像，绘成图案，也叫做曼荼罗。”——转引自《佛学常见词汇》

“新旧之译有种种，旧译多曰坛，又云道场，新译多曰轮圆具足，又云聚集。此中就体而言，以坛或道场为正意，就义而言，以轮圆具足或聚集为本义。即筑方圆之土坛安置诸尊于此，以祭供者，是为曼陀罗之本体，而此坛中聚集具足诸尊诸德成一大法门，如毂辋辐具足而成圆满之车轮，是曼陀罗之义也。而常称为曼荼罗者，是图画者。”——转引自《佛学大辞典》

正觉（jñāna）后，你们都将成为具足知识和踏上觉悟之路的人①。”

77. When he gave such instructions, the Mahāmati Bodhisattva looked at the Lord, and spoke with hands joined in reverence:

当胜吉祥给予这样的教导后，有大神通的菩萨（Mahāmati Bodhisattva）看着尊者，恭敬地双手合掌说道：

78. “Oh Lord, I want to hear from your divine lips, when did the Dharmadhātu caitya originate and how did such a divine event come to occur?”

“哦，尊者啊，我想从您圣洁的口中听到，这个法藏支提何时自我生起，这样一个神圣的事件如何发生？”

79. Having heard his prayers, the scholastic Jayaśrī, looking at the sage Mahāmati, answered descriptively:

听到了最胜自在的祈求，智者胜吉祥，看着大菩萨最胜自在，叙述性地回答道：

80. “Very well. I will tell you exactly as my guru once told me. I shall tell you the story of the origin of Svayaṃbhū.”

“很好。我会告诉你，正如我的导师曾经告诉过我的那样。我将告诉你斯瓦扬布起源的故事。”

81. A long time ago, in a city called Pāṭaliputra, there was a great King called Aśoka.

很久以前，在一个叫作波吒利弗多（Pāṭaliputra）②的城市，有一位称作阿育王（Aśoka）③的人主。

82. The king Aśoka was a massive devotee of Buddhism, and with great enthusiasm promoted Buddhism, constantly served the Buddha,

---

① 达到三菩提果位。

② 又称花氏城或华氏城。

③ 亦称阿输迦或无忧王。

Dharma and Saṅgha. One time, he went far from his capital, in search for knowledge, to a vihāra called Kukkuṭa.

国王阿育王是一位佛教的忠实信徒，他以极大的热情弘扬佛法，不断地为佛陀、佛法和僧伽服务。一次，为了寻求知识，他远离首都，来到一个叫作倶倶罗（Kukkuṭa）① 的寺院。

83. There, in that monastery, a respected monk-scholar called Upagupta lived. The humble King then bowed down and touched the feet of the monk. The monk, in reciprocation, welcomed the King that had arrived in his doorstep.

那里，在那座特别的寺院里，居住着一位德高望重的僧侣—学者，叫作乌帕笈多②。于是谦逊的国王向他躬身下拜，对僧人行触足礼。这位大德，回礼，欢迎来到其门前的国王。

84. The Bhikku, after he welcomed the King, called forth an assembly. He took the central seat at the assembly, and he focused his eyes around to see that many members of the saṅgha were sat encircling him, looking back at him eagerly and with joy.

这位比丘，在欢迎国王之后，召集了一个法会。他坐在会场的正中，环视四周，僧团的比丘们也正向他投以热情和愉快的目光。

85. King Aśoka was filled with joy as he saw the Bhikku seated at the high seat. He, then, stood up and, with hands joined in reverence, prayed to the Bhikku Upagupta.

大地之主阿育王，当他看到坐在高座上的比丘时，充满了喜悦。于是，他站起身来，恭敬地双手合掌，向阿罗汉乌帕笈多祈祷。

---

① 为火把、火花之义。

② Upagupta，音译优婆毱多、乌帕笈多，已得神通，是一位无相佛（Alakṣaṇaka）。

86. He used eight different bodily positions, Aṣṭāṅga, to bow down and show respect to the bhikkhu, and slowly gained proximity to the Bhikkhu whom he was affectionately bowing down to.

他用八种不同的身姿——阿斯汤伽[①]，向比丘躬身下拜，表达了敬意，并慢慢贴近他虔诚恭拜的比丘。

87. Having bowed down to the Upagupta, the King sat down with a desire to listen to words of dharma. His entourage, his ministers and his subjects sat down as well.

对乌帕笈多行礼敬拜之后，国王坐下，渴望聆听佛法的话语。他的随侍、大臣和他的民众也都坐下来。

88. As the King and Ministers sat around him, the scholar Upagupta was happy to see everyone present in the assembly.

当国王和大臣们环绕他坐下来的时候，智者乌帕笈多为出席法会的每个人感到高兴。

89. The Bhikku proceeded to tell everyone about the first "kalyana", middle "kalyana" and the final "kalyana", of the Buddhism. Having taken the elixir of such upadeśa, everyone present was very pleased.

这位比丘开始向大家晓示关于佛教的初始"吉祥"（kalyana）、中间"吉祥"和最终"吉祥"。接受了这样教言的灵丹妙药之后，在场的每个人都十分欢喜。

90. They understood the special dharma and sought to walk the bodhi path. And having heard about the highest dharma, the King spoke to the Bhikkhu.

他们懂得这殊胜妙法，并寻求走上菩提之路。听完了至高的佛法后，大王对比丘说。

---

① 阿斯汤伽（Aṣṭāṅga），八支，即八支瑜伽，一种基于八项原则的瑜伽，由一系列快速连续的动作组成，并结合深呼吸。

91. Even the King developed a strong desire to gain the highest dharma, and thus, with hands joined, the King said:

因为升起了一种要获得至高佛法①的强烈愿望，于是，人主国王双手合掌发言：

92. To the superior Bhikkhu seated there, with hands joined, "O Bhante, what is the 'vrata' for the ritual to gain knowledge? I want to hear it from you.

对着坐在那里的比丘（阿罗汉、大菩萨），双手合掌，"哦，尊者啊，就获得三菩提成就的惯例而言，这个神圣'誓言'是什么？我想听到您的说法。

93. And O Lord, where does such pious land exist, where fulfillment of the 'bodhi vrata' is granted very soon? Everyone who seeks welfare might go to that land.

并且，尊者啊，这样虔诚的土地在哪里，'菩提誓言'的履行在哪儿能很快被授予？寻求福祉的每一个人或许都可以去那片土地。

94. In this way, on the path of 'bodhi', everyone could fulfill their vows."

Having heard this prayer, the Bhikkhu started to answer:

像这样，在'菩提'道路上，每个人都能够实现自己的誓言。"

听到国王这样的恳求后，比丘（阿罗汉、智者乌帕笈多）开始作答：

95. The Bhikkhu facing the King said "O King! Listen carefully. I will tell you how my teacher once told me; the 'bodhi vrata' which shall bring welfare to all.

比丘面朝大地之主阿育王回答道："很好，大王啊，请仔细

① 获得三菩提成就。

听。我将告诉你我的导师曾经如何告诉过我的；这‘菩提誓言’，它将给所有的人带来福祉。

96. Among all lands，the superior land lies towards the North，in the Himālayas，called Nepal. Such is the might of the land that any vow practiced is easily fulfilled.

在所有土地之中，最上好的土地位于北方，在喜马拉雅山脉，叫作尼泊尔。这个就是这片土地的力量——它可以使践行任何的誓言都易于成就。

97—98. Within that land lies a very important and pious area，which is lauded by Buddha himself. It is Svayaṃbhū，king of all caityas. It is the residence of the dharmadhātu. It is the place that grants fulfillment to all vrata practiced there.

在那片土地之内有一个非常重要和虔诚的地区，这是由佛陀他本人赞美过的。它是斯瓦扬布，所有支提之王。它是法藏的驻锡地。它是一个让所有在那里践行神圣誓言实现的地方。

99. Hence，all beings that walked the ‘bodhi’ path，disciples of Buddha，learned ones and scholars have all served this place. With this information，O King，if you do seek knowledge，go to that land.

因此，所有走‘菩提’道路的众生，佛陀的弟子们，学问家与学者都服务于此地。通过这个信息，人中因陀罗啊，如果你确实寻求三菩提，就到那片土地去吧！

100. In the refuge of the ‘caitya’，you shall fulfill your vows. The ones who do so will be purified—filled with merit，virtuous，and full of wisdom and knowledge.

在这一‘支提’的佑护下，持戒、践行自己的誓言。这样做的人们，心灵将被净化——充满功德、美德、智慧和觉悟。

101. You might go there to become Bodhisattva，holder of all knowledge，and to work for the welfare of all life，and finally，in the

end, having crossed all the levels of jñāna, reach the highest level of enlightenment.

你可以去那里成为菩萨（大菩萨），所有知识的持有者①，并为一切有情众生的福祉而效劳，最后，（次第完成了三菩提资粮，）超越所有的知识（jñāna）水平，达到最高的本觉（paripūra，圆满）。

102. You shall be rid of all kleśas and obstacles and misery. O King, you shall reach Buddhahood." Having heard these words of the Bhikkhu, the King was ecstatic.

你将摆脱所有的烦恼②、障碍和痛苦。哦，国王啊，你会获得三菩提果位。"听了比丘的这番话，国王欣喜至极。

103. Thus, after hearing this from the Upagupta, the King asked the Bhikkhu, "O Lord, I want to hear the story of the origination of Svayaṃbhū.

这样，听了乌帕笈多的话后，国王就问比丘："尊者啊，我想听听斯瓦扬布起源的真实故事。

104. O Lord, when did the Svayaṃbhū originate? Pray tell me."

Answering the devoted King's prayers, the Bhikku says:

哦，尊者啊，斯瓦扬布何时起源的呢？祈请告诉我。"

为回答虔诚的国王的祈求，比丘说：

105. "O King, I shall tell you what my guru once told me.

"哦，国王啊，我将告诉你，我的导师曾经对我说过的话。

106. I shall tell you exactly how I have heard of it. For in that time, there was Lord Shakyamuni Buddha, who gave upadeśa to the whole world.

我将准确告诉你，我是如何听说此事的。因为在那个时候，

---

① mahābhijña，大神通，大神通者。

② niḥkleśa，欲灭，无烦恼。

释迦牟尼如来，他把教言传予了整个世界。

107. The Buddha was omniscient, king of dharma, versed in all forms of knowledge, superior among sages, the destroyer of all obstacles and misery. In his time, he used to dwell among his Bhikkus.

佛陀是无所不知者（正遍知），法王，精通知识的一切形式（天人尊）①，牟尼之主，是一切烦恼和痛苦的摧毁者（阿罗汉）。在他的时代，他总是居住在他的比丘们中间。

108. While wandering with his Bhikkus, he once reached Nepal, which existed in the lap of Gopuccha. Towards the west of the mountain range, he reached a spot called Svayaṃbhū.

当与他的比丘们漫游时，有一次他到达了那个位于牛尾山山坳里的尼泊尔。接近山脉的西侧，他到达了一个叫作吉祥斯瓦扬布的地方。

109. Towards the west of the mountain range shaped like the tail of the cow, was the caitya of Svayaṃbhū. Near that was an āśrama, where Buddha started to reside. Since his residence, the place was illuminated like the sky during a full moon.

接近这条形状像牛尾的山脉西部，是斯瓦扬布支提。附近有一处净修所，佛陀开始居住在那。由于他的驻留，这个地方就像满月时的天空，光辉明亮。

110. The Lord Buddha, thence, with the intention of welfare of the world, resided there for the upadeśa of the Bauddha dharma.

因此，佛世尊，怀着赐予世界福祉的目的，为佛法教义的传播在那里驻锡。

111. Once he sat in the center of the courtyard, in the highest seat, for teaching of Bauddha dharma, surrounded by his disci-

---

① Vināyaka，有善导、大尊雄、天人尊等义。

ples. The āśrama was built by Mañjuśrī, who was also present there.

有一次，他坐在院子中央，在最高的位置，为了教授微妙正法，被他的弟子们环绕。这个净修所由文殊师利建造，他也出现在那。

112. In that āśrama, there was a Bhikkhunī, known as Cūḍā. She was chaste, learned, always ready to walk the path of welfare. She was a mine of merits and virtues, she was constantly trying to gain more virtues.

在那个净修所，有一个叫朱达（Cūḍā）[①] 的比丘尼。她纯洁、博学，总是准备走向幸福之路。她极富才华与美德，亦不断努力获得更多的功德。

113. She was very glad to see the Lord Buddha, and thus wore her monastic robes. She gathered divine materials for worship and approached the Buddha.

她非常高兴去拜见佛世尊，于是她穿上了僧尼的棕色袈裟。为了拜见佛陀，她收集准备了圣洁供品。

114. With the intention of worshipping the Buddha and then later gaining knowledge and wisdom, she walked towards him, past the Bodhisattvas and the Mahāsattvas.

带着崇敬佛陀之意，以及获得知识与智慧[②]，朱达穿过菩萨、大菩萨和佛子们，走向佛陀。

115. Another prominent Bodhisattva called Maitreya, along with other Bodhisattvas, Arhants, Śrāvakas and disciples, was also present.

另一个叫作弥勒（Maitreya）的杰出菩萨，与其他阿罗汉、比丘、声闻和梵行者们，为了听闻正法，也前来与会。

---

① Cūḍā，尼泊尔比丘尼规则的创始人。

② 饮领正法甘露。

116. Bhikṣuṇī, Brahmacāriṇī, Brahmacārin, disciples clad in one cloth and the disciples clad in two pieces of cloths, practitioners of austere vows, and the ones who were in the refuge of Buddha, Dharma and Sangha, the laymen and laywomen in service of the Buddha, all were present there.

比丘尼、梵行女子、梵行男子、一布衣的弟子和两布衣的弟子，苦行誓愿践行者，还有佛陀、佛法和僧伽的皈依者，侍奉佛陀的俗世男女①，所有的人都汇集于此。

117. As Buddha sat there, the people devoted to the Buddha were all gathered, full of affection and devotion, to gain knowledge.

当佛陀坐下来时，那些为了听闻佛法智慧前来的广大信众，他们充满了热情和虔诚，聚拢在一起。

118. At the sight of Buddha, everyone was filled with devotion and happiness. Everyone worshipped the Buddha. Prayed to him with hands joined. And everyone was eager to drink the elixir of dharma.

一见到佛陀，每个人都充满了虔诚和幸福。他们敬拜佛陀。双手合掌向他致敬。每个人都渴望畅饮到佛法甘露。

119. Not only humans, divine beings were present there. Brahma, Indra, gods and lord of realms, were all present.

那里不仅有人类，还有众神灵在场。梵天、因陀罗、诸神和各领域之主都降临了。

120—121. Grahas, Tārās, Siddha, Vidyādhara, Yakṣa, Gandharva, Kinnara, all sorts of demigods, as well of kings of devils, serpents, falcons, lords of worlds, had all come to listen to Buddha's words.

行星、星星、成就者、持明、药叉、（密迹、）乾闼婆、紧那

① 出家者以一块布裹身为衣，cailaka，穿一布衣或两布衣的弟子；居家皈依三宝者，即优婆塞、优婆夷。

罗，各种各样的半神半人，以及魔族[1]之王们、大蛇、金翅鸟、诸世界之神主们，都前来聆听佛陀的示教。

122. Among the crowd was one demigoddess named Hārītī, who was walking the path of Bodhisattva, also eager to gain knowledge.

会众中有一位名叫诃利蒂（Hārītī）的半神药叉女[2]，她坚定地走菩萨之路，也渴望获得知识。

123. The demigoddess approached the Lord, prayed to him and sat down in a corner of the assembly in the courtyard. In that assembly, as everyone was gathered around him.

这个半神半人的女主走近佛陀，向他祈祷，然后在会场院中的一个角落里坐下。在那个法会上，大家都聚集在佛陀的周围。

124. The Lord said to Maitreya, whom he invited closer, "O Maitreya. Behold! This is Svayaṃbhū, the lord of the world. I am the Buddha, and this is my refuge."

世尊对邀请靠近的弥勒说道："弥勒啊，看呀！这是斯瓦扬布胜者之地，世界之主。我是佛陀，这就是我的庇护所。"

125. "And this caitya is the dharmadhātu. It is ultimate goal of the tri-ratna. Serve this caitya, seek asylum in this caitya", he said to Maitreya.

"而这座支提就是法藏。它是三宝的终极目标。侍奉这座支提，在这座支提寻求庇护"，他对弥勒说。

126. "The people who, in practice of bodhi, lived in the shad-

---

① 底提与罗刹。

② Hārītī，音译"诃利蒂"，是鬼子母神（bhūta-mātā）。原是恶魔之母，一个贪婪的恶魔（或称女药叉或女罗刹），传说她食小孩。在受难者的悲痛欲绝的母亲们的恳求下，释迦牟尼佛绑架了诃利蒂自己的500个孩子中的一个，把孩子藏在他的乞食钵中，这样诃利蒂就会经历她给其他父母带来的同样的痛苦，当意识到她给别人带来的痛苦促使她改信了佛教。随后，诃利蒂被认为是孕妇和儿童的保护者。可能会在寺庙大门或厨房附近有一个诃利蒂的小神龛，僧侣和尼姑会在饭前留下一小份食物给她。传说所有的恶魔（药叉）都是诃利蒂的儿子（Hārītīputra）。

ows of the caitya would always have welfare and walk the path of knowledge with a fast pace.

“在践行菩提行誓言中，那些生活在这座支提荫影庇护下的人们[1]，会永远拥有福祉，并且会快速走上知识之路。

127. Upon completion of the Bodhi vrata, the people will be freed of all sins and worldly desires, and will be established into the tri-maṇḍala.

菩提誓言一经实现，人们将从所有罪恶和世俗欲望中解脱出来，并将被立足于三曼荼罗（身语意）之中[2]。

128. The Bodhisattvas, Mahāsattvas, and all learned ones, who worship Svayaṃbhū and Dharmadhātu, shall always have good fortune, welfare and ultimately will reach the optimum knowledge, and will be established in the four steps of divine knowledge and enlightenment.

菩萨、大菩萨，以及所有崇拜斯瓦扬布和法藏的博学者们[3]，将永远拥有美德、吉祥和幸福，安居于四梵住。

129. For the welfare of all beings, the ones practicing the vrata of Bodhi, shall never reach a state of doom or despair, and are always found in the highest state of being.

为了众生的福祉，那些践行[4]菩提的神圣誓言的人，永远不会陷入毁灭或绝望的境地[5]，而总是处于生命的最高的状态[6]。

130. People who are devoted to the service of the tri-ratna, de-

---

① 即信敬、依止、供奉支提。

② 践行与秉持菩提行誓言，那么一切罪恶都将铲除，身语意得到净化。

③ 成为菩萨、智慧通达者，优秀品质的源泉。

④ udyukta，专注修习，勤行，精进。

⑤ 不会堕入恶趣（durgati）。（后面出现类似句子，中文词语表达略有变化，但梵文皆用此词。——译者）

⑥ sadgati，幸福快乐的状态，善人之道，善生相随。（后同。——译者）

voted to Buddha dharma, ultimately become Bhikku and Bhikkunī, and come in the jurisdiction of Buddha, and attain enlightenment.

那些专心于服务三宝，精进于佛法修习的人们，最终将成为比丘和比丘尼①，皈依于佛陀的教法②，获得本觉。

131. O Bhikkus, go to this Svayaṃbhū, and do the vrata of Bodhi, with purity and chastity, and with focus and concentration, to gain control over your organs; all misery will be destroyed, your mind will be pure.

比丘们啊，走向这斯瓦扬布，做出菩提的神圣誓言，带着纯洁和操守，虔心专注，控制你的感官；所有的烦恼痛苦将被摧毁，你的思想将获得净化。

132. The one who serves the Svayaṃbhū gets established in Bodhi and attains Buddhahood; so the people that seek knowledge and Buddhahood must go there.

一个侍奉斯瓦扬布的人，将会得到三种菩提智慧并获得佛位③；所以那些寻求知识④和成就佛位⑤的人们必须去那里。

133. And with devotion to the caitya, worship and serve the caitya."

On hearing such words of the Buddha, everyone present there was surprised.

并且带着对这座支提的虔信，崇拜和侍奉塔寺。"

---

① 梵文为 pravrajyā，是"出家"之义。《三千威仪经》云："出家行有终始，上中下三业：下者，以十戒为本，尽形寿受持，虽舍家缘执作，与俗人等；中者，应舍作务，具受八万四千向道因缘，身口意业未能具足清净，心结犹存，未能出离；上者，根心猛利，应舍结使缠缚，禅定慧力，心能解脱，净身口意，出于缘务烦恼之家，永处闲静清凉之室。"——转引自《祖庭事苑》

② Saṃbuddhaśāsana，佛陀的教法。

③ sambuddhapada，三菩提果位。

④ vijña，智、识。

⑤ saugatapada，佛的果位。

听到牟尼之主的此番教导，出席集会的每个人都感到惊讶。

134. Along with surprise, everyone was also pleased, for they were eager to serve the Svayaṃbhū caitya. Maitreya, who was also overjoyed by this information, wanted to ask Lord Buddha.

伴随着惊讶，每个人也十分喜悦，因为他们渴望去敬拜斯瓦扬布支提。智者弥勒菩萨也为这个消息喜出望外，他还想询问佛世尊。

135. He rose from his seat, bowed down in front of the Buddha, arranged his robes, and then addressed the Buddha.

他从座位上站起来，在佛陀面前深深敬拜，整饬上衣袍[①]后，向牟尼之主说了话。

136. With his knees on the ground, and hands joined, he spoke "O Lord, O Dharmadhātu Jinālaya, O Omniscient one..."

他双膝跪地，双手合掌，开口说道："世尊啊，法藏胜者之地，无所不知者……"

137. "O Buddha, when did the Svayaṃbhū caitya originate? Pray tell me." In this way, Maitreya prayed for answers.

"佛陀啊，斯瓦扬布支提于何时生起？恳请示教。"就这样，弥勒大士祈求回答。

138. In this way, as he asked with respect and reverence, the Lord looked at Maitreya and said "O Maitreya, you have asked a good question. Listen, I shall tell you how it originated."

他带着敬意和敬畏这样提问，世尊面向大智者弥勒说道："弥勒啊，你问了一个很好的问题。听着，我将告诉你斯瓦扬布是如何起源的。"

139. "The story is very strange and mysterious, and will bring

---

① uttarāsaṅga，上外袍、袈裟。

good in the world. Long time ago, during the Bhadrakalpa (bhadra age), there was an omniscient Buddha named Vipaśvi.

"这个故事奇特又神秘，将给世界带来利益。很久以前，在贤劫（Bhadrakalpa）时代①（亦称吉祥时代），有一个全知的佛陀，名叫毗婆尸（Vipaśvi）②。

140. Listen, O Maitreya, among all sages the lord of dharma was the Vipaśvi, and he would bring knowledge to the world. The lifespan of humans was 80 thousand years then, so that would give humans freedom to seek knowledge.

听着，哦，弥勒啊，在所有的圣贤之中，佛法之主是毗婆尸，他是阿罗汉、如来，将把知识带给世界。那时候人类的寿命是8万岁，因而会给人类寻求知识的自由。

141. I, too, was present in that age. But I was not a Buddha yet, I was a Bodhisattva, under the Buddha Vipaśvi, who would give teachings for the welfare of the world."

我③，也出现在那个时代。但是我还不是一个佛陀，我是毗婆尸佛陀门下的一个菩萨，名为真法，佛陀为了世界的福祉而给予教导。"④

142. "Once, as he was sitting in the Vihāra preaching dharma among the saṅgha, I was also present to worship the Vipaśvi Buddha.

"有一次，当他正坐在寺院里在僧伽中间宣讲佛法的时候，我

---

① 贤劫，亦称善劫或现劫，指三劫之现在住劫，与过去住劫"庄严劫"（vyūhakalpa）和未来住劫"星宿劫"（nakṣatrakalpa）合称三劫。

② 书中提到的七位古佛名：1. 毗婆尸佛，2. 尸弃佛，3. 毘舍浮佛，4. 拘楼孙佛，5. 拘那含佛，6. 迦叶波佛，7. 释迦牟尼佛。

③ 释迦牟尼佛。

④ Satya Dharmm，真法。本书提到的释迦牟尼成佛前，他其中的六次作为转世菩萨时的六个名字：1. 真法，2. 谢姆卡拉，3. 帕尔瓦特（或音译钵伐多），4. 觉谛帕拉，5. 善法，6. 觉蒂拉贾。"那时，我秉持教戒，践行菩萨戒律。"（本偈的下半颂，英文无。）

也在场敬拜毗婆尸佛。

143. There was a large pond there, which was spread in seven kośas, and was located near Vipaśvi Buddha's residential āśrama.

那里有一个大湖，宽阔的湖面有七个库藏（kośa）大小，位于毗婆尸佛陀的居住地净修所附近。

144. All eight virtuous, eight fragrances, eight jewels, eight-strange elements and eight types of serpents were present in the pond; where fragrant lotuses and other flowers grew in plenty.

在大湖中有八种美德、八种香气、八种宝石、八种奇异的元素和八种大蛇；湖中生长着大量芬芳的红莲、青莲和其他的花卉。

145. In that pond swam swans, ducks, cranes, all the greatest birds of the world. In the bank, grew tall and mighty trees that were full of flowers and fruits in all seasons.

大湖里游动着天鹅、野鸭、鹤，世上所有最巨大的鸟类。岸边生长着高大粗壮的树木，各个季节都开满鲜花，结满果实。

146. There were fruits, medicinal trees in abundance nearby. Fishes, turtles, frogs were all present in the water.

附近有丰富的果实和药用的林木。在水里也有鱼类、龟类和蛙属。

147. The pond was the residence of different aquatic lives, especially serpents. There existed a great serpent known as Karkoṭaka, king of all serpents.

这个大湖是各类水生生命的栖息地，尤其是巨大蟒蛇们。那里生活着一条大蛇，名叫卡尔阔特克（Karkoṭaka），是众蛇之王。

148. That was the holiest spot, full of merit. All men seeking dharma, Gods, and even apsaras (celestial nymphs) seeking dharma visited.

那是最神圣的地方，充满了功德。所有寻求正法的人，三十天神，甚至飞天也来拜访。

149. Many sages, gods, men came to the place, meditated, prayed, chanted the sacred hymns, bathed in the holy waters, and with realization of purity and happiness, returned to their places. Even Brahma and Indra came occasionally, to gain absolute purity.

大仙人①、诸神和苦行者们来到这里，禅坐、祈祷、吟诵神圣的赞美诗，在圣洁的湖水中沐浴，然后带着真实的领悟和幸福，返回他们的住地。即使梵天和因陀罗偶尔也会莅临沐浴，以获得绝对的内心纯净。

150. People bathed, performed the evening and morning rituals; in this way, the great lords of the world came there to rinse off their sins and gain holiness.

人们沐浴，举行早晚礼仪；同样，世界伟大的君王们也来到那里，以洗去他们的罪恶得到圣洁。

151. Greatest among their kin came there with enthusiasm to bathe and serve and worship the great pond.

他们的亲属当中最伟大的君王热情地来到那里沐浴、供奉和礼拜这个大湖。

152. Having bathed, and purified themselves there, some people reached heavens, others became Bodhisattvas, and many people donated lavishly, or fulfilled their vrata and went back with purified soul for the welfare of the world.

在那里沐浴或者净化他们自己后，一些人升至天国，另一些人成为菩萨；而许多人慷慨布施，或完成了他们的神圣誓言，而为了世界的福祉带着净化了的心灵归去。

---

① ṛṣi，意为仙、仙人等，“指精通吠陀并且严格遵奉吠陀的规定的人。大仙(Maharṣi)则是仙人中出类拔萃者，或是因为苦行严厉而道行高深者，或是德高望重，声名遐被”。见蒋忠新译《摩奴法论》，中国社会科学出版社2007年版，第3页。

153. All these sages, having received the ultimate fruit of ablution and devotion, went on with their lives.

所有这些圣人们，领受了沐浴和奉献的最终果实后，继续着他们的生活。

154. That land was the greatest land for earning merit, and paramount for attaining "Bodhi". Bathing there, and gaining refuge in Buddha, Dhamma and Saṅgha, freed men of their worldly attachments and led them to nirvana.

那片土地是最伟大的获取功德之地，并且也是成就"菩提"至高之所。在那里沐浴，获得三宝（佛陀、佛法和僧伽）的庇护，使人们摆脱对世俗的依恋，引导他们走向涅槃。

155. Having fulfilled bodhicarya vrata, they would spread everywhere for the welfare of the world. They would be filled with all purity and virtues.

实现了菩提行誓言后，他们会为世界的福祉而分散到各地。他们集聚了所有的纯洁和美德①。

156. Bodhisattvas, Mahāsattvas and disciples of Buddha would all be freed of their misery, and their attachments with the mortal realm would get dissociated.

菩萨、大菩萨和佛子们都将摆脱自己的烦恼，并使他们与尘世的依恋中得到分离。②

157. The Śrāvakas (minor disciples) then became Bodhisattvas, and for some, their worldly attachments were over.

声闻们（小弟子）③ 后来成为菩萨，一些人，他们的尘缘

① 他们心灵纯洁、贤善、具足美德。

② 他们无复烦恼，对尘世不再有希求、贪著之想，他们将成为菩萨、大菩萨和佛子。

③ 声闻（Śrāvaka），闻佛说四谛法之音声而悟道的人。

了结[①]。

158. Pratyeka Buddhas（lower stage of Buddhahood）also then attained a higher stage of Buddhahood, and thus reached the path of enlightenment and nirvana. While some people reached Bodhicitta, some gratified their lives and others gained dharma.

缘觉佛[②]（成佛的较低阶段）也达到了成佛的较高阶段，从而到达本觉和涅槃的道路。与此同时，一些人获得菩提心（Bodhicitta），一些人满足于他们的生活，另一些人取得了佛法。

159. Some people practiced Bodhicarya and travelled the world for its welfare through promotion of the dharma. Others, having fulfilled their service, were able to achieve divine bliss.

一些人修持菩提戒律，通过促进佛法，漫游世界谋求福祉。其他的人，完成了他们的服务，得以领会神圣的极乐。

160. With a desire to understand the quality and the merits of Bauddha Dharma, many people from far and wide travelled to that place. Kings, pilgrims, diplomats, everyone went to that place.

渴望理解佛法的品质和功德，许多人从四面八方旅行到那个地方。国王、朝圣者、法行者[③]，每个人都走向那里。[④]

161. A desire for welfare of the world stem in the hearts of anyone who went there. In that trend, I too went to that sacred place and practiced the vrata. O, Mahāmati, listen:

任何去过那里的人，其心中都会生起为利益有情而效劳的愿

① 心灵得到净化，成为清净之行的梵行者。

② 缘觉（Pratyeka），又名独觉，或辟支佛，于佛世听佛说十二因缘之理而悟道者，名为“缘觉”，若生于无佛之世，观诸法生灭因缘而自行悟道者，名为“独觉”。——转引自《佛学常见词汇》

③ dharmacārin，自思如法而行，谓之法行人。

④ 以上几偈，叙述了人、天、声闻、缘觉、菩萨此五乘来斯瓦扬布生起之地朝拜、沐浴、诵祷、布施及成就功德、美德果报。

望。在这一驱使下，我也走向那个神圣的地方，沐浴，践行誓言。哦，大智者啊，请听：

162. Having been to that pure land, hearts are purified. Mine was as well. And for the ones who drink water from the divine pond, their sins are all washed away.

到过那片净土后，心灵得到净化。我也这样。并且对于那些饮用圣湖之水的人，他们的罪孽都被洗净。

163. Everyone who goes there definitely gains knowledge and welfare. It is the ultimate pilgrimage, served by all sages and men.

去过那里的每一个人都能获得菩提智慧和幸福。这是终极的朝圣之行，为所有的圣贤和人们服务着。

164. That place is still intact to this day. It is the most lauded spot on this earth. And in that very spot, there will arise the Dharmadhātu, said the Vipaśvi Buddha.

那个地方至今仍完好无损①。它是这地球上最受赞美的地方。而且在那个非凡的地方，将生起法藏，牟尼之主毗婆尸这样说。

165. Having given this knowledge to everyone, the Vipaśvi Buddha thus proceeded to depart for elsewhere. He also told us that when the Dharmadhātu originates there, it would be the supreme pilgrimage for everyone, and all would travel there with a desire to have a glimpse of it.

对每个人给予这样的知识后，毗婆尸佛陀就出发前往别处。佛陀还告诉我们，当法藏胜者之地源起于那里时，对每个人来说它会是最高的朝圣，并且所有人都会带着频看不够的心情旅行到那里。

166. After the origin of the Dharmadhātu, all obstacles would be

---

① sam-adhi-ṣthā，得到加持。

destroyed. Everything would be auspicious. Realms would be happy. And finally the entire world shower in welfare.

在法藏起源之后，所有的障碍将被摧毁。一切都是吉祥的。诸领域将会幸福。并且最后，整个世界会沐浴在福乐之中。

167. The person who, with devotion, lives there and worships the shrine would be subject to merit, and his organs would be pacified and would lead to bliss.

怀着虔诚，生活在那里并敬拜圣地的人，会赋予功德，感官清净，并通向极乐。

168. And he would receive happiness and welfare there, and ultimately reach the realm of the Buddhas. This is what the Vipaśvi Buddha preached to the assembly, where I was present.

而且他会在那里领受快乐和福祉，并最终到达佛陀的领域。这就是牟尼之主毗婆尸佛向会众所宣讲的，我当时在场。

169. Everyone present in the assembly stood up in reverence to the Vipaśvi Buddha and thanked him for his great teaching.

出席法会的每个人都站起来，向牟尼之主毗婆尸佛致敬并且因他的伟大教导而感谢他。

170. And thus, O Maitreya, I have given you the knowledge that I once received."

Having heard this, every being present there bowed to the Lord.

And thus, the first chapter on the "origin of Svayaṃbhū" ends here.

这些，弥勒啊，我已经给予你们我曾经领受的知识。"

听此，在场的每个人，向世尊躬身敬拜。

那么，第一章"斯瓦扬布法藏的起源"在此结束。

Chapter Two

第二章

1. Maitreya, the Mahāsattva, the son of Buddha, again, with hands joined in reverence, started to address the Buddha:

大菩萨佛陀之子弥勒，再次恭敬地双手合掌，开始对佛陀说道：

2. “O Lord, I seek to hear the story, the greatest story of all stories, which shall bring good into the world. I want to hear the story of origin of Svayaṃbhū.”

“哦，世尊啊，我极想听到所有故事中这最伟大的故事，它将给整个世界带来美好。我想听到斯瓦扬布起源的故事。”

3. While the wise Maitreya prayed to the Lord as such, the Lord, looking at the members seated in the assembly, said:

当智慧的弥勒这样向世尊祈求时，世尊，看看会场中落座的信众，便说道：

4. “O Maitreya, your curiosity is commendable. The entire audience, of all the realms, the members seated in this assembly, I ask of you to listen carefully this story, with reverence and with respect.”

“好啊，弥勒，你的好奇心是值得赞扬的。来自诸领域的所有听者，法会上就座的成员们，我请求你们怀着崇拜与恭敬之心，仔细聆听斯瓦扬布自我起源的真实故事。”

5. “Thence, the Vipaśvi Buddha that lived in those ages liberated himself from the mortal realm. Only after a long period of time, another Buddha originated to rule the knowledge in the world.

“此后，生活在那些时代的毗婆尸佛陀把自己从凡界中解脱出来。不过经过很长一段时间之后，在这个世界里另一位佛陀为了统领真识（菩提）缘起了。

6. The Śikhi Buddha was the successor; he was the King of sages, King of dharma, the tathāgata, omniscient, master of all knowledge, filled with humility and magnificence.”

尸弃佛（Śikhi Buddha）是继承者，他是牟尼之主、（阿罗汉、）法王、如来（Tathāgata）、知一切者、一切知识之主，充满了谦逊与辉煌。”

7. During those times, the lifespan of men was 70000 years. It was in that period when I birthed as the Bodhisattva named Kṣemaṃkara.”

在那些时代，人的寿命期限是 7 万岁。我作为菩萨名为谢姆卡拉[①]就出生在那个时期。”

8. The Buddha named Śikhi was the teacher of the highest dharma. He lived in his āśrama in the outskirts of the city named Arunā.

名为尸弃的佛陀是最高佛法的导师。他住在被称为阿鲁纳（Arunā）城的郊区他自己的净修所。

9. In that age, all Bodhisattvas, Mahāsattvas, disciples of Buddha were gathered near his āśrama. I was among the gathered crowd, turning to the Śikhi Buddha.

在那个时代，所有的菩萨、大菩萨、佛陀的弟子们都聚集在他的净修所周边。我就是皈敬于尸弃佛的群体中的一员。

---

① 谢姆卡拉，梵文原词为“Kṣemaṃkara”，意为“安乐”。

10. In his refuge, I was gladly in service of him. During my time of service, the omniscient Śikhi Buddha decided to give upadeśa to us.

在他的庇护所，我愉快地侍奉他。在我的一次服务期间，无所不知者尸弃佛决定传授给我们教义。

11. In his heart, he had a wish to preach the Buddha dharma, and so he seated at the heart of the assembly; as the Bhikkhus, Śrāvakas and disciples all gathered around him.

在他的心目中，有一个要宣讲佛法的愿望，所以他在法会的正中就座；当时比丘们、声闻们和所有的信众都齐聚在他的周围。

12. Bhikshunī, vrata holders, laymen, laywomen, everyone came closer, eager to drink the elixir disguised as the words of the Śikhi Buddha.

比丘尼、恪守誓言者、优婆塞、优婆夷，大家都紧凑一团，渴望饮领尸弃佛的甘露般的正法之语。

13. There, everyone bowed to the Buddha, from all directions. Among the crowd encircling him were Brahma, Indra and other gods.

在那里，每个人都转对佛陀躬身下拜。在环绕着佛陀的群体中间出现了梵天、因陀罗和三十诸天天神。

14. The lords of all realms had arrived to drink the elixir of Buddha's wisdom. Among them were demigods like Siddha, Yakṣa, Gandharva, Kinnara, Vidyādhara, Sādhya.

各方领主们来此，旨在领饮佛陀的智慧甘露。在他们中间还有半神半人，如成就者、药叉、乾闼婆、紧那罗、持明和成业者。

15. Mythical falcons, King of demons, Daityas, Lords of Serpents, Sages, Brāhmins, Vedic Brāhmins and meditators, were all present.

神秘的金翅鸟们、魔族之王罗刹、众神的亲族底提、大蛇之主、贤哲、婆罗门、吠陀婆罗门和禅定者们，全都在场。

16. Nihilists, Yogi, Nigrantha cultists, Digambaras, Kings, Kṣatriyas, Vaiśyas, Ministers and the public were also present.

虚无主义者（Yati，修道士）、瑜伽士（Yogi）、无系（Nigrantha）、异教徒、天衣派（Digambara）、国王们、刹帝利（Kṣatriya）、吠舍（Vaiśya）、大臣们和公众，也都到场。

17. Carpenters, merchants, businessmen, city folk, villagers, foreigners and everyone else also gathered around the Buddha.

工匠[①]、商人、生意人、城市居民、村民、外国人和其他各方人等也聚集在佛陀周围。

18. The mass, full of divine bliss from the eminent words of Buddha, all approached him, bowed to him, and sat around him in the anticipation of the divine elixir that was the Buddha dharma.

大众，由于佛陀的卓越的话语溢满着圣洁的极乐气息，都走近了他，向他聚拢过去，躬拜，又团团围坐下来，渴盼神圣的佛法灵丹妙药。

19. The Buddha was subjected to the ultimate respect from the mass; with reverence, worship, bows and such.

佛陀受到了广大信众至高的礼遇，充满敬畏、尊崇和恭敬之意。

20. The crowd gathered around the Śikhi Buddha in all cardinal directions: the front, the back, the left, the right, with hands joined in devotion, as he looked at them and spoke:

人群聚集在尸弃佛的周围各方：前面、后面、左边、右边，虔诚地双手合掌，他目视着众人并说道：

21. "I would like to preach the path of dharma that brings initial, intermediate, and the ultimate welfare to all. Having drunk the elixir of

① 梵文为śilpin，意为（制）作者，即工匠（包括木匠等）、工艺匠人、技艺者等。

the greatest Dharma, you all shall rise beyond your mortal attachments and mental turmoil induced by them.

"我愿向大家传授获取初始、中间和终极幸福的佛法之路。在饮领了最伟大的佛法甘露之后，你们大家都将超脱你们对尘世的依恋及其诱发的思想混乱。

22. With the practice of the highest dharma, many people become enlightened." As Buddha was speaking, some incidents started to occur in the large water body nearby.

随着最高佛法的实践，许多人变得觉悟。" 当佛陀正在讲话的时候，近处庞大的纯净的水体开始生变。

23. Everyone was astonished to see that a divine lotus had suddenly bloomed in the pond; the lotus was emitting sparks of energy, it had the sparkle of a diamond, it looked like a crystal at the middle, and it was made up of five divine gems.

每个人都惊奇地看到，在湖中突然绽放了一朵神圣的莲花；莲花闪现出能量的火花，它有着钻石的光泽，在它的中间看起来有一颗水晶，而且它是由五颗神圣的宝石组成。

24—25. The lotus, made of divine gems, contained a thousand koshas; with its center being the dharmadhātu the residence of the Buddha, the embodiment of all knowledge of the Buddhas. The dharmadhātu was a feet tall, and filled with gems and diamonds, and the dazzle of the gems illuminated the entire area.

这莲花，由神圣的宝石构成，有一千个花瓣[①]；它的中心是法藏（dharmadhātu）——佛陀的居所，诸佛所有真识的体现。法藏有一英尺[②]高，布满宝石和钻石，宝石耀眼的光芒照亮整片区域。

26. The dharmadhātu was the epitome of all knowledge, all virtues

① dala，花瓣、叶。

② ekahastapramāṇa，有一手的长度或一腕尺长。

and merits. It was the embodiment of energy. Nothing like it had ever existed. And it was the residence of the five Buddhas.

这个法藏是所有知识①、所有美德和功德的缩影。所有吉祥海云②的装饰。它是能量的化身。从未出现过这样的事物。而它就是五佛③的居所。

27. The dharmadhātu was the lord of the world; it was worthy of reverence from the entire world; it was worthy of worship; it did not have a beginning or an end, it was unaffected by senescence; it was respected by the whole world; it was the assimilation of all that was auspicious.

法藏是世界之主；它值得整个世界尊敬，崇拜；它无始无终，抗拒衰老；它受到全世界的礼敬；它吸纳一切祥瑞。

28. It would bring welfare to all; was superior to all. It was jewel of dharma, and contained the virtues of all three realms. It gave the bliss of dharma, artha (wealth), kāma (desire) and mokṣa (liberation) all at once.

它给所有人众带来福祉；超越一切。它是法之宝石，孕育了所有三界之美德。它同时赐予大众以法（dharma）、利（artha）、欲（kāma）和解脱（mokṣa）的祝福④。

29—30. Flowers of divine aroma were started to appear around it as there was a shower of flowers from the heaven. Celestial music from the

---

① 梵文为Saṃbodhi。

② lakṣṇa，佛教的“卍”字，吉祥海云。

③ 即五方佛，或称五智佛、五方如来、五智如来等，源自密宗金刚界思想，中东南西北五方，各有一佛住持，分别为中央毗卢舍那佛（Vairocana，遍照，明净；大日如来）、东方阿閦佛（Akṣobhya，不动如来）、南方宝生佛（Ratnasambhava，宝生如来）、西方阿弥陀佛（Amitābha，无量光佛）、北方不空成就如来佛（Amoghasiddhi）。另有金刚手（Vajrapani）类似本初佛，或不空成就佛的一种设置。

④ 梵文为Caturvargaphala。

heaven started to echo through the entire universe, alerting it of the appearance of the dharmadhātu.

天国落下了一阵花雨，神圣花香扩散弥漫。来自天国的鼓乐声响彻整个环宇，显示了法藏的出现。

31. With the appearance of the dharmadhātu, flames started to dance towards its right. Kalyana was heard everywhere.

Everyone was quiet. The winds were cool, gentle and fragrant. There was a divine scent in the air, which alerted everyone of the divine incident.

随着法藏的出现，火焰开始右旋舞动。到处都能听到美妙的乐音。

每个人淡定安详。清凉之风，温馨宜人。空气中弥漫着圣洁的芳香，警示着人们神圣事件的发生。

32. The Gods showered it with waters from the celestial river (deva-nadī). The clouds chanted a solemn melody of reverence, and in its bliss, released rain. The planets, moon and stars shone brighter than ever.

众神用天界的河水（deva-nadī，神河）沐浴它。云朵吟唱着崇敬而庄重的赞美乐曲，在它的欣喜之中，播撒了雨水。行星、月亮和星星比以往任何时候都更加明亮。

33. Words, hymns and melodies echoed through the skies; auspiciousness floated everywhere.

言语、吟诵和美妙的曲调在云霄回荡；喜庆吉祥飘动各方。

34. Fertility spread through the soil; the rains were perfect; grains grew in plenty, harvests were good. And along with crops, good qualities and virtues grew in the ground. Dharma was practiced by everyone; there was no strife, no evil, and no mishaps.

土壤丰饶；雨水充沛；谷物盈产，收成良好。伴随农作物生长，优良品质与美德也丰盈大地。人人都修持佛法；没有争斗，没有邪恶，也没有灾祸。

35. Lords from all over the cosmos were surprised at the rise of self-originated dharmadhātu, which was the residence of Buddha.

来自宇宙各地的领主们都对自我起源的法藏感到惊喜，那是佛陀的居所。

36. Even the ones who were in a state of meditation, the ones in a state of pleasure, the ones in a state of celebration; everyone stopped what they were doing and came to catch a glimpse of the dharmadhātu.

即使那些处于禅定状态的人们，那些处于极乐①状态的人们，那些处于喜庆②状态的人们；每个人都停下他们在做的，前来一睹法藏。

37. Brahmā, the creator of the universe, arrived; and so did the other gods, sages, Brahmacāris and maidens; and all those who did experienced divine ecstasy.

梵天，宇宙的创造者，驾临了；其他的神祇、圣人、梵行者和童女们也来了；所有那些体验过神性极乐③的人也来了。

38. Indra, the king of heaven, landed; followed by his entourage of gods and demigods and heavenly nymphs; and they did not come empty handed. They came prepared, with worship materials in their hands. And when they worshipped the dharmadhātu, they felt divine gratification.

---

① ānanda，英译是“great bliss”，或者是“the great joy of deliverance from further transmigration, final emancipation”。

② saukhya，英译是“welfare, comfort, health, happiness, felicity, enjoyment”，通过这些词可以体会描写的喜悦幸福程度。

③ muditā，有初欢喜地、喜、喜心、发喜等义。在梵语和巴利语中，“喜”是快乐或同情的快乐，是慈悲喜舍四无量心中的第三个。同情的快乐是一种以他人的幸福和好运为乐的态度，是嫉妒和妒忌的反面。

因陀罗（Indra），天国之王，驾临了；作为众神随从、半神半人和天国仙女们跟后；他们并非空手前来，而是手中备有供品。当他们敬拜法藏时，感到了神圣的喜悦。

39. Similarly, the god of fire, the god of death, the god of wind, the god of wealth, the god of time, and lords of all realms paid a visit.

同样地，火神、死神、［水神（伐楼那）、］风神（玛鲁特）、财神、时间之神和其他所有领域之主们都来拜谒。

40. The visitors did not come alone. They came with their kins. Some came with their wives, some with their husbands; and all with joyous hearts, avid to see the dharmadhātu.

拜访者们并非只身个体而来。他们带着自己的家眷亲属。一些人与他们的妻子，一些人与她们的丈夫；而且所有人都带着一颗喜悦的心，他们渴望见到法藏。

41. King of the Gandharva realm, Dhṛtarāṣṭra, came with his group of gandharva demigods, and brought with him a festival of music and melodies; only to catch a glimpse of the Svayaṃbhū.

乾闼婆领域之王，持国天王（Dhṛtarāṣṭra），与他的一群半神半人的乾闼婆们来了，并且带来他音乐与曲调的节日；仅只为一睹斯瓦扬布。

42. The King of Virūḍha came Kumbhāṇḍa, and having worshipped Svayaṃbhū, achieved absolute joy and bliss.

来自鸠槃荼（Kumbhāṇḍa）的增长天王（Virūḍha），敬拜斯瓦扬布，获得了绝对的喜悦和幸福。

43. King Virūpākṣaḥ also arrived, and brought with him serpents and lords of serpents, who brought with them gems and crystals, and worshipped the Svayaṃbhū.

广目天王（Virūpākṣaḥ）也抵达了，他带来蛇族与众蛇之主们，他们带来宝石和水晶，敬拜了斯瓦扬布。

44. Lord Kubera, king of all wealth and yakṣa demigods, arrived, accompanied by a group of yakṣinīs, with many materialistic offerings for the Svayaṃbhū.

所有财富与药叉半神半人之王俱毗罗主（Kubera）抵达了，由一群药叉女（yakṣinī）伴随，给斯瓦扬布带来许多的实物供品。

45. Lord Vajrapāni himself came. So did Lord Guhyendra, who came with demigods and demigoddesses, with divine gifts of pleasure as offerings to the Svayaṃbhū.

金刚手主（Vajrapāni）独自莅临。秘密自在主（Guhyendra）也到场，伴随而来的是男、女半神半人从众，他们带着娱乐神圣礼物作为供品奉献给斯瓦扬布。

46. Drum, king of semi-gods, came with his servants, and played the turya instrument, whose melody brought pleasure to everyone's ears.

半神之王鼓神（drumakinnararājā，树紧那罗王），由其马脸人身的侍从们伴随而来，他们奏响鼓乐，其美妙旋律为人们带来悦耳的欢乐。

47. Mythical omnipotent demigods, and their king Sarvārthasiddha, came with divine offerings; and worshipped the Svayaṃbhū.

神秘的无所不能的半神半人们，与他们的国王“一切义成”（Sarvārthasiddha），带着圣洁的供品来了；他们敬拜了斯瓦扬布。

48. The King of all birds—the divine falcon flew in; along with all other birds that brought with them their fortune, joy and glory, and sang hymns to the Svayaṃbhū.

众鸟之王——神圣的大鹏金翅鸟与其他鸟儿一起飞来；带来了它们自己的财富、欢乐与荣耀，对斯瓦扬布倾情歌唱赞美。

49. Siddha demigods, Sādhya demigods and Vasu demigods all arrived.

Planets also came, so did the stars and their systems, and groups of celestial nymphs also arrived.

半神成就者、半神成业者和半神财神全都赶过来。

行星也来了，星星与它们的族系亦相随，天国成群结队的飞天飘然而至。

50. Kings of daityas came, with their kinsmen; and as they did, they saw festivities and celebrations happening.

底提的国王们，带着他们自己的亲眷也突然出现，当他们看到庆祝与欢庆的重大活动时，往往会现身助兴。

51. Lords of the world, who would be informed of all that occurred in all directions, also came. As they caught a glimpse of the Svayaṃbhū, they experienced divine pleasure.

世界各方之主们，听到了四面八方传来的轰动消息，也现身到场。当他们目睹斯瓦扬布时，体验到了神圣的快乐。

52. Everyone else who came to see the dharmadhātu had their desires satisfied; even a glimpse from afar gave them fulfillment.

其余任何来此目睹法藏的人，他们的渴望都得到了满足；哪怕从远处瞟上一眼也都获得了抚慰。

53. All who arrived worshipped the Svayaṃbhū taking turns, bowed down in eight positions, and sat down nearby with devotion.

所有到来者，都依次礼拜斯瓦扬布，从八个方位躬拜之后，虔诚地在近旁坐下。

54. Some persons worshipped the Svayaṃbhū with scented incense, some applied fragrant lotions on his body, and some adorned the Svayaṃbhū with flowers.

有些人用奇妙的薰香敬拜斯瓦扬布，有些人在他的周身涂上香液，还有些人用鲜花装饰他。

55. Some people offered divine garlands, some clad him in divine

cīvara, some lit candles all around the Svayaṃbhū and some even performed the ārati.

有些人献上神圣的花环，有些人为其披上神圣的袍布，有些人在斯瓦扬布的周围点亮排灯，还有一些人晃舞阿拉蒂灯盘①。

56. Some offered nectar, others offered him divine ambrosia, some offered multitudes of jewellery and gems.

有的人供上了花蜜，有的人供上了谷物，有的人为他供上神奇的药草，还有的人为他庄严各式各样的珠宝与宝石。

57. Some offered umbrellas to give him shade; some offered fans and fanned him with gentle winds. Some used drums and flutes to please the Lord Svayaṃbhū with their melodies.

有些人供上了华盖给他阴凉，有些人供上扇子，为他扇起轻柔和风。一些人用钹和单面小手鼓为歌唱与舞蹈伴奏，以取悦斯瓦扬布主。

58. Some people played ancient instruments, some played medieval wooden instruments, some blew conch shells, and some blew horns as trumpets. Some played different other instruments, some played the stringed instruments. In this way, everyone played to please the Svayaṃbhū.

有些人演奏古老的乐器，有些人演奏中世纪的木制乐器；一些人吹响笛子、螺号和如同喇叭的号角，表演三重奏。同样还有演奏大鼓、琵琶与其他不同的乐器。这样人们以歌、舞和美妙音乐来满足斯瓦扬布主。

59. Some clapped their hands, some played instruments that sounded like the thunder, some played the damaru, some played bherī in-

① arati，本义是移动的火焰，音译“阿拉蒂”，一种摇动的祭火盘，是崇拜庆贺的一种仪式，敬拜者的双手在胸前位置，手捧一个小托盘，上面是加有樟脑点燃着的几盏油灯，对着神像或被崇拜者，手中托盘随手右绕旋转，以表礼拜。

strument. Everyone played the instruments they were well versed with, in order to please the Svayaṃbhū.

一些人拍起他们的手掌，一些人打着手鼓（damaru，达玛鲁），还有一些人拍打着战鼓（bherī，比瑞）和敲击着半球形铜鼓，鼓乐轰鸣如同滚滚雷声。为了取悦斯瓦扬布主，每个人弹奏或打击自己精通的乐器。

60. Some people danced, some sang. Some prayed with words, some chanted hymns. Everyone was intent on pleasing the Svayaṃbhū.

有些人跳舞，有些人歌唱。有些人用言语低声祈祷，有些人吟诵赞美诗。每个人都一心取悦斯瓦扬布。

61. Some people walked in clockwise direction, thousands of times, around the Svayaṃbhū. Some chanted the Dhāraṇī mantras, some chanted stotras to please the Lord.

有的人绕着斯瓦扬布按顺时针方向行走千遍万遍。有些人持诵陀罗尼咒语（Dhāraṇī mantra），还有些人唱诵赞美诗来取悦佛主。

62. In their own different ways, even the Brāhmin, Kṣatriyas (warrior race) and Vaiśyas (merchant race), with full devotion, worshipped the Svayaṃbhū.

所有的人，甚至婆罗门、刹帝利（武士种姓）和吠舍（商人种姓），都以他们自己不同的方式，用全然的归敬，崇拜斯瓦扬布。

63. It was a divine festival, the word of which travelled far and wide. The men of the world were astonished by the news of such a great occurrence.

那是一个神圣的节日，消息远播，世上的人们听闻这样一个伟大事物生起的消息感到吃惊。

64. In Śikhi Buddha's ongoing court, the Ratnapāṇi Buddha also

heard. He stood up, joined his hands, and addressed the Lord:

在尸弃佛仍在进行的法会上，大菩萨宝手（Ratnapāṇi）[1] 起身来到牟尼面前，双手合掌，向佛陀说道：

65. "O Lord, the entire planet is vibrating with the waves of celebration that are spreading in all four directions, with its instruments, songs and melodies. What has happened? How did it come to occur? Pray tell me."

"哦，世尊啊，整个星球都被一波波庆祝的声浪所震动，鼓乐声、歌声和美妙的旋律荡漾在四面八方。发生了什么？它如何开始发生？祈求告知。"

66. After the scholastic Ratnapāṇi prayed to the Lord as such, the Lord Śikhi Buddha addressed the scholar and replied:

学者风范的宝手向世尊这样祈求后，尸弃佛看着这位智者回答道：

67. "O Ratnapāṇi, you have asked a good question. Listen carefully, the reason for the vibration of the entire world is the worship of the Svayaṃbhū with divine enthusiasm.

"哦，大菩萨啊，你提出了一个很好的问题。请仔细听，整个世界的震动，究其原因，是对斯瓦扬布神圣的热情崇拜。

68. Perhaps you know of this. In the Northern part of the mortal realm, in the Himālayas, filled with all eight qualities, lies a huge body of water.

也许你知道这个。在陆地世界的北部，在喜马拉雅山脉，躺卧着一处巨大的水体，充满了所有的八种功德。

---

① Ratnapāṇi，宝手菩萨，即"宝石装饰手的"。此菩萨属于南方宝生佛（Ratnasambhava）族系。宝手菩萨右手呈施愿印，左手安放在大腿上并持一如意宝珠（Cintāmaṇi），能满足世间一切所愿。

69. In that very pond filled with jewels and bejeweled lotuses; Dharmadhātu Jinālaya, the home of the Buddha, has originated in itself.

就在那一独特的池水里，遍布珠宝和宝石装饰的莲花；那是法藏胜者之地，佛家，源于自身。

70. As the Svayaṃbhū self-originated, the entire earth is elated. Celebrations commenced everywhere, the waves of which have shaken the entire world.

由于斯瓦扬布自我生起，整个大地都极度欢喜。庆祝活动在各地进行，其声浪震撼三界。

71. After seeing it, great and mighty gods like Brahmā, Śiva, Indra, and planets, stars, siddhas, sādhyas and demigods were all ecstatic.

看到法藏之后，伟大而有力的众神，如梵天、湿婆大神（Maheśāna，摩诃伊莎）、因陀罗（Śakra，帝释），行星与星星，成就者、成业者、持明和半神半人们都欣喜若狂。

72. Venerable sages were all gladdened and surprised. Not only them, lords of many realms, birds and serpents, everyone was filled with awe.

令人尊敬的圣贤们全都又惊又喜。不仅是他们，其他所有领域之主们，包括底提、鸟类（khaga）和蛇族（nāga），每一位都充满了敬畏之情。

73. Yakṣa, Kinnara, Gandharva, Guhyaka, Rākṣasa, were all awestruck, for they understood the magnificence and the might of the Lord Svayaṃbhū.

药叉、紧那罗、乾闼婆、密迹、罗刹都肃然起敬，因为他们明白斯瓦扬布主的辉煌与强大力量。

74. All of them with divine happiness came to the spot where the

Lord Svayaṃbhū originated, and they all partook in the worship of Svayaṃbhū. This is the cause of such loud vibrations in the earth.

他们全都带着神圣的欢愉，来到斯瓦扬布主起源的地点，分享了斯瓦扬布的崇拜。这就是地球上如此不断剧烈震动的缘由。

75. Thus, when Śikhi Buddha revealed the mystery of these events to Ratnapāṇi, he was also awestruck and filled with wonder.

因此，当牟尼之主尸弃佛向宝手菩萨揭示这些事件的神秘时，他也肃然起敬并充满了惊奇。

76. Ratnapāṇi was instantly filled with joy and happiness at this news, and he became the epitome of happiness. He then entered a state of joyous trance.

通晓此事后，宝手菩萨即刻充满喜悦和幸福。于是他进入了一种大乐状态。

77. Again, the Ratnapāṇi, with joined hands, spoke to the Lord. "O Lord, I would like to ask of you the wish in my heart."

再次，宝手菩萨，双手合掌，对尸弃佛说。"哦，世尊啊，我祈求告知我心中的愿望。"

78—79. "O Lord of the world, I would like to visit the Svayaṃbhū, and devote myself to him, and chant hymns eagerly to worship him. I ask your permission to depart to see the Svayaṃbhū."

"哦，世界之主啊，我愿意去拜访斯瓦扬布，把自己奉献给他，热情地吟诵赞美诗来敬拜他。我请求您允许我离开前往一睹斯瓦扬布。"

80. As the Ratnapāṇi prayed to the Lord Śikhi, he looked at him and spoke: "O Son, you may instantly go that place. If you seek knowledge, it is necessary that you pay a visit to the Svayaṃbhū."

当宝手菩萨向尸弃佛祈求时，世尊看着他说："哦，孩子，你可以立刻就去那个地方。如果你寻求真识智慧，是必须去拜访斯瓦扬布的。”

81. “Go and devote yourself to the Svayaṃbhū. Your devoted worship of the Svayaṃbhū will bring you great welfare.

“去吧，把自己奉献给斯瓦扬布，你对斯瓦扬布的虔诚崇拜，将给你带来巨大的福祉。

82. Should you worship the Lord, meditate of him, encircle him and pray to him with reverence, you shall receive instant Bodhi-hood, and all knowledge shall be yours.” Hearing the Śikhi Buddha say this, Ratnapāṇi was duly pleased.

如若你敬拜佛主，冥想①他，绕拜他，敬畏地向他祈祷，你将立刻领受到菩提之果（Bodhi-hood），所有的知识②都将属于你。”听到尸弃佛这样说，宝手菩萨满心欢喜。

83. Having received this permission from his Lord Śikhi Buddha, he prayed to his Lord, encircled him and finally set out for the worship of the Svayaṃbhū. He was then accompanied by many Mahāsattvas, Bodhisattvas, and other disciples of Buddha.

得到尸弃佛的这个许可后，他向世尊祈祷，对他做右绕拜仪，最后出发去朝拜斯瓦扬布。于是，许多大菩萨、菩萨和佛陀的其他弟子们出来伴行。

84. Among his company were initiates, bhikkhus, bhikkunis, laymen and laywomen, devotees of the Svayaṃbhū, the people who desired merit and virtues, who all departed for the Svayaṃbhū.

---

① 沉思或深思，即对一个主题进行深刻、连续的思考。“观想，略作想。即集中心念于某一对象，以对治贪欲等妄念。或为进入正观而修之一种方便观。”——转引自《佛光大辞典》

② Saṃbodhi，意为三菩提、成道、正等菩提。

在他的陪伴中，有声闻[①]、比丘、比丘尼，优婆塞和优婆夷，斯瓦扬布的信徒，渴望功德与美德的人们，他们都向着斯瓦扬布进发了。

85. Sages, Monks, Ascetics, Brahmans, Yogis, Vedic followers, Jains and Brahmacāris all accompanied the Ratnapāṇi.

圣贤（ṛṣi）、僧侣、苦行者、婆罗门、瑜伽士、吠陀的追随者、耆那教教徒（Jain）和梵行男子，大家都陪伴着宝手菩萨。

86. Kings, warriors, vaiśyas, courtiers, carpenters, merchants, tradesmen with caravans, and every important person departed for the Svayaṃbhū.

国王、武士、吠舍、侍臣、工匠、商人、带着商队的贸易者以及每个重要的人物都出发前往斯瓦扬布。

87. Townsfolk, villagers, foreigners, general public, all who desired welfare from the Svayaṃbhū also went.

城镇居民、村民、外国人、普通公众，所有渴望来自斯瓦扬布福祉的人也都跟随而去。

88. Everyone went with great enthusiasm, walked with joy, led by Ratnapāṇi. The company's journey was filled with great celebration and festivities.

在宝手菩萨的带领下，每个人都怀着极大的热情出发，欢快地迈进。队伍的旅程洋溢着盛大的节日气氛。

89. All had carried worship materials in their hands, and enthusiasm in their hearts. They had offerings of their capacities with them, to offer to the Lord Svayaṃbhū.

As they went, they also encouraged the bystanders to journey to the Svayaṃbhū along with them.

---

① śrāvaka।

所有的人手里都拿着朝拜的物品，内心充满热情。他们携带着尽己所能的供品，献给斯瓦扬布佛主。

他们行进之中，也鼓舞了那些旁观者，与他们一道向斯瓦扬布走去。

90. As they reached the Svayaṃbhū, they saw the Jinālaya (home of the Buddha). A glimpse of the Svayaṃbhū led them to commence further worship.

当接近斯瓦扬布时，他们看到了那个胜者之地（佛家）。即使只看了一眼，也让他们对斯瓦扬布崇拜得五体投地。

91. They worshipped the Svayaṃbhū procedurally, and bowed down to it. To guide them through their worship procedure, sages were already present in the spot.

他们按照仪轨敬拜斯瓦扬布，匍匐跪拜。为了引导遵循礼拜仪轨，贤哲们已经出现在这个地方。

92. They gradually chanted hymns for the Svayaṃbhū, and indulged in worship through chanting of his names, bowing down, prayers, dhāraṇī mantra, with lots of enthusiasm.

他们渐渐地为斯瓦扬布唱起赞美诗歌，人们怀着极大的热情，沉浸在唱诵他的名号、躬身下拜、诵念祷文和陀罗尼咒语的气氛中。

93. Everyone did revolutions around the Svayaṃbhū in eight ways, while they saluted the Svayaṃbhū with folded hands. In this way, Bodhisattvas and Mahāsattvas all took part in the worship.

每个人都以八种方式围着斯瓦扬布绕拜，双手相叠向斯瓦扬布致敬。就这样，菩萨、大菩萨和佛子们都参加了敬拜仪式。

94. "As a part of Ratnapāṇi's company, I witnessed everyone worshipping the Svayaṃbhū from all ten directions", said Buddha to

Maitreya.

"作为宝手队伍中的一员，我见证了来自十方的所有的人对斯瓦扬布的敬拜"，佛陀对弥勒说。

95. Although it was the age of evil (Kali age), everyone devotedly worshipping the Svayaṃbhū received merit and the ultimate knowledge.

虽然处于邪恶时代（迦利时代①），但每个虔诚崇拜斯瓦扬布的人，都领受到了功德和终极的知识②。

96. My prayers helped me emerge victorious against my bodily desires (māra). That is the common destiny of all who worship the Svayaṃbhū.

我的祈祷帮助我成功摆脱了感官欲望（māragaṇa，魔众③），成为法王。那是所有崇拜斯瓦扬布的人的共同归宿。

97. All who went received immediate jñāna and a large amount of merit. In service of the Svayaṃbhū, everyone experienced divine ecstasy.

前去的所有人立刻领受了真识④和大量的功德，在侍奉斯瓦扬布中，每个人都体验到了神圣的狂喜。

98. An amazing quality of pleasure was seen in everyone present. Similarly, everyone attained knowledge; and this fact was noticed and consequently discussed by the sages, monks and laymen present in the masses gathered around the newly emerged Svayaṃbhū.

---

① 佛教的末法时代，在印度教被称为迦利时代（surām；Kali-bala，the power of evil，邪恶力量）。迦利时代是一个物质的时代，男人代替女人掌握了世界权力，人们追求物质胜过追求精神，权力和迷信开始统治人的精神，神的存在只为少数人所感知，而使得人类了解神的方法只剩下宗教。

② Bodhi，智慧，觉悟。

③ 梵文词 Māra，有魔、魔军、恶魔、天魔、邪魔、魔众等义。魔军是恶魔之军兵。以军譬喻魔众之势力，故称作魔军。魔，又称为恶魔，意译为杀者、障碍等。

④ Jñāna，大智慧、妙智、明智、智慧、智果、正智、深慧。

在场的人都表现出一种令人惊奇的喜悦。同样地，每个人都获得了知识[①]；而且这个事实受到了关注，并因此被聚集那里的大众中的圣人们、僧侣们和优婆塞所谈论。

99. Understand, and devote yourself to the Lord Svayaṃbhū, as the sages and monks pray in remembrance of the Lord in all four periods of the day, in order to bring welfare to all.

去理解，并把自己奉献给斯瓦扬布佛主，作为圣贤和僧侣，在一天的所有的四个时段[②]都在对佛主的忆念中祈祷，以便为所有人带来福祉。

100. The sight of Lord Svayaṃbhū, and his profound meditation, remembrance, devotion, and respectful service, grants instant Buddhahood to all. Such Buddhas are present today, and will continue to exist in the future.

看到斯瓦扬布佛主，和对他的深邃冥想、忆念、奉献和恭敬服务，使所有的人瞬间获得佛性。这样的悟者（佛陀）今天存在，未来也将继续存在。

101. The future, the sinful, the wicked, who catch of the glimpse of the Svayaṃbhū will be rid of all their sins.

未来，极恶之人、恶劣之人，他们碰巧一瞥斯瓦扬布，便会摆脱所有的罪业。

102. Even the highest sinners, those that are doomed to the ultimate punishment, in the mercy of Lord Svayaṃbhū will be removed from their misery. They shall join the path of goodness, purity, merit and chastity.

即使是罪大恶极之人，那些注定要受到终极惩罚的人，在斯瓦扬布佛主的仁慈庇佑之下，也会救他们于苦难。他们将走上善

---

① Saṃbodhijñānasādhana，成就正等菩提。

② 上午、中午、下午和傍晚。

良、纯洁、功德和制欲之路。①

103. They shall not have to endure further degradation and misery, and would be established into the path of mokṣa.

他们将不必忍受进一步的堕落和痛苦，并会立足于解脱之路。②

104. Those people will become Bodhisattvas, Mahāsattvas, and the disciples of Buddha. They will reach the upper level of knowledge and ultimately become candidates for mokṣa.

那些人将成为菩萨、大菩萨和佛的信徒。他们将达到知识③的高层水平并最终成为解脱的最好人选。

105. After receiving the three types of knowledge, they will be established into the path of liberation. Thus, the ones who behold, chant and worship Svayaṃbhū shall have no wish unfulfilled.

在接受了这三种知识④之后，他们将被确立走向解脱的道路。这样，那些目睹、吟诵和敬拜斯瓦扬布的人将没有不能够满足的愿望。

106. The people who want to receive knowledge this way have to remember, revere, worship and sing hymns, and even when they are in no state to do so, they should chant his name and remember him with

---

① 此偈说虔诚崇拜斯瓦扬布，能摆脱恶业，纯洁感官，净化心灵，无复烦恼，持梵行。

② 无论何时何地都不会堕入恶趣，拥有贤善等高贵品质。

③ Bodhisaṃbhāra，菩提具/菩提资粮。本词中的“saṃbhāra”，即必需品、积集、准备之意。资为资助，粮为粮食；如人远行，必假粮食以资助其身，故欲证三乘之果者，宜以善根功德之粮以资助己身。诸经中亦每以“资粮”一词引申为趋向菩提之资本，或谓长养资益菩提之因的诸善法。《金光明最胜王经》卷六与《大宝积经》卷五十二等均有两种资粮之说，即指福德资粮（布施、持戒等）、智德资粮（又作智慧资粮，即修行般若智慧）。以上两种再加以先世资粮（过去世所修之善）与现法资粮（现世所修之善），则称为四种资粮。此外，唯识宗等将修行之阶位分为五，首位即称为资粮位。——参见《佛学大词典》（https://foxue. 51240. com/ziliang_ _ foxued/）

④ 即三种菩提（bodhi），至高知识。

devotion, to bring them into the path of knowledge.

那些想要这样接受知识的人必须忆念、敬畏、崇拜和吟诵赞美诗，即使在他们没场所这样去做的时候，他们也应持诵他的名号，并带着虔诚忆念他，以把他们引入菩提智慧之路[1]。

107. "Energetic devotion to the Lord Svayaṃbhū should bring you greatness", said the Buddha as he commanded the assembly to devote themselves to the Svayaṃbhū.

当吩咐会众把他们自己献身于斯瓦扬布时，牟尼之主功德聚这样说道："积极奉献给斯瓦扬布佛主会促使你伟大。"

108. Having heard this, the crowd, including Maitreya, had their spirits raised. They expressed their gratitude for the knowledge of the Svayaṃbhū.

听到这一嘱咐后，以弥勒菩萨为首的大会众，他们的精神得到提升。他们为获得斯瓦扬布的认知，表达了自己的感恩。

109. They were quick to devote themselves to the Svayaṃbhū, and meditated with remembrance of him in their pleased minds. They wanted to worship and follow the Svayaṃbhū.

他们很快就把他们自身奉献给斯瓦扬布，并在愉悦的心情中带着对他的忆念、冥想。他们一心要敬拜和跟随斯瓦扬布。

110. Maitreya Bodhisattva, having heard all of this, gathered special types of fruits, flowers and materials, with an inherent desired to worship the lord. But he wanted to know about the most appropriate offerings and worship materials to do so.

佛子弥勒菩萨，听了所有这些后，带着一种内在的恭敬佛主的渴望，采集了各种各样殊胜的果子、花卉和植物。但他想知道这样做怎样才是最适当的供品和提供之物。

---

① 本书时时强调信敬、勤力、忆念、禅定及得慧，此为生圣道的根本，关涉五根（信根、精进根、念根、定根、慧根）的增长。

111. "O Lord of all sages, I pray to you. How do we acquire the highest benefits of worship? What is the procedure of Svayaṃbhū worship? And what are the necessary materials for worship?"

"哦，众牟尼之主啊，我向您祈祷。我们如何获得朝拜的至高的殊胜果报？斯瓦扬布崇拜的程序是什么？朝拜必需的实物是什么？"

112. "The assembled all seek the knowledge of the special procedure of worship, and the benefits of it."

"集会的所有人寻求这个崇拜的殊胜的知识程序（细节描述）及其利益。"

113. "Everyone present here wants to know; do grant us this knowledge." Having said this, Maitreya sat down quietly.

"这里在场的每个人都想知道此事；请授予我们这方面的知识。"话毕，弥勒菩萨安坐下来。

114. Having heard this, the Lord said to the praying assembly "Listen carefully, I shall tell you of the extent of the benefits and procedure of this worship."

听到询问的话语，世尊对祈祷的会众说，"要仔细听啊，我将告诉你们这敬拜的果报的范围与程序"。

115. "As I tell you, I grant knowledge to the entire world. The use of 'pañcām ṛta' is paramount, along with water and flowers. Pañcāmṛta is a concoction of butter, honey, sugar, milk and yogurt, and often described as a form of elixir accessible to mankind."

"当我告诉你们，我也向整个世界传与了正觉。'五甘露'（pañcām ṛta）的使用是至关重要的，要以水和鲜花清净庄严。五甘露是一种由黄油、蜂蜜、糖、牛奶和酸奶组成的混合物，经常被描述为人类可得到的一种灵丹妙药。"

116. The people who happily shower the dharmadhātu with pañcā-

mṛta, must go on to bathe in the Mandākinī river that flows nearby to achieve immeasurable merit.

那些愉快地用五甘露为法藏沐浴的人们，必须继续在流过近旁的曼陀吉尼河（Mandākinī）① 沐浴以净化三曼荼罗（身语意）。

117. As a result, they will achieve divine bliss, within and out of this world. Finally, they will reach the dimension of Buddha. Thus, this form of worship of Svayaṃbhū, is certain to grant one the path of liberation.

作为果报，他们在此世界或彼世界都将获得神圣的极乐②。最后，他们将到达佛家境界（prānta）。因此，这种关于斯瓦扬布支提的崇拜的形式③，一定会施与一个人走向解脱的道路。

118—119. Such people, full of joy, shall radiate happiness in the outer world. Their bodies become fragrant as a result of the worship. Even Gods and Demons shall respect such people. They shall acquire riches beyond measure, shall have all the gems and jewels. In this manner, there is nothing that the worship of Lord Svayaṃbhū with pañcāmṛt will not grant them.

这样的人们，充满喜悦，将在外部世界传递幸福。他们的身体作为崇拜的结果而变得芳香可爱。甚至诸神与魔族也尊重这样的人。因此，心怀愉悦之情用五香在法藏胜者之地敬拜，这样的人，他们将拥有珍宝，他们将获得吉祥、繁荣与幸福。

120. The ones who with absolute focus do puja will be filled with jewels and gems, and good virtues and qualities will come into their lives.

---

① Mandākinī，“慢水”或“慢流”之义。

② sukha，意为快乐、幸福、舒适。古语表安乐、怡乐、喜乐之义。

③ surabhidravyasaṃyukta，芳香甘美的柔和之物（指五甘露五香供奉）。

那些专注做供养的人将获取丰富的珠宝与宝石①，开启一种品德高尚的生活。

121. They shall be ready for welfare of all. The people who, in their worship, offer the cīvara to the Svayaṃbhū shall receive whatever they desire. They would be kings in the future.

他们将为众生的福祉时刻准备着②。那些怀着崇敬之情，向斯瓦扬布提供长袍③的人，将得到他们所渴望的。他们会成为君王。

122. With devotion, the ones who offer silk shall have plenty of silk and all luxury will be theirs.

那些满怀敬意，虔诚供奉丝绢的人将拥有大量的丝绢，并且将拥有珠宝装饰的制品。

123. If they worship the Lord with terrestrial and aquatic flowers, their lives shall progress into success. They become wealthy, wise and healthy.

如果他们用陆生和水生花卉供奉斯瓦扬布主，其生活将走向成功。他们会变得富有、智慧和健康。

124. They shall be matched with Indra, the king of the gods, in both influence and prosperity.

君王们怀着喜悦之情，虔诚赞美和敬拜，他们在影响力和财富上将与诸神之王因陀罗相媲美。

125. The ones who offer great flowers and garlands shall be subjects to boundless happiness.

那些用编制的可爱花环供奉的人，享有智慧，福德圆满。

---

① 此偈出现“七宝”一词，在佛经中，不同的经书所译七宝（saptaratna）不尽相同。如《阿弥陀经》中所指七宝：金（suvarṇa）、银（rūpya）、琉璃（vaidūrya）、水晶（sphaṭikam）、砗磲（musāragalva）、赤珠（lohitikā）、玛瑙（aśmagarbham）。——转引自丁福保编《佛学大辞典》

② ud-yukta，为某种理想的目的而努力。

③ cīvarāmbara，意为衣服、衣、衣物、布等。

126. The gods who desire great bliss, and offer special garlands to the Svayaṃbhū, shall be granted their wish.

那些渴望极乐，并为斯瓦扬布提供殊胜花环的人，诸神将满足他们的愿望，福德、法爱[1]增长。

127. Their fame will spread far and wide. Their actions become good. Slowly, they start pacing on the path of knowledge. Thus, even with the worship through simple flowers, all wishes are granted.

他们的名声将会远播。他们的行动将变得美好。慢慢地，他们开始踱步在知识[2]的道路上。因此，即使凭着简单的花朵来敬拜佛家，所有的愿望都会实现。

128. The Kings who shower the Svayaṃbhū with flowers and worship with devotion shall be rewarded with extended time in heaven.

那些用鲜花沐浴斯瓦扬布[3]并信敬崇拜他的国王们，在天国将得到更长时间的回报。

129. The ones who with butter, oil and other fragrant oils light the dīpa, shall receive all the worldly happiness and then move on with the ultimate knowledge to the path of liberation.

那些用黄油、籽油和其他氤氲香油燃灯供奉的人，他们将得到所有的世间幸福，然后带着终极知识走向解脱之路。

130. The ones who light the dīpa around the dharmadhātu with delight would be granted stronger eyesight, gentler appearance and greater knowledge.

---

① 法爱（dharmakāma）：谓菩萨以平等心而生法喜，欲令一切众生皆至佛道，是名法爱。（转引自《大明三藏法数》）爱有两种，一欲爱，凡夫之爱也。二法爱，菩萨以上之爱乐善法也。此法爱又有两种：一小机之爱涅槃者及菩萨未断法执而爱善者，此法爱必当断之。二如来之大悲，亦云法爱，是无上之真爱也。——转引自丁福保编《佛学大辞典》

② bodhicārin，有菩提行、菩提修行、智慧、觉悟修行等义。

③ 向斯瓦扬布撒花。

那些带着快乐围绕法藏胜者之地燃起灯盏的人，会获得更强大的视力、更优雅的外表和更渊博的知识。

131. Offering aromatic food to the Svayaṃbhū shall earn men reverence from Kings, and will receive knowledge.

向斯瓦扬布献上馨香的食物的人，将赢得君王们的尊重，也将获得菩提。

132. Offering different types of things shall grant people prosperity of riches and ratnas.

奉献各种不同的物品，将会赐予人们大量的财富与珍宝。

133. The gods, who reside in heaven, who have come to earth to offer to him the nectar that they ingest, shall be introduced into the path of liberation.

居于天国的诸神，他们来到凡界，供奉与他所食用的甘露，将被引入解脱之路。

134. The ones who offer many offerings, with devotion and focus, shall retain the strength of kings and similar prosperity, and will never be disturbed by ailments or diseases.

那些君王提供多种多样的供品，带着虔诚与专注，将保有国王们的威力和同等的繁荣，并且将永远不受病痛或灾难折磨。

135. The gods of heaven are bound to walk the path of liberation should they come to Svayaṃbhū and offer him fruits from the forest.

只要天国诸神来到斯瓦扬布，并向他奉上采自森林的果实①，他们注定要走上解脱之路。

136. The ones who offer different types of foods will get whatever in the world they desire.

那些虔诚供奉不同种类食物的人，将会得到这个世界上他们

① 包括根、茎、叶、种子和果。

所渴望得到的。

137. The ones, indulged in the practice of Bauddha dharma, who offer foodstuff and medicine to the Svayaṃbhū, will ultimately receive moksha.

那些沉浸于佛法修行的人，向斯瓦扬布奉献洁净的食品与药品，将获得最终的解脱。

138. Others who offer food with constant devotion to the service of Svayaṃbhū shall have beauty in their body, control over their organs and shall carry no disease in their bodies.

其他的那些奉献食物，对斯瓦扬布始终如一献身服务的人，他们将拥有美丽的身躯，掌控他们的器官，不使任何疾病沾染他们的身体。

139. Constant worship of the Lord Svayaṃbhū shall grant them royal prosperity, and save them a seat in the realm of bliss (sukhāvatī).

持续崇拜斯瓦扬布佛主将给他们带来盛大繁荣，并为他们在西方极乐（sukhāvatī）世界保留一席之地。

140. The ones who place tall flags near Svayaṃbhū and pieces of sacred fabric nearby, shall become respectable, virtuous, venerable, and their legacy will be purified, and will be granted wisdom.

那些在斯瓦扬布近旁安置巨大旗帜和神圣织物（风幡）的人，将成为受人尊敬、品德高尚、令人爱戴的人，他们的遗赠将被净化，并被盛赞为智慧之举。

141. The ones who go there, worship and position beautiful flags in all directions shall receive all the powers and ultimately reach the realm of Lord Buddha.

凡前往那里、朝拜和在各个方位安置美丽旗帜的人，将获得各种力量，并最终到达佛世尊的领域。

142. The ones who erect tall pillars and hang flags on top, and

worship the Svayaṃbhū as such, will be filled with good qualities and become the kings of their lands.

那些竖起高梁大柱并在顶端悬挂旗帜这样崇拜斯瓦扬布的人，必将溢满美好的品质并成为他们的国土的君王。

143. The gods of heaven that come to the Svayaṃbhū and offer him golden jewels, golden flowers and golden umbrellas shall reach the land of Buddha and achieve liberation.

那些来到斯瓦扬布的天国诸神，为他献上镶金珠宝、金制花朵与金制宝幢，将会到达庄严佛土，并获得解脱。

144. The ones who come to Svayaṃbhū and offer tall umbrellas, flags and gems, and worship the lord so; if they desire, can attain kingship in earth and heaven; and they will be higher than others as an umbrella is higher than others.

那些来到斯瓦扬布并献上高大的华盖、旗帜和宝石，如此敬拜佛主的人；如果他们愿意，便能获得人间与天国的王位；他们将高于其他的人，正如华盖高过其他的物品一样。

145. The ones who offer five coloured pieces of cloths stringed together like a banner (patākā) shall experience ultimate bliss and finally reach "Jinālaya", the residence of Buddha.

那些供奉五色彩布，像幡一样串接起来的人，他们将体验到天堂极乐，并最终到达"胜者之地"——佛陀的领域。

146. The ones who come to Svayaṃbhū, and hang cloths, leaves, and different plants and celebrate, shall become kings in the earth or reside forever in the god's realm if they desire.

凡来到斯瓦扬布，悬挂彩色布块、叶片和不同的植物并庆贺，将成为人间的君王，抑或他们愿意将永远居住于神的国度。

147. The ones who play instruments, and sing hymns, chant prayers, songs, shall receive optimum bliss and finally walk the path of

mukti.

那些弹奏乐器和唱诵赞美诗、吟诵祈祷文和歌集的人，将得到极致的天堂大乐，并最终走上解脱之路。

148. The ones who play different kinds of bamboo instruments and tūrya instrument and serve and please the lord by celebration, will become rich in mind and knowledge, and will be famed and granted immeasurable riches and wealth thrice-fold.

那些举办庆祝活动，演奏各种丝竹鼓乐，侍奉娱乐生主，他们在精神上与知识方面将变得富有，声名远播，并将享有三倍于常人的财富。

149. The ones in practice of dharma that visit the Svayaṃbhū and worship using the grains of paddy flower, and other flowers, will directly walk the path of nirvana.

那些在佛法的践行中来拜访斯瓦扬布，并且用稻谷花颗粒及其他的花卉来敬拜的人，将直接走上解脱的道路。

150. The ones who with devotion offer laja in Svayaṃbhū shall never reach a state of misery and always be in a state of success.

那些虔诚地在斯瓦扬布奉献炒米（laja）的人，将永远不会落入痛苦之境，而永远位居成功。

151. The ones who offer gems, and different other materials, shall bring great welfare for beings in the world and will later reach the realm of Buddha.

那些奉献宝石和其他各种物品的人，将给世界众生带来巨大福祉，并随后到达佛的领域。

152. Similarly, offering commodities consumed by the mortals to the Svayaṃbhū shall bring divine bliss into the mortal world; and take the person to the heaven filled with virtues and merits.

同样，向斯瓦扬布供奉常人消费的日用品，他们将为尘世带来天堂神圣极乐的祝福；并把人带到充满美德和功德的天界。

153. In Svayaṃbhū, chanting of hymns and sincere prayer, shall bring welfare to the world and take you to the realm of Buddha eventually.

在斯瓦扬布，吟诵赞美诗和真诚祈祷，将给世界带来福祉①，并且最终带你进入佛陀的领域。

154. Prayers to the Svayaṃbhū in poetry and prosody, would grant anyone prosperity of riches, as well as make them well-versed in all arts and knowledge.

用诗歌和韵律向斯瓦扬布祈祷，不但会增长人们财富的繁荣，还使他们精通所有的艺术和知识②。

155. The men who take refuge in the Svayaṃbhū with devotion become kings in this world, and when their time here ends, shall reach the realm of the Buddha.

那些虔诚祈求以斯瓦扬布为庇护所的人，将成为这个世界的君王，并且在这里的时间一旦结束，他们将到达佛陀的王国。

156. The ones who bow down to Buddha in eight different bodily positions, pray to him with reverence and devotion, shall receive all seven jewels on earth, become Kings, and become filled with fortune.

那些以八种不同的身姿向佛陀敬拜，带着恭敬和虔诚之心向他祈祷的人，他们将获得世上所有的七种珍宝③，成为君王，并变得富有。

157. The ones, who having worshipped and revolved around the Svayaṃbhū, indulge in Buddha dharma, will finally receive knowl-

---

① sarva-sattva-hita，利益众生。

② 这里用的梵文词是“vidyā”（词性为阴性），意为知识、科学、学识和教导等。“知识”，是佛教文学中的一个多义词，外延广泛。“vidyā”（词性为中性）是“明咒”义。āvidyā 是“无明”义，是最常见的术语，表示最根本的无知，这是痛苦的根源。

③ 见第2章第120偈注。

edge.

那些崇拜，并围绕众支提之王做右绕拜仪，沉浸于微妙正法修习的人，将最终获得真识①。

158. The one who remember Svayaṃbhū and chant its name will be famous among their kin, have a long life full of wisdom and prosperity.

那些冥想忆念斯瓦扬布，唱诵它的名号的人，将扬名于家族，长寿且充满智慧②和繁荣。

159. The ones who in Svayaṃbhū with pure heart offer ashes shall earn respect in their world, and finally receive the Bodhi knowledge.

那些在斯瓦扬布用纯洁之心供奉骨灰的人，将赢得在他们的世界里的尊重，并最终得到菩提真识。

160. Thus, the ones who worship and celebrate the Svayaṃbhū shall have their miseries, sorrows, distress removed and have a long life.

因此，那些崇拜和庆祝斯瓦扬布的人将祛除他们的痛苦、悲伤和不幸并获得长寿。

161. The ones who pray to the Svayaṃbhū, and clean the surrounding and tidy the place, shall be healthy, wise, and may become kings or gods.

那些向斯瓦扬布祈祷，清洁环境，整理处所的人，将保持健康、聪慧并且能够成为君王或神祇。

162. They who, with great reverence for Buddha in their hearts, worship the Svayaṃbhū shall be freed of the mortal misery and be enriched in beauty, and will receive nirvana.

那些内心对佛陀怀有极大崇敬，敬拜斯瓦扬布的人，将免于

---

① knowledge，指“般若”或“真识”，不是一般知识；真识，是佛教的一种智慧认知。

② 梵文为 jāti-smara，意为宿命、宿命智、宿命通、识宿命等。

人间的苦难，增颜增色，并获得解脱。

163. They who renovate the old and broken structures around the Svayaṃbhū, shall be granted a golden lotus and receive knowledge.

那些修复斯瓦扬布周边破旧损毁的建筑的人，将获得金制的莲花一朵和获取（般若）真识。

164. They who replace the damaged buildings with renewed buildings, shrines or caityas, shall receive great respect, prosperity, development in their organs and freedom from all diseases.

那些重新修复损坏的建筑、神龛或支提的人，将得到极大的尊重，兴旺繁荣，身体健康，免除一切疾病。

165. Those who chant the Buddhist hymns such as the dhāraṇī mantra shall be religious in all their lives, filled with goodwill and knowledge equivalent to the Buddha.

那些吟诵佛教的赞美诗的人，如陀罗尼咒语，在他们的全部生命中将是虔诚信仰的，充满与佛陀相等的（般若）真识①。

166. Those who practice profound meditation in the Svayaṃbhū and chant his name in remembrance shall become Mahāsattvas, and be pure in all three worlds.

那些在斯瓦扬布坐禅深修并忆念、吟诵他的名号的人，将修就大菩萨，在所有三世中都是纯洁无瑕。

167. They who worship the Svayaṃbhū so will attain Bodhi and be filled with boundless merit—that cannot be expressed in words.

那些如此敬拜斯瓦扬布的人，将获得菩提之悟，充满用言语也无法表达的无量功德。

168. The ones who with sincere devotion worship and serve the Svayaṃbhū shall receive an unimaginable quantity of fruits, merit and

① 法乐、妙行、佛道行。

blessings.

I have summarized the benefits of Svayaṃbhū worship. I cannot say more than this.

那些真诚奉献、敬拜和侍奉斯瓦扬布的人，将领受难以估量的果报、功德和祝福。

我已经总结了对斯瓦扬布崇拜的利好。我不能再多说了。

169. In essence, all the merit and virtues received from the worship of Svayaṃbhū is indescribable. Thus, with this knowledge, you all must worship and devote yourself to the Svayaṃbhū to the best of your abilities.

本质上来说，从崇拜斯瓦扬布获得的所有功德和美德都是难以描述的。因此，有了这些知识，你们所有人要崇拜斯瓦扬布，并尽你们自己所能，奉献自己。

170. Go to the Svayaṃbhū, pray, chant, take refuge there, worship the Lord, so there will not be anything that you won't have received.

走向斯瓦扬布吧，祈祷、吟诵、在那里求其庇护，敬拜佛主，这样就没有什么你得不到的。

171. With pure and gentle heart, devoted worshipers of the Svayaṃbhū shall never be found in a state of misery or distress, and shall always walk the path of good and welfare.

带着纯洁与温和之心①，虔诚的斯瓦扬布的崇拜者，将永远不会落入痛苦或不幸境地②，而将永远走上善良与幸福之路。

172. Those that have taken the path of good, through the Svayaṃbhū worship, shall be forward in their Bodhicarya vows for the welfare of the entire world. If they are born again, their birth shall be in

---

① Bodhimānasa，菩提思想，或菩提心、菩提精神等。

② 不会堕入恶趣（durgati）。

a noble household, and they will have been Bodhisattvas since birth.

那些已经踏上善行之路的人，通过崇拜斯瓦扬布，将在他们践行菩提行誓言中为整个世界的福祉而向前。如果他们再生，他们将出生在高贵之家，并且他们出生自始就是菩萨。

173. Those born in their clans shall walk the path of knowledge again, and will take part in the welfare of the world and cross the three steps of Bodhi to reach the path of liberation.

那些出生在他们的宗族中的人将再次走上（菩提）真识之路，参与世界的幸福之举，并将跨过菩提的三阶序而达到解脱之路。

174. After attaining three types of Bodhi, they will start on the path to liberation (nirvāṇa). The one who does not have goodwill and joy in his heart will not walk the path of bodhi. But the one who again starts welfare in the world shall have bodhi in their next life, and be established in the path to liberation.

在取得"三菩提"之后，他们将开始踏上解脱之路（入涅槃）。那些心中没有善愿和快乐的人，不会走上菩提之路。但是，那个再次投身世界福祉的人，他们的下一生将拥有菩提，并成就于解脱之路。

175—176. Those who pay attention and concentration to the words and dharma imparted by the tathāgatas, Buddhas and Śrāvakas would have their devotion increased and their actions purified. Their productivity, welfare from worship and their bliss increase unimaginably. Their sins would be destroyed and their merit would be prominent. With this understanding, the one who devotes himself to the worship of tri-ratna shall gain unimaginable and indescribable merit.

那些注意和专心于如来、诸佛、声闻给予的教言和微妙正法的人，他们的虔诚会得到增长，他们的行为会得到净化。他们的创造力，崇拜而来的福祉和他们的（天堂）极乐感，都难以想象的增长。他们的罪业会被消除，而其功德会被彰显。有了这样的认知，一个把自己献身于他所崇拜的三宝（佛法僧）的人，将获得难以想象和难以估量的功德果报。

177. Therefore, do what you must to worship the Svayaṃbhū in utter devotion and remembrance. This is the teaching Lord Buddha gave to everyone present there.

因此，怀着完全的奉献与忆念，做一切你崇拜斯瓦扬布要做的！这是佛世尊给予去过那里的每个人的教导。

178. The assembled masses present, having heard the words of Buddha, understood, and kept it all in their minds, full of great bliss. And what the Lord said then, I have said now.

聚集在场的信众，听了佛陀的一番话语之后，开悟了，把一切都记在自己的心间，充满了极大的喜乐。所以，世尊那时所说，现在我已尽述。

179. "Therefore, O King Aśoka," said Upagupta, "I have shared with you this knowledge. Now you must go to that spot, and with devotion, worship and pray to the Svayaṃbhū. The merit you acquire in doing so is bound to bring welfare and auspiciousness to your kingdom."

"因此，哦，国王阿育王啊"，乌帕笈多说，"我已经与你分享了这知识。现在，你必须去到那个地方，带着虔诚，朝拜斯瓦扬布并祈祷。你在这样做的过程中所获得的功德必定给你的王国带来幸福和吉祥"。

180. "Having visited and prayed to the Svayaṃbhū, your mind shall attain Bodhi. You shall receive the nectar of knowledge. You shall become Bodhisattva, and after crossing the 'three steps of Bodhi', shall walk the path of enlightenment."

"参拜斯瓦扬布并祈祷后，你的思想将获得菩提。你将得到真识的花蜜①。你将成为菩萨，② 并且跨过‘菩提三阶’后，你将走向正觉。”

181. “Slowly, you shall emerge victorious against your bodily desires and restrictions, and attain Buddhahood. Therefore, by practicing the worship of Svayaṃbhū, all of it will come to happen.”

Hearing this from the Bhikkhu Upagupta, the King Aśoka bowed and complimented the Bhikkhu.

“慢慢地，你将战胜你身体的欲望魔军和局限，取得佛果。因此，通过践行对斯瓦扬布的崇拜，所有这一切都将发生。”

听了比丘乌帕笈多的这番话后，国王阿育王向比丘躬身下拜并欢喜赞叹。

The second chapter of the “*Svayaṃbhū Purāṇa*” ends here.

《斯瓦扬布往世书》的第二章名为“吉祥的斯瓦扬布的奇妙揭示”结束于此。

---

① 与你分享了菩提心味。（以菩提心之自性清净为戒。——译者）

② 次第完成菩提资粮。

Chapter Three

第三章

1. On that occasion, King Aśoka, with hands joined in reverence and humility, addressed the Bhikkhu Upagupta to ask him:

那时候，大地之主阿育王双手合掌恭敬而谦逊地向比丘（阿罗汉、苦行者）乌帕笈多致敬，他问道：

2. "O Bhadanta, I want to listen to the good story of the pious land, the Svayaṃbhū. Bless me by telling me the story."

"哦，大德啊，我想听到斯瓦扬布的虔诚土地的美妙故事。尊者保佑，请讲述这个故事吧！"

3. As the King prayed like this, the wise Upagupta Bhikku, facing the king, started to say:

国王这样祈求，智慧的乌帕笈多比丘面向人中因陀罗（国王），开始述说：

4. "O great King, you have asked a great question. Listen carefully. I shall tell you just as how my guru told me; and this shall bring welfare to the world."

"哦，伟大的国王啊，你问了一个伟大的问题。请仔细听来。我将讲述给你，正如我的导师向我告知；而这将给世界带来幸福。"

5. See, King, this is the same story that Maitreya then, with joined hands in devotion, had asked Lord Buddha.

注意，国王啊，这是同一个故事，那时佛子大菩萨弥勒向世尊双手合掌虔诚地问过。

6. He had asked the Lord, "O Lord Buddha, the large body of water that once was is dry land now. How and when did this come to happen?

他曾经询问过世尊，"哦，世尊啊，从前的那大片水域现在变成了干燥陆地，这是如何和何时发生的?

7. Did the countries and villages exist during those times? Tell us this, for our welfare."

这些国家和村庄在那些时代存在吗?为了我们的福祉，请告诉我们吧!"

8. After the Maitreya prayed to Lord so, the omniscient Buddha, looking at the Mahāsattva, answered:

听了弥勒菩萨向世尊这样祈求后，无所不知的佛陀看着大菩萨，回答道:

9. "O Maitreya, listen to what I tell you carefully; this land was once a large body of water, a pond, which was then drained out. I shall tell you all of this. Listen with attention."

"好吧，弥勒啊，仔细听我说;这片土地曾经是一大片水域，一个大湖，后被泄干。我将告诉你所有这一切。请注意听啊!"

10. This is a very old tale, O Maitreya. It was at the age when humans' lives spanned sixty thousand years. Then the Buddha had incarnated as the Viśvabhū. It is the story of that time, understand this.

弥勒啊，这是一个非常古老的故事。正是在人类的寿命期限为6万岁的时代。那时佛陀以毘舍浮（Viśvabhū）的名字出现。它是那个时代的故事，要明白这一点。

11. He was the lord of dharma, superior to all sages, who knew the truth, was destroyer of obstacles, the residence of all knowledge, learned, enlightened, victorious, and his name then was Viśvabhū.

他是正法之主，他超越了所有通晓真理的圣人，是一切障碍的摧毁者，是一切般若的掌握者，他博学、彻悟、最胜，他当时的名字叫作昆舍浮①。

12. The Viśvabhū lived in his āśrama near a city called Anupamā. He sat there, thinking about the welfare of all humanity, and intent on helping anyone who came to him with their troubles.

这位昆舍浮住在一座名为阿努帕马（Anupamā）城附近自己的净修所②（āśrama）。他在那里坐禅，思考着全人类的福祉，决心帮助任何带着烦恼走向他的人。

13. O Maitreya, I was the follower of the Viśvabhū. My name at that time was Parvata, and I was a Bodhisattva and Mahāsattva, and I was thoughtful regarding the welfare of all beings.

哦，弥勒啊，我那时是昆舍浮的追随者③。我当时的名字叫帕尔瓦特（Parvata，也有音译为"钵伐多"），我是菩萨和大菩萨，我也深切关心众生福祉之事。

14. At one instance, the Śāstṛ, with the knowledge of everyone's wishes; in order to give the teachings of the Buddha dharma, took the high seat in the assembly, just as the moon takes the high seat in the sky.

有一次，导师（Śāstṛ），出于众人对知识④的渴望，为了传授教义，佛祖在大法会就座于高位，犹如月亮在夜空中凌空

① 古七佛之第三世佛。本偈对其称谓：法王、牟尼之主、阿罗汉、如来、天人尊、一切知识之主、感官控制者、善逝、胜者。

② āśrama，为住处、寺舍义，本书统一译作"净修所"。

③ upāsaka，优婆塞、信士、居士。

④ Saddharma，意为正法、微妙法、微妙正法。

居上。

15—16. Seeing the Lord sitting at high seat in the assembly with the intent of teaching good dharma; Bhikkhus, Bhikkhuṇīs, Śrāvakas, Brahmacāris, Brahmacārinīs, Pratyeka Buddhas, Sugatas, Bodhisattvas, Cailakas, Yatis, Yatinīs, Yogis, Yoginīs and all who were devoted to the Buddha, Dharma and Sangha, such as Upāsakas and Upāsikās all gathered in the assembly.

见世尊为了传播善法，坐在了会场的高位；比丘、比丘尼、声闻、梵行男子、梵行女子、独觉佛、善逝、菩萨、出家者、苦行男子、苦行女子、瑜伽士、瑜伽女①以及所有献身于佛、法和僧团的人，如优婆塞、优婆夷全都会聚于此。

17. Similarly others, who desired to gain the knowledge of the good dharma, and merits, virtues and prosperities, and wished to receive an auspicious audience of the Buddha, also went.

同样，其他渴望获得正法、积累功德、美德和成就的人，渴望见到这位吉祥的佛陀，都纷纷抵达。

18. The assembly of the Buddha resembled an assembly of the gods, both in sight and in the fact that while the latter offers nectar, the former offered the nectar of knowledge. Thus, everyone who arrived approached the Buddha full of bliss and worshipped him, with hands joined in reverence.

佛陀的这个集会就像是众神的聚会，不但在视觉上，而且在实际上——众神提供天上甘露，而佛陀提供了“菩提”正觉甘露。因此，来到这里的每一个人都满怀极大喜悦接近佛陀，双手合掌敬拜他。

19. They all spread in four directions of the Buddha, some oppo-

---

① yoginī，女性瑜伽信徒。

site to the Buddha, some facing the Buddha with respect; everyone who arrived at the assembly took seats they saw vacant.

他们都在佛陀的四个方向分散开来，有的坐在佛陀的背后方向，有的带着敬意面向着佛陀；到达会场的每个人，见到空地儿便就近安坐。

20. Even Brahmā, Viṣṇu and other gods, many sages, Brahmacāris, Vedic scholars and the special scholars, to hear the mystery of dharma, arrived there.

甚至梵天、毗湿奴和其他神祇，许多仙人、梵行者、吠陀学者和特殊学问家①，为闻听微妙正法，都汇聚在此。

21. Indra and his council of gods, devils, Lords of the world, Planets, Stars, Siddhas, Sādhyas and Vidyādhara demigods also arrived.

因陀罗（Śakra）和他的议事会众神、魔族、世界之主们、行星、星星、成就者、成业者②和持明半神半人们也来了。

22. All who arrived saluted the lord, worshipped him, did pradakṣiṇa, and sat down wherever they saw vacant space.

所有抵达者都向世尊行礼，敬拜他，做右绕拜仪③，然后看到空位便就近坐下。

23. Similarly, Brāhmin scholars, Kṣatriya kings, Vaiśya courtiers and secretaries, householders, and merchants, also went.

同样，婆罗门学者、刹帝利国王、吠舍侍臣和书记官、家主和商人们也都莅会。

24. Carpenters, tradesmen, caravan merchants, townsfolk, villagers, and other residents of the country all arrived.

---

① tīrthika，意为外道或异道学者等。

② sādhya，有得成、成就、所作等义，本书译作“成业者”。

③ pradakṣiṇa，有应顺、旋右、右绕等义。

工匠、贸易者、商队的商主、城镇居民、村民和居于其他地域的人们都纷至沓来。

25. All approached the lord, worshipped him, bowed to him and did pradakṣiṇa.

众人围拢世尊，施礼恭拜，做右绕拜仪。

26. Their arrival increased the glory of the Lord, as they bowed to him, circled around him, and to taste the elixir of wisdom that the Lord would grant, sat down around him.

广大信众的到来，使世尊荣耀倍增，他们向他躬身下拜，做右绕拜仪，为领饮佛陀赐予的智慧甘露，便团团环绕安坐下来。

27. When the Lord Viśvabhū saw everyone gathered around him, full of devotion, he decided to teach the method for the initial, intermediate and final welfare of all.

当世尊毘舍浮看到聚集在他周围的信众，充满了虔诚，他决定对所有人教授这种初始的、中间的和最终的幸福法门。

28. As the Lord granted the elixir of dharma, everyone present was able to understand the special dharma, which ignited divine bliss inside of them and brought them internal awakening.

当世尊赐予佛法甘露时，在场的每个人都能够理解这个殊胜妙法，它点燃了人们内心的神圣的欢喜，唤起他们内在的觉悟。

29. When the Lord preached so, the entire planet shook with pleasure; even the mountains moved a little; all the cardinal directions were ecstatic; Sun, Moon and Fire were all pleased and illuminated brighter in their energy.

世尊这样宣说的时候，整个大地都欢喜地为之颤动；甚至山脉也为之动移；四面八方喜悦异常；太阳神、月亮神和火神都是喜悦的，竭力释放能量，使环宇更加明亮。

30. Suddenly, the divine drums of gods played, and the gods showered flowers from the heaven. There was only celebration and joy everyone on earth.

突然，诸神的神圣鼓乐齐鸣，从天国洒下无数花雨。大地上人们一片欢欣雀跃。

31. When the people in the assembly noticed this divine happening, they were ecstatic, full of joy. They were curious about the reason for the showering of the flowers and the playing of divine drums, and so they asked the Lord.

会场上的人们注意到如此吉祥圣事的来临，都欢欣鼓舞。他们惊奇花雨飘落，神圣的鼓乐齐鸣，于是就求问世尊①。

32. In that moment, a Bodhisattva, named Gaganagañja (sound of the sky), stood up from his seat, and arranged his fallen robes above his shoulders, and addressed the Lord.

就在那一刻，一位名叫戈甘那伽（Gaganagañja，虚空之声）的菩萨，从座位上站了起来，扶正双肩滑落的衣袍，向世尊说话。

33. As he stood up, with hands joined in reverence, and bowed to the Lord of dharma, the omnisicient, destroyer of obstacles, the Viśvabhū, he asked:

他起身，虔诚地双手合掌，向佛法之主、无所不知者、摧毁障碍者②牟尼毘舍浮行礼，问道：

34. "O Lord, what is the reason for the playing of the drums and the showering of the flowers? What is the cause of this, my Lord? Pray tell us what it is."

---

① Sarvajña，一切智者。

② 一切智者、大神通者、法王、天人尊。

“哦，世尊啊，奏响鼓乐，降落花雨，是什么原因啊？我的尊者啊，祈请告诉我们这是为何。”

35. When he prayed to the Lord so, the Munīśvara (Lord of Sages), the Buddha, then addressing the Gaganañja, facing the assembly, answered so:

当他向世尊这样祈求时，牟尼自在主（Munīśvara），于是向戈甘那伽致意，面对着会众，这样答道：

36. “O Son of Noble Family, a great and auspicious welfare is destined to happen. The omen that we witnessed hints at an occurrence of a great event. Listen carefully, I shall tell you of it.”

“哦，高贵家族之子啊[①]，一件伟大和吉祥幸福的事情注定要发生。我们所见证的吉兆暗示着这个伟大的事件的发生。仔细听着，我就告诉你的。”

37. As it were, there is a great person, also titled as the Son of Buddha, called Mañjuśrī, who is well versed in all three qualities, and lived in an āśrama called Naga, which lies north of Nepal, towards the Mahācīna[②].

所说的是一位伟大的人物，也被冠以佛陀的亲子，叫作文殊师利，他精通所有三种品质[③]，居住在尼泊尔之北大中国的一个名为那伽[④]的净修所。

38. Mañjuśrī has two wives. The first one, called Keśinī, is able to grant prosperity while the second one, called Upakeśinī, is able to grant wisdom and virtue.

---

① kulaputra，良家子弟、善男子、族姓子。

② Based on the texts, it is evident that Mañjuśrī was of Chinese origin.（基于此文本，可以证明文殊师利是中国人。——英文译者）Mahācina，音译为“摩诃吉那”（现今的中国）。

③ 文殊菩萨亦称为“三德佛”，即“法身德、解脱德、般若德”。

④ Naga，意为“山”。

文殊师利有两位明妃[1]。长妃名为凯诗尼（Keśinī），能够赐予繁荣，次妃名为乌帕凯诗尼（Upakeśinī），能够赐予智慧和美德。

39. At one time, Mañjuśrī, full of virtues, desired to enter a "Lokasaṃdarśan" (where one can see the world) state of trance. He having entered this trance was filled with happiness.

一时，文殊师利，具足美德，渴望进入一种"观世间"[2] 的出神入化的境界。他入定后，内心充满了喜悦。

40. In his trance, as he delved deeper, he saw a mysterious scene; a large lake floating with lotuses made of gems, which, he understood, was the house of the Dharmadhātu itself.

入定中，再深进时，他看到了一个神秘景象：一座很大的湖，湖上漂浮着宝石构成的莲花，他认定那个就是法藏[3]自身的居所。

41. Thus, having seen the self-originating Svayaṃbhū, the wise Mañjuśrī was filled with joy, and wonder in his mind.

这样，他看到了起源于自身的斯瓦扬布，智慧的文殊师利心中充满了喜悦和惊奇。

42. It was an astonishing sight—the self originating Dharmadhātu, which was the Jinālaya (home of the Buddha), in the middle of a large, unpopulated body of water which it illuminated with its energetic form.

这是一个惊人的景象——自我起源的法藏，它是胜者之地（佛家），在一个巨大的、无人居住的水体中央，它以其自身能量的形式散发着光芒。

---

① mokṣadā，为女性禁欲者。

② saṃdarśana，有出、得见、现前、示现、观等义。Lokasaṃdarśan，人可观察世界。

③ 指自生主。

43. When he saw the dharmadhātu submerged in water, he thought to himself, "I shall go there, and remove the water. After the water is removed, a land shall arise, where all can reach to get audience of the Lord Svayaṃbhū."

当他看到法藏淹没于水中时，他内心思忖到，"我去那里，把水泄掉。水退去后，必有陆地露出，人们就能够到那里朝拜斯瓦扬布佛主了"。

44. When the water is thus removed, I shall pick the dharmadhātu, raise it and establish it on the high ground atop of a rock, and having done that, I shall worship the shrine thus formed.

因此，当湖水被这样泄去后，我将拾起法藏，举起放置在岩石堆起的一块高地上，完成之后，我将祭拜这样形成的自生主神龛。

45. After the water is removed and the Lord has been placed atop the mountain, the ground that appears can be housed and populated by those devoted to the worship of the Lord.

当湖水被排除，这个圣主被置放在山顶之后，露出的土地就可以安置那些虔诚崇拜自生主的人们建房居住。

46. When I do this, all merit will be available there, everything will be auspicious, nothing shall go to a bad state, and all there shall have tranquility.

我这样做，所有的功德都惠及那里，处处吉祥，邪恶不生，一切安宁。

47. The people that live there would take refuge in the Svayaṃbhū full of devotion, and please the Lord by worshipping him to the best of their abilities.

生活在那里的人，将以斯瓦扬布为佑护，充满虔诚，竭其所能地崇拜。

48. Through the merit earned by the worship of the Svayaṃbhū, they shall be purified and take the path of the good dharma, the Buddha dharma, whose practice shall make them Bodhisattvas, Mahāsattvas and practitioners of the Bodhi vow.

通过对斯瓦扬布的崇拜所获得的功德，他们将被净化，并走上善法之路，佛陀之法，其修持将使他们成为菩萨、大菩萨和菩提誓言的践行者。

49. As they climb the three steps to enlightenment, they will complete their vows, and will be established in the path of liberation.

当他们逐渐攀登正觉①三步序②，将完成其誓言，并将立足于解脱之道。

50. In this way, as I raise the Svayaṃbhū atop the rock, I shall earn merit that shall promote the dharma and bring me fame in all three worlds. And as I attain Bodhi, I shall finally be walking the path of liberation.

这样，当我把“自生者”举升至岩石的顶部时，我将获得促进佛法的功德，我的名声将远播三界。并且当我获得菩提，我将最终走上解脱之道。

51. When he thought so, Mañjuśrī took a strong and beautiful form full of great strength, and thus proceeded to depart for the Svayaṃbhū.

这样思忖时，佛子文殊师利化现为一个威猛之士，以“文殊神”③ 的名号奔赴斯瓦扬布。

52. Mañjuśrī, who was ready to depart for the Svayaṃbhū, was

---

① 指不断积聚菩提资粮（bodhisaṃbhāra）。

② 三乘之人所得的菩提：又名三乘菩提，即声闻菩提、缘觉菩提、无上正等菩提。声闻菩提是修“四圣谛”的行者所得到的正觉；缘觉菩提是修“十二因缘”的行者所得到的正觉；诸佛菩提是佛果位上所得到的最高菩提。

③ 从本偈开始，后面梵文大多用 Mañjudeva 来称呼文殊菩萨，而汉译仍译为文殊师利（Mañjuśrī）。

accompanied by his two wives Keśinī and Upakeśinī, as well as a group of Mahāsattvas with all their strength and support.

文殊师利启程前往斯瓦扬布，由他的两位明妃凯诗尼与乌帕凯诗尼以及一群力量和支持的大菩萨相伴。

53. Mañjuśrī then became strong, and with his strength and desire for welfare, finally reached the place of Svayaṃbhū.

文殊师利变得坚强有力，带着他的威力和对福祉的渴望，最终到达了斯瓦扬布的地方。

54. He first saw the dharmadhātu from afar, in the middle of the pond, due to its energy illuminating all that surrounded it.

他第一次从远处观望自生主法藏，只见在大湖水的中央，出于自身的能量，它的光芒把周围的一切照得通亮。

55. After he saw the luminous Svayaṃbhū, he saluted it, approached it; and performed the pradakṣiṇa.

当文殊师利看到光芒四射的斯瓦扬布主之后，他礼敬它，走近它；并做了右绕拜仪。

56. As he reached close to the hills in that beautiful spot, his company gathered around him, and at the joyous sight of the Svayaṃbhū, was filled with awe and admiration.

当他走近那个美丽地方的山丘时，他的同伴们围拢在他四周，看到斯瓦扬布令人愉快的景象，充满了敬畏与赞美。

57. They spent the night there, and when the dawn arrived, Mañjuśrī full of prosperity and devotion, started to chant hymns to worship the Svayaṃbhū.

他们在那里过夜，黎明来临时，文殊师利充满了成就感与虔诚，开始唱诵赞美诗来敬拜胜者之地斯瓦扬布。

58. He said, "O Luminous Lord, I salute you. You are full of wisdom; you have no beginning or end; you provide welfare to all; your

图2 象征文殊师利来到尼泊尔的双足印佛龛以纪念文殊大士之伟绩

form is like the ‘Omkāra’; I bow down to you.”

他说，“哦，光明之主啊，我向你致敬。你充满智慧；你无始无终；你为众生提供福祉；你的形状就像‘奥姆卡拉’(Omkāra)①；我向你躬身敬拜”。

59. “O Lord, you have multiple forms and faces; Svāhā and Svadhā are your own forms, you are the creator of the five elements (earth, along with wind, fire, energy and light); I bow down to you, the greatest in the world.”

---

① Omkāra，发出的“oṃ”（唵）这个音节，被认为是神发出的第一音，神圣而神秘，具有神圣的能量，是繁荣与吉祥的开端。

“哦，佛主啊，你多形多面。娑婆诃与娑瓦陀（Svāhā，Svadhā①）是你自身的形式；你是五元素（地、风、火、能量和光）② 的创造者；我向你躬拜，世界之至伟者。”

60. “O Great One, the creator of the world, the fosterer of the world, the sustainer of the one; the one whom the world loves, prays and salutes, I bow down to you.”

“哦，至伟者啊，世界的生者，世界的养育者，世界的护持者；世界所爱者，我向你祈祷和致敬，深深下拜。”

61. “Your form is prominent and it is subtle; it is the formation and it is what forms; it is what frees the world from the misery. You are the form of all three—existence, bliss and mind; I bow down to you.”

“你的形状显赫又微妙③；是形式又是组成者④；你是使世界免于苦难的解脱者。你是所有三种形态——存在、思想和快乐⑤；我向你躬拜。”

62. “I salute you, who embody the Vedic rituals. You are fire in the oblation, you are the offering in the oblation and you are also who offers in the oblation.”

“我向你致敬，你体现了吠陀的礼仪。你是祭祀的火⑥，你是祭祀的供品，你也是祭品的祭献者。”

63. “You are what can be achieved through devotion. You have a gentle form; you are full of love to your devotees. You can be understood through dhyāna, you are also the one that does dhyāna. You are

---

① Svāhā，“侵地界”；Svadhā，“守地界”。吉祥的献祭词，一般诵念在最后收尾。

② 此随英译。五种要素，又称五大种包括地、水、火、风、空。五大之性质为坚、湿、软、动、无碍；作用为持、摄、熟、长、不障。

③ atisthūla，粗拙；sūkṣma，微细。

④ vikāra，意为质量、有差别；vikārin，意为可变、变量。

⑤ cidānanda，心灵（思想、精神）和快乐。

⑥ Hutabhuj，有享受祭品者、火、火神之义。

who grants dharma, artha (wealth), kāma (desire) and mokṣa (liberation). I bow down to you."

"你是通过虔诚奉献所能取得的明证。你有一个温雅的形体；你对你的崇拜者充满了慈爱。你可以通过禅定为人认识，你自身也是一个禅定者。你是授予正法、财富、欲望和解脱者。我向你躬身下拜。"

64. "You are the superior jewel of all; you are limitless, beyond the three qualities. You are all eight forms of yoga, and you are also the yogi that practices them. I bow down to you."

"你是所有珠宝中的最上品；你无限，超越三品质[①]。你是所有八种瑜伽之形态，你也就是践行它们的瑜伽士。我向你躬身敬拜。"

65. Having prayed such to the Lord, he also apologized, "O Lord, please forgive me for draining the pond that submerges you, and grant me the permission to do so."

文殊师利向自生之主这样敬言后，又向自生者祈求宽恕说，"哦，自生主啊，请原谅我把淹没于你的湖水排干，请允许我这样去做。"

66. After he prayed to the Lord so, Mañjuśrī then raised his sword and after performing pradakṣiṇa thrice, he studied the hills surrounding the valley in all directions.

向自生主这样诉说后，文殊师利举起了他的月光宝剑，进行了三次右绕拜仪后，他环视山谷，研究了山谷周围的群山。

67. Having surveyed all the directions, the strong Mañjuśrī, with his shiny blade, cut the hill that stood in the southern direction, in order to drain the water out of the valley.

---

① 上品、中品、下品。

健硕的文殊师利察看了四面八方之后，挥起他那把闪亮的宝剑，砍断了矗立在南边的那座山，以便把山谷里的湖水排出。

图3　位于加德满都谷地南边的狭长山谷水道，俗称“一刀砍”

68. As he cut the mountain, the rocks that dammed the waters were removed, so all the water that was inside the pond, flowed through, outward to the Gaṅgā and the sea.

当他砍断山峦的时候，挡住水流的岩石皆被移开，所有的湖水都流淌通过，流向了恒河和大海。

69. Beginning that day, great rivers and ponds were formed in that land. Isles filled with beautiful water were also seen in all directions.

自那日起，大河和湖泊就在那块土地上生成，四处湖水涟漪，小岛点缀其间。

70. He also noticed a few other hills and rocks blocking the water drainage, so he severed them in hundreds of pieces with his blade, in order to drain all water out of the valley.

他同时注意到间或有一些山丘和岩石挡住了排水通道，于是他用宝剑把它们剁成百千碎块，以便把山谷里的水排干。

71. Through three days and three nights, he stood there witnessing the water leave the valley. Yet, the waters were still not completely gone; he noticed there was still another disturbance obstructing his mission. He investigated into it with his divine sight to discover the source.

斯守三天三夜，他站在那里见证了湖水从山谷中泄出。然而，湖水并未完全退去；他注意到还有另一件东西妨碍了他的使命。他用神圣的目光去探查究竟，以找出其中的缘由。

72. With his divine sight, he discovered the reason there, in one corner of the pond, was a great serpent known as the Karkoṭaka, who was stopping the water, his habitat, from flowing away.

凭着他的神力，他发现了那里的原因，在名为“施财”（Dhanādaḥ）池塘的一个角落里，有一条著名的巨蟒卡尔阔特克（Karkoṭaka）在阻止湖水流走，那是它的栖息地。

73. He then attacked the serpent with the ferocity of a lion, with his shiny blade. Children of the great serpent fled in all directions, producing great noises of screams and wails.

然后，文殊师利以雄狮般威猛，用亮闪闪的宝剑逼近那条巨蟒。蟒蛇的孩子们四面逃窜，发出尖叫与哀号。

74. Almost all the serpents, and other minor obstructions, were then removed from the valley, and finally all water was completely drained out; leaving only a land of mud and quagmire.

几乎所有蛇类和其他的虫虫蚁蚁都从山谷中迁出，最终湖水被全部排掉；只剩下一片泥泞沼泽。

75. However, the Karkoṭaka serpent requested asylum to the Mañjuśrī, so he circumscribed a small area of water for the great serpent to live within.

然而，卡尔阔特克大蛇向文殊师利请求庇护，于是，他划出那小块水域，供大蛇居住。

76. When the water drained out, there was mud and mire everywhere. Mañjuśrī gathered all the golden bejeweled lotuses of the pond and stacked them on top of one another to form a hill. Then he placed the Dharmadhātu on top of the so formed hill.

在水排出去的时候，到处都是淤泥和泥沼。文殊师利凭着神力收集了池中所有金灿灿的宝石莲花并把它们堆放在一起，形成一座小山。然后，他把法藏置于这样形成的小山山顶上。

77. With the glory of the Mañjuśrī, the hill thus formed from gold lotuses was strong, unyielding and indestructible, just as diamond, so the hill was named Vajrakūṭa.

出于文殊师利的荣光，金莲花形成的小山坚固、挺拔，如钻石，坚不可摧，因而这座山被称为金刚山（Vajrakūṭa）。

78. Thenceforth the land became habitable and beautiful, surrounded by hills in all directions; it was known as the "Upachandoha".

自此，这里的土地变成一片宜居和美丽之乡，四面环山；它被称为"丰饶沃野"（"Upachandoha"），亦得名"喜马拉雅"[①]。

79. Fortified with unconquerable mountains surrounding it, the land was extremely fertile, full of prajña. Knowledge would follow anyone who went there. It is as bright as a gold earring. Such a land exists on earth.

这片土地四周矗立着不可征服的山脉，土地极其肥沃，充满了般若（prajña）。智慧[②]会伴随任何去那里的人而降至。它像金耳环一样闪亮。大地上这样一片土地从而诞生。

80. In that land lives a goddess, with mouth like a bird, named Khagānanā, also known as Guhyeśvarī, or Dharmodayā, who is the

---

① Himālaya，雪山。

② Jñāna，"智"（knowledge）、"智慧"、"大智慧"、"妙智"等。

protector of the land, its patron deity, residing there for the welfare of the whole world.

在那片土地居住着一位殊胜吉祥的伟大女神，因其嘴巴像鸟嘴得名卡格纳娜（Khagānanā），也称为密迹自在女神（Guhyeśvarī）①，或惠施法者（Dharmodayā），她是大地的保护者、守护神，为了整个世界的福祉驻锡在那里。

81. At the sight of the Goddess Khagānanā, Mañjuśrī was filled with bliss, and bowed to her.

看到女神卡格纳娜，有大神通的大阿阇梨②文殊师利满心欢喜，向她躬身礼拜。

82. As he saw the mighty goddess, he saluted her with his chest, his head, his sight, his words, his mind...

面对这位至伟的女神，他用他的胸、头、眼神、言语、思想向她传递敬意……

83. He saluted her with his feet, his knees, and with his hands. Thus, he saluted her with eight bodily positions, in eight

① Khagānanā，属密宗“瑜伽女”（yoginī）或称“明妃”、“空行母”，密宗迦利女神的下属的巫女，极具神魔法力。Yoginī，在世间则指瑜伽女修行者或冥想练习的女性修行者，但特指精通佛教怛特罗密宗的女性，特别是那些与怛特罗瑜伽一起从事怛特罗仪式（包括性仪式）的女性。尼泊尔人对性力的崇拜古已有之，以膜拜女神为主。在尼泊尔中世纪时期，湿婆教受密宗影响分裂出性力派。性力女神可分为三类，即暴戾女神、温柔女神和性爱女神。密迹自在女神（Guhyeśvarī）神通广大兼而有之。

② ācārya，音译为阿舍梨、阿阇梨、阿只利等，略称“阇梨”，意译为大师、教授师、正行、法师、瑜伽师、亲教师、轨范师等。“阿阇梨，华译为教授、轨范师、悦众等，即矫正弟子们行为的比丘”。——转引自《佛学常见词汇》

阿阇梨，既教授弟子，使之行为端正合宜，而自身又堪为弟子楷模之师，故又称导师。在印度古代，阿阇梨本为婆罗门教中教授弟子有关吠陀祭典规矩、行仪之师，此一名词后为佛教所采用，且于佛世时已普遍使用。阿阇梨须具足如下十三德：（一）发菩提心。（二）妙慧慈悲。（三）兼综众生。（四）善巧修行般若波罗蜜多。（五）通达三乘。（六）善解真言实义。（七）知众生心。（八）信诸佛菩萨。（九）得传授灌顶等妙解曼荼罗画。（十）调柔其性，远离我执。（十一）于真言行善得决定。（十二）究习瑜伽。（十三）住于勇健之菩提心。——转引自《佛光大辞典》

ways. He then stood up.

他用双足、双膝和双手向她礼敬。又以身体的八种姿势（aṣṭāṅga）和八种方式向她致敬。然后他站起身来。

84. His face reflected the immense joy he felt in his heart, for his knowledge had increased, his ability to read minds had developed, and with this realization, he then chanted a hymn in reverence of the Goddess.

他的面容展示出内心无比巨大的喜悦，因为他的真识增长，他心通能力也发展了，意识到这一点后，他唱出了一首赞美伟大女神的颂歌。

85. "O Great Goddess, I am in your asylum. I bow down to your feet. O Mother, please be pleased. I am in eternal service of you.

"哦，伟大的女神啊，我受您的庇护。我向您的莲足跪拜。哦，母亲啊，请您放心，我将永远为您服务。

86. You are the mother of all Buddhas, you are the one who grants them knowledge, you are the one that raises and fosters all Bodhisattvas like a mother.

你是诸佛之母，你是给予他们真识[①]者，你像母亲一样，是哺育培养所有菩萨者。

87. You bring welfare to all, you remove the sins of your devotees, you destroy their enemies, you remove their obstacles; you are the embodiment of all pleasure, and you grant happiness and bliss.

你给所有人带来福祉，你除却了信徒们的罪恶[②]，你摧毁了他们的敌人[③]，你排除了他们的障碍[④]；你是一切快乐的化身，你给

---

① bodhi-jñāna，菩提智。

② 净化了信徒的一切染（sarva-pāpa）。

③ 消灭嗔恚（duṣṭa）等。

④ 排除了魔众动摇（māragaṇakṣobha）。

予幸福和极乐①。

88. You are the one who grants bravery and strength to people practicing the dharma; you remove their miseries, and grant them focus and concentration. You are the embodiment of all types of read minds. I bow down to you!

你是赋予修持正法之人勇气和力量者；你消除他们的苦痛②，并赐予他们专心与恒志。你是所有已知心灵之化现。我向你躬身下拜！

89. You are the qualities of knowledge, you are the supreme jewel among jewels; you are prosperity and the granter of prosperity; you grant welfare to those who worship you. I wish to come into your asylum and worship you so, Mother!"

你是般若之品质，你是宝石中至上的极品；你是繁荣和繁荣的赐予者。你赐福于那些敬拜你的人。我请求你的庇护并崇拜你，佛母！"

90. As he prayed to the Great Goddess, the wise Mañjuśrī was intent on worshipping her, filled with excitement.

向这位伟大的女神祈求时，智慧具足的文殊师利一心一意地敬拜她，充满了激情。

91—92. He prepared himself for the worship of the Goddess. He bathed to purify himself, clad himself in good clothes, and along with his company, he, in the month of Mārgaśīra, in the ninth day of the Kṛṣṇapākṣa fortnight on Sunday, sat down to worship the Goddess Guhyeśvarī.

他为敬拜女神做足了准备。他沐浴净化自己，衣着洁净，同

① mahānanda，大乐，从进一步的轮回中解脱出来的巨大喜悦，最终的解脱。

② 欲灭、无复烦恼、离烦恼（贪嗔痴）。

伴相随，他，在末伽始罗月[1]，在黑分[2]十四日的第九日太阳日，禁食持戒，坐下来敬拜密迹自在女神。

93. He stayed awake all night, chanting dhāraṇī mantra and other stotras, in devoted prayer to the Goddess Guhyeśvarī.

他彻夜不眠，唱诵陀罗尼咒语和其他赞美颂词，向密迹胜自在女神虔诚祈祷。

94. In the morning of the tenth day, he ablated to purify his appearance, mind and soul, and then he offered sandalwood, water and flower to the Mother.

第十日的早晨，他沐浴洁净，净化了三曼荼罗（身语意），随其所欲，向神母供奉檀香、水和鲜花。

95. He, who was in her refuge, was devoted to her procedural worship. Filled with excitement, he prayed to her with chanted hymns, and thrice performed pradakṣiṇa around her.

潜心其佑护，他全身心地投入祭拜大自在女神的全部仪程。他满怀激情唱起赞歌向她祈祷，进行三次右绕拜仪。

96. He was extremely elated—his face bloomed like a lotus, he was filled with virtues. So after he again bowed to her in eight positions, he finally addressed her with hands joined in reverence.

他异常激动——脸像莲花一样绽放，尽显美德。他再次以八种身姿向她躬身下拜，以双手合掌结礼。

97. "O Mother, I worship to please you. You are the practice of acquiring knowledge. I pledge my eternal devotion to you. Mother, I pray I may be able to gain knowledge."

"哦，神母啊，我敬拜是为了乞讨你的欢心。你是获得真识的

---

① Mārgaśīra，鹿月，第九月之名。

② "月盈至满谓之白分，月亏至晦谓之黑分（Kṛṣṇapāksha）"。转引自蒋中新译《摩奴法论》，中国社会科学出版社2007年版。

践行者。我发誓对你永远忠诚。神母啊，我祈祷我能够获得真识。”

98. As the wise Mañjuśrī prayed so, he again worshipped the goddess in eight ways. Then he picked up the elixir in her feet, and drank it in three parts.

当智慧的文殊师利如此祈祷时，他再次以八种方式敬拜女神。然后他捧起她莲足上的甘露，分三次饮下。

99. As he drank the water of her feet that was equal to nectar, he was absolutely purified. The eight flaws of a human—he was rid of them. And he instantly reached a state where he would be able to attain Buddhahood.

当他饮入女神莲足上那等同于甘露的圣水，他即刻被完全净化了。把一个世间人的八种缺陷①——他都彻底摆脱。并且他立刻达到能够获得等觉②的一种状态。

100. Having done that, he was devoted to the worship of the Goddess. In that moment, the light of knowledge broke out inside of him, wisdom dawned in his mind, and he became the lord of dharma.

这些事毕，阿阇梨文殊师利虔心崇拜这位女神。就在那一刻，正觉之光在他的内心迸发出来，智慧在他的内心得到开启，他成为诸法之主。

101. Mañjuśrī, then, in the form of an ācārya, Bodhisattva, started to reside in an āśrama near the dharmadhātu, where he lived with the saṅgha he formed, for the welfare of the world.

然后，文殊师利以一个阿阇梨（ācārya）、菩萨的相貌，开始在法藏附近一个净修所居住，在那里与他所成立的僧伽致力于促进世界福祉。

---

① Aṣṭākṣaṇa，八难处。

② Saṃbodha |

102. The place of his residence, from where he granted all knowledge, was in a hill, which is beautiful and still stands there, famous as the "Mañjuśrī Parvat", in his name and memory.

他传授所有真识的居所，在一座小山上，美丽，至今依然矗立在那里，以其命名为"文殊师利山"（Mañjuśrī Parvat）而闻名，永志纪念。

103. He resides there, perpetually in devotion to the dharmadhātu, for his devotion is to bring welfare to the entire world. With this intent, he still worships the dharmadhātu.

他居住在那，对法藏永远虔诚，因为虔诚会给整个世界带来福祉[①]。怀此意愿，他持续崇拜法藏。

104. Seeing Mañjuśrī living in his āśrama, practicing austerity for the welfare of the entire world, Indra, Brahmā and all the gods and lords of all realms, pleased, approached him.

鉴于文殊师利生活在他的净修所，为整个世界的福祉进行苦修，以因陀罗、梵天为首的诸神们和一切世间诸领域的领主们都十分欢喜，并与他交好。

105—106. They who arrived there, including Brahmā and Indra, brought offerings with them, and stayed awake all night in devotion. In the morning, they chanted the dhāraṇī mantra and prayed to the Goddess Jineśvarī Guhyeśvarī. Then they went on to worship the Goddess and the dharmadhātu and performed prakaṣhiṇa, salutations with eight bodily positions and joined their service with devoted chanting and prayers.

到达那里的他们，包括梵天和因陀罗，带来供品，他们彻夜不眠，虔诚地祈祷。早晨，他们吟诵陀罗尼咒语，向吉祥的胜自

① sarva-sattva-hita，利益一切有情众生。

在密迹女神祈祷。然后，他们依仪轨继续敬拜女神和法藏，行右绕拜仪，以八种体式敬拜，并加入虔诚的念诵和祭拜仪式。

107. As they went to the refuge of the goddess and the Svayaṃbhū, they acquired prosperity of dharma and were granted divine powers.

当他们皈依大自在女神和斯瓦扬布时，他们获得了昌盛的佛法，并被赐予神圣的力量。

108. Thus, those who had come, including Brahmā and Indra, took refuge at the Vajrakut Mountain where the dharmadhātu was situated, in devotion to him.

因此，那些来到的众生，包括梵天和因陀罗，以法藏所处的莲花山金刚峰为净修所，对其虔心敬拜。

109. During their residence, they were in constant devotion, prayer and worship of the lord, and chanted great hymns and prayers in his reverence.

在驻留期间，他们不断地奉献、祈祷和崇拜佛主，怀着崇敬之情，吟诵伟大的赞美诗和祈祷文。

110. All those gods and lords of the realms, they first prayed to the Guhyeśvarī, then the Svayaṃbhu, and later also prayed to the Mañjuśrī, who in the form of Vajrācārya lived there to grant knowledge to all.

所有那些天神和诸界的领主们，他们先向密迹自在女神祈祷，然后是斯瓦扬布，再后来也向文殊师利祈祷，那时他以金刚阿阇梨（Vajrācārya，金刚祭司）的样貌，在那里生活，向所有人传授知识。

111. They came to the refuge of Mañjuśrī and offered divine materials, and worshipped him full of energy and enthusiasm.

他们来求得文殊师利的佑护，献上圣品，充满活力和热情地敬拜他。

112. Great sages such as Manu, great monks, sanyasi, bhikkhus

and Brahmacāris, all came to that place.

伟大的圣贤们如摩奴、（生主、瑜伽之主、）高僧、遁世者、比丘和梵行者，也都造访那个地方。

113. Cailakas, Bodhisattvas, Mahāsattvas, children and disciples of Buddha, and the able bodied all came there for the worship of the Goddess Guhyeśvarī.

出家人、菩萨、大菩萨、佛子与优婆塞，以及身体健全的人都来到了那里敬拜密迹自在女神。

114. All who came worshipped in proper order, and filled with happiness, having worshipped the Mañjuśrī, proceeded to fully devote to the dharmadhātu Svayaṃbhū.

凡前来依仪轨朝拜的人，充满了幸福感，敬拜了文殊师利之后，便全身心地敬拜法藏斯瓦扬布。

115. Those that worshipped the dharmadhātu and performed pradakṣiṇa were filled with bliss and blessed with knowledge.

那些崇拜法藏、进行右绕拜仪的人，充满了幸福感和对真识的福佑。

116. Again they went to the Mañjuśrī and in acceptance of him as their guru, worshipped him enthusiastically.

他们再去面谒大菩萨文殊师利，接受他为他们的师尊，满腔热情地敬拜他。

117. Novice disciples of Buddha, Bodhisattvas, and those in line for Buddhahood, all arrived there, and worshipped the Guhyeśvarī, the Svayaṃbhū and finally the ācārya Mañju ś rī. Thus, three great points of worship were established in the valley.

独觉、获得了极乐的人以及那些将依序成佛的人，所有到达那里的人，崇拜密迹自在女神、斯瓦扬布（法藏）及至阿阇梨文殊师利。因此，在山谷中建立了三座大的朝拜圣地（以下简称

“三圣”）。

118. Tathāgata Buddhas came with large amount of offerings that they offered there. They worshipped the Goddess, the dharmadhātu and finally the guru.

如来众佛们带着大量供品来了，他们做了供奉。他们崇拜女神、法藏，最后是阿阇梨。

119. Thus, all those who came there, were filled with joy as they worshipped the trio.

因此，所有那些来到的人，在他们崇拜女神、法藏、阿阇梨这三圣时，都充满了喜悦。

120. Due to the influence and merit of the worship of the three, the entire world has shaken. This is why the flowers showered from the heavens, and the celestial drums were played.

由于对三圣崇拜的影响和功德，整个世界为之震动。这就是为什么花雨从天空飘落，天国鼓乐齐鸣的原因。

121. After the Viśvabhū Buddha, greatest among the sages, quenched the curiosities of the assembly; everyone was filled with wonder and awe.

这位昆舍浮佛陀，圣贤中的至伟者，他解除了法会信众的好奇心之后，每个人都充满了惊奇与敬畏。

122. They all then desired to worship the Goddess Khagānanā, the Svayaṃbhū and the Mañjuśrī ācārya.

然后他们都渴望去朝拜吉祥的密迹大自在女神卡格纳娜、斯瓦扬布和文殊师利阿阇梨。

123. Having heard the words of the Viśvabhū, the Bodhisattva Gaganagañja, rising from his seat, with hands joined in reverence, prayed to the lord.

听了昆舍浮的话，戈甘那伽菩萨从座位上站起来，双手合掌，恭敬地向世尊祈祷。

124. And said, "O Lord, O Buddha, everyone present here, including me, wishes to pray to the Goddess, the Svayaṃbhū and the Acharya. Please grant us permission to do so."

并说道，“哦，世尊啊，哦，佛陀啊，在场的每一位，包括我，都希望向善逝自在女神、向斯瓦扬布和阿阇梨朝拜。请允许我们这样去做”。

125. As the sage prayed to the Lord Viśvabhū, looking at the Bodhisattva who had just asked him permission, commanded him so.

当知自我者戈甘那伽向世尊毘舍浮祈求时，看着刚刚祈求的菩萨，便允准他这样去做。

126—127. The Lord said, "Good. You all must go. If you wish to worship the the Goddess Khagānanā Jineśvarī, the Dharmadhātu Svayaṃbhū, and the Acharya Mañjuśrī, you must travel to the place near the Himālaya, where they reside, and devote yourselves to their service."

世尊说，“好吧。你们都要去。如果想崇拜自在女神卡格纳娜、法藏斯瓦扬布和阿阇梨文殊师利，你们必须旅行到喜马拉雅山脉附近的地方，他们居留之地，全身心地侍奉他们”。

128. As the Lord of all sages, the Viśvabhū commanded the assembly so, the assembled masses present, in divine happiness, proceeded to depart for the aforementioned land.

正如一切圣贤之主——毘舍浮所吩咐的那样，在场的大众在神圣的幸福之中出发前往上述地点。

129. Having received permission, I too walked with the crowd. We reached the place, where the trio lived, in the Vajrakut, surrounded by hills in the Nepal Mandala, where the water was removed by severing of a hill.

得到牟尼之主允许后，我也跟着人群走了。我们到达了向往的地点——三圣驻留地。位于尼泊尔曼荼罗的金刚峰，四周群山环绕，在那里，湖水因小山的砍断而泄出。

130. Having reached there, I relished at the sight of the dharmadhātu. I enthusiastically chanted hymns for him. And along with everyone else, I served him.

抵达那里之后，我一见法藏，便满心欢喜。我热情地为他唱诵赞美诗。也和其他人一起侍奉他。

131. I sought his refuge, full of devotion. I performed pradakṣiṇa, did his stuti, bowed to him in eight ways and prayed to him to grant me knowledge.

我虔诚地寻求他的佑护。我进行右绕拜仪，赞颂他，用八种体式向他躬拜，祈求他赐予我真识①。

132. Then, I went where the Mañjuśrī lived, and beheld him, worshipped him, offered him my offerings and served him.

然后，我来到文殊师利的驻锡地，我仰慕以阿阇梨样貌出现的他，躬拜他，献上我的供物，侍奉他。

133. Similarly, as the Buddha had commanded me previously, I went to the Goddess Khagānana. I procedurally prayed to her, and full of enthusiasm, worshipped her.

同样，正如佛陀之前所吩咐，我走近了吉祥女神卡格纳娜。我依礼仪向她祈祷，充满虔诚地敬拜她。

134. I did the pradakṣiṇa, and in eight ways bowed to her, sang hymns of her and devoted myself to her meditation. I prayed to her to grant me knowledge that would bring welfare to the world.

我做了右绕拜仪，用八种体式向她敬拜，唱诵赞美她的圣诗，

---

① Bodhisaṃvara，菩提三跋罗。

全身心地投入对她的忆念中。我祈求她赐予我能为这个世界带来福祉的真识①。

135. Due to the merit received by the worship of the Goddess Guhyeśvarī, Svayaṃbhū and the Mañjuśrī, my words, mind and actions were purified, and I was freed of the eight human flaws and thus became a Bodhisattva.

出于朝拜密迹自在女神、斯瓦扬布和文殊师利所领受的功德，我的三曼荼罗（言语、心灵、行为）得到了净化，我从人类的八难处②中解脱出来，成为菩萨。

136. Then I climbed the steps of Bodhi, conquered the bodily desires, and in the Kali age, started to reside as an Arhant where the Lord Svayaṃbhū had originated.

然后我攀登了菩提的阶次③，征服了肉欲魔军，在迦利时代④，我开始作为一个阿罗汉的身份居住在斯瓦扬布主的起源地。

137. Similarly, everyone else who takes the refuge of the Goddess shall receive the Bodhi knowledge.

同样，所有其他皈依伟大女神的人都将得到菩提真识⑤。

138. And those Mahāsattvas, Bodhisattvas, who have purified their hearts, words and actions become great wise ones and the lords of the three worlds.

而那些净化了三曼荼罗（心灵、言语和行为）的大菩萨、菩

① Saṃbodhi，三菩提。

② Aṣṭâkṣaṇa，有八难处，八难解法、八无暇等义。障碍见闻佛法的“八难”指不得遇佛、不闻正法之八种障难。八难，即（一）在地狱难。（二）在饿鬼难。（三）在畜生难。（四）在长寿天难。（五）在边地之郁单越难。（六）盲聋喑哑难。（七）世智辩聪难。（八）生在佛前佛后难。

③ 这里指渐次完成菩提资粮。

④ Kali，也称作黑暗时代。

⑤ Bodhimānasa，菩提心识或菩提心。

萨，成为伟大的智者①和三德的主宰。

139. They would never reach a bad state anywhere. They would always be in good state, full of all prosperity.

他们在任何地方都不会处于劣势，他们会永远结交好运，兴旺发达②。

140. Those people would be able to grant all wishes to others, and would walk the earth as they wished until their time here ended.

那些人将能够实现他人的各种愿望③，并随其所愿，阔步于大地之上，直到他们的时光（生命）结束。

141. Their morals would be purified, and they would experience the four steps of bliss and then, established in Bodhihood, shall act as Bodhisattvas.

他们的品行④将被净化，他们将体验福乐的四层次⑤，然后，成就菩提性，成为菩萨。

142. Then such Mahāsattvas, in the desire of the happiness obtained by the Buddha dharma, would live to practice the "Bodhi vow" for welfare of themselves and others.

于是，这样的大菩萨就会怀着从佛法获得幸福的渴望中，为了自己和他人的福祉而生活下去，践行自己的"菩提誓"。

143. Then they would be filled with virtue and full of glory in the practice of dharma, and would eventually be the lords of three worlds.

他们会在勤修善法的过程中充满美德和富有荣耀，最终成为

---

① Mahābhijñā，大神通者。

② 不堕入恶趣（durgati），转生正趣。

③ 给予他人所愿望的实物或财物。

④ śila，习、自性。

⑤ 安住于四梵住。

三德[①]的主宰。

144. Then those people, firmly rooted in Bodhi, would be wise, resilient, control over their organs, able to enter trance.

那些坚定地扎根于菩提之中的人，就会变得睿智、坚韧、离烦恼、控制感官，能够进入三摩地（禅定状态）。

145. Then those people would be purified from within, all knowledge would enter them, and they would attain perfected wisdom. Filled with the jewel of wisdom, they would eventually turn into children of Buddha.

那些人必由内净化，一切知识[②]都要进入他们内里，他们就会获得智慧圆融。充满智慧的宝石之后，他们最终就会转化为佛子。

146. Thus, the Mahāsattvas and Bodhisattvas would be indulged in the welfare of the world, with the knowledge of all ideas and procedures and with all their wisdom, would be the lords of three worlds.

于是，大菩萨和菩萨以认知一切观念和法则以及他们智慧具足[③]致力于世界的福祉[④]，将成为三德之主。

147. They would understand the secret to the attainment of Bodhi. They would swim in the ocean of knowledge and auspiciousness, for the welfare of the whole world.

他们会明白获得菩提资粮的奥秘。为了世界众生的福祉，他们将在真识和昌盛的海洋宝藏中遨游。

148. Consequently, they, filled with great knowledge, prosperity and good virtues, great strength and the ability to defeat the evil and

---

① Triguṇa，三德，数论所说自性谛三德，即喜（sattva）、忧（rajas）、暗（tamas），故生种种善恶好丑之法。参见［古印度］毗耶娑著，黄宝生译《薄伽梵歌》，商务印书馆 2010 年版。

② sarvavidyā，所有的科学知识。

③ prājña，意为巧慧、明、智慧具足等。

④ 利益众生。

wicked, would live as the lords in the world.

结果，他们具有渊博的知识①、繁荣和优秀品德，有最强大的力量和击败罪恶与邪恶的能力，在这个世界生活如王者②。

149. Thus, having attained the three types of Bodhi, those that walk the path of welfare, should be filled with highest level of wisdom and would live as superiors even among sages.

这样，在达到了三菩提之后，那些走在幸福之路的人，应该具足最高级的智慧，甚至像圣贤之中的优胜者那样生活。

150. Then they would be the Sugata, omniscient, beyond the ten bhūmī, established in the Bodhi path and would preach dharma to all.

于是，他们将是如来，觉者，超越十地的自在者，立身于菩提之路，并且会向众人宣讲佛法。

151. Thus, having preached the words of dharma, and having filled the three worlds with dharma, they would walk the path of liberation, and upon reaching the realm of Buddhas would live there as Buddhas.

这样，当他们宣讲了正法之语，并使三界遍布了佛法之后，他们将会走上解脱道路，到达众佛境界后，他们就会像佛一样安住在那里。

152. Thus, those who pray to the Great Goddess earn tremendous merit, become divine, and finally reach Buddhahood.

这样，那些向伟大的女神祈祷祭供的人们将获得巨大的功德，变得神圣，最终达到佛位③。

153. I have told these truths, as the sages forever have been telling. It is advisable to go to the refuge of Goddess Guhyeśvarī in devo-

---

① Mahābhijña，大神通、大智慧。

② tribhaveśvara，三界之主。

③ Saṃbuddhapadasādhanā，成就三菩提果位。

tion.

我讲完了这些真相，正如圣贤们一直在讲述的那样。虔诚地敬拜皈依伟大的密迹自在女神是明智之举。

154—156. The worship of the Svayaṃbhū dharmadhātu would grant greatness, divine powers, merit and Buddhahood. Upon worshipping and offering great items to the Mañjuśrī, a person would collect immense merit enough to grant them Buddhahood. Hence, those who seek Buddahood must worship the dharmadhātu and the Mañjuśrī.

对斯瓦扬布法藏的崇拜和供奉将赋予伟大神圣的力量、至高的功德和成就佛果。一个人向文殊师利敬拜和供奉重大的物品时，就会收获巨大的功德，足以使他们成就佛果。因此，那些寻求成佛的人必须崇拜法藏胜者之地和文殊师利。

157. Taking the refuge of the Great Goddess, remember her, meditate on her, chant her names and pray to her.

在伟大的女神的庇护下，忆念她，冥想她，吟诵她的名号和向她祈祷。

158. Those that receive the asylum of Guhyeśvarī and focus and meditate on her, and chant her names and devote to her prayers forever, shall be subject to eternal welfare.

那些接受密迹自在女神的庇护，专注于她，冥想她，吟诵她的名号，永远专心于对她祈祷的人，将得到永恒的幸福。

159. Those gentle people shall never reach a miserable state, and would always be in a good state. They will be filled with virtues and qualities.

那些温和的人将永远心愿顺遂，不堕恶趣，会永远处于良好的境界。他们将具足美德和优良品质。

160. Those that pray so will become Bodhisattvas, Mahāsattvas, users of the Buddha dharma and would be vying for the welfare of all

and ultimately become sons of Buddha.

那些这样祈祷的人将成为菩萨、大菩萨、佛法的践行者，并将为众生的福祉效劳，最终成为佛子。

161. Those that who prays to the Goddess, the Svayaṃbhū and the guru, shall receive divine bliss, prosperity and good virtues, shall never reach a state of misery, shall always be calm, focused and full of tranquility.

那些向女神、斯瓦扬布和师尊祈祷的人，将得到神圣的祝福、繁荣和美德，将永远不会陷入痛苦的境地，将永远平和、专注和充满宁静。

162. Those who chant hymns for them will never be subject to the wrath of the gods, and gods would always appear near them to give them protection. Thus, the service of the trio is a very appropriate.

那些为他们吟诵赞美诗的人将永远不会遭受众神的暴怒，诸神永远在身边护持他们。因此，侍奉三圣是极为应当的。

163. They need not ever fear fire or danger from arson, for fire himself would appear to protect them.

他们无畏火灾或纵火的危险，因为火神本身也会庇护他们。

164. They would never die before their time, for the god of death himself would intervene to prevent it.

他们永远不会在他们的寿数之前死亡，因为死神会进行干预出来阻止。

165. They need not fear demons, for the winds would provide them divine fortification against evil.

他们不必害怕恶魔，因为风神会给他们提供神圣的防范以战胜邪恶。

166. They would never have to fear Yakṣaya demigods, for the demigods would appear themselves to protect such people.

他们永远无须害怕夜叉半神之魔，因为半神们自身会出现来保护这些人。

167. They would never have to fear ghosts and spirits, because Lord Shiva—the Iśāna himself would appear to protect them.

他们永远无须害怕鬼怪和幽灵，因为湿婆大神——大自在天（Iśāna）会亲自出面佑护他们。

168. They would not have to fear Gandharva demigods, because the King of Gandharva demigods would appear to prevent any harm.

他们不必害怕乾闼婆①半神，因为乾闼婆半神之王②也会出来阻止任何对他们的伤害。

169. They would not have to fear the Kumbhāṇḍa demigods, because the Lord of Kumbhāṇḍa called Virūḍhaka, would personally protect them.

他们不必害怕鸠盘荼半神们，因为被称为增长天王的鸠盘荼之主，会亲自保护他们。

170. They were in no danger of the serpents, for the King of the serpents—Virupaksha would protect them from any serpentine harm.

他们没有蛇害的危险，因为众蛇之王——维鲁帕克沙（Virūpākṣa，广目天王）会保护他们免遭蛇害。

171. They need not fear the Yakṣas, for Lord Kuber himself would protect them of any danger from Yakṣya-kind.

他们不必惧怕药叉，因为俱毗罗领主本人会保护他们免受药叉之类的威胁。

172. Kinnara semigods would also pose no danger to them, for the King of Kinnaras: Druma kinnar would provide full protection.

紧那罗半神半人们也不会对他们构成威胁，因为紧那罗之王：

① Gandharva，乾闼婆（半神半人类）、天国乐师、歌手。

② 是手持琵琶的乐神持国天王（Dhṛtarāṣṭra）。

紧那罗鼓乐手会提供充分的佑护。

173. They would not have to fear Guhyakas, for Vajrapāni, who carries a vajra in his hand, would protect them.

他们不必担心密迹者[1]，因为金刚手有金刚杵在手，会保护他们。

174. Vidyādhara demigods also pose no threat; because Sarvārthasiddha Vidhyādhara would protect them of any danger.

持明半神也不会构成威胁；因为一切义悉皆成就者持明（Sarvārthasiddha Vidhyādhara）会保护他们免遭任何危险。

175. They need not fear the planets, for the lords of the planets would come to protect those people.

他们不必害怕星星，因为星星之主们会来保护那些人。

176. They were of no danger of the stars and constellations, for in all times, the lords of the stars would protect them.

他们不存在恒星和星座的威胁，因为在任何时候，星星的领主们都会保护他们。

177. They would have no fear for Siddhas, Sādhyas or Rudras, for such demigods would also come to their protection when called upon.

他们不会惧怕成就者、成业者或者楼陀罗（恐怖之神），这些半神半人也会在他们被召唤时前来保护他们。

178. A group of demigoddesses, called the Māt ṛkās, would not be a threat; for they would also protect them.

一群半女神们，被称为神母（Māt ṛkā）[2]，不会构成威胁；因为神母们也会保护他们。

179. Mahākāla, Gaṇeśa, Skandha and Bhairava themselves would protect these people from all miseries incoming from all directions.

---

① Guhyakas，是财神俱毗罗（Kuber）的仆从，半神半魔。

② mātṛkā，音译“摩怛理迦”、“摩怛履迦”。

大黑天（Mahākāla，“玛哈嘎拉”）、象鼻神（Gaṇeśa）、室犍陀（Skandha）和怖畏神（Bhairava，“拜拉瓦”），也会保护安抚这些人免于从四面八方传来的灾难。

180. Ghosts, phantoms, demons, vampires, sirens, witches would bring no fear to them. Such evil spirits would flee at the sight of such Mahāsattvas. Morever, Mahākāla, Gaṇeśa, Skandha would also provide protection.

饿鬼、幽灵、神鬼、吸血鬼、诱惑者、女巫不会给他们带来任何恐惧。那些邪恶的精怪一看到这样的大菩萨就会逃逸。此外，玛哈嘎拉、象鼻神、室犍陀也会提供保护。

181. They would have no fear from any of the aforementioned groups. Everyone would be supportive to the practitioners of dharma.

他们不必惧怕上述任何一个群体。任何一类都会支持佛法的修持者。

182. Lions and other beasts, evil birds, snakes and insects would pose no threat.

狮子和其他野兽、恶鸟、毒蛇和有害虫类都不会构成威胁。

183. The wicked, hostiles, thieves, enemies and robbers would impose no fear on those who worship the Goddess, the dharmadhātu and the Mañjuśrī.

邪恶者、怀敌意者、偷盗者、怨敌和强盗不会对那些崇拜女神、法藏和文殊师利的人产生恐惧。

184. Everyone in the entire cosmos would be friendly and affectionate, and work for the welfare of those who worship the Guhyeśvarī, the Svwaymbhū and the Mañjuśrī, with the wish of welfare and merit.

环宇之内的众生都将是慈悲友善和充满关爱的，怀着增进利益福祉和功德的企望，为那些崇拜密迹自在女神、斯瓦扬布和文殊师利的人而效劳。

185. All beings of the world would approach them with happiness and perceive them with a friendly attitude, for the sight of those who worship the trio would soften their hearts.

世界上所有众生都高兴亲近他们，以友善的态度看待他们，因为人们只要看到那些崇拜三圣的人，他们的心就会变软。

186. Even Kings, at the sight of them, would be filled with joy, affection and a desire to befriend such men.

即使是国王，一看到他们，也会充满喜悦、关爱并且产生与这样的人做朋友的愿望。

187. At the sight of such people, even courtiers and ministers would be happy and treat them with kindness, compassion and respect, and would support their vrata.

看到这样的人，即使是宫廷大吏与重臣也会很高兴，并用善良、同情和敬重来对待他们，并支持他们的誓言修行。

188. Even Brahmans, at the sight of their practice of dharma, would be pleased, and support them, and bless them into welfare.

甚至婆罗门，看到他们修持善法，内心也会喜悦，支持他们，祝福他们幸福。

189. Even sages, at the sight of these people, would be happy. With the perspective of welfare, they would impose goodwill and blessings on these people.

即使仙人们看到这些人，也会高兴。仅从生活安宁角度，他们都会把善意与祝福特别加送给他们。

190. Similarly, Yogis, Siddhas, Sanyasi, Brahmacāris, Vedic scholars, Ascetics, vrata holders, Upāsaka and Upāsikās would all bless them and show support.

同样，瑜伽士、成就者、遁世者、梵行男子、吠陀学者、苦行者、持戒者、优婆塞和优婆夷都会祝福他们并表示支持。

191. Cailakas, Bhikkhus, Bhikkhunīs, and all followers of Buddha, would all be pleased at the sight of them and would give them blessings.

出家人、比丘、比丘尼以及佛陀的所有信众，都会在看到他们的时候感到高兴，并为他们祝福。

192. Novices and initiates of the Buddha dharma, Bodhisattvas, would all, at the sight of these people, be pleased and offer blessings.

声闻、独觉和善逝（获得极乐的人）、菩萨等全体看到这些人，都会为他们感到高兴，并施与祝福。

193. All the aforementioned people would look at these people with friendliness, affection, protectiveness, and would always be helpful to those walking the path of Bodhi.

所有上述提到的人都会以友好、关爱、佑护的眼光看待他们，并总是助力于那些走在菩提路上的人。

194. Those that have attained Buddhahood would be filled with a desire to bless, at the sight of these people, and work to further propel these people into the path of welfare.

那些已经获得等觉①的人，一看到这些人，就会慈悲为怀充满祝福的愿望，并努力护持他们更进一步走向幸福之路。

195. These people would have immeasurable merit, enough to grant them Buddhahood. Wealth of virtues, prosperity and divine powers would all come to these people.

这些人将获得不可估量的功德，足以使他们成佛。美德之财富、繁荣兴旺和神圣的力量都会降临到他们的身上。

196. Understand this, you must go to the Goddess, the dharmadhātu and the Mañjuśrī to worship them to the best of your abilities,

① saṃbuddha，有三佛陀、正觉、等觉、觉性等义。

which will bring you welfare.

领悟这一点，你必须去到密迹自在女神、法藏和文殊师利那里，尽你最大的能力去敬拜他们，这将给你带来幸福。

197. Remember them, meditate to them, utter their names, they are the three gems, and receive their asylum.

忆念他们，冥想他们，念诵他们的名号，他们是“三（颗）圣（石）”，接受他们的庇护。

198. Having gotten the merit by worship of the trio, your mind, words and actions would be purified, you shall have good thoughts, and you shall see plenty of paths for welfare.

通过对“三圣”的崇拜获得功德后，你的三曼荼罗（思想、言语和行动）将被净化，你将具有善念，你将发现许多幸福之路。

199. You would never reach a state of misery, always walk the path of good, and ultimately become Bodhisattvas, Mahāsattvas and work for the welfare of the world.

你永远不会落入痛苦绝境，总是行走在快乐的道路上，最终成为菩萨、大菩萨，并为世界的福祉而精进修行。

200. You all would work for the welfare of all beings, attain Bodhi, profound resilience and would proceed further into Buddhahood.

你们都会为全体生灵的福祉而效劳，次第获得菩提资粮，以坚固的韧力，将进一步进入佛的境界。

201. After that, you shall conquer the army of bodily desires, would be in control of your organs, freed of all your miseries, would become Arhants, cross the three steps of Bodhi and would finally dwell the land of Buddha.

在那之后，你将要战胜肉欲魔众的进攻，控制你的感官，从一切烦恼痛苦中解脱出来，成为阿罗汉，越过菩提三步序，最终会居于佛的净土①。

202. “I have told you the secrets-words accepted and heeded by the greatest of the sages. You all must propagate these words far and wide to promote auspiciousness.”

“我已经向你们讲述了那些已为最高圣贤所聆听接受了的话语。你们大家都要把这些话传播得更远、更广泛，以促进祥瑞。”

203. As the great sage Upagupta told them so, everyone seated in the assembly had marked his words, and, full of bliss, had awakened.

当伟大的圣贤之主乌帕笈多对他们讲述这些后，所有大会上的听众都摘记了他的话语，充满法喜，唤起了觉悟。

Thus, the story of the origin of Svayaṃbhū in the third chapter ends so.

这样，吉祥的《斯瓦扬布往世书》第三章“湖水泄去，谷地露出与莲花山法藏安立”② 在此结束。

---

① 梵文为 Jinaālaya，胜者之地。

② 中文章名所译，见梵文本各章结束语。

Chapter Four

第四章

1. Upon hearing the words of the Lord, the Maitreya, who was like a son to Buddha, with hands joined in prayer, addressed the Lord:

听了释迦牟尼佛的话，大菩萨弥勒，就像佛的亲子一样，双手合掌祈祷，对世尊说道：

2. "O Lord, after Mañjuśrī severed the hill to drain the water out of the pond, when did the landmass get populated? When did villages, groups of cities and the country settle here?"

"哦，世尊啊，文殊师利砍断小山，泄掉湖水之后，这大片陆地什么时候有人居住的呢？村庄、城镇、都市和国家（mahārāṣṭra）什么时候兴起于此的呢？"

3. When the Buddha heard the prayers of the Maitreya, he looked at the Bodhisattva and answered so:

当世尊听到弥勒的询问，他看着菩萨，这样回答：

4. "Listen to my words carefully, O Mahāsattva Maitreya, and I will tell you when people started living here."

"好吧，请仔细听我的话，哦，大菩萨弥勒啊，我将告诉你人们什么时候开始居住在这里的。"

图4　文殊师利劈山泄水护佛立国

5. "O Son, when the lives of men spanned 40 thousand years, there lived a Buddha called Krakuchchanda, he was the Lord of dharma, Lord of all sages, Lord of the world.

"哦，孩子，当人类的寿命期限为4万岁的时候，那里生活过一位被称作拘楼孙（Krakuchchanda）[①] 的佛陀，他是法王，牟尼之主（Muniśvara），世界之主（Jagannātha）。

6. The Krakuchchanda Buddha was the lord of all knowledge, ruler of the world, protector of the three realms, the omniscient, the tathāgata, and the enlightened.

拘楼孙佛是一切知识之主，世界的主宰者，三界的保护者，正遍知，（阿罗汉，一切智，大神通者）如来以及启蒙者（胜者）。

7. The Buddha named Krakuchchanda, for the welfare of the

---

① 在字典（M. Mornier-Williams, *A Sanskrit-English Dictionary*）中，写作"Krakuchchanda"，拘楼孙佛位于现劫时五佛之首。另，根据本书遵循的尼泊尔释迦佛族系，有古七佛之说，拘楼孙佛排序第四代。

world, lived with his saṅgha in an āśrama in the outskirts of the large city of Kṣemāvatī.

名为拘楼孙的佛陀，为了世界众生的福祉，与他的僧伽生活在迦马瓦蒂（Kṣemāvatī）大城的郊区一个净修所里。

8. Outside the city, there was a vihāra where the Lord gave the teachings of the good dharma, which ensured welfare to all in the beginning, middle and end.

在大城外，有一座寺院，在那里世尊教导善法，确保所有人在初始、中间和最终的福祉。

9. During that time, I was a Bodhisattva named Jyotipāla. I was a great scholar with a sharp mind. I was in service of the Krakuchchanda Buddha, to whom I prayed and whose wisdom I heeded.

在那期间，我是一位注定要获得最高觉悟的菩萨（saṃbodhisattva），名叫觉谛帕拉（Jyotipāla，火光王），一个有着敏锐思想的大学者。我在服侍拘楼孙佛陀，向他祈祷，领受他的智慧。

10. The Lord Krakuchchanda, for the welfare of the world, wished to preach the dharma to the public in villages and towns.

那时的世尊拘楼孙，为了世界众生的福祉，希望在乡村和城镇向公众宣讲正法。

11. After that the Lord Krakuchchanda, with his saṅgha following behind him, started to walk the land, teaching the Buddha dharma.

之后，拘楼孙佛，与追随他的所有僧伽，开始巡游于这片土地，教导佛法。

12—13. The Krakuchchanda Buddha wandered from one town to other, one village to the next, travelling with the purpose of preaching dharma, in all places, in all directions. As he approached the sight of the illuminating dharmadhātu, he went on to procedurally worship the

Svayaṃbhū along with his saṅgha.

导师拘楼孙佛怀着宣讲佛法的目的，逐城逐村，走遍了四面八方所有地方。当他走近，看到光芒四射的法藏时，他与其僧团按仪轨朝拜斯瓦扬布。

14. The Krakuchchanda Buddha then started to settle on top of a rock on the Saṅkha Parvat (the conch-shaped hill).

然后拘楼孙佛陀开始在神螺山（海螺形状的山）上的一块岩石上安坐下来。

15. Being the master of all knowledge, the lord of the world, the Krakuchchanda Buddha assumed the highest seat at the center of the assembly; and he was surrounded by his saṅgha.

作为一切真知的大师，世界之主，牟尼自在主拘楼孙总是居于集会的中心最高的座位；并且被他的僧伽所环绕。

16. When they saw the Krakuchchanda Buddha sitting there, everyone from Mahāsattvas to honorary sons of Buddha gathered around, in anticipation of nectar in form of his words.

当他们看到拘楼孙佛在那里就座，每个人从大菩萨到佛陀的道义之子们，都聚拢围绕过来，渴望饮领微妙正法甘露。

17—18. As he started preaching, the Bhikkhunīs, Cailakas, Upāsakas, monks, vow practitioners, Bodhisattvas, Mahāsattvas, laymen and laywomen, and all those who sought to drink the elixir of dharma gathered around.

当他开始传法时，比丘尼、善戒者、一布衣出家男、优婆塞、一布衣出家女、誓言践行者①、优婆夷、菩萨、大菩萨，以及所有

① vratin，恪守誓言的、持律仪的、虔诚的、出家人、苦行者、虔信者、持戒者。

那些渴求微妙正法甘露的人都聚拢过来①。

19. They approached the Lord Buddha to worship him, perform the pradakṣiṇa and with hands joined in salutation, went to his refuge.

他们走近佛世尊去敬拜他，做右绕拜仪，双手合掌，礼敬皈依。

20. Brahmā and the gods, sages and the austere, yogis and monks, celibates and hermits, all arrived there.

那时梵天和诸神，众圣贤（大仙）和修苦行者，瑜伽士和遁世者，牟尼和梵行者，所有人与非人都驾临于此。

21. Similarly, Indra and his council of gods, lords of the worlds, planets, stars and constellations, demigods such as Siddhas, Sādhyas, Vidyādharas, all arrived.

同样，因陀罗和他的众神议事会，世界诸领域之主们，行星、星星和星座，成就者、成业者、持明等半神半人，都抵达此地。

22—23. Demigods such as Gandharvas, Kinnaras, Yakṣa and Guhyaka, as well as demons, serpents and falcons, they all came to receive audience of the Lord Buddha. They worshipped him as he sat there, and then returned to their respective seats, waiting to drink the elixir of dharma that came from him.

半神半人如乾闼婆、紧那罗、夜叉和密迹者，以及罗刹（魔族）、巨人②、金翅鸟、大蛇等，他们都来朝拜世尊。当佛陀就座，他们上前敬拜，然后返回各自的座位，静候畅饮来自佛的正法

① 佛教徒略说有七众弟子，细分则有九众。出家五众：比丘、比丘尼、式叉尼、沙弥、沙弥尼；在家二众：优婆塞、优婆夷。比丘为受持具足戒的男性出家人；比丘尼为受持具足戒的女性出家人。式叉尼为受持六法戒的沙弥尼，作为进取具足戒的过渡。沙弥为剃度后受持十戒的男性弟子；沙弥尼为剃度后受持十戒的女性弟子。优婆塞为在家学佛的男居士，优婆夷为在家学佛的女居士。以上为七众弟子，又出家及出家尼，是为九众弟子。出家是住在寺院，尚未剃度或尚未受戒的男信士，出家尼是住在寺院，尚未剃度或尚未受戒的女信士。

② dānava，一种阿修罗。

甘露。

24. Similarly, Brāhmins, scholars, Kings, Merchants, Ministers, Courtiers, Warriors and Soldiers, Servants, arrived at the place.

同样，婆罗门、学者、国王、刹帝利、吠舍[①]、大臣、侍臣、士兵、仆从，也来到了这个地方。

25. Householders, rich, businessmen, monks, noblemen, tradesmen with caravans, townsfolk, everyone came.

家主、富人、商人、修道人[②]、贵族[③]、（手艺人、）驾着篷车的商主、市民，大家都纷纷抵达。

26—27. The general public, laborers, craftsmen, menial workers, everyone came from all directions. They approached the Lord, worshipped him and performed pradakṣiṇa around him.

普通民众、劳动者、工匠、底层贱民[④]，来自四面八方的人们，他们走近世尊，依次敬拜他，并围绕他做右绕拜仪。

28—29. Those who came saluted the Lord Krakuchchanda with eight bodily positions, gladly joining their hands in his reverence. Sitting around the Lord in all directions, with the desire to hear the words of dharma like elixir that he would teach the assembly, they looked above at him expectantly, knowing the Lord would grant knowledge and words of wisdom.

那些来到的人用八种体姿敬拜世尊拘楼孙，愉快地双手合掌向他致敬。他们在佛陀的周边围坐下来，渴望聆听他将教诲信众

---

① vaiśya，吠舍，为印度四个种姓等级中的第三等级，由农夫、畜牧者、手工艺者、商人和生意人组成。

② sādhu，尼犍子（外道修行者）。

③ śreṣṭha，上人、上士、上根、好出身者。

④ 此梵文原词是kārpaṭika，有“朝圣者”之意，但根据文意和英译，此处karpaṭika一词应更适合译为“衣衫褴褛者”，或穿破烂衣衫的“乞丐”等底层卑贱者。

的像甘露一般的正法言语，他们期待地仰望着他，知道牟尼之主将赐给真识和智慧之语。

30. When the Lord saw everyone gathered there with devotion in their hearts and a strong desire to hear the Dharma, he started to preach—starting with the noble truths.

当世尊看到聚集在法会的人们心中都带着虔诚和强烈的渴望来聆听佛法时，他开始说法——以神圣的真理①作为开篇。

31. As they drank the nectar in the form of the Krakuchchanda's Upadeśa, everyone was awakened. With happy hearts, they desired to practice the Bodhicaryā (Bodhi vow).

当他们畅饮"拘楼孙箴言"中的甘露，每个人都悟醒了。带着愉快的心情，他们渴望践行菩提行（菩提誓言）。

32. Having understood the intent of everyone present, the Lord willed everyone to become Bodhisattvas and practice the Bodhicaryā. He addressed them so:

知晓在场的信众的意愿，牟尼之主愿意每个人成为菩萨并践行菩提誓言。他对众人这样说道：

33. "O Sons and Daughters, please heed my words carefully and with devotion. You should follow your desire to practice monkhood and ordinance, for it is a good path."

"哦，儿女们啊，请虔诚而仔细地听我说。你们应该遵循你们渴望的出家修行和戒律，因为它是善行之路。"

34. Everyone present here, for the access to the essence of the true dharma must practice the Bodhicarya with discipline.

① āryasatya，圣谛，苦集灭道（duḥkḥam，samudayaḥ，nirodhaḥ，mārgaḥ）四圣谛。

在场的每个人，为了进入真正的佛法的本质[①]，必须依据戒律修习菩提行[②]。

35. Those people that practice Bodhi are cleansed of their sins; they are purified in their actions, words and bodies; their miseries are destroyed; their souls are purified; they can claim victory and control over their organs, and finally attain Bodhi.

那些实践菩提的人们，他们的罪恶将被清洗；他们的三曼荼罗——行动、言语和肉体将被净化；他们的痛苦被摧毁[③]；他们的心灵被净化[④]；他们可以宣称胜利和控制了感官，并最终获得菩提。

36. They then defeat the bodily desires, overcome the wicked, become celibate and pure, and are established onto the three steps of Bodhi to ultimately walk the path towards Buddhahood.

从而，他们击败肉欲魔军，战胜邪恶[⑤]，制欲[⑥]，并且立足于菩提的三阶次[⑦]，最终走向成佛之路。

37. With this knowledge, those who desire to free themselves from this world, must practice monkhood as preached by Buddhas and do so with reverence.

有了这样的认知，那些渴望从此世界中把自己解脱出来的人，

---

① 成就法义。法义（dharmārtha）：法即可轨可则之义。谓如来所说之经，十界同遵，无不轨则故也。遵，依也。十界者，佛界、菩萨界、缘觉界、声闻界、天界、人界、修罗界、饿鬼界、畜生界、地狱界也。——转引自《大明三藏法数》

② bodhi-saṃbhāra，菩提资粮。

③ 离烦恼。

④ niḥkleśa，意为欲灭、无复烦恼、无染、离垢。

⑤ duṣṭa，意为恶、嗔恚。

⑥ brahmacārin，有梵行、梵行者、梵志等义。《增一阿含经》四十一云：“沙门名息心，诸恶永已尽。梵志名清净，除去诸乱想。”

⑦ 指三乘之人所得的菩提：又名三乘菩提，即声闻菩提、缘觉菩提、无上正等菩提。

要修行出家戒律如同诸佛所教导的那样，并且带着正信这样去做。

38. Having heard these words of the Krakuchchanda Buddha, everyone present there including the Mahāsattvas and Bodhisattvas, desired to practice the Buddhist ordinance.

听了拘楼孙佛陀这番话语之后，与会的每个人，包括大菩萨和菩萨们，都渴望去实践佛教戒律。

39—40. The assembly of four hundred Brāhmins that exhibited signs of virtue, three hundred Kṣetriyas, many Vaishyas and Sudras, many Mahāsattvas and gentle men and women and all who were present, were all gladdened with the desire to become monks.

这次法会展现出各种美德——四百名婆罗门、三百名刹帝利、众多吠舍和首陀罗、许多大菩萨和善男善女，以及在场的所有人，都心生欢喜渴望出家。

41. So everyone rose from their seats, joined their hands in front of the lord, saluted him, and prayed to him so:

于是人们从自己的座位上站起身，在佛祖面前双手合掌，礼敬他并向他这样祈祷说道：

42. "O Omniscient One, we are all avid to follow your words, and to practice the wisdom recommended by you, to accept monkhood and practice the Bodhicarya.

"哦，正遍知啊，我们都渴望遵循您的话语，去实践由您倡导的智慧，接受出家教法，修持菩提戒律。

43. O Lord, bless us with your benevolence, inaugurate us into the Buddha dharma, with the knowledge of dharma."

哦，世尊啊，用您的仁慈目光佑护我们吧，用佛法知识，指引我们进入微妙正法。"

44. When the assembly requested the Lord so, he looked at them, who were all wise and filled with devotion, and commanded them:

当会众这样祈求牟尼之主时，世尊望着所有聪慧并充满虔诚的人们，然后嘱咐他们说：

45. "All present here, who desire to be inaugurated into the dharma, practice ordinance and dwell without fear."

"所有在这出席集会的人，渴望入法者们[①]，要遵行佛教出家戒律，无怖畏而静心安居。"

46. As he commanded the mass so, the Krakuchchanda Buddha gradually put his hands on their heads, and ordained everyone present there into the Buddha dharma.

这样吩咐会众时，拘楼孙佛陀把他的双手放在他们的头上，逐个摩顶，给在场的每个人授戒传法。

47. Everyone then shaved their heads, wore red robes, held a bowl for Bhiksha, and thus became monks and nuns (Bhikkhu－Bhikkhunīs).

然后，每个剃头削发、穿上杏红色长袍、持乞行[②]钵者，便成为僧侣或尼僧（比丘—比丘尼）。

48. Then the Lord preached all types of dharma's knowledge to the newly ordained Bhikkhus, and taught the way of Bodhi.

然后，世尊向刚刚受戒的出家者宣讲各种各样的佛法真知[③]，并教授菩提资粮之道。

49. Everyone present there was purified: their minds were cleansed, obstacles destroyed, organs purified; their desire for prosperity, welfare and the Saṅga had all vanished.

在场的每个人都被净化了：他们的心灵得到净化，烦恼消除，

---

① pra-vraj，出家。

② bhikṣā，乞行。

③ samyak-saṃbodhi，有一切种智、三藐三菩提、正等菩提、正等觉等义；saṃbodhipākṣika，三菩提品；Bodhisambhāra，菩提资粮。

感官清净；他们对名闻利养的渴望和愚痴贪著[1]全部消失掉。

50. They did not differentiate between themselves and others, friends or enemies. They were freed of their worldly desires and attachment to mundane lives. Their greed was also pacified, so much so that they valued gold the same as stones or soil.

他们大行[2]，不再区分自与他，友与敌。他们摆脱对世间生活的欲望与依恋。他们的贪欲得到了平息，以至他们视黄金如石块或土块。

51. Their sorrows came to an end. Their souls were purified. Their three maṇḍalas (mind, word and body) were also purified. They became Arhants, Bhadrakas and Brahmacāris, with the ability to reach out and help everyone.

他们的烦恼终结，心灵净化。他们的三个曼荼罗（心灵、言语、身体）也被净化了。他们成为阿罗汉、贤善（bhadraka）和梵行者，具有能力伸出援手和帮助他人。

52. On the path of the Buddha dharma, those Bhikkhus, able to contain the Bodhi knowledge, walked the earth with good actions for the welfare of all beings.

于是，在佛法的道路上，那些能够秉承菩提真识的比丘们，为利益一切有情众生，以善行漫游大地。

53. Purified, they were all filled with five kinds of knowledge. All prosperity found its way to them, due to their lack of desire for it. They became worthy of respect, worship and reverence from gods and men.

那么，他们得到净化，具足所有五种神通[3]，威德广大。由于无欲追求，一切荣耀都降临其身。他们成为值得从诸神到人尊敬、

---

① saṅga，执着、贪执、欲。

② samācāra，大行、戒、行事。

③ pañcâbhijña，五种神通。

崇拜和敬畏的人。

54. Suddenly, as the Krakuchchanda Buddha was speaking, atop the Śaṅkha Mountain, water materialized from the thumb of Bodhisattva named Vajrasattva.

突然，在拘楼孙佛讲话时，神螺山的山顶上，水从名叫金刚萨埵的菩萨的手指中物化出来。

55. The water thus emerged was extremely pure, and rendered the emanating river holy. The river was able to grant dharma, artha, kāma and mokṣa (the bliss of dharma, wealth, desire and liberation) to everyone and thus, came to be a great pilgrimage.

这样流出来的水极其纯净，使得散发出光芒的河水变得神圣。这条河流能够赐予每个人法、利、欲和解脱（正法、财富、欲望和解脱的佑护）四果[①]，并因此，成为一个伟大的圣地。

56. The pure river was further purified by the words of the Krakuchchanda Buddha, to the point that it attained the ability to quench and purify everyone.

这条纯净的河流被拘楼孙佛陀宣讲的话语进一步净化，达到一种息心和纯洁每个人的能力。

57. Thenceforth, the river came to be known as the Vākmatī (Vāgmati in present day), for it emerged during the speech (Vāk) of the Krakuchchanda Buddha. Those who bathe in the river are wholly purified.

此后，这条河以瓦格玛蒂河（即今天的巴格玛蒂河）[②] 而著称，因为它出现在拘楼孙佛陀的讲话（Vāk）之间 。凡是在这条圣河沐浴的人就会被消除罪性[③]，完全净化。

---

① 施与四种果（法、利、欲和解脱）。

② Vāgmatī，意为“语言之河”；后文提到该河流时皆用此现名巴格玛蒂河。

③ sarva-pāpa，一切染、恶法、罪性。

58—59. Those who ablute in the Vāgmatī, provide offerings and perform rites for ancestors, and donate lavishly to the poor, those people become absolutely purified, filled with virtues, and enjoy the pleasures in this realm before they dwell the realm of Buddha, in liberation.

那些在巴格玛蒂河，按仪轨进行沐浴、祭祀神灵和饭供祖先并慷慨布施穷人者，他们将全然净化，充满美德，并在他们前往佛国彻底解脱之前，欣享此世之欢愉。

60. Thus, having understood this, you must provide offerings and perform rites, give donations, and practice vows, in the sacred pilgrimage Vāgmatī.

明了于此，为了众生福祉，你们必须在神圣的朝圣地巴格玛蒂河，奉献祭供和执行仪轨，布施和履行誓言。

61. The auspicious sight of the river, the touch of its water and its intake frees one of the greatest of sins.

这条河有助于成功的吉兆是，接触①它的河水和其入口处可以摆脱最大的罪恶之一。

62. The one who washes their body in the Vāgmatī receives merit equal to that of a bath in the Ganges. Even a sprinkle of the water on the head purifies all their sense organs and mind.

一个在巴格玛蒂河中沐浴的人，得到的功德果报等同于在恒河里沐浴，即使是水在头上稍微一洒，也能净化他们所有的感官和思想。

63. Thus, the river that originated as the Krakuchchanda was speaking, that emerged due to the influence of his words, and was named by the Buddha as the Vākvatī (for it held words), came to be

---

① pīta，意为喝、饮、吸吮等。

one of the holiest places.

因此，这条源起于拘楼孙佛讲经传法之间，出于他的言语的影响，而被佛陀命名为“语言之河”（因之“话语”之义），成为最神圣的地方之一。

64. Having understood this, those who desire welfare, must always touch and worship the pure holy waters of the Vāgmatī.

明了此意后，世间那些渴望福祉的人，要永远接触和崇拜吉祥的快乐之地巴格玛蒂河的纯洁圣水。

65. Similarly, another river originated as the Lord Krakuchchanda was giving his sermon, from the hand of the Vajrasattva Bodhisattva.

同样，另一条河流起源于佛祖拘楼孙讲经时，从金刚萨埵菩萨的手中流出。

66. The newly ordained monks who had shaved their hair and beards, trimmed their nails, then disposed half of their hair in the newly originated river.

那些剃掉头发、胡须并修剪过指甲的刚刚受过戒的僧侣们，将他们的一半落发撒在新起源的河里。

67. Due to this, the newly originated river was named Keśavatī (since Keśa means hair), and the river became greatly famous. The other half of their hair was left on the rock on top of the mountain.

由于这个缘故，这条新起源的河被命名为盖沙瓦蒂河(Keśavatī)[①]，从此变得非常有名。他们的另一半落发被留在山顶的岩石上。

68. Each strand of hair on the rock gave rise to a caitya. Thus, the thousands of strands of hair gave rise to thousands of new caityas on the rock.

---

① keśa，意为头发。

在岩石上，每一缕头发都受生为一座支提。因此，成千上万缕头发生起了成千上万座新的支提。

69. The river, just like Vāgmatī, came to be very pure and became a great holy spot. Since the merit achieved by the newly ordained monks went to that river, it also came to be known as the Punya-sālī River.

这条河，就像巴格玛蒂河一样，变得极其纯净并成为一个伟大的神圣之地。由于新受戒的僧侣们所取得的大功德走向了那条河流，所以它也以蓬尼雅—萨利河（Punya-sālī，“福田”）而著称。

70. The merit received by the mass of newly ordained monks spread, and along with the merit, spread the news of the origination of the rivers.

大部分新受戒的僧侣和梵行者得到的功德流传开来，与此功德一起，河流起源的消息也被传播开去。

71. Then emerged eight vītarāgā, who were devoid of worldly attachments, who had no refuge or basis; they were in the form of pure energy and light; and they were there for the welfare of the world.

紧接着，出现了八位离染净者①，他们没有世间的依恋，无依无靠②；呈现为纯粹的能量和光的形式（无相③）；他们是为了世界众生的利益而存在。

72. On the hill named Saṅkha, was an āśram named Maṇicūḍa, and there originated the first vītarāga as the Maniliṅga, which still lies

① Vītarāgā，有离、离欲、离欲者、已离欲之义，即“远离激情、恐惧和愤怒，冷静，无欲，平静，安宁”，在本书汉译为“离染净者”。在本书中八位离染净者对应着这八位菩萨：弥勒菩萨、戈甘那伽菩萨、普贤菩萨、金刚手菩萨、除盖障菩萨、文殊菩萨、地藏菩萨、虚空藏菩萨。

② nirāśraya，意为无住、无因、无所著。

③ nirākāra।

there.

被称作神螺的小山上，有一处名为“摩尼髻”（Maṇicūḍa）的净修所，在那里出现了第一位离染净者作为摩尼根（Maniliṅga）[①]，现仍然位于那里。

73—75. The second one lay at the Gokarṇeśvara, which existed in the form of light. In the mountain named Cāru lived the third one. The fourth, in the Kumbha pilgrimage, existed in the form of light. The fifth was situated on the Phani Mountain, the sixth in the Gartaka, the seventh in the Gandhavati, and the eight in Vikrama. These eight are the forms of Mahādeva, they are devoid of desires; that have no beginning, and only exist in form of light.

第二位寄居于“高戈尔纳”（Gokarṇeśvara，“牛耳自在主”[②]），他以光的形式存在。在名为“迦鲁”（Cāru，“殊妙”）的山里住着第三位。第四位在“昆帕”（Kumbha，“净瓶”）朝圣地，以光的形式存在。第五位在“帕尼”（Phani，“眼镜蛇”）山上，第六位在“加尔塔科”（Gartaka，“宝座”），第七位在“乾闼瓦蒂”（Gandhavati，“有香气者”），第八位在“毗克拉玛”（Vikrama，“脚步”）。为了众生福祉，这八位大天神（Mahādeva）[③]的化现，他们一尘不染，无形；没有起始，只以光的形式存在。

76. The eight vītarāgā, due to their influence and glory, adorned the entire earth such that all places became beautiful.

这八位离染净者，由于他们的影响力和荣耀，装饰着整个大地，以至于所有地方都变得美丽。

77. In that time, from the lineage of Mahāsaṃmata, was born a great King, who had become a Bodhisattva, filled with immense com-

---

① 或“摩尼林伽”。

② 高戈尔纳（Gokarṇa）是一处朝拜湿婆的圣地。

③ Mahādeva，大天神，印度教为湿婆大神。

passion and desire for welfare of all.

那时，从马哈桑玛塔（Mahāsaṃmata）[①] 世系，诞生了一位伟大的国王，他已经成就了菩萨，出于巨大的悲悯，渴望给大众带来福祉。

78. The King, who was a Bodhisattva, departed for the place where the Svayaṃbhū and the Goddess Khagānanā resided, to receive the audience of Krakuchchanda Buddha.

这位王中因陀罗（大国王），一位菩萨，启程前往斯瓦扬布和女神卡格纳娜的驻锡地，作为听众来接受拘楼孙佛陀的法布施。

79. When he saw the Svayaṃbhū, the residence of the Buddha, he saluted it and did pradakṣiṇa around it thrice.

当他看到斯瓦扬布佛家胜者之地，他向其敬拜，做了三次右绕拜仪。

80—81. Approaching the shrine, he worshipped the Lord Svayaṃbhū who was established with the five Buddhas. He saluted it with eight bodily positions, and went to its refuge. Then he approached the Mañjuśrī and sought his refuge as well.

接近神龛，他敬拜斯瓦扬布佛主和已设龛的五佛[②]。他用八种身姿向它礼拜，求其庇护。然后王中因陀罗走向文殊师利，寻求皈依善师。

82. Having procedurally worshipped the Mañjuśrī, and given him the offerings, the King approached the Goddess Guhyeśvarī.

按照仪轨，敬拜了文殊师利，献上供品后，国王又走向密迹自在女神。

83. He worshipped the Guhyeśvarī procedurally, and afterwards,

① Mahāsaṃmata，音译“马哈桑玛塔”，意译“大平等王”。根据佛教传统编年史，他是历史上佛陀所属的释迦王朝的创始人。

② Pañcajinātma，五佛。

went towards the eight self-originated vītarāgā shrines.

王中因陀罗依仪轨敬拜了密迹自在女神，之后，走向八位自生离染净者神龛。

84. Then he worshipped the eight self-originating vītarāgā with great joy and enthusiasm. The merit he received through the worship gained him great fame all over the world.

然后，他怀着极大的喜悦和热情，敬拜了八位离染净者。他通过崇拜领受了的这个功德，使他获得了遍及世界的巨大声誉。

85. Thus, the worship of the great eight vītarāgā, the Goddess, the Mañjuśrī and the Svayaṃbhū blessed him with great fortune, the knowledge of all dharma, superiority among all Kings, attainment of all dharma and all great qualities.

这样，对伟大的八位离染净者、密迹自在女神、文殊师利和斯瓦扬布的敬拜，赐予大国王法藏极大的好运，取得诸法知识，超越诸王，知晓各法，获得了各种伟大的品质。

86. Thus the King, who was also a Bodhisattva, was then named Dharmākara (source or mine of dharma). Afterwards, he immediately went to the refuge of Krakuchchanda Buddha.

于是国王，他也是一位菩萨，当时名为法藏[①]（Dharmāka-ra）。随即，他马上皈依拘楼孙佛陀。

87. As he reached the residence of the Krakuchchanda, he saluted him and did pradakṣiṇa around him, and prayed to him with hands joined, "O Lord, you are omniscient, and you know of the desire that lies in my heart."

当他到达拘楼孙佛的住所时，向牟尼之主敬拜，做了右绕拜仪，然后双手合掌向他诉说道，"哦，世尊啊，您是知一切者，您

① 意为法的源泉或宝藏。

知道存于我心中的渴望”。

88. “O Lord, please bless me with your immense benevolence.” In this way, he prayed to the Buddha.

“世尊啊，请用您广大无边的慈悲祝福我吧！”他向佛陀这样祈祷。

89. Hearing the prayer, the Lord Buddha, looking at the Dharmākara King, answered so: “O great King, you are a wise Bodhisattva. Whatever you desire shall become yours.”

听到祈求，佛世尊，看看人中因陀罗法藏，这样回答：“好，大王啊，你是一位智慧的大菩萨。你会如愿以偿。”

90. Your duty is to protect your citizens on the earth, and to help instate your subjects on the path of Bodhi.

你的职责是保护大地上的你的公民，协助臣民们走上菩提之路。

91. Establish them into the path of Bodhi knowledge; serve the citizens of this earth full of dharma; and perform good deeds yourself so that everyone would follow the same.

匡扶他们走上菩提正觉之路；从事吉祥善业，能使人人效仿。

92. Enjoy the pleasures you wish to, constantly gather fast pace for the welfare of the world, and work for the world with the principle of dharma.

欣享你希冀的欲乐同时，要为世界福祉不断地加快步伐，以正法的准则为众生作利益得定心。

93. Practice the vow of Bodhi truthfully, and in the asylum of Lord Dharmadhātu, reside in his vicinity.

忠实地履行菩提的誓言，并在斯瓦扬布法藏之主的佑护下，定居于他的周边。

94. With devotion in your worship of the Svayaṃbhū, live protec-

ting your citizens. Alongside of this, go to the refuge of the Goddess Khagānanā.

在你对斯瓦扬布的崇拜中，带着虔诚敬信，为保护你的民众而生。同时，寻求女神卡格纳娜的佑护。

95. Constantly pray to this great Goddess so as to climb the steps of greater knowledge. And also worship the good guru Mañjuśrī.

不断地向这位伟大的女神祈祷，以便持守菩提律仪。并且也要敬拜美德上师文殊师利。

96. Upholding Buddha's disciplines, walking the path of the good dharma, you must worship the eight vītarāgā, the forms of Mahādeva, in their refuge.

秉持诸佛法①，走上微妙正法之路。你必须崇拜八位离染净者——摩诃提婆（大天神）的化身，置于他们的庇护之下。

97. With devotion chant the hymns, practice the ultimate dharma and worship the great pilgrimages like the Vāgmatī.

带着虔诚唱诵赞美诗，修习根本法，朝拜以巴格玛蒂河为首的所有伟大的圣地。

98. Ablute in the pure rivers; donate, quench the gods and the ancestors, and then your words, actions and mind shall consequently get purified and slowly you shall hold all the knowledge in your heart.

在纯净的河水里沐浴净身；以祭火敬神灵，供奉祖先，然后你的三身②将因此得到净化，慢慢地在你心中将掌握所有知识③。

99. Doing the welfare of all beings, O King, live there peacefully. Also try to nudge the other worlds towards the path of knowledge.

哦，王中因陀罗啊，为众生谋福祉，你会和平地生活。同时

---

① Buddhānuśāsana，佛教、诸佛法。

② Trikāya।

③ Saṃbodhimānasa，菩提心、菩提智慧或精神。

也要努力推动其他世界走向觉悟之路。

100. Urge all these beings to worship the Svayaṃbhū, devote themselves to him and practice the discipline of the Buddha with enthusiasm, as you do.

鼓励所有众生去朝拜斯瓦扬布，使他们自己献身于他，正如你所做，忠实地持守佛陀的戒律。

101. Take your subjects to the path of Bodhi, the good path, so that your actions are filled with Bodhi.

大王啊，带领你的臣民走向菩提之路，这条善路，以便于你们自己的行动充满菩提。

102. In this way, continue your good deeds in this world while practicing the Bodhi vow. Through the merit achieved so, you shall one day become a son of Buddha.

这样，在践行菩提行誓言之中，继续你在这个世界上的善举。通过取得这样的功德之果，终有一天你将成为一个佛陀之子。

103. You shall become a Bodhisattva with great knowledge. The essence of all virtues and goodwill shall come to you, and you will never reach a state of misery, for you shall be forever bound in the good path.

你将成为一个具有伟大真知的菩萨。所有美德和善意的精华将归于你，而你将永远不会落入不幸之境①，因为你将永远不离善行。

104. You will be wise, able to distinguish the true from the false; you shall have prosperity, wisdom and be the Lord of virtues and all land.

你必是明智的，能够辨别真理与虚伪；你必是富足、智慧的，并成为美德和整个世界之主。

---

① 不会堕入恶趣。

105. Similarly, you shall cross the steps of Bodhi, gain absolute focus, and with devotion towards the Buddha, Dharma and Saṅgha, acquire divine bliss.

你将次第完成菩提资粮，获得绝对专注，并怀着对三宝（佛陀、佛法和僧伽）的虔信，获得神圣的大乐①。

106. The four pleasures—dharma, artha, kāma and mokṣa shall be yours. You shall be freed from all misery, victorious against bodily desires, and ready to become an Arhant.

四种乐欲必归于你②。你将从所有的痛苦烦恼中解脱出来，战胜肉欲魔军的执念③，以备修成一个阿罗汉。

107. Having climbed the three steps of Bodhi, you shall attain Buddhahood, and slowly rise to help purify others in their mind, words and actions.

攀登了菩提智的三阶次后，你将获得佛果，慢慢地提升可以帮助其他人净化他们的三曼荼罗（心灵、言语和行动）。

108. You shall forever be in a good state, walk the earth for its welfare, and uphold the Bodhicarya faithfully, just as the Mahāsattvas and Bodhisattvas.

你将永远处于幸福快乐的境界，正如大菩萨与菩萨那样，为众生的福祉而云游行走，并虔诚地坚守菩提戒律。

109. As the Mahāsattvas and Bodhisattvas have conquered their bodily desires to free themselves of all sorrow and with freedom from the mortal cycle and purity in their souls, experience the supreme four pleasures, so shall you.

---

① Mahānandasukha，觉悟解脱后所获得的巨大喜悦与幸福安适。

② 欣享安居于四种梵住——慈悲喜舍。印度教文化的四种乐欲是“法、利、欲、解脱”。

③ 贪爱、嗔恚、愚痴等。

正如大菩萨和菩萨征服了肉欲魔军，从一切烦恼痛苦中解脱出来，摆脱生死轮回，而净化心灵，体验至高无上的“四梵住”，你也将如此。

110. They who worship the eight vītarāgā cross the three stages of Bodhi, become Arhants and then proceed towards Buddhahood.

那些崇拜八位离染净者的人，他们跨过菩提的三阶次，成为阿罗汉，然后继续向成就佛果的境界迈进。

111. You might wonder what rewards come out of the worship of the eight vītarāgā and the ablution in the Vāgmatī. Listen carefully, I shall tell you.

你也许想知道，崇拜八位离染净者和在巴格玛蒂河中沐浴会带来什么善果？请仔细听，我将讲述给你。

112. I shall tell you about the rewards, merits and happiness received through the worship of the eight vītarāgā, who are manifestations of Śiva himself.

我将告诉你有关获得的功德、心灵净化和幸福，通过崇拜八位离染净者，那是湿婆（Maheśāna，摩诃伊沙）自身的化现。

113. These forms of Mahādeva—the eight vītarāgā, shall grant happiness to the world. They must be bathed with ghee, which shall bring about great welfare and immense happiness in the world.

崇拜大天神的这些化身——八位离染净者，将赐福于世界。必须用酥油沐浴他们，这将给世界带来巨大的福祉和无限的幸福。

114. He, who prays to the eight vītarāgā and worships them by bathing them with yogurt and honey, is bound to the realm of Brahmā with great pleasure.

向八位离染净者祈祷和敬拜，用酸奶和蜂蜜沐浴其身的人，一定带着极大的欢乐到达梵天的领域。

115. Those that worship these forms of Śiva with sugarcane juice

shall reach the Vaiṣṇav realm to become a demigod of the Vidyādhara kind.

那些用甘蔗汁敬拜八位湿婆化身的人，将到达毗湿奴的国度，成为一种持明类半神。

116. They who ablute the eight vītarāgā with sandalwood and water shall reach Gandharva realm. They who bathe them with milk shall reach Candra realm. They who use cold water to cleanse the vītarāga shall have their organs purified and sins cleansed off.

那些用檀香木和水来香薰沐浴八位离染净者的人，他们将到达乾闼婆的国度。那些用牛奶沐浴他们的人，将到达月亮的国度。那些用清凉净水清洁离染净者的人，他们的感官将得到净化，罪业洗净。

117. They who worship the eight by offering multitudes of fragrant flowers shall have their desires fulfilled, become happy and reign as kings among men.

凡供奉众多香花来敬拜八位离染净者的人，他们的愿望必将得到满足，变得快乐，就像人中之王。

118. They who worship the vītarāga with bilva leaves shall receive auspiciousness and merit equal to that of a thousand yajñas (sacrifices).

那些用上好的吉祥果的叶子敬拜离染净者的人，将会得到吉祥和功德，这将等同于一千份牲祭供养（yajña）[1]。

119. The one who offers food and presents shall be granted longevity; the one who lights candles shall be energetic and have strong eyesight.

一个供奉食物祭品和礼物的人，将被赐予长寿；一个供奉点

---

① yajña，意为供养、大会、施食、祠祀。

亮的排灯的人，将会精力充沛并获得善见。

120. The one who offers incense sticks shall be rid of his sins. The one who offers sesame seeds shall never reach a bad state of affair, and will always be in a good place.

一个供奉安息香杖的人，将摆脱其罪业。一个供奉用器物装满芝麻籽的人，将不会事事倒霉，而会诸事顺遂。

121. The person who donates gold will be in a great state, and the one who donates cows to the vītarāga shall reach the world of the Śiva.

布施黄金的人将永远处于顺境，而一个给离染净者捐献乳牛的人将到达湿婆的世界。

122. He who offers a brown cow with hooves engraved in silver, horns plated with gold, neck adorned with sweet bells, with a calf, shall amass merit equal to that from a great sacrifice.

凡供奉一头棕红色奶牛，牛蹄刻银，牛角镶金，脖颈装饰悦耳的铃铛，还伴随一头小牛，他积累的功德将等同于一次巨大的祭祀。

123. The one who offers fabric adorned with gems shall receive gems in plenitude. The one who offers ordinary fabric shall never be in scarcity of clothes. The one who donates land shall gain great prosperity in terms of land.

一个供奉装饰宝石织物的人，将得到大量宝石。一个供奉普通织物的人将永远不会缺衣少穿。就土地而言，一个捐献土地的人将获得地产业的巨大繁荣。

124. The one who plays different instruments and dances, and conducts festivals, shall receive a divine body and eventually, become an attendant of Śiva.

一个演奏各种乐器和表演舞蹈并组织节庆活动的人，将得到一个圣洁的躯体，并最终成为湿婆的一个侍者。

125. The one who offers blue lotus shall receive prosperity and fortune. The one who offers bela leaves shall receive great strength.

一个献上蓝莲花的人将会得到繁荣和好运。一个献上吉祥果①叶子的人将获得巨大的力量。

126. The one who offers dhattūra plant shall receive invincibility in strength; and he who offers the flower of the said plant shall be undefeatable.

一个献上白色曼陀罗（dhattūra）植物的人，将获得不可战胜的力量；而献上白色曼陀罗花的人，他将是不可战胜的。

127. The one who offers dhattūra shall be prosperous, beautiful, wise, and their speech shall please those who hear it, and their actions, filled with virtues and intelligence, shall bring welfare to all.

一个献上白色曼陀罗的人将是兴旺、美丽、聪慧的，他们的言语将使得那些听到的人心生欢喜，他们的行动，充满美德和智慧，将给所有人带来幸福。

128. They who offer fruits, leaves and flowers, and sing praises of the eight vītarāgā shall reach the realm of Śiva to enjoy divine pleasures.

那些提供根茎、果子、叶子和花朵以及唱诵八位离染净者的赞美诗的人，他们将到达湿婆的世界，享受神圣的快乐。

129. They who constantly perform the pradakṣiṇa and chant hymns in reverence shall be beauteous and ultimately reach the land of Śiva.

那些不断地做右绕拜仪并恭敬吟诵赞美诗的人，他们将会变得美丽，并最终到达湿婆的国度。

130. They who sing prayers and praises of the eight Śivas with joy reach the realm of ancestors to enjoy boundless happiness.

---

① bela，印度枸桔（芸香科）。此偈中，应是“bilva”，有吉祥果、频罗果之义。

那些愉快地吟诵祷文和歌颂八位大自在天化身的赞美诗的人，他们将到达祖先的世界，享受大乐与舒适。

131. They who utter and chant the name of these eight vītarāgā with concentration become prosperous and wise, and ultimately reach the land of Śiva.

那些专心吟诵和向八位离染净者低声祈祷其名号的人，他们将变得富有和智慧通达，并最终到达湿婆的国度。

132. They who salute the vītarāga maheśvara with eight bodily positions and sing their praises shall reach a good state, and never be in a state of misery.

那些用八种体式敬拜离染净者大自在天并吟诵其赞美诗的人，将到达一个美好境界，而永远不会坠入痛苦之境。

133. They who are in constant remembrance and meditation of the vītarāga, and sing their praises, shall consume nectar and live happily in celestial realm (heaven).

那些对离染净者不断地忆念和冥想的人，唱诵他们的赞美诗与名号，他们将会饮到神奇的甘露，幸福地生活在神仙世界（天国）。

134. They who receive the auspicious sight of the lords and salute to them with happiness, shall receive elixir and live alongside the gods in heaven.

那些目睹神主瑞相并幸福地施以礼敬的人们，他们将领饮到神奇的甘露，并与在天国的众神生活在一起。

135. Worship of the eight vītarāgā Śiva is certain grant immense rewards. Therefore, you must all pursue your wishes to worship them and sing their praises full of devotion.

对八位离染净者湿婆化身的崇拜一定会给予巨大的果报[①]。因此，你们必须按照自己的意愿去虔诚地朝拜他们，歌颂赞美他们。

136. For that purpose, build homes and āśramas to reside here, and invite others and nurture them well, while worshipping these eight forms of Śiva.

为了那个目的，在此地建造房屋和净修所以便居住，并邀请他人，在崇拜这八位湿婆化身的过程中，好好培育他们。

137. When you start living here, people from all directions shall follow and gladly start to reside here alongside of you.

当你开始在此地生活时，来自四面八方的人们将跟随，并开始与你一起愉快地居住在这里。

138. Then different townsfolk, villagers, people from small cities and villages shall come here in a procession to live in all directions around you.

然后，不同的城镇居民、村民，来自小城市和村庄的人们将成群结队地抵达这里，生活在你周围的四面八方。

139. Similarly, gods and lords of the world shall come here to live in the auspicious sight of the lords.

同样地，天神、众神之主和世间领主们将来到此地，共享法藏斯瓦扬布的吉祥。

140—142. Gandharva, Guhyaka, Yakṣa, Kinnara, Rākṣasa, Kumbhāṇḍa demigods, falcons, serpents, Siddha and Vidyādhara demigods shall all come. Sādhyas, Mātṛkā goddesses, Bhairava groups, sages, yogis, hermits, pilgrims, Vedic Brāhmins, Initiates, Bhikkhu, Arhant, Cailaka, laymen, laywomen, Bodhisattvas, Mahāsattvas, Śiva and Kaula cultists and Vaiṣṇava shall all come.

① viśeṣa-phala，胜果。

乾闼婆、密迹者、药叉、紧那罗、罗刹、鸠槃荼半神、金翅鸟、那伽（龙，大蛇）、成就者与持明半神都将到来。成业者、神母女神、怖畏类、圣贤（仙人）、瑜伽士、隐士（苦行者）、朝圣者、吠陀婆罗门、声闻、比丘、阿罗汉、出家人（一布衣者）、优婆塞、优婆夷、菩萨、大菩萨、湿婆和左道派以及毗湿奴的信徒都将到来。

143. Upon arrival, they shall worship the dharmadhātu Svayaṃbhū, the goddess Guhyeśvarī and the good teacher Mañjuśrī.

一到达这里，他们就朝拜法藏斯瓦扬布、密迹自在女神和功德导师文殊师利。

144. Similarly, they shall worship to please the eight vītarāgā Śiva and the holy pilgrimages like Vāgmatī and chant their prayers in their refuge.

同样地，他们将朝拜八位离染净者——湿婆的化身，朝拜圣地如巴格玛蒂河等，吟诵祷文，求其佑护。

145. Due to the influence of the merit they shall amass, it is certain that prosperity will spread, crops will grow in plenty and all shall be subject to welfare and auspiciousness.

由于他们积累的功德的影响，可以肯定繁荣将会伸展遍布，谷物大量生长，并且一切将承载幸福和吉祥。

146. After the Lord Krakuchchanda instructed him, hearing such words highly pleased the King Dharmākara.

在牟尼之主拘楼孙佛教导之后，法藏国王听了这样一番话，非常赞许。

147. The King Dharmākara rose from his seat, saluted the Buddha and his saṅgha and then addressed him:

法藏国王从座位上起身，合掌礼敬牟尼之主拘楼孙佛及其僧团，然后对世尊说道：

148. "O Lord, I accept your command. I will build a great city in this place, and reside here for the welfare of the world."

"哦，世尊啊，我接受您的教令。我将在这个地方建造一座伟大的城市，切实为了利益世间众生的目的而定居于此。"

149. "I request you to live with your saṅgha in the mountains surrounding this land, so that your benevolent sight over our city would bring welfare to the city and as a result, to the whole world."

"我请求您与您的僧伽住在喜马拉雅山脉怀抱的这片土地，以便您慈悯的目光关照我们的城市，给这座城市带来福祉[①]，其结果也将惠及整个世界。"

150. Upon hearing the King Dharmākara's humble request, the Krakuchchanda Buddha, looking at him, replied:

一听到法藏国王的恭请，牟尼之主拘楼孙佛，看着大菩萨，回答道：

151. "O Great King, I cannot eternally reside in this mountain. I have to constantly travel to preach dharma for the welfare of the entire world and its sentient beings."

"哦，伟大的国王啊，我不能永久地居住在此山。为了整个世界和众生的幸福，我必须不断地漫游宣讲佛法。"

152. Having said this, the Krakuchchanda Buddha with his saṅgha departed for another country to promote the dharma.

说完此话，牟尼之主拘楼孙与其僧团便出发前往另一个国度传扬佛法。

153. The Dharmākara built a magnificent kingdom, established with all seven vital organs of a kingdom, and took residence there.

法藏建造了一个宏伟的城市王国，构建了一个王国所有的七

---

① 法施。

个重要部门，并在那里安居。

154. After the city was built near the Svayaṃbhū by the king, people from all over the world came, took up residence and lived there happily.

当这座城市在斯瓦扬布近旁被国王建造起来以后，来自世界各地的人们也定居于此并幸福地生活。

155. People from little towns, small villages, the countryside and other parts of the world all arrived to seek residence.

人们从小城镇、小村庄、乡村和世界其他地方来到这里寻求居住。

156. Even Gods and Devils, Lords of the World, everyone with their families and kinsmen came there to live blissfully.

甚至众神和魔族，世间的领主们，也携其家人、眷属来到这里安居并幸福地生活。

157—158. Great sages, hermits, yogis, celibates, monks, Arhants, vow practitioners, laymen, laywomen, Bodhisattvas, Mahāsattvas, cailakas, śrāvakas, everyone arrived from their respective places and build their āsramas to live near the Svayaṃbhū.

伟大的圣贤①、遁世者、瑜伽士、梵行者②、比丘、阿罗汉、持守誓言者、优婆塞、优婆夷、菩萨、大菩萨、出家人（一布衣者）、声闻，每个人从他们各自的地方到来，建起了他们的净修所以靠近斯瓦扬布生活。

159. Everyone from pilgrims and Vedics to devotees of Śiva, Viṣṇu and Kaulikas, all built their homes at the spots they preferred to settle in the town near the Svayaṃbhū.

从朝圣者、吠陀哲人到湿婆派、毗湿奴派信徒和异教徒，所

① maharṣi，大仙。

② brahmacāri，梵行者。

有人都建造了他们自己的净修之所，在临近斯瓦扬布城中他们渴望的地点定居。

160. Even Novice Buddhas came there to live in their āsrama to meditate in peace and solitude.

甚至独觉佛也来到那里，住在他们的净修所，在和平与寂静中禅定。

161. Other monks and sages came there and gathered their saṅghas, and settled around the Lord Svayaṃbhū to pray for the acquisition of enlightenment.

其他的僧侣和圣贤来到那里，汇聚了他们的僧伽，在斯瓦扬布佛主的周围定居下来，祈求获得三菩提微妙法。

162. Thus, the land in the laps of the Himālaya was filled with merit and came to be as virtuous a land as the Sukhāvati realm (the origin of the Buddha).

因此，在喜马拉雅山脉环抱的这片土地充满了功德，并演化为如极乐世界（佛陀的本源）的一片善土。

163. The place transformed into a great sacred pilgrimage, complete with a number of holy places, and was famed as the land where all sins are removed and divinity is acquired.

这个地方转化为一片伟大、神圣的朝觐地，具有完整的若干圣地，并且以消除所有罪恶和获得神性而闻名于世。

164. Those who desire their good, removal of sins, and prosperity, must bathe, practice holy vows and commit charitable donations in these holy places here.

那些渴望他们的善行、消除罪业和获得繁荣的人，必须在这里的那些圣地沐浴，实践神圣的誓言，承诺慈善布施。

165. Those who come here to bathe in the holy waters, focus and meditate, recite the prayers and perform sacrifices and indulge in good

deeds like philanthropy shall amass immeasurable merit.

那些来到这里在圣水中沐浴，专注和冥想，吟诵祷文，完成供奉并投身于善行如慈善事业的人，将积累不可估量的功德。

166. Those who give offerings to the gods and ancestors, and donate to the poor, and then proceed to serve other holy places, they shall walk down the path of liberation.

那些给众神祭品、祖先供品和布施穷困者，并且继续为其他圣地服务的人，他们将走上解脱的道路。

167. Such people will slowly be devoid of sins, with purified minds, words and action, and prosperous, full of divine powers and greatest of virtues.

这样的人们将慢慢地远离恶业，拥有纯洁的三曼荼罗（思想、言语和行动），以及繁荣、充满神圣的力量和高尚的美德。

168. They will work for the welfare of the whole world and gradually become Bodhisattvas, Mahāsattvas and ultimately the sons of Buddha.

他们将为利益一切有情众生而践行佛法，并逐渐成为菩萨、大菩萨，最终成为佛子。

169. Slowly, after climbing all the steps of Bodhi, praying to the three-jewels (Buddha, Dharma and Saṅgha) they will wander around for the welfare of the whole world.

逐渐地，在完成了菩提资粮，向三宝（佛陀、佛法和僧伽）祈祷之后，为了世界众生的福祉，他们将漫游大地。

170. With minds and souls purified, miseries destroyed, organs conquered, they shall become Arhants, cross the steps of Bodhi to be ultimately established into Buddahood.

随着思想和心灵的净化，烦恼痛苦的摧毁，感官被征服，他们将成为阿罗汉，跨过菩提的三阶次，最终成就佛果。

171. Thus, they who desire to seek the Bodhi knowledge must

travel to those pilgrimages, and further themselves by bathing, donating, practicing dharma and good deeds.

于是，那些渴望寻求菩提真识的人，必须旅行到那些圣地，通过沐浴、布施、修法和善行等进一步提升自我。

172. Such special knowledge was imparted by the Greatest among the sages. Having heard this great story, all those present in the assembly were pleased; they, in acceptance of his words, saluted the Lord and sang his praises.

这种殊胜的真识被牟尼之主传授。听到了这伟大的故事，所有那些出席法会的人都异常兴奋；他们接受了世尊的教言，称赞他并唱诵他的歌赞。

The fourth chapter, called the "Vītarāga Tīrtha", is thus complete.

那么，吉祥的斯瓦扬布支提起源的故事，第四章名为“离染净者朝圣地之生起”在此结束。

Chapter Five

第五章

1. Mahāsattva Maitreya, who was highly pleased upon listening to the stories, saluted the Lord Śākyamuni Buddha with hands joined in reverence, and asked him:

听到了这些故事后，大菩萨弥勒非常欢喜，他恭敬地双手合掌向世尊释迦牟尼佛行礼，并问道：

2. "O Lord, what are the merits of acts of ablutions and donations at such tīrthas? Pray tell me."

"哦，世尊啊，在这样的圣地①沐浴、布施所作的功德果报是什么？恳请告诉我。"

3. When the Maitreya prayed this way, the Lord Śākyamuni looked at him and replied:

当弥勒菩萨这样祈求时，世尊牟尼自在主看着大菩萨回答道：

4. "O Mahāsattva, you have posed an appropriate question. Listen carefully, for I shall tell you of the merit received through the service of tīrthas."

"哦，大菩萨啊，你提出了一个很恰当的问题。仔细听，我将

---

① tīrtha，河岸沐浴圣地、圣地、清凉池。

告诉你通过圣地服务可以得到的功德果报。”

5. “Listen, there are twelve principle pilgrimages. They are supreme among all others, and thereby grant tremendous merit.”

“请听，主要朝圣地有十二个。在其他所有朝圣地中它们是至高的，因而赐予巨大的功德。”

6. Where the river Vāgmatī meets the river Amoghaphaladāyinī, the site is famous as the Śodhana tīrtha, where a person is relieved of ten kinds of sins.

在巴格玛蒂河与阿摩可帕拉达伊尼河[1]相汇合的地方，此处以苏陀那圣地[2]而闻名，那里可以破除一个人的十种罪恶[3]。

7. There resides a Lord of serpents named Takṣaka, red skinned, who exudes good energy and is adorned with a brilliant gem.

此处居住着一位名叫德叉迦（Takṣaka）的大蛇之王，它红色皮肤，散发着奇妙的能量，蛇冠镶有一颗灿烂的大宝石。

8. One must joyously bathe in that pious tīrtha for twenty one days, with devotion.

依照仪轨，人们必须虔诚地在那个福德圣地一连沐浴二十一天。

9. One must perform sacrifice and chant for seven days, and please the gods and ancestors to satisfaction through offerings.

必须进行献祭和吟诵一连七天，通过充足的祭品、供品取悦众神和祖先。

10. One must donate to beggars whatever much they desire; and must practice his vows with pure discipline and focus.

---

① Amoghaphaladāyinī，河流之义为“惠施不空果”或“功不唐捐”。

② Śodhana tīrtha，意为“清净朝圣地”，其中śodhana，有断、净、清净、破等义。

③ pāpa，为罪恶之义；还有邪恶、不善、不吉、重罪、不善业、苦、灾厄等义。

人们必须向乞丐布施他们极为渴求之物；而且必须以纯粹的戒律和专注践行他的誓言。

11. As a result of the merits amassed, their obstacles and miseries are removed, their organs are purified, and they become Bodhisattvas, Mahāsattvas, virtuous and prosperous.

作为积累的功德的结果，他们的障碍和烦恼被消除，感官被净化，然后他们成为菩萨、大菩萨，贤善与繁荣。

12. Gradually, having fulfilled the vows of Bodhi, they attain the three types of Bodhi and ultimately receive Buddhahood.

次第完成了①菩提资粮后，他们获得三种菩提智慧，并最终取得佛位②。

13. At the confluence of the Vāgmatī and the Māradāyinī rivers lies the Sānta tīrtha (the quiet pilgrimage), which removes flaws and obstacles.

在巴格玛蒂河和马拉达伊尼河（Māradāyinī）的交汇处是尚德圣地（Sānta tīrtha，寂静圣地），那里能修治贪心与嗔怒。

14. There resides a lord of serpents known as the Somasikhī, white skinned, who is bedecked with a maṇi (gemstone) and adorned with many heads.

那里居住着一条以"孔雀眼"（Somasikhī）著称的蛇王，她白色的皮肤，蛇冠饰有一颗摩尼宝珠（maṇi，珍宝、宝石），生有多头。

15. At the quiet pilgrimage, they who are defiled and flawed must bathe for twenty one days.

在这个尚德朝圣地，那些被烦恼染污和蒙蔽了的人，他们必须沐浴二十一天。

---

① 到达任何事物的另一面，履行、完成、执行等。

② Sambuddhapadam，三菩提果位。

16. There one must perform sacrifice, incantation and practice vrata, and satiate and gratify the gods and ancestors.

在那里，一个人必须进行牲祭①、默诵咒语和斋戒，极大地崇拜、满足和取悦众神与祖先。

17. One must donate to beggars according to their desires, and must praise the gods with purified conduct.

一个人必须根据行丐者的愿望布施，还必须大行清净戒来供奉自在主。

18. As a result of the merits amassed, their tri-maṇḍala (mind, speech and actions) are purified, and they become Bodhisattvas, Mahāsattvas, and the epitome of prosperity and virtues.

作为积累的功德的结果，他们的三曼荼罗（思想、言语和行动）被净化，他们将成为菩萨、大菩萨以及繁荣和美德的典范。

19. Gradually, having fulfilled the vows of Bodhi, they consequently become Arhants, attain the three types of Bodhi and ultimately receive Buddhahood.

次第践行了菩提誓后，他们因此成为阿罗汉，达到三种菩提和最终获得佛位②。

20. At the confluence of the Manirohinī and the Vāgmatī, another stream, with waters that shine like crystals, flows to merge with them.

在摩尼罗希尼河（Manirohinī）和巴格玛蒂河的汇合处，有另外的一条溪流，带着像水晶一样闪耀的净水，与它们合流。

21. At the junction of the two rivers and the other Rudradhāra, which is famous as the elixir, lies the Trivenī (three-rivers), called the Śaṅkara tīrtha.

在这两条河和另一条鲁德拉塔拉河（Rudradhāra）的汇合

---

① Yajña ǀ

② Saugata ǀ

处——以号称长生不老甘露而闻名的德利文尼河（Trivenī）① 之所在，被称为商羯罗（Śaṅkara）圣地②。

22. There resides a lord of snakes, Śaṅkhapāla, white skinned and immensely beautiful, who is adorned with a glorious head, whose gem exudes light that illuminates the area.

那里居住着一个大蛇主，商佉巴拉（Śaṅkhapāla）③，有白色的皮肤，极其美丽，头饰艳丽，蛇冠上的宝石散发出的光芒照亮了那片区域。

23. One must procedurally bathe in the Śaṅkara tīrtha for twenty one days.

一个人必须在商羯罗圣地按照仪轨沐浴二十一天。

24. One must perform sacrifice and incantation for seven days, in order to satisfy the gods and the ancestors through devoted worship.

必须依仪轨完成牲祭和诵咒等行动七天，以便通过虔诚的祭供来抚慰众神和祖先。

25. One must donate to the poor what they ask, and with devotion and Bodhi in mind, praise the gods.

人们要布施给穷人（行乞者）他们之所期，并且心怀虔诚和菩提，赞美众神。

26. As a result of this merit gained, their souls are purified; miseries are removed, organs are cleansed; they receive great strength, prosperity, virtues and tranquility.

由于获得的这个功德，他们的心灵被净化；烦恼被消除，感官被净化；他们获得巨大的力量、繁荣、美德和安宁。

27. They will never be wretched or miserable; always will be in a

---

① 意为三河。

② Śaṅkara，湿婆的一个称号。

③ 意为螺护。

good state to eventually become Bodhisattvas, Mahāsattvas and famous for their decency in conduct.

他们永远不会堕入恶趣；永远处于顺境，最终成为菩萨、大菩萨，并以行为端庄而著称。

28. Gradually, having fulfilled the vows of Bodhi, they consequently become Arhants, attain the three types of Bodhi and ultimately receive Buddhahood.

次第完成了菩提资粮后，他们因而成为阿罗汉，达到三种菩提阶次，并最终取得佛位。

29. The confluence of the Vagmatī and the Rajamañjarī is known as the Raja tīrtha, which can grant health and comfort of the kingdom.

巴格玛蒂河与拉贾曼加利河（Rajamañjarī）① 的汇合处是以拉贾（Raja）② 圣地而知名，它能给予王国消除灾疫带来富乐。

30. The lord of serpents that resides there is known as "Surupa", after his beautiful form. He is white of skin, adorned with a great illuminating gemstone, and is filled with prosperity and virtues.

蛰居在那里的蛇王名叫"妙色"（Surupa），以其美丽的形体命名。白色的皮肤，蛇冠装饰着一颗璀璨发光的大摩尼珠，充满了繁荣与美德。

31. For twenty one days, one must practice ablution, donation, incantation and meditation, and hold vrata.

人们必须一连二十一天沐浴、布施、低声祈祷和冥想，并坚守神圣誓言。

32. There, the merit amassed through the vrata, grants them innocence and purification of organs, as well as royal prosperity, good health, comfort and happiness.

---

① 意为王枝。

② 意为王者。

在那里，通过神圣誓言积累的功德，赋予他们清白无邪和感官净化，以及王权的昌盛，身体健康，安适幸福。

33. They will never be wretched or miserable; always will be in a good state to eventually become Bodhisattvas, Mahāsattvas and the epitome of prosperity and virtues.

他们永远不会堕入恶趣，永远顺遂吉祥，最终成为菩萨、大菩萨，繁荣与美德的象征。

34. Gradually, having fulfilled the vows of Bodhi, they consequently become Arhants, attain the three types of Bodhi and ultimately reach Buddhahood.

次第完成了菩提资粮后，他们因此成为阿罗汉，获得三种菩提，最终取得佛位。

35. Then the pious meeting point of the Vimalāvatī and the Keśāvatī is the Manoratha tīrtha, which is able to fulfilled the wishes.

那么，维摩拉瓦蒂（Vimalāvatī，“离垢地”）和盖沙瓦蒂两河的神圣的交汇点是摩奴拉塔（Manoratha，“心驰神往”）圣地，它能够满足人们的愿望。

36. The serpent lord present there is a ferocious serpent named Kulika, who is brown in colour, adorned with brilliant and luminous gemstone on his glorious head, and is prosperous.

出现在那里的蛇主是一条凶猛大蛇名叫库利卡（Kulika，“出身名门”），棕色皮肤，它靓丽的蛇冠装饰着光芒四射的宝石，会带来繁荣。

37. A person must perform acts such as bathing and donation at that joyous tīrtha following proper procedure for twenty one days.

一个人在欢乐的圣地，必须按照恰当的仪轨践行比如沐浴和布施一连二十一天等。

38. They will never be wretched or miserable; always will be in a

good state to eventually become Bodhisattvas, Mahāsattvas and the epitome of prosperity and virtues.

他们永远不会堕入恶趣，永远处于一个顺遂的境界，最终成为菩萨、大菩萨以及繁荣与美德的典范。

39. Due to the merits received, they will be blessed with golden clothes, and jewels and ornaments. They must constantly practice Bodhi for the welfare of all sentient beings.

由于领受的功德，他们将享有闪金的服装、珠宝和装饰品。为了利益一切有情众生，他们必须不断持守菩提戒律。

40. Gradually, having fulfilled the vows of Bodhi, they attain the three kinds of Bodhi and ultimately reach Buddhahood.

次第完成了菩提资粮后，他们获得三种菩提，最终取得佛位。

41. The confluence of Kusumāvatī and Keśāvatī is famous as the Nirmala tīrtha, which is able to destroy all obstacles and hindrances.

在库苏摩瓦蒂（Kusumāvatī）和盖沙瓦蒂两河的汇合处是以尼尔玛拉（Nirmala，“离垢”）圣地而闻名，它能够摧毁一切执持[①]与魔障。

42. There lives a great serpent named Palāla, who is yellow-skinned, with giant body. He is adorned with glorious heads and divine gems that shine brilliantly.

那里住着一条名叫帕拉拉（Palāla，“稻草”）的大蛇，黄色的皮肤，有着巨大的身躯。生有异色的多个头颅，蛇冠饰以闪闪发光的神圣宝石。

43. One must go there to bathe and donate for twenty one days, just as in the previous tīrthas.

一个人必须去那里沐浴和布施二十一天，如前所述在朝圣地

---

① kalpanā，虚妄、执持、妄分别。

所做的那样。

44. They will never be wretched or miserable; always will be in a good state to eventually become Bodhisattvas, Mahāsattvas and the epitome of prosperity and virtues.

他们永远不会堕入恶趣；永远处于一个顺遂的境界，从而最终成为菩萨、大菩萨和繁荣与美德的象征。

45. At that tīrtha, they are removed of all obstacles pertaining to the Kali age (evil age) and commit good deeds, and become celibate for the welfare of all sentient beings.

在那个圣地，他们将被排除一切与迦利时代（邪恶时代）有关的染污，行善举，成为梵行者，为了一切有情众生的福祉。

46. Gradually, having fulfilled the vows of Bodhi, they consequently become Arhants, attain Bodhi and ultimately reach Buddhahood.

次第完成了菩提资粮后，他们因此成为阿罗汉，获得三菩提智慧并最终取得佛位。

47. The confluence of Suvarṇavatī and Vāgmatī is the Nidhāna tīrtha. It is able to grant all wealth and prosperity.

在苏瓦尔那瓦蒂（Suvarṇavatī）和巴格玛蒂河的交汇处是尼塔那（Nidhāna）圣地。它能够给所有人带来财富和兴旺。

48. Two great serpents reside there, Nanda and Upananda. They are green in colour, bedecked with many luminous jewels and adorned with glorious heads.

那里住着两条大蛇——难陀和乌帕难陀（Nanda，“欢喜”；Upananda，“近喜”）。身呈绿色，蛇冠饰有许多发光的宝石，生有斑斓多头。

49. One must go there to practice acts like bathing and donating like before, for twenty one days.

一个人必须去那里实践行动，如前所述依仪轨沐浴和布施二十一天。

50. They will never be wretched or miserable; always will be in a good state to eventually become Bodhisattvas, Mahāsattvas and the epitome of prosperity and virtues.

他们永远不会堕入恶趣；永远处于一个顺遂境界，最终成为菩萨、大菩萨、繁荣和美德的源泉。

51. Gradually, having fulfilled the vows of Bodhi, they consequently become Arhants, attain Bodhi and ultimately reach Buddhahood.

次第完成了菩提资粮后，他们因此成为阿罗汉，获得菩提智慧并最终取得佛位。

52. At the confluence of Keśavatī and Pāpanasinī, lies the Jñāna tīrtha, which grants divine comfort and enjoyments.

盖沙瓦蒂和帕巴那西尼河（Pāpanasinī）的交汇处，是阇那（Jñāna，"胜智"）圣地之所在，它给予神圣的安慰和快乐。

53. There resides a ferocious lord serpent with white skin named Vaśuki, who is adorned with a glorious bejeweled head with a shining gemstone.

阇那圣地居住着一条名叫瓦苏吉（Vāśuki）① 的凶猛的大蛇王，白色皮肤，有着一个珠宝装饰的多彩的头，蛇冠上饰以一颗闪亮的大宝石。

54. One must similarly go there for twenty one days, to bathe and donate.

同样如前所述，一个人必须去那里一连二十一天，沐浴和

① Vāśuki，音译为"瓦苏吉"，是印度古代神话中三个主要蛇王之一，另外两个是Śesha和Takṣaka。众神与阿修罗以蛇王瓦苏吉为绳索缠绕珊瑚树当作搅拌棒来搅动乳海，找寻不死甘露和其他十三件在大洪水中丢失的宝物。

捐献。

55. They will never be wretched or miserable; always will be in a good state to receive enjoyments, happiness and would never be sickly or diseased.

他们永远不会堕入恶趣；永远处于一个良好的境界，获得快乐、幸福并且永远不会体弱或罹患疾病。

56. They will receive all enjoyments and happiness. They will not be ill ever. They will be Bodhisattvas, Mahāsattvas and finally be established in the four highest steps of Bodhihood.

他们将得到所有的快乐和幸福。他们永不受疾病困扰。他们将成为菩萨、大菩萨并最终安居于四梵住①。

57—58. Gradually, having fulfilled the vows of Bodhi, they consequently become Arhants, attain Bodhi and ultimately reach Buddhahood. They will be filled with gentleness and prosperity, and virtues, even the qualities of Buddha.

次第完成了菩提资粮后，他们因而成为阿罗汉，成就菩提，并最终达到佛位。他们将拥有温柔、繁荣和美德，甚至佛陀的品质。

59. At the confluence of the Vagmatī and the Keśavatī lies the Cintāmaṇi tīrtha, whose mere sight grants fulfillment to all desires.

旃陀摩尼（Cintāmaṇi，意为“如意珠”）② 圣地位于巴格玛蒂和盖沙瓦蒂河流的交汇处，仅仅看上一眼，所有的心愿便可实现。

---

① 发菩提心，应发三种心，即大智心、大愿心、大悲心。大智心即不著我相，此心虽非凡夫所能发，亦应随分观察；大愿心就是“广修善行”；大悲心即“救众生苦”，即利益众生，度自度他。发菩提心者，须发“四弘誓愿”：（1）众生无边誓愿度，菩提心以大悲为体，所以先说度生；（2）烦恼无尽誓愿断，愿一切众生，皆能断无尽之烦恼；（3）法门无量誓愿学，愿一切众生，皆能学无量之法门；（4）佛道无上誓愿成，愿一切众生，皆能成无上之佛道。四梵住：天界之四种清净无染至高精神（即大慈、大悲、大喜、大舍）境界。见第一章第24偈详注。

② Cintāmaṇi，“如意珠”或“思想宝石”，一种传说中的宝石，能让它的拥有者如愿以偿。

60—61. Gaṅgā, Yamunā and Sarasvatī rivers also come there occasionally, and the consequent confluence is known as Pañcasamāgamā. It is inhabited by the lord of serpents named Varuna, who has white skin, and is adorned with large heads and a divine gemstone.

恒河、亚穆纳河和萨拉斯瓦蒂河水（Gaṅgā, Yamunā and Sarasvatī）不时也流过来，因而此汇流处以潘查桑迦摩（Pañcasamāgamā，意为“五河汇合”）而著称。居住于那里的大蛇王名叫瓦卢纳（Varuṇa），它有着白色皮肤，多个巨大的头，蛇冠饰以一颗神圣的宝石。

62. One must similarly go there, to bathe, donate and worship, for twenty one days.

同样，人们去那里，要沐浴、布施和朝拜一连二十一天。

63. They will never be wretched or miserable; always will be in a good state. They shall live to the fullest of their life spans, and will be masters of knowledge and wisdom.

他们永远不会堕入恶趣，永远都会处于优胜之境。他们将活到自己生命最大的寿数，并将成为知识与智慧的主人。

64. Even their sons and progenies become good, mahābhoga, will receive all prosperity, will spend their wealth in dharma, and will commit acts of dharma, and will eventually be Bodhisattvas, Mahāsattvas, and indulge in four brahma vihāras.

甚至他们的子嗣和后代也会得到善果，欣享世间法、利、欲①，得到繁荣；依法用财，依法承诺行事；最终将成为菩萨、大菩萨，并安居于四梵住。

65. Gradually, having fulfilled the vows of Bodhi, they consequently become Arhants, attain Bodhi and ultimately reach Buddha-

① mahābhoga，享有最大的、极上的利养、受用和财富。

hood.

次第完成菩提资粮后，他们因此成为阿罗汉，获得菩提智慧，并最终达到三菩提果位。

66. The junction of Vāgmatī and Ratnāvatī is famous as the Pramoda tīrtha, since the place represents love and affection.

在巴格玛蒂河与拉德那瓦蒂河（Ratnāvatī）的交汇处，是以普拉摩达（Pramoda，“欢喜”）圣地而著称，因为此地代表着爱心和情爱。

67—68. It is inhabited by the Padma lord of serpents, who is white and beautiful, bedecked with a divine gem exuding good energy, adorned with many large glorious heads. One must go there to bathe, donate and do all kinds of good acts for twenty one days.

这里被莲花蛇王（Padma）占据，他洁白而美丽，蛇冠饰以一颗散发耀眼强光的神圣宝石，生有许多巨大而绚丽的头。人们必须去那里沐浴、捐献和做各种各样的善事二十一天。

69. They will never be wretched or miserable; always will be in a good state. Due to attachment and love, he will be filled with great happiness and satisfaction.

他们永远不会堕入恶趣；永远都会处于顺遂之境。由于依恋和爱，他将充满极大的幸福和安适。

70. They shall become Bodhisattvas, Mahāsattvas and their mind, speech and bodies shall be purified. They will become gentle, glorious, virtuous, and will practice Bodhi.

他们将成为菩萨、大菩萨。他们的三曼荼罗（心灵、言语和肉体）将被净化。他们将变得高贵、荣耀，善良和喜悦，并践行菩提。

71. Gradually, having fulfilled the vows of Bodhi, they consequently become Arhants, attain Bodhi and ultimately reach Buddha-

hood.

次第完成了菩提资粮后，他们因此成为阿罗汉，获得三种菩提，并最终达到胜者之地。

72. At the junction of the Vāgmatī and the Cārumatī, the place known as the Sulakṣaṇa tīrtha, it is filled with energy, prosperity and brings good fortune.

在巴格玛蒂河和迦鲁玛蒂河（Cārumatī，意为“姝妙”）的交汇处，这个地方以苏拉克沙那（Sulakṣaṇa，“妙吉祥”）圣地而著称，它充满能量、繁荣并带来好运。

73. There resides a serpent named Mahāpadma, white in color and beautiful, with a divine gem that is radiating energy, and adorned with a group of glorious heads.

那里住着一条名为大莲花（Mahāpadma）的大蛇，白色皮肤，美丽异常，蛇冠嵌有一颗散发着能量光的神圣宝石，并装饰着一组耀眼的头。

74. A person must go there to bathe, donate, chant, meditate and perform sacrifice as before, for twenty one days.

一个人，正如前面所说的那样，去那里沐浴、布施、低声诵咒、冥想和完成牲祭，持续二十一天。

75. They will never be wretched or miserable; they always will be in a good state. They will be energetic, have plenty of enjoyment, will be beauteous.

他们永远不会堕入恶趣；他们将永远处于一种优胜之境。他们将精力充沛，享受生活，未来美好。

76. They shall become Bodhisattvas and Mahāsattvas, will always work for the welfare of all sentient beings, and practice Bodhi.

他们将成为菩萨和大菩萨，将永远为一切有情众生的福祉而效劳，践行菩提。

77. Gradually, having fulfilled the vows of Bodhi, they consequently become Arhants, attain Bodhi and ultimately reach Buddhahood.

次第完成了菩提资粮后，他们因此成为阿罗汉，获得三菩提，最终达到佛位。

78. The point where the Vāgmatī meets the Prabhāmatī is known as the Jaya tīrtha. It is the destroyer of fear from enemies.

在巴格玛蒂河与普拉帕玛蒂河（Prabhāmatī）相交汇的那个地点叫作加耶（Jaya，“胜利”）圣地。它是为了摧毁对敌人的恐惧而命名的。

79. It is inhabited by the lord serpent Śukra, who has a good energy and divine beauty. He is adorned with a divine gem as well as a group of glorious heads.

这里被大蛇之王苏克拉（Śukra）占据，它具有一种极强的能量并且圣洁美丽。蛇冠饰有一颗神圣的宝石，长着一组斑斓的头。

80—81. One must go there to bathe, and perform deeds such as sacrifice like before, for twenty one days. They will never be wretched or miserable; they always will be in a good state. They will have conquered their enemies, their joy will increase threefold, and they will be devoid of all fear.

人们必须去那里沐浴，并且像前面所说的那样履行献祭之类的职责，一连二十一天。他们永远不会堕入恶趣；他们总是处于顺遂之境。将战胜他们的敌人，他们的快乐将增长三倍，并且将永除一切恐惧。

82. They shall become Bodhisattvas and Mahāsattvas and attain the four highest divine abodes. They will be gentle, virtuous and practice Bodhi.

他们将成为菩萨和大菩萨，并安居于至高的四梵住。他们将成为贤善和优良品德者并且践行菩提行。

83—84. Gradually, having fulfilled the vows of Bodhi, they consequently become Arhants, attain Bodhi and ultimately reach Buddhahood.

Thus, I have told the significance and greatness of the twelve pilgrimages in the lap of the Himālayas. There are other pilgrimages as well, of which I shall tell you. Listen.

次第完成了菩提资粮后，他们因此成为阿罗汉，获得三种菩提智慧，最终达到佛位。

这样，我已经讲述了喜马拉雅山脉怀抱中朝拜“十二个圣地”的意义和伟大之处。还有一些其他的朝圣活动，关于这些，我将告诉你们。请听。

85. Above the point of origin of Vāgmatī, near its flow, lies the tīrtha named Saundarya, filled with the quality of beauty.

在靠近巴格玛蒂河的源头上面的一点，在它流过的近旁，坐落着名为孙达利亚（Saundarya，意为“优雅”）的圣地，充满了美丽的品质。

86. One must go there for acts such as bathing and donating just as before, for twenty one days. There is a Saudarya tīrtha there, which is filled with beauty and qualities. The person who serves and snāna dāna karma there 21 times will never be durgati, always be in sadgati.

人们必须如前面所说的那样，去那里实现诸如沐浴和捐献等善举，为期二十一天。孙达利亚朝圣地，充满了美好的品质。在那里进行服务、沐浴、布施等善举为期二十一天的人永远不会落入恶趣（durgati），永远处于正趣（sadgati）。

87. They will never be wretched or miserable; they always will be in a good state. They will be filled with the quality of divine beauty, virtues and properity.

他们永远不会遭受灾难或痛苦；他们将永远诸事顺遂。[1] 他们将具有圣洁之美、高尚情操和兴旺发达的特质[2]。

88. They shall become Bodhisattvas and Mahāsattvas, will practice Bodhi, which is the cause of the welfare of all sentient beings.

他们将成为菩萨和大菩萨，安居于四梵住，为利益一切有情众生践行菩提誓言。

89. Gradually, having fulfilled the vows of Bodhi, they consequently become Arhants, attain Bodhi and ultimately reach Buddhahood.

次第完成了菩提资粮后，他们因此成为阿罗汉，获得三种菩提智慧，并最终达到胜者之地。

90. Above that lies a tīrtha, which was served, bathed, meditated, chanted and sacrificed on by the Sage Agastya.

其上，还有一个圣地，那是大仙人阿戈斯迪亚（Agastya）侍奉、沐浴、冥想、低声诵咒和献祭的地方。

91. Thus, it started to be known as the "Agastya tīrtha" by sages. Those men who bathe there attain the highest state.

因此，它开始就被仙人们以"阿戈斯迪亚伟大圣地"而著称。在那里沐浴的人们将达到至高境界。

92. They must donate, sacrifice, chant and meditate to the god there, satisfy the ancestors and donate what the poor ask for.

他们必须在那里捐献、牲祭[3]、低声祈祷和禅定冥想，祭祀神灵，供奉祖先，并向乞丐布施他们之所求。

93. They will have pure soul, and take residence in the "Four Divine Abodes". They shall become Bodhisattvas, Mahāsattvas and they

---

① 不会堕入恶趣，一转生便至正趣。

② 容貌体相可爱，吉祥圆满，品德优良。

③ 尼泊尔人的宗教重视杀牲（但禁杀黄牛）祭祀。

will be the home of the "three great qualities".

他们将拥有纯洁的灵魂，并安居于神圣的"四梵住"[①]。他们将成为菩萨、大菩萨，并且将成为"三大品质"[②] 的家园。

94. Gradually, having fulfilled the vows of Bodhi, they consequently become Arhants, attain Bodhi and ultimately reach Buddhahood.

依序完成了菩提资粮后，他们因此成为阿罗汉，获得三种菩提智慧，并最终达到佛位。

95. There is a large pond, and in that pond lives a great serpent named Ananta, due to which the pond was renowned as the Ananta tīrtha.

那里有一个大池塘，住着一条巨大的蟒蛇，名叫阿难陀（Ananta，意为"无量"），由此这个池塘作为"阿难陀圣地"而闻名。

96. One must similarly go there for twenty one days to perform acts such as ablution, donation, incantation and meditation.

同样，人们必须去那里一连二十一天实行诸如沐浴、布施、低声吟诵和禅定等。

97. They will never be wretched or miserable; always will be in a good state to eventually become Bodhisattvas, Mahāsattvas and the epitome of prosperity and virtues.

他们永远不会遭受烦恼或痛苦；永远处于一个良好的境界[③]，

① 升华为"慈、悲、喜、舍"的伟大精神。

② 《佛地论》有三义："1. 谓诸萨，求菩提故。2. 缘菩提萨，为境，故名菩萨，具足自利利他，大愿求大菩提利有情故。3. 萨，是勇猛义，精进勇猛求大菩提，故名菩萨。"菩萨，系菩提萨（梵语）之略称。菩提即觉、智之意，萨即有情、众生之意。与声闻、缘觉合称三乘，又为十法界之一。何谓菩萨？即指"以智上求无上菩提，以悲下化众生"。修诸波罗蜜行，于未来成就佛果之修行者；亦即自利利他二行圆满、勇猛求菩提者。

③ 不会堕入恶趣，转生正趣。

从而最终成为菩萨、大菩萨、繁荣与美德的象征。

98. Gradually, having fulfilled the vows of Bodhi, they consequently become Arhants, attain Bodhi and ultimately reach Buddhahood.

次第完成了菩提资粮后，他们因此成为阿罗汉，获得菩提智慧并最终达到一切智果位。

99. There is another great tīrtha, which was once served by Aryatārā herself. Therefore, it is famously known as the Aryatārā, which grants good fortune.

还有另外一个伟大的圣地，那曾经被圣救度母（Aryatārā）为自身服务的。因此，它以“圣救度母圣地”而闻名，它赐予好运。

100. One must similarly go there for twenty one days to perform acts such as ablution, donation, incantation and meditation with correct procedure.

同样地，人们必须去那里一连二十一天，依仪轨实行诸如沐浴、布施、低声吟诵和禅定等。

101. They will never be wretched or miserable; always will be in a good state to eventually become Bodhisattvas, Mahāsattvas and purified in mind, speech and bodies.

他们永远不会堕入恶趣，永远处于一个良好的境界，最终成为菩萨、大菩萨，三曼荼罗（心灵、言语和肉体）得到净化。

102. They shall be fortunate, resilient, and the home of gentleness and virtues. For the welfare of all beings, they shall practice the Bodhi.

他们永远走好运，活力自如，是贤善和优良品德的源泉。为了利益一切有情众生，他们将践行菩提。

103. Gradually, having fulfilled the vows of Bodhi, they consequently become Arhants, attain Bodhi and ultimately reach Buddha-

hood.

同样，次第完成菩提资粮后，他们将会成为阿罗汉，获得三种菩提，最终达到佛位。

104. Above and below the Vāgmatī there is the Prabhava tīrtha. It is foremost and supreme among all tīrthas.

在巴格玛蒂河流的源头的上方与下方，是普拉帕瓦圣地（Prabhava tīrtha，意为“威力”）。它在所有朝圣地中是最重要和至高的。

105. One ablution there is equal to hundred ablutions in the Gaṅgā. It is pious, great and divine and grants desire and happiness.

在那里沐浴一次就相当于在恒河沐浴百次。它成就伟大功德，依愿施与和赐福。

106. One must go there for twenty one days to bathe, donate, chant and sacrifice procedurally.

人们必须去那里依仪轨沐浴、布施、低声诵咒、冥想和献祭一连二十一天。

107. They will be pristine, cleansed in mind, speech and body and live happily with all their desires fulfilled.

他们的身语意①将被净化，所有的愿望②将被满足，他们幸福快乐，吉祥增盛，安居于四梵住。

108. They will never be wretched or miserable; always will be in a good state. They shall be indulged in the auspicious deeds, working for the welfare of themselves and others.

他们永远不会堕入恶趣，永远处于一个良好的境界。他们将献身吉祥事业，为自己和他人的福祉而效劳。

109. Their souls are purified, as are their organs and intentions;

① trikāya।

② 法利欲等。

so they shall become Bodhisattvas, Mahāsattvas and the source of good qualities.

他们的心灵得到净化，感官和意愿也得到纯洁；因此，他们将成为菩萨、大菩萨以及优秀品质的源泉。

110. Gradually, having fulfilled the vows of Bodhi, they consequently become Arhants, attain Bodhi and ultimately reach Buddhahood.

次第完成了菩提资粮后，他们因此会成为阿罗汉，获得三菩提智慧，最终达到佛位。

111. There is a mountain named Saṅkha, which is the high among mountains. Merely climbing the mountain grants divine powers to anyone.

有一座名为“神螺”的山，是群山中至高者。任何仅只攀登上去的人，就赐予神圣的力量。

112. In the refuge of the mountain, having bathed and meditated, one must chant, donate and sacrifice with the wish of Bodhi in mind.

在这座山的庇护所，沐浴和冥想，怀着三菩提心，一个人必须低声诵咒、布施和献祭。

113. They will never be wretched or miserable; always will be in a good state to eventually become Bodhisattvas, Mahāsattvas and purified in mind, speech and bodies.

他们永远不会堕入恶趣，永远处于一个良好的境界，最终成为菩萨、大菩萨，三曼荼罗（心灵、言语和肉体）得到净化。

114. They will be free of obstacles, have pure souls, intent on helping all beings, gentle, glorious, virtuous and celibate.

他们将无复烦恼，拥有纯洁的心灵，助力有情众生，制欲、贤善、优良品德的典范。

115. Gradually, having fulfilled the vows of Bodhi, they conse-

quently become Arhants, attain Bodhi and ultimately reach Buddhahood.

次第完成菩提资粮后，他们因此成为阿罗汉，获得菩提智慧并最终达到三菩提果位。

116. Similarly, in the lap of the Himālayas, there are also other semi-pilgrimages, all of them able to grant enjoyment and salvation.

同样地，在喜马拉雅山脉的怀抱中，还有其他的次级朝拜圣地，它们都能给予享乐和解脱。

117. Wherever these streams of water flow and merge with other streams, there tīrthas occur, all of which grant merit.

这些溪流的水无论流到哪里，当与其他河水汇合时，那里就出现圣地，所有这些都会赐予功德果报。

118. These upa-tīrthas (semi-pilgrimages) grant various forms of merits and rewards respectively, they destroy sins, grant merits and are the instruments of dharma and happiness.

这些乌帕迪尔特（upa-tīrtha，即次级圣地），也分别赐予各种形式的功德和果报，摧毁罪恶，赐予美德，并且是微妙正法和幸福的手段。

119. Having taken baths, people must practice vrata, donate to the beggars and perform sacrifice happily.

沐浴后，人们必须实行斋戒，布施乞丐，愉快地举行牲祭。

120. They must satisfy the ancestors, while also worshipping the gods, must remember and meditate on the Buddha, dharma and saṅgha and sing their prayers with devotion.

在祭祀众神之时，他们必须供奉祖先①，必须忆念和冥想三宝（佛陀、佛法和僧伽），并虔诚唱诵他们的祈祷文。

① 以祭品祭祀天神，以饭团为供品供奉祖先。

121. Similarly, one must remember and meditate on the lords of the world with focus and devotion. One must also chant their names and prayers, according to procedure.

同样地，人们必须带着专注和虔信，忆念、冥想世界之主们。人们也必须按照仪轨吟诵他们的名号和明咒。

122. Consequently, for the welfare of the entire world, the worship and prayers are heard and accepted in order to grant enthusiasm and salvation in the next world.

因此，为了整个世界的福祉，敬拜和祈祷要被听到和接受以便在来世赐予热情和解脱。

123. They will never be wretched or miserable; always will be in a good state. They will be freed of obstacles, purified in their souls, cleansed in their mind, speech and bodies.

他们永远不会堕入恶趣，永远处于一个良好的境界。他们将从所有的魔障中解脱①，心灵得以纯洁，他们的三曼荼罗（思想、言语和肉体）得到净化。

124. They shall become Bodhisattvas and Mahāsattvas and attain the four highest divine abodes. They will be gentle, virtuous and practice Bodhi.

他们将成为菩萨和大菩萨，并到达至高的神圣四梵住。他们将是高贵、善良的，并践行菩提行。

125. Gradually, having fulfilled the vows of Bodhi, they consequently become Arhants, attain Bodhi and ultimately reach Buddhahood.

次第完成菩提资粮后，他们因此成为阿罗汉，获得菩提智慧，并最终到达胜者之地。

---

① 无复烦恼。

126—127. Having understood the pious rewards of all tīrthas and knowing them to be the instruments of happiness, knowledge and the avidity for virtues and gentleness, those who want such qualities must practice deeds such as ablution, donation and sacrifice for the acquisition of Bodhi.

知晓了所有圣地的虔诚崇拜善果，并认识到它们是幸福、知识、美德和高贵的驱动力，那些希望获得这些品质的人必须实行如沐浴、捐献和牲祭等，以获取菩提。

128—129. Having taken baths, donated and prayed to the lord, those who practice the vrata in these tīrthas, shall be freed of their sins and acquire purity in their minds, speech and bodies. Their miseries will be destroyed, souls purified and they will attain Bodhi.

沐浴、捐献和向自在主祈祷后，那些在这些圣地实践神圣誓言的人，将从他们的罪恶中获得解脱，他们的三曼荼罗（思想、言语和肉体）得到净化。他们的烦恼痛苦将被摧毁，心灵净化，他们将获得菩提。

130. The lords of the world and gods like Brahmā and Indra were constantly serving these tīrthas.

世界之主们和以梵天、因陀罗为首的诸神不断地为这些圣地服务。

131—134. Similarly, sages, hermits, monks, celibates, Hindu monks, Yogis, Vedic, Śrāvakas, Brāhmins, Vaiṣnu (followers of Viṣṇu), Saiva (followers of Śiva), Kaulikas, Śakta (followers of Śakti), gods, demons, demigods such as Yakṣas, Gandharvas, Kinnaras, Guhyakas, Kumbhāṇḍas, Siddhas, Sādhyas and Vidyādharas, planets, celestial nymphs, falcons, serpent lords, devils, and others who sought auspiciousness went to serve these tīrthas.

同样，牟尼、所有的苦行者、梵行者、修道士（苦行者）、瑜伽士、吠陀教徒、声闻、梵仙、毗湿奴信徒（毗湿奴的追随者）、湿婆信徒（湿婆的追随者）、左道信徒、性力派［Śakta，萨克蒂（Śakti）的追随者］、众神、阿修罗（巨人），半神半人如药叉、乾闼婆、紧那罗、密迹者、成就者、成业者、星星、持明、飞天、大蛇之主们、金翅鸟、鸠盘荼、罗刹和其他寻求吉祥服务这些圣地者。

135. Similarly, planets, Sāṃghikas, vrata holders, laymen, laywomen, Bodhisattvas, supreme sages have all served these tīrthas for the welfare of the world.

类似地，行星、僧团（Sāṃghika）、持戒者、优婆塞、优婆夷、菩萨、牟尼之主们为了世界的福祉也全然服务于这些圣地。

136—137. I, also, took refuge in these tīrthas, where I bathed, donated, sacrificed, performed rites to please ancestors, satisfied the gods through worship, sang prayers of the tri-ratna (Buddha, dharma, saṅgha), which is how I practiced the vrata.

我也求佑于这些圣地，依仪轨在那里沐浴、捐献、牲祭，做供奉满足祖先，通过祭祀来取悦众神，唱诵“三宝”的祈祷经文——这就是我如何践行恪守誓言的。

138—139. One must, with focus and concentration on the dharmadhātu, worship, remember and meditate on him and chant the dhāraṇī mantras to maintain the Bodhi vow. Through the merit amassed so, he becomes purified in his mind, speech and body as well as his soul, freed of misery and attachment, and dwells in the "Four highest divine abodes".

人们必须集中精神专注于法藏，崇拜、忆念和冥想于它，低声唱诵陀罗尼咒语以修持菩提誓言。通过这样积累佛法功德，三曼荼罗（思想、言语和肉体）以及心灵都变得纯净，从烦恼和染污中解脱出来，并沉浸在至高的神圣“四梵住”。

140—141. They who do so become Bodhisattvas, Mahāsattvas, gentle, glorious and the source of good qualities. They instantly fulfill the Bodhi vows to consequently defeat bodily desires, and for the welfare of the world in the Kali era, attain the three states of Bodhi to finally acquire Buddhahood.

那些如此行事的人会成为菩萨、大菩萨，贤善、吉祥和优良品德的源泉。他们一经践行菩提誓言，就会击败一切肉欲魔军，并在迦利时代（即末法时代）为了世界的福祉，具足菩提资粮，获得三菩提，成为乐法者①。

142. Therefore, to overcome the obstacles that hinder the acquisition of Bodhi, you all must seek the refuge of these tīrthas.

因此，要克服阻碍获得三菩提智慧的障碍，你们大家必须寻求这些圣地的庇护。

143. You must worship, remember and meditate on the dharmadhātu, and with concentration, sing the dhāraṇī mantras, for the welfare of the world.

必须敬拜、忆念和冥想法藏，为了世界众生的福祉，专心唱诵陀罗尼咒语。

144. As a result of this merit, you shall all be purified in your minds, speech and bodies, shall never be wretched or miserable, will always be in a good state.

作为这样的功德果报，你们都将在三曼荼罗（心灵、言语和肉体）得到净化，永远不会堕入恶趣，永远处于一个良好的境界。

145. You must always be present there to pay homage to the tri-ratna (Buddha, dharma, saṅgha) and devotedly sing praises, and ac-

---

① dharma-rata，乐法者，谓因成就智度，故爱乐佛法。若不遍历十方，承事诸佛，听法无厌，如海纳流，无时盈溢，则智度不得圆满也。——转引自《大明三藏法数》

tively work for the welfare of the world.

你们一定要到达朝圣地，敬拜三宝（佛陀、佛法、僧伽），并虔诚地吟诵赞美诗，为世界的福祉而积极效劳。

146. You would be purified in your souls, and dwell in the four highest divine abodes. You shall become Bodhisattvas, Mahāsattvas, and work for the good.

你们的心灵将被净化，并安居于至高的神圣四梵住。你们将成为菩萨、大菩萨，并且贤善而行。

147. Then you would become the basis of all good qualities, well-versed in all forms of knowledge, and would become the reasons for welfare of all sentient beings. Thus, you all must work for the welfare of the world.

这样，你们会成为所有优秀品质的基石，精通各种形式的知识，并会成为一切有情众生幸福的缘由。因而，你们大家必须为世界福祉而效劳。

148. Having gradually fulfilled the vows of Bodhi, you shall instantly attain the three types of Bodhi to ultimately be established into Buddhahood.

次第完成了菩提资粮后，你们将会迅疾获得三菩提智慧，最终立于佛位。

149. In this way, the king of the sages—Buddha instructed everyone so. Upon hearing his instructions, everyone present in the assembly including Maitreya, was overjoyed and awakened.

以这种方式，牟尼之主——佛陀这样教导了每个人。闻听他的教诲后，出席集会的广大信众，包括弥勒，都喜出望外并且醒悟。

Thus, within the story of the origin of Svayaṃbhū, the fifth chapter, "on the description of the greatness of the merit received through the service of various tīrthas", ends here.

于是，吉祥的斯瓦扬布起源的故事，第五章名为“讲述通过各种圣地服务获得的巨大功德”在此结束。

Chapter Six

第六章

1. The Mahāsattva Maitreya, son of Buddha, joined his hands in salutation, and addressed the Śrīghana:

佛子大菩萨弥勒，双手合掌向牟尼之主功德聚（Śrīghana）致敬，并说道：

2. "O Lord, what is the reason for such tremendous fame of the Dharmadhātu vāgīśvar? Pray tell me."

"哦，世尊啊，是什么原因使法藏语言自在主有如此巨大的声望？恳请告诉我。"

3—4. When the Mahāsattva Maitreya prayed to the Lord so, the Lord, looking at him, replied: "O Maitreya, I shall tell you the reason due to which the Dharmadhātu acquired such great fame. Listen carefully!"

当大菩萨弥勒向世尊这样祈求时，世尊看看他，回答说："弥勒啊，我将告诉你其缘由，因为什么法藏获得了如此巨大的名声。请仔细听！"

5. When the life of man spanned thirty thousand years, there was a great city named Śobhāvati. For the welfare of the world, the Kanakamuni Buddha originated there.

当人类的寿命长度为 3 万岁时，有一座伟大的城市名叫苏帕瓦蒂（Śobhāvati）。为了世界的福祉，拘那含牟尼（Kanakamuni）佛陀出世于那里。

6. He was the enlightened one, the king of dharma, lord of sages, who preached the dharma to the world as its Śāstṛ. He was famous by the name Kanakamuni, and was also called Vināyaka.

他是彻悟了的一个人，是阿罗汉、法王、圣贤之主，作为人天导师（Śāstṛ）①，他向世界宣扬佛法。他是以拘那含牟尼这个名字而闻名于世，他也被称为毗那耶迦（Vināyaka）②。

7—8. I was present then as a man of noble birth, who understood myself. I was named Sudharma. I was a Mahāsattva and a Bodhisattva. I was filled with the glory of dharma, and virtues manifold. Under the disciple of Kanakamuni Buddha and the service of the tri-ratna, I practiced Bodhi.

我那时是以一个贵族之子降生，知晓自我。名为善法（Sudharma）。是一位大菩萨和菩萨。我充满了正法的荣耀与多种多样的美德。作为拘那含牟尼佛陀座下的弟子，我服务于三宝，践行菩提戒律。

9. Lord Kanakamuni, near the city of Śobhāvati, in his mahāvihāra named Śobhitārām, dwelled with his saṅgha.

在苏帕瓦蒂城附近，世尊拘那含牟尼在他的名为苏毗达拉姆

---

① Śāstṛ，有世尊、世雄、佛大师、善知识、天人师、无上法王之义。天人师，为佛的十大名号之一。又作人天导师。示导一切应作不应作、是善是不善，若能依教而行，不舍道法，能得解脱烦恼之报，故称为天人师。又以佛陀度天、人者众，度余道者寡，故称为天人师。

② Vināyaka，音译为“毗那耶迦”，有善导、大尊雄、大圣雄、天人尊等义，还有圣天、大圣欢喜天、象头神怪之义。印度教象头神加内什之佛教密宗移植。

（Śobhitārām）① 的大寺（mahāvihāra）与其僧伽安住在一起。

10. Brahmā, Indra, and other major gods as well as the lords of worlds all arrived there, to hear the sermons of dharma.

为了聆听佛法，以梵天、因陀罗为首的天神们以及诸世界之主们都驾临那里。

11—12. Celestial planets, stars, demigods of Vidyādhara, Sidhha, Sādhya, Rudra kinds, sages and monks also came. So did the Gandharvas, Kinnaras, Yakṣas, Guhyaka, Kumbhāṇḍa demigods, Falcons, Serpents, demons and devils.

天上的行星、星星、持明半神、成就者、成业者、楼陀罗属、牟尼们和仙人们也来了。乾闼婆、紧那罗、药叉、密迹者、罗刹、鸠槃荼半神、金翅鸟、大蛇族、底提们也抵达了。

13. Saints, hermits, pilgrims, ascetics, pākhaṇḍa, monks, Jainas, celibates, all came.

圣贤、瑜伽士、外道、苦行者（tapasvin）、钵健提（Pākhaṇḍa）②、修道人③、耆那教教徒（nirgrantha）、梵行者，都来了。

14. To hear the teachings of the dharma, śramaṇa, śrāvaka, vrata holders, laymen and laywomen all arrived.

为了领饮正法甘露，沙门（śramaṇa）、声闻、持戒者、优婆塞和优婆夷都到达了。

15. Brāhmins, Kṣatriyas, Vaiśyas, courtiers, householders, merchants, servants and military commanders all arrived.

婆罗门、刹帝利、吠舍、朝臣（mantrin，大臣）、家主们、上

---

① Śobhitārāma，其中Śobhita，意为殊妙、璨丽、庄严；ārāma，意为可爱、寺、精舍、苑、院。

② Pākhaṇḍa，天神名。《慧琳音义》二十六曰："钵健提此云跳蹲，此中力士甚勇健捷疾也。"《涅槃经疏》七曰："钵健提此云坚固。"

③ Parivrājaka，外异学、外道、梵志、道人。

士（śreṣṭha）、仆从（bhṛtya）和军事指挥官们也到达那里。

16. Technicians, Businessmen, Tradesmen with caravans, rich men, townsfolk, people from large cities, villagers, carpenters and wanderers all arrived.

技艺者、商人、带着篷车的商主、富人、城镇居民（paura）、大都市居民（janapada）、村民（grāmya）、流浪者（kārpaṭika）和农夫（sairika）都纷纷到来。

17. Similarly, others from villages and cities, and from all over the world, were all happily present in front of the Kanakamuni Buddha, eager to drink the nectar of dharma.

同样，来自乡村和城市以及遍及世界其他各方之人，也都快乐地出现在拘那含牟尼佛的面前，渴望饮领妙法甘露。

18. Seeing beings from all the worlds arrive, Lord Kanakamuni was happy. He proceeded to take the central seat in the assembly; all the while he was radiating energy from his form.

看到来自所有世界的众生抵达，世尊拘那含牟尼是愉快的。他走向大会场中央的座位就座；在整个这段时间，他的身躯散发着能量之光。

19—20. Sāṃghikas, Śravanas, Brahmins, Bhikkhus, Bhikkhunīs, cailakas, vrata holders, celibates, maidens and all else who desired dharma were happy at the sight of the Kanakamuni who was filled with energy.

僧人①、得闻（Śrāvana）②、声闻（Śrāvaka）、比丘、梵行男子（婆罗门）、比丘尼、梵行女子、优婆塞、优婆夷、一布衣者、出

① sāṃghika，僧、僧房、僧伽物。

② śrāvana，有得闻、听闻、乐闻等义；srāvaka，有不共声闻、小乘人、罗汉、声闻等义。

家者、持律者（vratin）和所有渴望法（dharmakāma）的在家[1]，在看到散发光芒的牟尼之主时都兴奋异常。

21. The assembled mass surrounded the Kanakamuni Buddha from all directions, and went to his refuge to listen to dharma, with hands joined in salutation.

聚集的民众从四面八方围绕着牟尼自在主，皈依于他，他们双手合掌，候听佛法。

22. Brahmā, Indra and others gods, and the lords of the world then worshipped and saluted the supreme sage Kanakamuni Buddha.

梵天、因陀罗和其他神祇，以及世界之主们，向至高的圣人拘那含牟尼佛依次朝拜礼敬。

23. Having surrounded him and facing him, everyone sat down in the assembly filled with concentration.

在法会现场，信众围绕着他，面向着他，大家神情专注安坐下来。

24. The men, gods, Brahmins, sages, Kings, everyone present there worshipped the Kanakamuni Buddha and saluted him in a similar procedure.

人[2]、众神、仙人（ṛṣi）、婆罗门（vipra）、国王们（nṛpa），在那里的众生都敬拜拘那含牟尼佛，并以同样的步骤向他施礼。

25. Everyone who came there, having surrounded him, looked at the Lord and sat down, with patience and concentration.

来到那里的众生，团团环绕着世尊而坐，带着耐心与专注，凝视着他。

---

① 以上译名顺序按梵文本。

② mānava，普通人。

26. Thus the Supreme Sage Kanakamuni Buddha, who was pleased at the sight of the people sitting patiently and devotedly, commenced the sermons on noble truths and dharma.

因此，至圣拘那含牟尼佛，看到人们耐心而虔诚地坐定，极为欢喜，便开始了对崇高真理（āryasatya，圣谛）和微妙正法的演说。

27. He sermonized the Bodhicarya (the Bodhi discipline), described the eightfold paths; he elucidated and thus established all present there into the path of Bodhi.

他说教菩提戒律，描述了八正道①；他阐明并由此确定所有出席法会的信众走上菩提之路。

28. Everyone, who drank the nectar of the true dharma granted by the Kanakamuni Buddha, started to practice the good dharma and attained the Bodhi mind.

人们领饮了拘那含牟尼佛所赐予的真正的佛法甘露，开始修持善法，获得了菩提心。

29. At that moment, a scholar who knew himself, named Dharma Śrīmitra Bhikkhu, in a vihāra named Vikramaśīla, sermonized the knowledge of dharma to the saṅgha there.

在那时候，一位认识自我②的学者，名叫法吉祥善友（Dharmaśrīmitra）的比丘，在一个叫作超戒寺（Vikramaśīla）③ 的寺院

---

① āryāṣṭāṅga，"八圣道""八圣道支"，即"八正道"。佛教谓修习圣道的八种基本法门，即正见，正思维，正语，正业，正命，正精进，正念，正定。

② ātmavid，"自知"，词义解释为"知道心灵或至尊精神的本质"。自知是四知（天知、地知、旁人知、自知）之一。"谓心欲作善作恶，人虽未知，自意已先知之矣。"——转引自《大明三藏法数》；"集异门论十七卷四页云：自知者：谓正了知自德多少。谓自所有若信若戒若闻若舍若慧，若教若证，若念，若族姓若辩才等，是名自知。"——转引自《法相辞典》

③ 又名超行寺、超岩寺，是古代印度佛教著名寺院和密教学术中心，公元1199—1203年穆斯林军队入侵印度，超戒寺被焚毁。

里，对那里的僧伽讲解法的知识。

30—31. The Bhikkhu, in the vihāra named Vikramaśīla, for the welfare of all beings, stood at the center of the gathered saṅgha and desired to teach them the Nāmasaṅgīti. Thus, the wise Bhikkhu named Dharmaśrīmitra, happily, took the central seat at the assembly intending to teach the saṅgha, and fully concentrated.

在名为超戒寺寺院里的这位比丘，为了众生的福祉，站在所有聚集的僧团的中心，渴望教授他们《圣妙吉祥真实名经》[①]（*Mañjuśrī Nāmasaṅgīti*）。因此，这位名叫法吉祥善友的聪明比丘，愉快地坐在会场正中的位置，打算教授僧伽，然后全神贯注集中起精神。

32—33. When he sat at the assembly, everyone there who was eager to consume the nectar of dharma that the venerable Bhikkhu would shower upon them saluted him, did the pradakṣiṇa, and with hands joined, sat there looking at him, with concentration.

当他坐在会场里，那里的每个人都渴望饮领这位可敬的比丘准备施与的法甘露，他们向比丘敬拜，做了右绕拜仪，然后双手合掌，安坐在那里仰望着他。

34—36. Apart from them, others who came, including ordinary men from the world, Brahmins, Kings, Vaisyas, Courtiers, Secretaries, Servents, Millitary Commanders, Carpenters, Businessmen, Tradesmen with caravans, Merchants, Townsfolk, Villagers and people from other countries, saluted the monk with great happiness, and having performed the pradakṣiṇa, sat around him devotedly.

除他们之外，其他前来的人，包括来自这个世界的普通人、婆罗门、国王、吠舍、大臣、宰官、仆从、军事指挥官、

① 《圣妙吉祥真实名经》，一卷，元智慧译。前为文殊菩萨发菩萨心之愿文；中明五智勇识之真实名；后有文殊之一百八名赞等。——转引自丁福保编《佛学大辞典》

工匠、生意人、带着大篷车的买卖人、富商、城镇居民、（都市市民、）村民和来自其他国家各方的人们，怀着喜悦心情向这位僧侣恭敬礼拜，做了右绕拜仪后，虔诚地围绕他安坐下来。

37. Seeing the people present there, the Bhikkhu commenced the description of *Mañjuśrī Nāmasaṅgīti* gradually.

看着席坐在会场的人们，比丘开始依次第对《文殊师利真实名经》的讲述。

38. Upon hearing his sermons, those mundane people present at the assembly grasped the greatness of the qualities of Buddha, and relished in the knowledge.

听了他的说教后，法会上出席的世俗之人领会了佛陀伟大的品质，欣享其中的真知。

39. After listening to the discourse on the *Mañjuśrī Nāmasaṅgīti*, the Brahmins, the Kings, and most of the audience, having saluted the Bhikkhu, returned to their respective abodes.

听完有关《文殊师利真实名经》的讲述后，婆罗门、国王和大多数信众向比丘礼敬后，返回各自的住所。

40. After most returned, some that remained, including the Śravakas, Bhikkhus, celibates and those with greater wisdom in the saṅgha, wished to know the inner meaning of the "Twelve Syllables".

大多数人离去后，一些留下的人，包括声闻、比丘、禁欲者和那些僧伽中比较有智慧的人，希望知晓"十二音节"（Dvādasākṣara）的内在含义①。

41. They, who were present there including Yogis and the aforementioned groups, joined their hands in reverence and happiness and

① Guhayārtha，密义，即深密的义理。

saluted the Bhikkhu who had preached the sermons earlier, and addressed him so:

留在那里的包括瑜伽士和上面提及的人们，他们愉快而恭敬地双手合掌，向这位刚才说教的比丘致敬，并向他说道：

42. "O Great Monk, pray reveal to us the significance of the 'Twelve Syllables', and the procedure for its purification and fulfillment."

"哦，大德啊，请为我们开示'十二音节'的意义，以及净化和实现它的程序。"

43. When they prayed to him so, the Bhikkhu Dharmaśrīmitra, despite his scholarliness, was unable to tell the inner meaning and the true form of the Twelve Syllables.

他们这样向法吉祥善友比丘祈求时，尽管他学识渊博，却不能晓示十二音节的内在含义及净化形式。

44. He rose up from his seat, distressed due to his inability to answer the question, and proceeded to meditate and think simultaneously in concentration.

他从座位上站了起来，由于他没有能力①回答这个问题而感到苦恼，于是进入禅房冥思苦想。

45. He thought "Alas! I do not know the true meaning and purity of the Twelve Syllables, and thereby cannot teach it to my disciples. What must I do now?"

他想："唉！我不知道这十二音节的真实妙义及其净化，因此不能把它教授给我的弟子们。现在我该怎么办呢？"

---

① anabhijñatā，不能知。

46. Agitated, distressed, ashamed and attached, he remembered and mediated on the three jewels (Buddha, Dharma and Saṅgha) as he sat there.

他不安、苦恼、羞愧又牵挂，坐在那里，猛然间忆念并观想起三宝（佛陀、佛法和僧伽）。

47. As he was meditating, his remembrance of the three jewels brought him merit, due to the influence of which he was energized with enthusiasm and strength and filled with bliss.

在禅定观想中，他忆念三宝给他带来了功德，由于功德的影响，他有了大精进，充满了热情的力量与幸福。

48. Then the Bhikkhu, with great enthusiasm, started mediating deeper to wonder about the entire world solely through his mind.

然后，比丘以极大的热情，开始更深入地观想，透过他的心灵（manas）① 认知这整个世界。

49—50. As he meditated and wondered so, he saw with his divine sight that there is a mountain in the northern part of the world, and beyond it is the land known as Mahācīna (China in present day) which is the residence of the Mañjuśrī, who is a great scholar and master of all knowledge, is a Bodhisattva, Mahāsattva, understands the true mystery of dharma, knows all secrets, and understands the purity and impurity of incantations and the process of their fulfillment.

在禅观中，他如此惊奇地看到，在这个世界以北②的地方，是一片被称为摩诃吉那（今日之中国）的土地，那里有一座山，是文殊师利的驻锡地，他是一位大神通者和一切知识的自在主，是一位菩萨、大菩萨，深知法的真正奥义，通晓所有的秘密，并且

---

① 心、心灵、意、心思。

② 喜马拉雅山脉以北。——中译者

懂得咒语的纯密杂密[①]及其实现过程。

51. Having understood the qualities of Mañjuśrī of Northern Cīna, Dharmaśrīmitra who was filled with excitement, immediately stood up and went outside towards the saṅgha assembled there to address them so:

知道了北部摩诃吉那的文殊师利的美德后，法吉祥善友十分兴奋，他立刻站起身，走出来向聚集在那里的僧伽说道：

52. "O Scholars, Bhikkhus and others present there, I am departing for the Mahācīna, which lies beyond the great mountain, in order to receive audience from the Mahāsattva Mañjuśrī.

"哦，学者们、比丘们以及在场的其他人，我要离开，前往摩诃吉那，它位于这座大山的那一边，求得大菩萨文殊师利的接见。

53. I shall ask the deeper meaning of the *Nāmasaṅgīti* and the purification procedure of the mantra and with its good knowledge, return soon.

我将请教《圣妙吉祥真实名经》的更深层的妙义和咒语的净化过程及其美妙的知识，不久就会返回。

54. Until I return, you all must stay here praising and worshipping the Buddha, Dharma and Saṅgha, without worry.

直到我回来，你们都不要灰心，安住这里赞美和敬拜佛陀、佛法和僧伽。

55. Having said so, the great scholar Bhikkhu started walking and gradually reached Nepal on foot.

---

① 纯密杂密，就密教诸经中，说其本、支之区别，纯密乃大日如来住本地法身，于法界宫殿中，对内眷属所说之秘密法门，即《大日经》《金刚顶经》，其支分为诸尊瑜伽之密轨。杂密者为垂迹应化身之释迦如来，于尘道世界所说之显密糅合之诸经。纯密为秘密瑜伽乘所广说之纯一法门，杂密则以显教为主，附说密乘而已，如《法华经》之陀罗尼品等即属附说之真言陀罗尼。此外，又有以金刚、胎藏两部大法为纯密，而以其余之杂部密教为杂密者。——转引自《佛学大词典》

这样说完，大神通者①比丘就开始徒步出发了，逐渐到达了尼泊尔。

56. As Mañjuśrī saw the Bhikkhu Dharmaśrīmitra approaching, he recognized him to be the Bhikkhu who was worried, and thus decided, in display of his glory, to invite him closer to teach him.

当文殊师利看到比丘法吉祥善友走近时，他知道他就是那个烦恼的比丘，因此决定，显现神通，邀请他靠近身边以便教导他。

57. The Mañjuśrīi then took the guise of a farmer and started to plough the field with two tigers.

于是文殊师利化现为一个农夫，开始驾着兽中之王两只老虎②犁地。

58. At the sight of Mañjuśrī from afar, Dharmaśrīmitra was astounded to see the greatly surprising and wondrous sight (of tigers being used to plough fields, instead of traditionally used animals such as oxen or bullocks).

从远处，一看见农夫的非常令人惊讶和奇妙的景象（老虎用来犁地，而不是传统上牲畜如耕牛或双公牛），法吉祥善友便大吃一惊。

59. Then he approached the farmer indulged in such a wondrous activity, and inviting him closer, posed him a question.

于是，他走近埋头在这种奇妙的劳作中的农夫，又请他靠近些，向他提出了一个问题。

60. "O Gentleman, I seek to reach the great mountain named Mahācīna, which has five peaks. How far is it from here? Pray tell me."

"哦，先生啊，我寻找要抵达的位于名叫摩诃吉那的那座大

---

① Mahābhijña，大神通、大神通者。

② Mṛgarāja，兽中之王、狮子或老虎、狻猊。

山，它有五座山峰。它离这里有多远？恳请告诉我。”

61. When he prayed to him so, the farmer considered the Bhikkhu for the long time before respectfully answering.

当他这样询问时，化现为农夫的文殊师利在礼答之前，打量这位出家人①很久。

62. “Where have you come from, and for what purpose do you seek to reach the land of Mahācīna that lies afar?

“你从哪里来，为何想要去远方的摩诃吉那的那片土地？

63. O Friend, the hour is getting late. My household lies nearby. I invite you to spend the night in my residence. When you rise in the morning, I shall direct you towards your path.”

哦，朋友啊，时间不早了。我家就在附近。我邀请你在我的住所过夜。你早晨起来时，我当面向你指路。”

64. The Bhikkhu, upon hearing the words of the farmer, silently accepted his proposal and decided to stay there for the night.

比丘，一听到农夫的这番话，就默默地接受了他的建议，并决定留下在那里过夜。

65. The farmer then led his giant tigers away from the monk and eventually willed them to vanish into thin air.

于是农夫领着兽中之王他的壮硕的老虎从比丘身边走开，并且最后让它们消失在薄暮中。

66. However, thinking that the plow may be a source of inspiration and an example to the entire world, he placed it in a high ground, planting it into the soil there.

然而，考虑到犁铧对整个世界可能是一种精神激励源泉和一种榜样，他便把它放在一块高地上，插在土里。

---

① yati |

67. The spot where he planted the plow is lauded as the place of Mañjuśrī, till this day.

他插下犁铧的那个地方，作为“文殊师利之地”受到赞美，直到今天。

68. As the night fell, the farmer took the Bhikkhu Dharmaśrīmitra, who had grown suspicious yet intrigued, into his home.

当夜幕降临，农夫带着出家人法吉祥善友，那个疑心重重但又好奇的人，进入自己的家。

69. The farmer offered fruits, medicinal herbs, tubers, spinach and salad leaves, and whatever was available to the monk respectfully, and also ate himself.

农夫恭敬地献上了水果、药草、块茎、菠菜和莴苣叶，尽可能提供的食物，他自己也食用了。

70. The Bhikkhu Dharmśrīmitra, in return, told various stories that interested the farmer in order to please him.

作为回报，出家人法吉祥善友讲了农夫感兴趣的各种故事，令大神通者高兴。

71. As the night grew, the Mañjuśrī in disguise, arranged to send the Bhikkhu to sleep in the adjacent building, which was the abode of his students, and he himself went to bed in his own house.

当夜深时，化现农夫相的文殊师利，安排出家人睡在隔壁的房间，那是他的学生们的住处，而他本人在自己的房间上了床。

72. As Dharmaśrīmitra entered his shelter, he was still curious regarding the events that day. He slept for a few moments, but then woke up—curiosity did not allow him sleep. He started to think in his mind.

当法吉祥善友进入房间时，对白天的事情，他仍然觉得很奇怪。他睡了一会儿，但又醒来——好奇心不允许他再入睡。他开始在心里思考。

73. He thought, "I must not sleep here tonight. My host seems to be a greatly powerful man, full of glory and prosperity." The monk then, wishing to hear the conversation between the farmer and his wife, rose up from his bed.

他想，"今晚我不能在这里睡着。我的主人好像是一个威德广大的人，充满了荣耀与繁荣"。于是，僧人希望听到农夫和他配偶之间的谈话，就从床上起来。

74. He rose up and got outside, and went to stand right outside the door of the farmer's house.

出家人起身，到了屋外，站在了农夫屋子外面的门口。

75. At that time, the devoted and virtuous wife of Mañjuśrī named Keśinī, addressed her husband who had gone to bed.

就在那时，文殊师利的明妃①凯诗尼，一个忠贞的女子，对已经上床的文殊师利说了话。

76. She asked, "O Husband, who is this monk? Where does he come from, and with what purpose does he come to our house?"

她问，"哦，家主啊，这个出家人是谁？他从哪里来？他来我们家怀着什么目的？"

77—78. Hearing the questions from his wife, the Mañjuśrī disguised as a farmer, looked at his wife Keśinī and answered, "O Wife, listen. I shall tell you of the truth about why the monk has come to our home."

听着她的提问，化现为农夫的文殊师利，看看配偶凯诗尼回答，"好吧，明妃啊，听着。我将告诉你为什么僧人来到了我们家有关此事的真相。"

79. "O Wife, he is a Bhikkhu, great scholar, a Bodhisattva,

① supriyasati |

with great wisdom. He is greatly renowned as the Dharmaśrīmitra. ”

“明妃啊，他是一位比丘，一个大学者，一个菩萨，拥有大智慧。他是作为法吉祥善友而闻名于世的。

80. He is the resident of a very famous vihāra called Vikramasīla. He desires to explain the *Nāmasaṅgīti* , and give deep and detailed knowledge to his students.

他是一个非常有名的叫作超戒寺寺院的常住。他渴望讲解《圣妙吉祥真实名经》，并给予他的学生们深奥而详细的知识。

81. There is an incantation of the ‘Twelve Syllables’, whose deep meaning and purification procedure, despite him being a great scholar, he was unable to teach.

有一个‘十二音节’咒语，尽管他是一个大学者，但其深层意义和净化程序，他不能教授。

82. When he was unable to do so, he was overcome with worry and anguish, and thus went into deep meditation of the world.

当他不能这么做的时候，由于烦恼和痛苦，他被战胜了，于是就进入了对这个世界的深入观想。

83. In his state of meditation, he discovered that only Mañjuśrī knew the true meaning and purification of the mantra of Twelve Syllables.

在他的禅定中，他发现只有文殊师利知道十二音节咒语的真正密义和净化。

84. With this knowledge, he rose from his meditation, and having told this to his disciples, he set out with newfound joy and enthusiasm.

出于这样的认知，他从禅定观想中出来，向他的弟子们告知了此事，接着就带着新发现的喜悦和热情出发了。

85. Towards the Northern country of Mahācīna, at the mountain named Mahācīna with the five peaks, lies our āśrama, where he set

out to reach. On his path, he has come here.

朝向北方国家摩诃吉那。在摩诃吉那的那座著名的五峰山下，我们净修所所在地，是他出发要到达的地方。他在行走的旅途中，来到了这里。

86. When I knew of his arrival, I, through my powers, saw him, and therefore, to grant him knowledge and understanding, I have brought him into our home."

当我知道他的到来时，我，通过神通力，看到了他，并且因此，为了赐予他知识和理解力，我把他带到我们的家。"

87. When he told her so, the wife Keśinī looking at her husband, respectfully asked again.

当他这样讲述时，明妃凯诗尼看着文殊师利，恭敬地又问。

88. "My Lord, you know everything. What is the purification of the 'Twelve Syllabled' incantation? Pray tell me."

"我的主宰啊，您知道一切。'十二音节咒语'的密义是什么？恳求告诉我。"

89. When she asked him so, the Mañjuśrī disguised as a farmer, looking at his wife, answered:

当她这样问他的时候，化现为农夫的文殊师利，看着他的配偶，回答道：

90. "My Lady, you have asked an excellent question. I will lovingly give you the answers, but understand that this is a matter of great secrecy. You must protect it from others."

"我的明妃啊，你问了一个极好的问题。我很愿意回答，但要明白这是一个大秘密。你必须保守秘密。"

91. Having warned her so, the Mañjuśrī then revealed the true hidden meaning and the purification procedure to his wife.

这样告诫了之后，文殊师利对明妃透露了十二音节咒语隐秘的真正意义和净化仪轨。

92. As he was explaining these things to his wife in bed, the Bhikkhu outside heard their discourse and was filled with joy.

当大神通者在床上对他的配偶解释这些时，在门外的比丘听到了他们的谈话，充满了喜悦。

93. Having heard all of it, the Dharmaśrīmitra in his heart deduced that his host was in fact Mañjuśrī himself.

听到了有关于此的一切，法吉祥善友在心中推断他的主人其实就是文殊师利本人。

94. Then he was overcome with joy, so he saluted the Mañjuśrī with eight bodily positions, and stayed at the door all night.

于是，他欣喜若狂，便用八种体姿向文殊师利致敬，并合掌整夜侍奉在门口。

95. In the morning, the wife Keśinī who was able to grant salvation, opened the door to go outside.

凌晨，能够赐予解脱的明妃凯诗尼，打开大门走到外面。

96. At the sight of the Bhikkhu lying at the door, bowing down in concentrated reverence, lady Keśinī was so frightened that she recoiled to run back to her husband.

一看到躺在门边的出家人，毕恭毕敬地躬身施礼，明妃凯诗尼吓得往后一退，跑回文殊师利的身边。

97—98. At the sight of his wife running towards him, and her face filled with fright, he asked her, "My lady, when you opened the door, what did you see? What has scared you so? Please tell me."

文殊师利看到配偶朝他跑来，并且她的脸上布满了惊恐，他问："明妃，你打开门时，看到了什么？什么使得你如此恐惧？请告诉我。"

99. When he posed such questions, the frightened Keśinī, look-

ing at her husband, replied so.

当导师这样提问时，被惊吓了的凯诗尼，看着家主，这样回答。

100. “My Lord, the monk that had arrived yesterday is at our door today, and is lying down on the floor with hands joined, his head positioned inwards. I do not know if he is breathing, and if he is alive or dead. Thus I am scared.”

“家主啊，昨天来的那个僧人今天在我们的门口，双手合掌躺在地上，头向内。我不知道他是否还在呼吸，是否活着还是死去。因此我被吓坏。”

101. Upon hearing the words of his wife, the Mañjuśrī stood up and went towards the door to see the Bhikkhu lying there on the floor, with hands joined in salutation.

听到配偶的话，文殊师利站起身来，走到门口去看望躺在地上仍然毕恭毕敬地双手合掌的比丘。

102. At that sight of the monk lying entirely on the floor with head positioned inwards and hands joined in reverence, the Mañjuśrī addressed the monk.

看到全身倒在地上的出家人，头内向并恭敬地双手合掌，文殊师利就向出家人说了话。

103. “O Bhikkhu, why are you lying on the floor at the door with your head positioned inwards and hands joined? Pray tell me the reason for this.”

“哦，比丘啊，你为什么躺在门口的地上，头朝内并双手合掌？请告诉我这样做的理由。”

104. Having heard the words of Mañjuśrī, the Bhikkhu was worried, so he rose up and saluted the Mañjuśrī with “eight bodily positions”, and replied to him:

一听到文殊师利的话，法吉祥善友就紧张起来，于是他站起身，行“八肢大礼”向文殊师利敬拜，并回答他：

105. “O Lord, God, Omniscient one, the Master of all Knowledge, I serve at your feet and I seek your refuge.

“哦，尊者啊，大圣啊，无所不知者啊，一切知识之主啊，我在您的莲足下侍奉并求得您的庇护。

106. You are the ruler of the world, the Mañjuśrī; I recognize you as the ocean of the jewel of knowledge.

您是世界的保护者，文殊师利啊；我确认您就是智慧海洋中的瑰宝。

107. You know of the purpose of my arrival. Pray grant me my desire, with which I have come here.”

您知道我来到的目的。祈求导师您满足我到这里来的渴望。”

108. Having heard his prayers, the Mañjuśrī then looking at the wise Bhikkhu said:

听了他的祈求，文殊师利看着这位聪明的比丘回答道：

109. “O Bhikkhu, the mystery of the true meaning of the Mantra that you seek to know cannot be told without ‘initiation’. You must first be initiated and only then I can tell you what you seek to know.”

“哦，比丘啊，你希望知晓这个咒语的真实密义，没有‘灌顶’① 是不能被授予的。你必须先被灌顶，只有这样，我才能告诉你所要寻求知晓的。”

110. When the Mañjuśrī said so, the wise Bhikkhu, with hands joined in reverence, answered so:

当文殊师利这样说了以后，聪明的比丘，恭敬地双手合掌，这样回答：

---

① 举行入门仪式。

111. “O Lord, O Omniscient One, O Mañjuśrī, you are the ruler, a great personality, a guru, but I am a poor monk. If you granted me initiation, I would not have anything to offer you as guru dakṣiṇā.”

“哦，尊者啊，哦，知一切者啊，哦，文殊师利啊，您是主宰者，有伟大人格者，一位导师，而我只是一个贫僧。如果您赐予我灌顶，作为对导师的谢礼（财施），我没有任何东西可供奉给您。”

112. When the monk said so, the wise Mañjuśrī, looking at Dharmaśrīmitra, replied:

听到出家人这样说，智慧的文殊师利，看着法吉祥善友，回答道：

113. “Why do you need wealth or prosperity? You have ‘devotion’, which means ‘everything’. Devotion satisfies all gurus, for they do not have the need for money.”

“你为什么需要财富或富有？你有‘虔诚’，这就意味着‘一切’。虔诚满足所有的师尊，因为他们没有对金钱的需求。”

114. When the Mañjuśrī said so, the Dharmaśrīmitra who was very pleased, saluted him with eight bodily positions before speaking to him.

当文殊师利这样说时，欢喜异常的法吉祥善友，在他讲话之前用八种体式向导师恭拜。

115. “O Guru, my Lord, if ‘devotion’ is all that takes to please you, I am very fortunate. I shall serve you full of devotion. Please accept my services.

“哦，导师啊，我的尊者，如果‘虔诚’就是令您满足的一切，那我非常幸运。我将充满虔诚地侍奉您。请接受我的供奉。

116. Therefore, O Guru, benevolently grant me initiation, and tell me the meaning and the purification of the ‘Twelve Syllables’.”

因此，哦，师尊啊，依据仪轨慈悲地为我施以灌顶，告诉我‘十二音节’的密义和净化。”

117—118. When he prayed like this, seeing the devotion, curiosity and gentleness of the Bhikkhu, the Mañjuśrī said: "O Wise Bhikkhu, I shall certainly grant you the knowledge and initiation, due to your devotion. Be happy, and respectfully accept the knowledge with concentration and respect!"

他这样祈祷，鉴于这位比丘的虔诚、杰出和彬彬有礼，文殊师利说道："聪明的比丘啊，由于你的虔诚，我一定会赐予你知识和灌顶。高兴吧，专心和崇拜，恭迎接受这真知吧！"

119—120. In this way, the Mañjuśrī who is the Vajrācārya himself, procedurally created a maṇḍala (diagrammatic altar) of the Dharmadhātu Vagīśvar, worshipped it procedurally and pleased it. The Vajra-wielding Mañjuśrī then granted knowledge to the Bhikkhu.

于是，本身就是大威德金刚阿阇梨的文殊师利，沐浴洁净调定，依仪轨创建了一个法藏语言自在主的曼荼罗（maṇḍala，图解祭坛），敬拜它并取悦它，然后挥舞金刚杵的文殊师利把知识赐予了比丘。①

121. When he initiated the Bhikkhu, he introduced him to the various gods situated in the maṇḍala and worshipped them procedurally, thereby bringing the Bhikkhu and himself into their refuge.

当文殊师利给比丘灌顶时，他介绍了曼荼罗中的各位神灵并依仪轨崇拜他们，从而把比丘和他自己皈依了众神。

122. Then Mañjuśrī told the hidden meaning of the mantra along with its purification process to the Bhikkhu, who was in bliss having re-

① 应是"阿阇梨灌顶"，为密教重要仪式之一。又称作传教灌顶、传法灌顶、付法灌顶。即选择堪任师位的弟子，设立曼荼罗，引入图画，传授金刚、胎藏两部极致秘法，以令得到阿阇梨师位之灌顶仪式。

ceived the knowledge.

于是文殊师利随着净化仪轨的进行向比丘讲述了咒语的隐秘含义，他沉浸在领受正觉的极乐中。

123. The Dharmaśrīmitra who had just received initiation was immensely pleased, for he had just learned the true meaning and the purification of the Twelve Syllabled mantra.

刚刚接受了灌顶的法吉祥善友，极其欢喜，因为他刚刚学到了十二音节咒语的真实含义和净化。

124. Then the Bhikkhu pledged "himself" as offering to the Mañjuśrī along with his wife, and worshipfully, with hands joined, said:

也知晓了十二地①的内在含义与净智②力。③ 然后比丘誓言以"自身"为谢师礼供奉给导师及其配偶④，并虔诚地双手合掌，说道：

125. "O Lord, O Omniscient One, due to your benevolence, all my wishes have been fulfilled. I have been endowed with virtues, my Lord."

"哦，尊者啊，哦，知一切者啊，由于您的慈悯，我所有的愿望都得以实现，我已经被赋予了美德，我的主人啊！"

126. "Therefore, O Guru, I have come into your asylum. I shall wander the world abiding by your instructions."

"因此，导师啊，我皈依于您的护佑。我将遵照您的指示云游世界。"

127. "Thus, instruct me, my Lord, and tell me the instrument

① Dvādasabhūmi，十二地，指菩萨修行过程中之十地与等觉、妙绝之阶位。
② viśuddhijñāna，清净智慧，谓以此智慧，照了诸法皆空，即得内心寂静。
③ 见梵文本。
④ bhāryā，妻子。

of knowledge, so that I may be able to practice Bodhi for the welfare of the whole world."

"因此，请开示我，我的主人，告诉我取得三菩提智慧的手段①，以便我能够为一切众生的福祉去践行菩提善戒。"

128. With such prayers, the Dharmaśrīmitra went to the refuge of Mañjuśrī, and filled with devotion and joy, started to serve his guru.

带着这样的祈祷，法吉祥善友皈依文殊师利，并充满虔诚和欢喜，开始侍奉他的导师。

129. Then Mañjuśrī, having understood the monk who was Mahāsattva, Bodhisattva and the practitioner of Bodhicarya, directed him towards the good path.

然而文殊师利，意识到这位僧人是大菩萨、通达者和菩提戒律的践行者，就指给了他善行之路。

130. "O Bhikkhu, very good, very good! You must travel for the welfare of the world, and practice the Bodhi vrata which is the instrument for Sambodhi."

"好啊，好啊，比丘！你必须为世界的福祉而游方，践行菩提行誓言，这是正等菩提的手段。"

131. "The merit you shall receive as a result shall help you purify your mind, speech and body, and become a Bodhisattva, Mahāsattva, greatly wise, the residence of virtues; and so you shall wander the world.

"作为你收到的功德之果，它将帮助你净化你的三曼荼罗（心灵、言语和身体），成为一个菩萨、大菩萨、大智慧者和美德之所在；并因此你将云游世界。

132. "Then you shall gradually climb the steps of Bodhi, be

---

① Saṃbodhijñānasādhana ǀ

freed of misery, acquire Bodhi and finally attain Buddhahood.

“这样你将依次完成菩提资粮，摆脱烦恼，获得菩提，并最终取得佛果。

133. “In this way, following these instructions in my remembrance, and praising the dharmadhātu, worshipping the tri-ratna, you must constantly strive for the welfare of the world.

“依此，忆念遵循我的这些指示，颂扬法藏，敬拜三宝，你必须不断地为世界的福祉而精进。

134. “If you truly desire the welfare of the world and knowledge, you must sermonize dharma to awaken others and bring them from ignorance to knowledge.

“如果你真正渴望利益众生和正等菩提，你必须弘扬佛法以唤醒世人，并把他们从无知引向正觉。

135. “Gradually, you must introduce the people you awaken to the instruments of Bodhi and establish them into the path of Bodhi, and make them work for the welfare of the world.

“逐步地，你必须向你唤醒的人们介绍菩提手段①并使他们立足于菩提之路，使其为世界的福祉而效力。

136. “When you see to Bodhi being stablished into their mind, sermonize the ‘Three Vehicles’ and lead them towards the ultimate reality.

“当你看到菩提识被坚固于他们的内心，开示‘三乘’(tri-yāna)，并引领他们走向终极真实②。

137. “When you do so, you shall instantly receive the dharma that is the instrument for the acquisition of Bodhi, and become filled with virtues manifold.

---

① Bodhisādhana，菩提手段（途径、工具、方法、成就法）等。

② 梵文为 paramārtha，最胜义。

“这样做后，你将立刻获得大法，那是取得正等菩提的手段，并获得倍增的美德。

138. “You shall quickly become purified internally as well as externally, attain Buddhahood, and having spread dharma all over the world, shall finally reach the realm of Buddha.

“你将迅速地得到内在及外在的净化，取得佛果，并把佛法传遍整个世界后，最终到达佛的境界。

139. “In this way, practicing the highest dharma, go to your āśrama, explain the Nāmasaṅgīti and preach the true dharma.

“依此，实践至高的佛法，前往你的寺院，讲解真实名经并宣扬真正的佛法。

140. “O Bhikkhu, I shall visit your āśrama some day along with people from the saṅgha to listen to your discourse of dharma.

“哦，比丘啊，有一天我也将拜访你的寺院，与僧伽的人们一起听你进行法布施。”

141. Upon hearing the instructions of the Mañjuśrī, the monk Dharmaśrīmitra, looking at the guru and saluting him, said:

听到文殊师利的教诲，僧人法吉祥善友，看着导师并行礼，说：

142. “O Guru, you are a wise god, who grants knowledge to all. If you come there, how do I recognize you? Please give me a sign through which I may be able to know you.”

“哦，广大威德的导师啊，您是智慧之神，向所有人赐予真知的人。如果您来到那里，我如何辨认您呢？请给我一个信记，由此我能够认知您。”

143. At this request, the wise Mañjuśrī, looking at Dharmaśrīmitra, said so:

在这样请求之下，智慧的文殊师利，看着法吉祥善友，如此说：

144. "Child, you shall easily be able to recognize me, for when I come to your residence, I shall come with a blue lotus in my hand."

"孩子啊，当我来到你的住处时，我手中会持有一朵蓝莲花。凭此标记，你将能够很容易辨认我。"

145. "Follow my instructions, and proceed from here to preach the true dharma. I wish for your welfare."

"遵循我的指教，从此开始宣扬微妙正法。我祝你吉祥。"

146. When the Mañjuśrī instructed him so, the Bhikkhu who was pleased, looked at the guru and saluted him, and said:

当文殊师利这样教导他时，快乐的比丘，看着他的圣师并向他致敬，又说：

147. "O Ruler, please forgive my sins and wrongdoings. It is due to your benevolence that my wishes have been fulfilled. I have been gratified."

"哦，尊者啊，哦，导师啊，请宽恕我的罪孽和不当行为。正是由于您的慈爱，我的心愿得以满足，我深感您的恩惠。"

148. "I have grasped your teachings, and with this knowledge, I shall commence the discourse on *Nāmasaṅgīti*."

"我领会了您的教义，并且带着这个学问，我将开始讲述《圣妙吉祥真实名经》。"

149. With such prayers, the Dharmaśrīmitra, having pleased the guru, saluted him by placing his head on the guru's feet, before leaving.

由于这样的祈祷，法吉祥善友令导师喜悦，在离开之前，他将头放在导师的莲足上向他敬拜①。

① 行触足礼，一种向长辈或德高望重者以头和双手触其双足的礼敬方式。

150. Having placed his head on both feet of Mañjuśrī, who was the acārya, the guru, and had given him knowledge that was able to grant moksha, the Bhikkhu departed.

比丘把头放在文殊师利——阿阇梨、导师和能够赐予他解脱真识的人——的莲足上，行过触足礼后，他便离开了。

151. Then the wise Dharmaśrīmitra immediately returned, and thereby, quickly reached back to his vihāra.

于是，聪慧的法吉祥善友立即返回，迅速到达了自己的寺院。

152. At the sight of the monk's return, everyone present at the vihāra saluted the monk, inquired about his well being, and then respectfully welcomed him back.

一看到出家人归来，寺院在场的所有人都向僧人致敬，问候他的健康及近况，恭敬地欢迎他归来。

153. The next day, the monk invited everyone to discourse the *Nāmasaṅgīti* . For that purpose, he took the seat at the assembly.

第二天，僧人邀请大家以演说《圣妙吉祥真实名经》。为此目的，他在会场中就座。

154. Seeing the monk seated at the assembly, those at the āśrama, and Brahmins, Kings and others all approached him.

看到僧人在会场中就座，那些在寺院的人，以及婆罗门、国王们和其他所有人都走近了他。

155. All worldly beings, upon arrival, saluted the Bhikkhu, performed the pradakṣiṇa and sat down around him.

所有的世间众生，一到达，就向比丘敬礼，做右绕拜仪并围绕他安坐下来。

156. Seeing everyone sat there, the wise monk who knew himself, discoursed on the *Nāmasaṅgīti* as well as the purification of the mantra.

看到大家坐定，这个深谙自我的聪明出家人，讲述了《圣妙吉祥真实名经》以及真言（咒语）的净化（纯密）。

157. At that time, in order to test the Bhikkhu's state of mind, the Mañjuśrī, in the disguise of a body crouched and atrophied with old age, with torn out dirty robes, and yet with a lotus in one hand, entered the vihāra.

就在那时，为了考验比丘的心灵境界，文殊师利，化现为一个身躯卷缩年老体衰的老者，穿着破烂的脏袍子，手中却拿着一朵蓝莲花，走进了寺院。

158. Using the lotus in his hand to "shoo" flies that surrounded him away; he went to a corner of the assembly and sat down, as everyone was watching.

在众目睽睽之下，他用手中的莲花发出"嘘"声赶走围着他身体的苍蝇；他走到会场的一个角落里坐下。

159. Dharmaśrīmitra saw it as well, and due to the lotus, deduced the shabby stranger sitting there to be none other than his own guru Mañjuśrī and wondered in his mind.

法吉祥善友也看到了这一幕，并且因为那朵蓝莲花，断定坐在那里的酸楚的陌生人不是别人，正是他自己的导师文殊师利，不由得内心迟疑起来。

160. "Oh! My guru Mañjuśrī, in order to test me, has come here in dirty clothes, ugly figure and a lotus in hand."

"哎呀，我的导师文殊师利啊，为了考验我，穿着脏破的衣袍，一副丑陋的样子，手拿蓝莲花来到了这里。"

161. He thought, "How do I go and bow down to him? It is not possible for me to sit here without saluting my guru."

他想，"我怎么走过去向他躬身施礼呢？坐在这里不向我的导师致敬对我来说是不可能的"。

162. "If I do not respect, revere and salute my guru, those

worldly beings that understand the situation would surely reproach and curse me in their thoughts."

"如果我不尊重、敬畏和礼敬我的导师，那些明白事体的俗世之人，在他们的脑子里一定会责备和诅咒我。"

163. "And yet, if I bow down and introduce him as my glorious teacher to the assembly, his shabby appearance might induce ridicule and mockery towards me."

"然而，如果我躬身施礼，向会众介绍他是我光荣的导师，他的寒酸褴褛的外表可能会引起他们对我的奚落和嘲笑。"

164. Such thoughts led the Dharmaśrīmitra into embarrassment and dilemma. He saluted his guru solely through his mind, and did not stand to physically revere him.

这样的想法导致法吉祥善友陷入尴尬两难的境地。他只是通过心灵对他的导师致敬了，而没有起身施礼。

165. He faced towards the other direction, avoiding eye contact, and pretended to not see or recognize his guru as he sermonized his teachings.

他的脸转向另一个方向，避免两人目光接触，并且当他传经讲解时，他假装没有看到或认出他的导师。

166. Then those present at the assembly were pleased to have heard the sermons and rose up to salute the Bhikkhu before returning to their respective abodes.

于是，那些出席法会的人很高兴接受了法布施，并且在他们返回各自住所之前，起身礼敬了比丘。

167. After everyone had left, the Dharmaśrīmitra rose up from his seat, and with the intent of saluting his guru, approached towards him.

在信众离开之后，法吉祥善友从座位上站起来，并且带着礼敬导师的目的，向他走去。

168. However, at the sight of his old disciple Bhikkhu approaching to salute him, the Mañjuśrī faced the opposite direction and slowly walked away.

然而，在看到旧日的弟子比丘走近向他行礼时，文殊师利转脸朝相反的方向慢慢地走开。

169. Seeing the guru leave with disregard for him, the Dharmśrīmitra was filled with remorse and realization of his transgression, and he consequently fell to the floor.

看到导师无视他而离开，法吉祥善友充满悔恨并意识到自己的过错，因此他倒在了地上。

170. When he saw him fall to the floor with guilt, the magnanimous Mañjuśrī returned to pick the Bhikkhu up with his own hands.

看到他带着内疚倒在地上，宽宏大量的文殊师利转回来用自己的双手把比丘扶起。

171. The Dharmaśrīmitra, seeing his guru who had almost left, saluted him and lied to him again.

法吉祥善友，看到差点离开的导师，便向他行礼，又再次对他说了谎。

172. "My Guru, I did not recognize you on arrival. But later, when I saw the lotus in your hand, I came to recognize you then."

"我的导师啊，您抵达时我没认出来。但是后来，当我看到您手中的蓝莲花标志，我才意识到了您。"

173. Having lied to him, the monk with his hands joined, placed his head on the feet of his guru and started crying.

对文殊师利说过谎话后，僧人双手合掌，把头放在导师的莲足上，并且开始哭泣。

174. In this way, he spewed false words and shed tears, and

spoke praises of his guru as he fell to his guru's feet.

就这样，他吐出了假话并流出了眼泪，他倒在文殊师利的莲足下时又说了赞美导师的话。

175. Having lain on the floor for a long time, with a bad state of mind, the Bhikkhu rose up and addressed the ruler—his guru as such.

躺在地上很长时间后，由于内心处于很坏的状态，比丘站起来对主宰者——他的导师，说了这样的话。

176. "My Lord, please forgive the offence of my ignorance. You are my teacher and my ruler, pray forgive me."

"我的尊者啊，请原谅我的无知的冒犯。您是我的导师和我的统领者，祈求原谅我。"

177. Hearing his pleas, the Mañjuśrī who was an ocean of kindness and benevolence, saw that the monk had become blind due to excessive crying, and with compassion, said to him:

听着他的恳求，文殊师利，一个善良和仁慈之海，看到由于过度哭泣而失明的比丘，又带着怜悯，对他说道：

178. "You must suffer the consequence of your 'misdemeanor' that you committed due to shame, despite knowing all too well. You must face blindness as penance."

"你必须遭受你的'轻罪'的恶果，那个因羞愧而犯下的罪，尽管无所不知。作为赎罪你必须面对失明。"

179. "However, you may view the world with the 'sight of knowledge', just as a man with actual sight would. You possess knowledge and therefore, are renowned as 'Jñānaśrīmitra'."

"然而，你可以用'知识之眼'审视世界，就像一个有真实视力的人一样。你拥有知识，因此你以'慧吉祥善友'

(Jñānaśrīmitra)[①] 而闻名。”

180. Having said so, the Mañjuśrī vanished into thin air and through the skies, just as a bird would, flew back to his āśrama.

这样说完后，文殊师利就消失在薄雾中，穿过天空，就像一只鸟儿那样，飞回他的净修所。

181. Having given an account of these events to his two wives named Keśinī and Upakeśinī, the Mañjuśrī then meditated quietly for the welfare of the world.

向两位明妃凯诗尼和乌帕凯诗尼陈述了这些事情之后，文殊师利为了世界的福祉进入禅定。

182. “Thenceforth, the Jñānaśrīmitra, looking through the ‘eyes of his knowledge’, started to promote the good dharma for the welfare of the world.”

“其后，慧吉祥善友，透过他的‘知识之眼’观看，开始为了世界的福祉而促进正法。”

183. “Thus, O Maitreya,” said Buddha, “the Dharmadhātu Svayaṃbhū came to receive tremendous fame, and came to be known as ‘Dharmadhātu Vagīśvar’.”

“因此，哦，弥勒啊”，佛陀说，“法藏斯瓦扬布开始获得了巨大的声誉，并作为‘法藏语言自在主’而闻名于世”。

184. “With this understanding, they who worship the Dharma-

① 在本书中，法吉祥善友（Dharmaśrīmitra）是超戒寺的教师、学问僧，曾出发前往中国拜见文殊菩萨得到授戒、传法和指教。后来他以慧吉祥善友（Jñānaśrīmitra，也有译作“智吉友”）而闻名于世。慧吉祥善友在公元 975—1000 年间出生，是佛教哲学家和逻辑学家，为印度超戒寺（Vikramaśīla）瑜伽行派（Yogācāra）法称（Dharmakīrti，公元 600—670 年）派佛教量论后学。在瑜伽行派中，他对认识的本质持“有相”（sākāra）立场，与宝寂（Ratnākaraśānti，10 世纪末到 11 世纪初）所持的“无相”立场相反。归其名下的有十二部论著，包括一部关于辩论推理（apoha）的重要著作《遮诠论》（*Apohaprakaraṇa*）。在他的逻辑学著作中，他支持般若伽罗笈多（Prajñākaragupta，公元 750—810?）对法称的解释。

dhātu Vagīśvar, and sing praises and pay homage to it, shall receive welfare.

"有了这样的理解，那些崇拜法藏语言自在主、唱诵赞美诗和向他表达敬意的人，就会得到福祉。

185—186. Similarly, those who receive initiation, acquire Bodhicitta, and with concentration, chant the dhāraṇī and vidyā mantras, shall become purified in their souls, and cleansed in their minds, speech and bodies, become Bodhisattvas, Mahāsattvas and dwell in the Four Highest Divine Abodes.

同样地，那些接受了灌顶的人，获得了菩提心，并且潜心、吟诵陀罗尼、真言咒语的人，他们的心灵将变得纯洁，并净化思想、言语和肉体，成为菩萨、大菩萨并安住于至高的四梵住。

187. They would be the basis for all good qualities, well-versed in all forms of knowledge, recipients of all glory and prosperity, and would be transformed into men of good deeds.

他们将成为一切优秀品质的基石，通晓知识的各种形式，获得一切荣耀和繁荣，并会转化为善行之人。

188. They would instantly cross the steps of Bodhi, become Arhants and having acquired the three ultimate types of Bodhi, finally reach the realm of the Buddha.

他们会立刻跨过菩提的阶次，成为阿罗汉并获得三种终极菩提，最后到达佛的境界。

189—191. Having said this, those that wish to attain Buddhahood must be present at the area of the Buddha, that is the Dharmadhātu Vagīśvara, at all times, and devotedly sing his praises, receive initiation, practice the good dharma and chant the dhāraṇī mantras. They must procedurally worship the dharmadhātu and revere their guru. They must acquire knowledge in their minds, practice the Bodhicarya and wander the earth so.

这样讲述后，那些想达到佛位的人，必须出现在佛陀的区域，那是法藏的语言自在主，始终，虔诚地唱诵赞美诗，接受灌顶（度戒），实践善法和唱诵陀罗尼咒语。他们必须按仪轨敬拜法藏和敬拜他们的导师。他们必须在内心获得真识，修持菩提戒律，并且在大地上如此云游。

192. They would instantly become cleansed, with minds, speeches and bodies purified; they would become Bodhisattvas, Mahāsattvas and eventually dwell in the Four Highest Divine Abodes.

他们将即刻变得洁净，伴随着三曼荼罗（心灵、言语和肉体）的净化，他们会成为菩萨、大菩萨，并最终安住于四个最高的神圣之所（四梵住）。

193. They would be the basis for all good qualities, well-versed in all forms of knowledge, recipients of all glory and prosperity, and would be transformed into men of good deeds.

他们会成为一切优秀品质的基石，通晓知识的所有形式，所有荣誉和繁荣的收获者，并会转变为善行之人①。

194. They would instantly cross the steps of Bodhi, become Arhants and having acquired the three ultimate types of Bodhi, finally become liberated."

他们会迅速跨越菩提的台阶，成为阿罗汉，并获得最终的三种菩提，最后获得解脱。"

195. Upon hearing such words of the Buddha, everyone present in the assembly was overjoyed and then praised, saluted and paid refuge to the Lord Buddha.

听到牟尼之主的这番话，在场的每个人都喜出望外，然后赞

① bhadra-carī，普贤行。

美、礼敬和皈依佛世尊。

Thus, the sixth chapter of the "*Svayaṃbhū Purāṇa* named Dharmadhātu Vagīśvar" is complete.

因此，《斯瓦扬布往世书》第六章名为“吉祥的斯瓦扬布法藏语言自在主缘何声名远播”① 结束于此。

① 中文章名所译，见梵文本第六章结尾语。

Chapter Seven

第七章

1. The wise Bodhisattva Maitreya saluted the Lord Buddha, and with hands joined, started to speak.

智慧的菩萨弥勒向释迦牟尼佛致敬，并双手合掌，开口说道：

2. "My Lord, you have granted us enormous knowledge. I have another curiosity. Who covered the Dharmadhātu Svayaṃbhū with bricks and rocks to build the caitya as it exists now?"

"我的世尊啊，您已经赐予我们大量的知识。我好奇欲知：谁用砖块和岩石隐蔽了法藏斯瓦扬布，建造了支提①，如它现在这样?"

3. "O Lord, everyone in the world is eager to know. Pray tell us the reason for it."

"哦，世尊啊，这世界的人们都渴望知晓。祈求开示我们这其中的缘由。"

4—5. Hearing the Maitreya pray so, the Lord of Sages looked at him to answer, "O Maitreya, listen. I shall tell you the reason for the concealment and seclusion of the dharmadhātu, so that the whole world

① stūpa，窣堵波、浮屠、佛塔。

may know."

听到弥勒这样祈求，牟尼之主看着大菩萨回答道："哦，弥勒啊，请听。我将告诉你法藏隐蔽和隔世的缘由，以便整个世界得知。"

6. "By the time Lord Kanakamuni Buddha departed from this world, the life of man spanned twenty thousand years.

"到拘那含牟尼佛离开此世界的时候，人类的寿命长度为2万岁。

7. Afterwards, the Lord returned again with another form, as the Ruler, the King of Dharma, the Lord of sages, the Omniscient, the Enlightened, the Master of all knowledge and the Tathāgata. He was named Kāśyapa.

此后，这位世尊以另外的一个面貌转世，作为统治者、法王、牟尼之主、正遍知、启蒙者、（阿罗汉、）大智慧者和如来。他被称为迦叶波（Kāśyap）。

8. The Kāśyapa Buddha resided along with his saṅgha in his hut situated in the Mṛgadāva forest near the city of Vārāṇasī.

如来迦叶波与其僧团一起住在位于瓦拉纳西[①]城市附近的鹿野苑[②]林中茅屋。

9. At that time, I was also a Bodhisattva named Jyotiraja. In his refuge, I served the Kāśyapa Buddha who taught the whole world.

那个时候，我也是一位等觉菩萨名叫觉蒂拉贾[③]。在他的净修所，我侍奉这位教化整个世界的迦叶波佛。

10. Once the Kāśyapa Buddha, who was the master of all three worlds, in order to sermonize the good dharma, took the central seat at

---

① Vārāṇasī।

② Mṛgadāva，鹿野苑是释迦牟尼佛"初转法轮"的地方。

③ 意为火光王。

the assembly.

一次，迦叶波佛，所有三界的导师，为了说教微妙正法，在法会的中央座位就座。

11—15. Intending to drink the nectar of dharma, beings from all the worlds arrived at the assembly, including Brahma, Indra and legions of gods, Lords of all realms, planets, stars and constellations, celestial nymphs, and demigods such as Vidyādhara, Siddha, Sādhya, Rudra, Yakṣa, Guhyaka, Kinnara, Kumbhāṇḍa, demons, serpents, falcons, sages, ascetics, pilgrims, celibates, monks, yogis, laymen and laywomen. Brahmins, Kṣatriyas, kings, protectors of the earth, Vaiśyas, courtiers, secretaries, servants, military commanders and their soldiers all arrived. So did menials, merchants, and tradesmen with caravans, and capitalists.

为了饮到妙法甘露，诸世界众生均来与会，内有梵天、因陀罗和众神团队、各天界之主，行星、星群和星座，天国仙女和半神半人，如持明、成就者、成业者、楼陀罗、药叉、密迹者、紧那罗、鸠槃荼、罗刹、蛇族、金翅鸟、仙人、苦行者、朝圣者、禁欲者、僧侣、瑜伽士、优婆塞和优婆夷。婆罗门、刹帝利、国王、大地的保护者们、吠舍、朝臣、书记员、仆人、军事指挥官及其士兵们都到达那里。工匠、商人和驾着篷车的游商以及富贾全都莅临。

16. Citizens and townsfolk, villagers, residents of the mountain, forest-dwellers, preachers and ordinary men arrived at the assembly.

都市居民、城镇居民、村民、山民、林居者、传道者和十方普罗大众也都到场。

17. When the Lord took his seat to sermonize, members of his saṅgha also saw it and drew closer.

当世尊就座要宣讲时，其僧团的成员们就向他近坐靠拢。

18. Bhikkhus, śrāvakas, monks, yogis, cailakas, vow holders and devotees of the Buddha all arrived.

比丘们、声闻男子、僧侣、瑜伽士、出家男子、恪守誓言的男子和优婆塞都到达了。

19. Bhikkhunīs, śrāvākas, nuns, cailikas, vow holders, and other female devotees of the Buddha also arrived.

比丘尼、声闻女子、尼姑、出家女子、恪守誓言的女子和佛陀的其他女信徒（优婆夷）也到达了。

20. Bodhisattvas, Mahāsattvas, sages, celibates, Vedic Brahmins, followers of Viṣṇu, followers of Siva, Jains and ascetics came too.

菩萨、大菩萨、仙人们、梵行者、吠陀婆罗门、毗湿奴的信徒、湿婆的信徒、耆那教（Nirgrantha）教徒和苦行修道人也来了。

21. Similarly, others who wished to understand the qualities of the true dharma avidly approached the Kāśyapa Buddha.

同样地，其他渴望理解善法品质的人也热切靠近牟尼之主迦叶波佛。

22. All who arrived saluted and worshipped the King of Sages—the Kāśyapa Buddha—procedurally before taking their seats at the assembly.

所有到达的信众，在法会就座之前，都按礼仪依次敬拜圣贤之主——迦叶波佛。

23. They performed the pradakṣiṇa. Then they surrounded the Kāśyapa Buddha and sat down encircled around him, as they faced towards him with concentration and patience.

他们进行了右绕拜仪。然后围着牟尼之主迦叶波佛，环坐下来，聚精会神地仰望着他。

24. Just as thirsty men would go to the river to quench their thirst,

the gathered mass sat with folded hands with high spirits and concentration before the Buddha.

正如口渴的人会走到河边去饮水解渴一样，聚集在一起的信众，在佛陀面前双手合掌、精神饱满、众心归一。

25. When Lord Kāśyapa Buddha saw the arrivals from different worlds，saṅghas，and legions of gods，and lords of realms，he commenced his discourse.

当世尊迦叶波佛看到来自不同世界的抵达者，僧团、大批的神祇和各领域之主们，胜者薄伽梵开始了他的演说。

26. He began with the noble truths，and in course of the discourse，told of the instruments for the acquisition of knowledge. His sermons were filled with words of good dharma and welfare，in the beginning，middle and the end.

他从崇高的真理开始，并在演说的过程中，讲述获取三菩提知识的方法。他的说教在初始、中间和结束都充满了法的微妙和福祉的言语。

27. Upon drinking the nectar of the good dharma，everyone was euphoric，and reached the state of eternal happiness. They wished to practice the good vow.

一领饮到善法的甘露，每个人都兴奋异常，达到了持久的喜乐状态。他们决心践行善愿。

28. All of them wished to possess the true qualities of the Buddha，and therefore，indulged in auspicious deeds as they practiced the Bodhicarya discipline.

他们所有的人都希望拥有佛陀的真正品质，从而在他们修持菩提戒律时，投身于吉祥事业。

29. Meanwhile，having fulfilled his work，the yogi Mañjuśrī along with his wives liberated themselves，leaving their bodies in the ground.

与此同时，知瑜伽者文殊师利完成了他的使命后，与他的两位明妃一起走向了涅槃，把他们的色身留于此地。

30. Then they went to the Mahācīna, to his āśrama, and started to dwell there, having taken divine forms.

然后他们去了摩诃吉那（大中国），到了他自己的净修所，安住在那里，以神圣形体显现。

31. However, their bodies they had left behind near the dharmadhātu were cremated with pure flames and the resultant ashes were respectfully placed in a pious way, by Mañjuśrī's disciples.

然而，他们遗留在法藏附近的肉身被圣洁的火焰火化后，其骨灰由文殊师利的弟子们依仪轨恭敬虔诚地予以安厝。

32. Their bones were cleansed with paṅcagavya and buried under the earth in a beautiful casket—on top of which they built a caitya (shrine) to eternally honor them.

他们的遗骨用五净[①]清洗，然后置放在一个精致的宝匣埋入地下——又在其上建了一座支提（神龛），以永志铭记。

33. They who worship and devote themselves to that shrine shall receive the qualities of dharma.

那些崇拜和把自己献身于文殊师利的神龛的人，他们将获得善法品质。

34. Those who seek to possess the virtues of the Mañjuśrī must praise and worship the caitya of Mañjuśrī."

那些寻求拥有文殊师利的美德的人必须赞美和崇拜文殊师利的支提。"

35. When the Lord of Sages—the Buddha—told them so, the masses concurred in comprehension and therefore, praised the Lord.

---

① 五净（paṅcagavya），亦称五牛味，是母牛的五种产品的混合物，即牛奶、凝乳、酥油、鲜奶油和酸奶，被认为是纯洁和神圣的。

当牟尼之主——佛陀——讲述这些时，大众全然一致领会并因此赞美世尊。

36. Then the Buddha, looking at the sage Maitreya and the whole assembly, addressed them:

于是释迦狮子牟尼之主，看着圣贤弥勒和全体会众，对他们说道：

37. After a long period of time, in a kingdom named Gauḍa, there was a king named Pracaṇḍadeva who belonged to the Vajradharamśa dynasty.

过了很长一段时间，在一个名为乔陀（Gauḍa）的王国，有位叫作普拉昌达德瓦（Pracaṇḍadeva）的国王，他属于伐折罗陀罗摩萨王朝（Vajradharamśa）。

38. The King, who deeply religious, ethically and prudently protected his kingdom and directed his subjects towards the path of the good dharma, which he practiced himself.

这位国王，虔信宗教，依道德规范和审慎地保护着他的王国，并引导他的臣民走向他自己所实践的善法之路。

39. Due to the influence of his dharma, there was adequate, timely rainfall and plenty of harvest, along with joy and auspiciousness, and there was no sorrow or disaster in his kingdom.

由于他执法的影响，有及时丰沛的降雨和大量的收成，随之而来的欢乐和庆典，他的王国没有悲伤或灾难。

40. The subjects in his kingdom would constantly practice the good dharma, donate charitably, abide by the disciplines and principles and uphold their vows.

他的王国臣民们不断修持善法，布施，遵守戒律与法则，并持守他们的誓言。

41. They held the truth, were very wise, dwelled in the "Four

Sublime Abodes", praised their liege lords, and partook in the welfare of one another.

他们坚持真理，十分睿智，安于崇高的“四梵住”，赞美他们的君主，并且分享彼此的幸福。

42. Seeing his subjects engage in such auspicious work immensely pleased the King, who looked at them and addressed them.

看着臣民们竭力从事这样吉祥的事业，国王极其欣慰，他关注着他们，对他们说：

43. "Dear subjects, if you desire the good dharma, serve the Buddha, Dharma and Saṅgha and practice the Bodhi vow.

“亲爱的臣民们，如果你们渴望善法，就侍奉佛陀、佛法和僧伽（三宝），并践行菩提誓言。

44. You shall be cleansed into being pure in mind, speech and body, and become Bodhisattvas, Mahāsattvas and walk the Bodhi path.

你们的三曼荼罗（心灵、言语和肉体）将被净化，成为纯洁的人，成为菩萨、大菩萨并走上菩萨行的道路。

45. Then your souls will be purified, miseries will be removed, organs cleansed. You shall become Arhants, and then acquire Bodhi to finally attain Buddhahood."

那时，你们的心灵将被净化，烦恼被消除，感官被净化。你们将成为阿罗汉，然后获得菩提识，最终取得佛位。”

46. Upon hearing the King's instructions, the crowd delightedly accepted them and went on to praise their King.

听到人中之王的教诲，众人欢喜地接受，并不断地赞美他们的国王。

47. They grasped the King's instructions and thereby remained in the service of the tri-ratna for a long time.

他们牢记国王的教诫，因而在很长的一段时间里，都坚持服务三宝。

48. Seeing his subjects practicing the Bodhi vow greatly satisfied the King, and made him wonder.

鉴于他的臣民们践行菩提誓言，国王非常满意，也让他感到惊奇。

49. He thought, "The purpose of my subjects' lives has been fulfilled, for they have obeyed my instructions to practice the Bodhi vow and engage in auspicious activities."

他想，"我的臣民们的生活的目的已经实现了，因为他们遵循我的教导，践行菩提誓言并从事吉祥的事业"。

50. Then the King Pracaṇḍa, seeing the festivities and celebrations going on in his kingdom, worried, "Despite its beauty, the world is bound to the fate of doom all the same."

然而国王普拉昌达，看着他的王国里正在举行的节庆和盛典，担忧起来，"虽然它是美好的，但世界注定依然难逃厄运"。

51. "Senescence is slowly taking hold of me. Gradually my organs will become frail with age; ailments and diseases shall smother me and eventually, my death is coming to take me.

"衰老正在慢慢地扼杀我。随着年龄的增长，我的脏器会逐渐衰弱；罹患的疾病不断折磨我，最终死去。

52. So how long am I to sit here, wallowing in comfort and pleasure? For fate is certainly bound to happen.

这样，我沉溺在舒适和快乐之中还能持续多久呢？因为宿命是注定要发生的。

53. However, it is assured that those who practice the way of dharma shall be subject to welfare, as opposed to those indulgent in the fulfillment of desires, that are eventually bound to harsher fates.

然而，可以肯定的是，那些践行佛法之路的人将承受福祉，相反那些沉溺于满足欲望的人，最终注定会面临更加严酷的命运。

54. Therefore I must leave this household, which is the shelter of desires and cravings, to dwell in the forest in absolute solitude and concentration.

因此，我必须离开王室，这个欲望和渴求的堂阁，去森林里居住，在绝对的隐居和静心的场所。

55. I think it best if I, in remembrance of the tri-ratna and intending to acquire knowledge, lived in the forest to practice the Bodhi vow for the welfare of the world."

我认为最好是我，在三宝的忆念和意欲获得知识①当中，住进森林，为了世界的福祉践行菩提行誓言。"

56. Having decided so, the scholarly King Pracaṇḍadeva who knew himself, called forth a meeting with his council of ministers and other well-wishers to speak to them:

一经这样决定，博学的知自我者②普拉昌达德瓦国王，召集了一个大臣与其他良友的会议，对他们讲道：

57. "My minsters and well-wishers, please listen to my words carefully, for you must follow my instructions."

"我亲爱的大臣与良友们，请仔细听我说的话，因为你们必须执行我的指令。"

58. "It is certain that senescence is getting hold of me. My organs will slowly become frail with age; I shall be diseased, and eventually, death will smother me."

"毫无疑问的是，衰老掌控了我。随着年龄增长我的脏腑将会慢慢变得虚弱，被疾病缠身，最终，呼吸停止而死亡。"

---

① Saṃbodhi，三菩提、成道、正等菩提。

② ātmavit，了解灵魂或至高精神的本质。

59. “Hence, my mind is perturbed, crippled with dread of adversity and suffering—for they who dwell in this world must suffer the mortal misery.

“因此，我的内心不安，害怕灾难和痛苦而颤抖——因为居住在这个世界上的所有的人，他们必定遭受死亡的痛苦。

60. However, it is assured that those who practice the way of dharma shall be subject to welfare, as opposed to those indulgent in the fulfillment of desires, that are eventually bound to harsher fates.

然而，确定无疑的是那些践行佛法之路的人将享受幸福，相反那些沉溺于欲望满足的人，他们终究要遭受那更为严厉的命运。

61. This circumstance, where we consume materialistic commodities to appease and gratify our desires, is filled with misfortune and doom, just as a chamber full of ferocious snakes is. It is ephemeral and hollow. Knowing this, I no longer wish to stay in this household or this kingdom.

这种境况——我们消费物质商品来慰藉并满足我们的欲望，充满了不幸和厄运，就像是一个装满了凶猛的群蛇的房间。它是朝生暮死和空无的。认识到这一点，我不愿再待在这个王室或王国。

62. With this understanding, I am eager to discard and leave my household to seek asylum in the abode of the beautiful forests.

有了这样的认识，我渴望抛弃和离开我的王室，在美丽的森林中寻求修身之所。

63. Therefore, I wish to coronate my son and heir, Śaktideva, and place him on the throne before I leave.

因此，我希望为我的儿子和继承者沙克蒂德瓦加冕，在我离开之前他登上王位。

64. Listen, you must inaugurate my son to replace me as the reg-

nant and start serving him instead."

请听旨，你们必须为我的儿子举行灌顶加冕仪式，取代我作为执政者，要效忠于他。"

65. When the King commanded them so, the courtiers and ministers heeded his words in compliance and agreed to obey them, and then they bowed to the King.

当国王这样命令后，侍臣和阁僚们听从他的旨意并且同意按照他的话行动，然后他们向国王敬拜。

66. Then the King invited his son Śaktideva to teach him the four tactics of ruling and politics—Bheda (to split and separate), Daṇḍa (to punish and instill fear), Sāma (to peacefully negotiate and pacify) and Dāna (to offer value and buy).

于是国王唤来他的儿子沙克蒂德瓦以教导他四种统治和政治的策略——分裂和离间（Bheda），惩罚和灌输恐吓（Daṇḍa），和谈和安抚（Sāma）以及贿赠和收买（Dāna）。

67. He then said, "Senescence is getting hold of me. My organs will slowly become frail with age; I shall be diseased, and eventually, death will come to me."

然后他说，"衰老正在折磨我，随着年龄的增长，我的脏腑会慢慢变得虚弱，我将被疾病缠身，最终，死亡将降临于我"。

68. "Thus, I want to seek asylum at the forest, which shall bring me welfare. Or else, seeing me unable to let go of my materialistic attachment, my greatest enemy—death—will come to kill me in my own home.

"因此，我想在森林里寻求庇护，这将给我带来福祉。否则，看到我不能放下对物质的贪爱，我最大的敌人——死亡——将会在我自己的家宅内扼杀我。

69. "I am crippled with terror of the world. I am enveloped with

fear and mistrust. I do not wish to stay here. I desire to live in an uninhabited forest.

“我对这个生死轮回的尘世的恐惧感到颤抖。我被恐惧和无靠所萦绕。我不想待在这里。我渴望前往一个无人居住的森林去生活。

70. “Therefore, heed my instructions carefully. Protect your subjects, and live in the discipline of dharma and rule with prudence.

“所以，请仔细留心我的指令。保护你的臣民们，并在律法和审慎治理中生活。

71. “Never hurt or mistreat the beings of the world, do not commit sins, always follow the dharma of our lineage, show compassion and pity to even enemies and donate devotedly.

“永远不要伤害或虐待这个世界的众生，不要犯罪，永远遵循我们的家族法，甚至对敌人也要表示同情和怜悯，并且真心布施。

72. “Never harm any being in the world, never steal or rob, never speak false words, never harass or exploit anyone sexually, never talk maliciously or spread rumors about others, never curse or utter slurs, never discriminate others and never give them misery.

“永远不要伤害这个世界里的任何生命，永远不偷不掠，不撒谎，不骚扰或不性侵，不恶语、不谣传，不诅咒、不诽谤，不歧视，不加他人以痛苦。

73. “Never partake in animal violence, never consume products of violence, never have amalicious sight. Follow these instructions adamantly.

“绝不参与对动物的暴力行为，绝不消费暴力产品，绝不恶意相视。坚决地执行这些指示。

74. “Such actions are the roots of sins, according to Lord Buddha. The King who does not participate in such misdeeds is freed of the

six obstacles in governance or regal matters.

“根据佛世尊所宣说的，如此种种行为是罪恶的根源。不参与这种种恶行的国王，他在统治或王权事务上将免于六种业障。

75. “Through dharma, you shall receive the kingdom, acquire prosperity, have your wishes fulfilled and satisfy your desires.

“通过正法，你将得到王国；通过正法，你将获得财富繁荣；通过正法，将使你利益圆满；通过正法，将令你诸欲满足。

76. “When a man is liberated from desires, he proceeds towards the path to salvation. Rule yourself with these principles.” In this way, the King educated his son.

“当一个人从各种欲望中解脱出来，他就开始走向解脱之路。用这些法则来规范自己。”就这样，国王教导了他的儿子。

77. Then the King inaugurated his son Śaktideva, crowning and enthroning him as the new King.

然后国王为他的儿子沙克蒂德瓦，灌顶加冕，作为新王，正式登上王位。

78. Like a sharp hook rendering an elephant complicit, the hook of knowledge and wisdom led the King to discipline himself and pass all his fortunes and possessions to his son.

如同一只锋利的象钩驱动一头大象使之有协同谋那样，正觉和智慧之钩，引导国王规诫自己，把父亲的好运与财富完全传承给他的儿子。

79. As he let go of all his possessions, he said to his son, “Henceforth, you have become the ruler of your kingdom, my son.”

当父亲放弃自己所有的财富之时，他对儿子说，“孩子，从此以后，你就是你王国的统治者了”。

80. “You are now the preacher of all dharma and the source of welfare of all sentient beings.” This being said, the son bowed down to

his father, consuming his words as if they were medicine.

"现在你是一切法的传袭师并且是一切有情众生幸福的源泉。"这样说完后，儿子向父亲躬身下拜，倾听了仿佛是（治世）良药的话语。

81. In acceptance of his father's commands, he said, "O Father, I shall protect my subjects as per your instructions." Upon hearing this, the old King was immensely pleased.

接承父亲的指令，他说，"哦，父亲啊，我将按照您的嘱托保护我的臣民"。听到这话，老国王极其满意。

82—83. Having instructed his son and wives, the King proceeded towards the forest alone. In the forest, he built a hut with twigs, and started to live in the uninhabited quiet place. He built himself a bed and a seat with grasses and leaves, and having adopted the lifestyle of sages, started to meditate with absolute concentration.

指示了他的儿子与妻子们后，国王独自向森林走去。在林中，他用树枝搭建了一间棚屋，开始生活在宁静的无人烟的地方。他用草和树叶给自己铺了一张床和一个草座，采取了仙人法①的生活方式，开始全神贯注地禅坐。

84. As he was striving for the welfare of all sentient beings, he started thinking to himself, "How long am I to dwell and meditate in this quiet solitary place?"

当他为了利益众生而精进时，他开始想到自己，"我要在这孤独的、寂静的林地居住和禅坐多久呢？"

85. "For how long am I going to uphold the instrument for Bodhi—good dharma here? Who am I to teach about donation, principles, forgiveness, resilience, meditation and wisdom in this unpopulated

① 仙人住于山林间，食果饮水，持成就禁戒，常修苦行，具足威德有大光明。

place?"

"我将在这里坚持菩提法门——善法多久呢？在这个无人烟的地方，谁是我要教导的布施、持戒、忍辱、精进、禅定和智慧的对象呢?"

86. "It has been told that the merit one acquires shall come of use for the welfare of the world. But in this solitary place, what merit am I to amass?

"据说，一个人所获得的功德将用于世界的福祉①。但是，在这个与世隔绝的地方，我怎么去积累功德呢?

87. "Austerity without the welfare of beings is futile and meaningless. What is to accomplish here by such extreme penance alone?

"苦行不与众生的幸福联系在一起是徒劳无益的。仅仅凭借这样单独极端的苦修，在这里能成就什么呢?

88. "My penance might be enough for my personal welfare, but such penance without the welfare of beings is in vain.

"我的苦修对我个人的幸福可能是足够的，但是这种没有利益众生福祉的苦修是徒劳的。

89. "Hence, this vow I have been practicing in solitude may be fruitless. The real austerity for the welfare of all beings shall bring about increment in dharma, glory and virtues.

"因此，我独自坚持实践着的誓言也许是没有结果的。为了所有众生的福祉，而从事的真正的苦修才会促进达摩正法、功德和美德的增长。

90—91. "I possess knowledge, glory, strength, resilience and auspiciousness already. But these qualities are inutile when not employed for the welfare of beings. Therefore, I must discard this severe

① Dharmārthasādhana，法义。

austerity, and leave here, holding Bodhi in my mind.

“我已经拥有真识、荣耀、力量、坚韧和吉祥。但是，当这些品质不能发挥利益众生时是无意义的。因此，我必须放弃这种苛刻的苦修，离开这里，在我的心中秉持着菩提。

92. “For the sake of all sentient beings, I must travel from one place to another, one pilgrimage to the next, and one holy place to another, while practicing the Bodhicarya vow.

“为了一切有情众生，我必须从一个地方漫游到另一个地方，一次朝圣之旅接着另一次，一处圣地到另一处，践行菩提行誓言。

93. “Promoting the good dharma, I shall wander the earth, which shall bring merit that purifies soul as well as mind, speech and body.

“为促进正法，我将云游大地，这将带来功德，以净化心灵以及三曼荼罗（思想、言语和肉体）。

94. “With this, I shall instantly attain enlightenment and Buddhahood.” Having decided so, the Pracaṇḍadeva stood up to leave.

“以此，我将很快获得觉悟和三菩陀果位。”这样决定后，普拉昌达德瓦起身离开。

95. He started to travel far and wide, for the good of all beings, and preached and promoted the dharma as he reached many lands and countries.

他开始云游四方，为了所有众生的利益，普拉昌达德瓦到达许多地方和国家时都宣传和促进正法。

96. During the course of his travels, he reached many pilgrimages, sacred places, shrines of goddesses, various villages, and many other parts of this earth.

在他的旅程中，他到达了许多朝圣地、圣地、女神殿和各样村庄以及大地上的其他的许多地方。

97. He also reached the Himālayas, the sight of which brought him tremendous joy and tranquility.

他也到达了喜马拉雅山，那里的景色给他带来了巨大的喜悦和安宁。

98. He thought, "Oh! This place is a great pilgrimage, able to grant immense joy." And he was astonished at the sight of the dharmadhātu.

他想，“哦！这个地方是一个伟大的朝圣地，能够赋予极大的快乐”。而且他一看到光明的法藏胜者之地就感到非常惊奇。

99. When he reached the Jinālaya, the dharmadhātu, in the form of energy, which had originated itself, he was ecstatic. He joined his hands to salute it in reverence.

当他到达胜者之地时，法藏以能量光的形式显现，那个自我起源者，他欣喜若狂。他双手合掌虔诚致敬。

100. He procedurally worshipped it, expressed his devotion, performed the pradakṣiṇa many times, and sang various praises and chanted hymns and prayers.

他按礼序敬拜法藏自我起源者，表达了他的虔诚，多次做右绕拜仪，并且唱诵各种赞美诗，吟诵圣诗和祷文。

101. He saluted it with eight bodily positions, meditated, chanted mantras, sang praises to please it. At the sight of Mañjuśrī's caitya, he was absolutely pleased.

他用八种体姿向他敬拜，忆念，观想，诵咒，唱赞美诗来取悦它。一看到文殊师利的神龛，他极为兴奋。

102. When he saw the caitya, he praised it and saluted it with hymns and stotras, and then proceeded towards the Great Goddess Khagānanā.

当他目睹神龛时，他赞美它并用颂诗和歌呗[①]向它致敬，然后继续走向伟大的女神卡格纳娜。

103. He was pleased at the sight of the Goddess Khagānanā and therefore, ritually worshipped and saluted her and praised her through many hymns.

一看到女神卡格纳娜他就非常欢喜，于是（大菩萨）仪式性地通过许多赞美诗来敬拜、施礼和颂赞她。

104. He saluted her with eight bodily positions, did the pradakṣiṇa around her, devotedly paid homage to her, and remembered her names, concentrated and meditated on her.

他用八种体式向她敬拜，做右绕拜仪，虔诚地向她行礼，并且忆念她的名号，凝神观想于她。

105. The mystical art of the dhāraṇī mantra was practiced and worshipped by him, after which the King started to partake in the meditation of pilgrimages near Vagmatī.

陀罗尼明咒的神秘艺术被他实践和崇拜，这之后国王（大菩萨）开始参加在巴格玛蒂河附近的朝圣地的禅修。

106—107. He received the auspicious sight of all the holy places in the Vagmatī, and worshipped them ritually and offered donations to the best of his abilities. He bathed, donated and practiced vowed, and with great joy, worshipped the eight vītarāgā.

他领略到在巴格玛蒂河所有的圣地的吉祥景象，并按照仪轨敬拜了它们，尽自己最大力量提供捐献。他沐浴、布施和实践誓言，并带着极大的喜悦，礼拜了八大离染净者。

108. He ritually worshipped the eight forms of Śiva—the vītarāga, and saluted them, sang their praises. In this way, the Pracaṇḍadeva

---

① stotra，音译戍怛罗，有歌呗、歌颂和赞等义，在佛教方面是指以偈颂体裁的文字赞叹佛法僧三宝。

came to be a Bodhisattva.

他按礼仪朝拜湿婆的八个化身——离染净者，向他们致敬，唱诵他们的赞美诗。就这样，普拉昌达德瓦成就为一个菩萨。

109. At the marvelous sight of the beautiful Himālayas surrounding the place, he desired to dwell there to practice his vows.

一看到环绕此地的美丽的喜马拉雅山脉非凡的景象，他就渴望安住在那离垢光明之地以实践他的誓言。

110—111. Then, practicing and listening to the good dharma, he went to the disciple of Mañjuśrī and bowed to him, paid homage, and said to him, "O Bhante, this is great holy place. I desire to dwell here alongside you."

然后，为了践行和聆听善法，他走到文殊师利的弟子面前，向他恭敬行礼，表达敬意，对他说，"哦，大德啊，这里是喜马拉雅山脉怀抱中的一处伟大神圣的福地。我渴望与您一起安居于此"。

112. "O Guru, I seek inauguration to reside with you forever. Therefore, with your benevolence, bestow the instrument of Bodhi upon me."

"哦，导师啊，我愿持守出家法的律仪，以求永远与您同住。因此，以您的慈悯，把菩提知识的法门授予我吧。"

113. "After being ordained at the initiation/inauguration, I shall work for the welfare of all sentient beings." On hearing such words come from the King, the bhikkhu started to speak.

"履行出家受戒/律仪后，我必将为一切有情众生的福祉而效力。"听到国王的这样的话，比丘功德藏（Guṇākara）开口讲。

114—115. When he heard such words come from the King, he replied, "O Son, come here. I shall grant you your wish for inauguration, through which you may be able to walk for the welfare of the world. ” Having said this, he ordained the King into the dharma.

听到菩萨、睿智的国王此番话语，比丘回答，“哦，孩子啊，来吧！我将满足你出家受戒的愿望，依此，你可以为世界的福祉而云游四方”。话毕，大神通者授戒国王步入正法。

116—119. Upon doing so, he told the King, “Practice the Bodhicarya vow and walk for the welfare of the world. ” He shaved his head, clad him in good civar robes, and so he turned celibate, into a great monk, who has conquered obstacles. He became scholarly as well, and was then named Śāntaśrī Bhikkhu. With the desire to teach the whole world, he started to wander in all four directions as a Bodhisattva. Even Gods, Demons and Lords of the Worlds saluted him. Thenceforth, the Śāntaśrī took up residence near the Dharmadhātu Jinālaya. He remained in constant service of the tri-ratna through praises, and upholded the Bodhi vow. One day, he delved into deep thought about the illuminating Svayaṃbhū.

入门受戒仪式后，他叮嘱国王，“践行菩提行誓言并为世界的福祉而云游”。他为国王剃发，赐钵，让他穿上杏红色袈裟，因此他由出世修道者①，成为一个战胜了种种业障的伟大僧侣。他也成为一个博学者，然后被命名为尚蒂室利比丘（Śāntaśrī Bhikkhu）。怀着教导整个世界的渴望，作为一个菩萨，为了他人的幸福他开始云游四方。甚至众神、阿修罗和诸世界之主们都向他施礼。从那时起，尚蒂室利就定居于法藏胜者之地附近。他不断地赞美颂扬三宝并且持守菩提誓言。一天，他虔心沉思于光明形体斯瓦扬布。

120—121. He started to wonder at the sight of the Dharmadhātu, atop a lotus with red petals. He wondered at how it self-originated, at

① Brahmacārin，梵志。

how it exuded divine light, at how it is surrounded by red lotuses, and how it exists for the welfare of the world. He wondered how long the Dharmadhātu would exist so.

他开始对看到的法藏感到惊奇——它位于一朵有红色花瓣的宝莲花顶上。他好奇不解，想知道它如何自我起源，它如何散发出神圣明净的光芒，它是如何被宝莲花环绕，并且它是如何为世界的福祉而存在。他想知道吉祥的法藏胜者之地会这样存在多久。

122—123. Filled with wonder, he thought to himself, "The Dharmadhātu must exist for a long time for the good of the world. For the Kali age shall soon dawn upon us, when man shall be corrupted with five great sins. Everyone would be filled with malice, would indulge in atrocities. They would be overcome with vanity, greed, lust, and wickedness.

他充满了惊奇，自我思忖，"为了世界的利益，法藏必须久存。因为迦利时代不久将降临于我们，届时人类将被五大罪恶(五浊)[①] 所毁坏。每个人都会心怀恶意，沉湎于暴虐。他们将会被虚荣、贪婪、色欲和邪恶所征服。

124. They would be envious, intoxicated, filled with jealousy and resentment, wretched and proud, foolish and negligent.

他们妒忌、迷醉、心怀嫉恨和愤懑、卑鄙和傲慢、愚蠢和粗鄙。

125—127. In the Kali era, they would be indulged in desires, partaking in inauspicious and wicked deeds. How can the self-originating and illuminating Lord Svayaṃbhū, who sits atop a red lotus for the

① 佛教上有"五毒"之说，即贪、嗔、痴、慢、疑五种习性，像五种毒药一样，障碍人的本性，使人产生无边无尽的烦恼与痛苦，佛教提倡修行，是为了对治这五种习性，铲除烦恼根源。此处梵文原词为"Pañcakaṣāya"，是"五浊"之义，后面对此有注解。

welfare of all sentient beings, exist so in such a time? The greedy, wicked and men with troubled minds would surely come to destroy the caitya to steal the jewels of the Dharmadhātu and thereby bring harm to the Svayaṃbhū.

在迦利时代，他们沉溺于贪欲，参与不祥与邪恶之事。而安坐于宝莲花顶上、自我生起、吉祥与光芒四射的斯瓦扬布主为了一切有情众生的福祉，在这样一个时代如何才能保持这般存在呢？贪婪、邪恶和带着混乱之心的人们，一定会来破坏支提，偷盗法藏的钻石，从而给斯瓦扬布带来毁坏。

128—131. The men in the Kali age would destroy the caitya that exudes light and energy. When the Jinālaya (home of the Buddha) is destroyed in that age, sins would spread through all lands, there would be chaos all around. Therefore, the Dharmadhātu must be protected and preserved. I must secretly hide it under a massive rock, and build a tall caitya on top of it. Thenceforth, everyone would come to see, worship and please the great caitya; and the received merit would bring welfare.

在迦利时代，人们会毁坏散发着光芒和能量的支提。当胜者之地（佛家）在那个时代被摧毁的时候，巨大罪恶会蔓延到所有的土地，到处都将是一片混乱。因此，法藏必须得到妥善保护和隐蔽。我必须秘密地把它隐藏在一块巨大的岩石之下，在其顶部上方建造一座高大的支提。那么，任何人都可以来拜访、虔诚敬拜和取悦伟大的支提；领受功德带来的福祉。

132—133. Through the merit received, there would be adequate rainfall, plenty of harvest, and auspiciousness all around; chaos would cease to exist." With this thought, the Śāntaśrī Bhikkhu goes to the guru to speak to him, "O Guru, you must bless me with benevolence."

通过领取的功德，雨量充沛，收成丰满，处处吉祥；混乱终止存在”。带着这样的想法，尚蒂室利比丘走向导师，双手合掌对他说，“哦，师尊啊，善师啊，务请用仁慈来佑护我”。

134—135. “Guru, I wish to build a caitya on the Dharmadhātu and conceal it secretly inside the earth and obscure it through a large rock, and build a tall stūpa with bricks—inside of which the Lord Dharmadhātu will exist, undisturbed. This is my wish.”

“导师啊，我希望在法藏之上建造一座支提，把它妥善地隐蔽在土地下方，用一块巨大岩石把它遮挡，再用砖瓦建造一座高大的佛塔——在那里法藏之主将被置于其中，不被打扰。这就是我的愿望。”

136—138. “I seek your permission to conceal the Dharmadhātu.” When the Śāntaśrī Bhikkhu prayed to the guru residing in Mañjuśrī's shrine near the Svayaṃbhū, he replied: “O Mahāsattva, very well, your desire to seclude the Svayaṃbhū shall come true. To accomplish it, you must acquire the Vajra ordinance, and practice the Vajra vow. You must discard other paths, and practice the Vajrayāna.

“为隐蔽法藏我祈求您的允许。”当尚蒂室利比丘向住在斯瓦扬布附近文殊师利的神殿的导师祈求时，他回答：“哦，智慧的大菩萨啊，非常好，你保护隐蔽斯瓦扬布的愿望将成为现实。要完成这件事，你必须灌顶取得金刚法门，并践行金刚誓言。你必须放弃独觉声闻（小乘法门——译者），而践行金刚乘。

139. Having defeated the bodily desires, you must please the Jinesvara through intense worship. Then you must cover him with a massive rock and build a tall stūpa on top.”

完全征服肉欲魔军后，你必须通过强烈的恭敬崇拜来取悦胜自在主。然后你必须用一块巨大的岩石遮挡它，并在其上方建造一座合适的高大佛塔。”

140. In this way, having received instructions from the guru, the

Śāntaśrī Bhikkhu delightedly saluted him and spoke:

就这样，接受了来自导师的指示后，尚蒂室利比丘欣喜地向他敬拜并说道：

141. "You are my revered Guru and the ruler of the world. In order to fulfill my desire to preserve the Dharmadhātu, pray grant me the Vajrācārya vow, after which I shall wander for the welfare of the world."

"您是我尊敬的导师和世界的驾驭者。为了满足我妥善保护法藏的渴望，请赐给我金刚阿阇梨誓言，此后为了世界的福祉我将去云游。"

142. Upon hearing the prayers of the Śāntaśrī, the Mahāmati Vajrasattva looked at him to reply:

听到尚蒂室利的祈祷后，大智者金刚萨埵看着他答道：

143. "You have devotion. Therefore, I shall ritually grant you the Vajrācārya vow, which you must uphold for the welfare of the world."

"你有献身精神。因此，我将按仪轨授予你金刚阿阇梨的重大誓言，因而你必须为世界的福祉而持守。"

144. Having said this, the great teacher provided the Vajrayāna inauguration and ordinance to the Śāntaśrī Bhikkhu.

说至此，伟大的导师开启仪式，尚蒂室利比丘金刚乘灌顶并步入大乘法门。

145. He was then inaugurated as the Śāntaśrī Vajrācārya. He was blessed with instant knowledge, and had become a scholar of Vajrayoga.

于是，他被正式赐名为尚蒂室利金刚阿阇梨。他被赐予即刻拥有知识，并成为一位得到灌顶的金刚瑜伽大师。

146. He immediately gave an offering to his guru—the offering being himself. Then he became the yielder of the Vajra, and a great pan-

dit, with divine powers.

他立刻献给他导师一份供奉——这供奉物就是他自身。于是他成为金刚的依从者，一个伟大的班智达，驾驭着神圣的力量①。

147. He then worshipped and sang praises of the patron—deity and his entourage. The divine Vajra yielding yogi was joyous.

然后他敬拜和唱诵庇护者——神灵及其随侍们的赞美诗。这位神圣的金刚皈依瑜伽士满心喜悦。

148. He became the lord of all knowledge, and enthusiastic to practice the good dharma. He then decided to follow the instructions of his guru.

他成为一切知识之主，并热心修持善法。于是他决定遵照导师的指示行事。

图5 远眺斯瓦扬布佛塔

149—150. He approached the Dharmadhātu and started his pray-

① 挥舞金刚者、瑜伽师、神通者、悉地。

ers, "O Lord, O Omniscient One, in order to perpetually protect you, I seek to cover your illuminating form and build a caitya on top. O Jinālaya, please be pleased."

他走近法藏并开始他的祈祷，"哦，佛主啊，无所不知者啊，为了永久地保护您，我力图隐蔽您的光辉形体，并在上方建造一座支提。哦，仁慈的三界之主啊，请称心如意"。

151—154. "My Lord, please forgive any crimes and offences I may inadvertently commit." Having said this, he fetched a giant rock to cover the Svayaṃbhū that lay on a red lotus, and on top of it, he built a tall caitya with bricks. He ritually established it and celebrated with constant hymns.

Then on the Pucchāgra mountain, the shrine of Mañjuśrī was also covered with rocks and a great stūpa was built on top of it. The Śāntaśrī ritually established the stūpa as well.

"我的佛主啊，请原谅我无意中造下的任何罪过与冒犯。"说罢，他取来一块巨大的岩石遮挡位于宝莲花上的斯瓦扬布主，又在其上用砖瓦建造了一座高大的支提。他依仪轨建造了它，并不断以颂诗来庆贺。

然后在尾尖山（Pucchāgra），文殊师利的神龛也用岩石覆盖并在其上建造了一座大佛塔。这样，尚蒂室利也依照仪轨完成了佛塔建造。

155. With immense devotion, servitude and enthusiasm, while celebrating with hymns, the great ācārya Śāntaśrī established five gods in five directions.

出于巨大的正信、虔诚和热情，在用赞美诗颂扬时，伟大的阿阇梨尚蒂室利在五个方向建立了五方神灵之所。

156—158. Five gods were allocated five spots or pura. Among them, the first was the Wind God, who was placed in the Vāyupura. The Fire God

图6 文殊菩萨坐像

was placed at the Agnipura, the Serpent God at the Nāgapura, the Earth Goddess at the Vasupura and the virtuous Mahāśrīmatsambara was placed at the "Śantipura". Having established these gods, he proceeded to procedurally worship them.

五位神灵被安置在五个方位或者处所（pura）。在他们当中，第一位是风神（Vāyudeva），被安置在伐由（Vāyupura，风元素）的方位。火神（Agnideva）被安置在瓦诃尼（Vahnipura，火元素）的方位，蛇神（Nāgendra）被安置在那伽（Nāgapura，代表水元素）的方位，大地女神（Vasundhara）被安置在瓦苏（Vasupura，土元素）的方位，而品德善良的大吉祥胜乐金刚（Mahāśrīmatsambara，大吉祥商波罗）被安置在“寂静方位”（Śantipura，安宁、息灾）。创建了这些神灵方位后，他开始按仪轨敬拜它们。

159. With immense joy, the Śāntaśrī worshipped the gods till he was content. As a result, he received great prosperity.

带着巨大的喜悦，阿阇梨尚蒂室利崇拜礼敬诸神直到他心满意足为止。结果他获得了广大威德。

160. He received tremendous gentleness, prosperity and divinity of incantations, became the lord of all knowledge, a great ācārya, a Bodhisattva and a Mahāmati.

他领受了巨大的抚慰、喜悦和经咒的神圣力量，成为一切知识之主、一个伟大的阿阇梨、一个菩萨和一个智慧通达者。

161—163. He was enthusiastic for the welfare of all sentient beings, and thus started to meditate. He decided to stay there to ritually worship the gods, and joyously sing their praises. Similarly, the Śāntaśrī ācārya who was complete with all three virtues sang praises of the Dharmadhātu Vagīśvara, with the desire to stay there in remembrance, meditation and service of the Dharmadhātu, for the welfare of all beings.

为利益一切有情众生，他努力精进，因此开始禅定冥想。他决定驻留在那里依仪轨敬拜诸神，愉快地唱诵他们的赞美诗。同样地，具备了三德①的尚蒂室利阿阇梨，他也吟诵赞美法藏语言自在主的颂诗，为了世界的福祉，带着渴望，驻留在那里忆念、禅定和侍奉法藏。

164—165. He resided there for the sake of all sentient beings, with immense pleasure. In this way, they who praise the gods ritually become prosperous, gentle and the source of all virtues, and estab-

① 对“三德”的解释，也有几种，现仅列一种：“凡夫具惑业苦三缚，大圣则具三德，如涅槃经说大涅槃所具之三德：一、法身德，佛之本体，身有常住不灭之法性者。二、般若德，般若译作智慧，法相实觉了者。三、解脱德，远离一切之系缚，得大自在者。”——转引自《佛学常见词汇》

lished in Bodhi.

I shall tell you of the special fruit of residing there, Maitreya, listen carefully.

他住在那里为了一切有情众生的利益，带着极大的快乐。就这样，那些按礼仪赞美诸神的人，他们会成为贤善和所有美德的源泉，并成为菩萨行者。

弥勒啊，请仔细听，我将告诉你安居在那里的殊胜果报。

166—167. For the knowledge of all beings, I shall tell you in brief about the benefits of the worship of each god. Listen quietly. They, who procedurally praise the God of Wind and his followers, shall never suffer from the wind or storm.

为了一切觉有情，我将略说崇拜每一位神灵的利益。请静心听！他们，凡按仪轨颂赞风神和他的追随者的人，永远不会遭受不祥的风灾或暴风雨的苦难。

168. Similarly, those who worship the God of Fire would be free of diseases, prosperous and all their wishes would be fulfilled.

同样地，那些崇拜恭敬火神的人将会远离疾病，兴旺和合，他们的所有的愿望会得到满足。

169. They who procedurally praise the Fire would never suffer from fire or arson.

凡按礼仪赞美火神的人们，永远不会遭受火灾或被纵火之苦。

170. They who worship the Serpent God along with his followers, receive happiness and comfort, as well as development in their organs.

那些崇拜蛇神及其追随者的人，将得到幸福和安乐，他们的感官能力得到增长。

171. Those who praise the Serpent God regularly would never have affliction or fear.

那些经常赞美蛇神的人永远不会遭受苦难或恐惧。

172—173. They who worship the Goddess Earth (Vasundhara) would be filled with virtues and prosperity, and their wishes would be fulfilled. Ritualistic worship and praise of the goddess removes poverty and brings fortune.

崇拜大地女神（Vasundhara①）的人，他们会充满美德和荣耀，他们的愿望会得到满足。按仪轨崇拜和赞美女神者将消除贫困并带来财富。

174. They who worship the Sambara Jina would be rewarded with immense prosperity, gentleness, virtues, as well as great comfort and happiness.

崇拜胜乐金刚商波罗的人，他们会有极其繁荣、文雅、美德的回报，获得极大的安适和幸福。

175. They who procedurally worship and pay homage to the god shall never suffer from communicable diseases.

凡按礼仪崇拜和向神表示敬意的人，他们将永远不会遭受疫病传染之苦。

176—177. They who worship the Caitya of Mañjuśrī would receive dharma, prosperity and happiness. Procedural worship would destroy their misfortunes and misconducts, and they would be freed of enemies.

凡崇拜文殊师利支提的人，他们会得到正法、繁荣和幸福。按照仪轨崇拜会除却他们的不幸和不良行为，并且会摆脱敌人。

178—179. They who worship the Dharmadhātu Jinālaya—the Svayaṃbhū, would be lords of dharma, masters of virtues; their souls would be cleansed; they would be filled with virtues manifold.

凡崇拜法藏胜者之地——斯瓦扬布的人，他们将是正法之主，

① Vasundhara，财富的拥有者，指大地。

成为美德大师；心灵洁净；兼具各样美德。

180. They who remember, meditate and worship these gods would become Bodhisattvas, Mahāsattvas, and upholders of Bodhi.

凡忆念、冥想和敬拜这些神祇的人，他们将成为菩萨、大神通者和菩萨行者。

181. They who chant the names of these gods with reverence would never be wretched or miserable.

凡非常恭敬地唱诵这些神祇的名号的人，他们永远不会遭遇不幸或痛苦。

182. They would always reach a good state, and be the sources of prosperity and virtues. They would be decorated with merits. They would receive the qualities of the good dharma.

他们永远诸事顺遂，并是繁荣和美德的源泉。他们会饰以各种功德。他们会得到善法的各种品质。

183. In the refuge of tri-ratna, they would have to take part in auspicious activities so that their souls would be purified, and organs and intentions would be cleansed.

在三宝的佑护下，他们会参加喜庆的活动以便他们的心灵净化，感官和意向纯洁。

184. They would become Bodhisattvas, Mahāsattvas, and would dwell in the "Four Sublime Abodes". They would become the foundation for the welfare of all sentient beings, and they would be in constant practice of the Bodhi.

他们将成为菩萨、大菩萨，并将高居于"四梵住"。他们将成为一切有情众生的福祉的基石，并且他们将不断地修持菩提。

185. They would complete the steps of Bodhi, and would conquer the ten highest stages of trance (daśabhūmi) to finally become the sons of Buddha.

他们会依次完成菩提资粮，并会征服修行的十个最高的阶段[1]（十地），最终成为佛陀之子。

186. Then their souls are cleansed; their worldly attachments are removed. They would become Arhants. They would be filled with strength and be victorious against bodily desires. Finally, they would be separated from the cycles of birth and death.

于是他们的灵魂洁净了；他们的世俗依恋被移除。他们将成为阿罗汉。他们充满力量，战胜肉体欲望。最后，他们将摆脱生死的轮回。

187. Having received the three types of Bodhi, they would be the suns of the qualities of the good dharma. For the welfare of sentient beings, they would attain Buddhahood.

得到这三菩提后，他们将成为犹如太阳之善法所发之光芒。为了有情众生的福祉，他们会取得佛位。

188. Those who listen to the discourse on these qualities, and concur with their importance, shall receive boundless merit, and would be lauded by great men.

那些聆听有关这些品质的讲述并且认同其重要性的人，将获得无穷无尽的美德[2]，并被伟大的人所赞赏。

189. Their sins would be destroyed; they would be purified in mind, body and speech, they would become prosperous and virtuous, and Bodhi would reside in their minds.

他们的罪恶会被摧毁[3]；他们的三曼荼罗（心灵、身体和言

---

① “十地”（daśabhūmi）是大乘菩萨道的修行阶位，代表了菩萨在修行中断除烦恼的程度，也标志着菩萨成就功德的程度。因大地能生长万物，故佛典中常以“地”来形容能生长功德的菩萨。十地菩萨，即初地欢喜地、二地离垢地、三地发光地、四地焰慧地、五地难胜地、六地现前地、七地远行地、八地不动地、九地善慧地、十地法云地。

② Māhâtmya，大德。

③ 他们将会变得纯洁，一尘不染的或无罪的（vikalmaṣa）。

语）会被净化，他们将成为吉祥与优良品德的典范，菩提会存于他们心间。

190. They would never be wretched or miserable, and would always be in a good state. They would start wandering the world for the sake of all sentient beings.

他们将永离苦难，诸事顺遂[①]。为了一切有情众生的福祉，他们将漫游世界。

191. They would become Lords of everything, they would be complete in dharma and artha, and having fulfilled their Bodhi steps, they would ultimately reach the Buddha position.

他们将成为诸事之主，他们在正法和财利方面变得完美[②]，在完成其菩提资粮的阶序后，他们最终会达到佛位。

192. Having learnt this, if you desire the position of Buddhahood, you must worship the gods and the Dharmadhātu.

通晓这一真谛后，如果你们渴望佛果，你们就要敬拜诸神与法藏。

193. Through the influence of the merit you will have received by listening to this sermon, may you never reach a state of wretchedness or misery and always be in a good state.

凭借聆听这次经教，你们将获得神圣的功德力量，愿你们永不堕入可悲或痛苦的境地[③]，而永远诸事顺遂。

194. In this way, I wish for you to acquire all these qualities, and to become Bodhisattvas, Mahāsattvas and the upholders of Bodhi.

这样，我希望你们成为所有贤善品德的源泉，并成为菩萨、大菩萨和菩提的护持者。

---

① 不会堕入恶趣，而永生正趣。

② 即求法圆满。

③ 不堕入恶趣（durgati）。

195. Having fulfilled the steps of Bodhi, and having acquired the three ultimate types of Bodhi, may you receive Buddhahood!

依次完成了三菩提资粮，又获得了三种终极菩提后，愿你们取得佛位!

196. Those who understand this and desire Buddhahood must worship and please the Gods and their followers.

那些对此明了和渴望佛位①的人必须崇拜并取悦众神以及他们的随从神众。

197. Upon hearing such instructions from the Lord, the assembly was internally awakened and thus praised the Lord Buddha.

听到释迦牟尼自在主的如此教导，出席法会的信众从内心觉醒，因而赞美佛陀。

198. In this way, after talking about the Śāntaśrī Vajrācārya concealing the Svayaṃbhū below the Stūpa, the Lord went into a state of trance.

就这样，讲述了尚蒂室利金刚阿阇梨隐蔽斯瓦扬布（"自生佛光"——译者）于佛塔之下后，世尊进入了禅定状态。

Thus, the seventh chapter of the *Svayaṃbhū Mahāpurāṇa* on the "Concealment of the Dharmadhātu Vagīśvar" ends here.

因此，《斯瓦扬布大往世书》的第七章有关"法藏语言自在主的隐蔽"在此结束。

---

① Saugatam padam |

Chapter Eight

第八章

1. The Lord Buddha came out of his trance and addressed Maitreya and the assembly:

佛世尊从他的禅定中出来，对弥勒和与会信众说道：

2. "Maitreya, listen further, for I shall tell you of the divine land and beings, through gods' grace."

"弥勒啊，请深入细听，凭借着诸神的恩宠，我将向你讲述这片神圣的土地和众生。"

3—4. On the lap of the Himālayas, there is a divine land called Nepal, where there is always an abundance of welfare, constant celebration, adequate rainfall, and absence of chaos. The land is prosperous and thriving.

在喜马拉雅山脉的怀抱中，有一片被称作尼泊尔的神圣土地，那里总是充满了幸福，不断的节日庆祝活动，充足的雨量，没有混乱。这片土地是繁荣昌盛的。

5. All beings there perform auspicious deeds. They dwell together, in eternal refuge of the Buddha, Dharma and Saṅgha, and in harmony.

那里的众生坚持十善业[1]。他们居住在一起，在三宝（佛陀、正法和僧伽）的长久庇护下，和谐相处。

6. As a result of their merits, they dwell in the Four Sublime Abodes. They are virtuous and prosperous, and they practice the Bodhi vow.

作为他们功德熏染的一个结果，他们安居于四梵住。他们贤善，吉祥繁荣，践行着菩提誓言。

7. They acquired fame, for they possessed the qualities of prosperity and divinity. They had plenty of reap, great fortune and tranquility.

他们获得了显赫名声，因为他们拥有荣耀和神圣的品质。他们谷物盈产，富足而安宁。

8. Yogis, scholars, monks, celibates live there in remembrance of god, meditation, and auspicious deeds.

瑜伽士、学者、苦行者、梵行者居住在那里，忆念、冥想和崇拜着神祇[2]。

9. Similarly, beings from other worlds go there as well to live in devoted prayer of the Dharmadhātu.

同样，来自其他诸世界的众生也去了那里，生活在对法藏的虔诚祈祷中。

10. Pilgrims arrive to bathe, donate and practice vows in various pilgrimages. The eight vītarāgas are praised and served as well.

朝圣者赶来沐浴、布施，在各种各样的朝圣活动中遵行誓言。八大离染净者也受到赞美和侍奉。

11. The Five Gods are also praised with hymns and enthusiastic offerings as well as devoted worship.

---

① daśa-kuśala，十善。十种的善业，即不杀生、不偷盗、不邪淫、不妄语、不两舌、不恶口、不绮语、不贪、不嗔、不痴。

② Kuleśāna，密续的神祇或以自在天为首的神祇。

按照仪轨，五方神灵也得到颂赞、热情祭供以及虔诚敬拜。

12. They procedurally serve and praise the Goddess Khagānanā, filled with joy.

他们依据仪轨，满怀喜悦地服务和赞美女神卡格纳娜。

13. The caitya on the grave of Mañjuśrī named Pucchāgra is also visited, where they worship and sing praises of him.

在尾尖山①文殊师利舍利的支提，也受到人们参拜，他们在那里敬拜他和唱诵他的赞美诗。

14. Similarly, all sentient beings living there practice the good dharma. They constantly gain welfare, and live in happiness and comfort through their good deeds.

同样，住在那里的一切有情众生践行善法。通过他们的善行，他们不断获得福祉，并生活在幸福安乐中。

15. This great divine land is where prosperity resides, where great men dwell. It is supreme among all land.

这片伟大神圣的土地是繁荣生长的地方，是广大众生居住的地方。它是所有土地中至高无上者。

16. At a certain time, there arose a King named Guṇakāmadeva, whose duty was to protect and foster the place.

在某个时候，有一位名为古纳喀玛德瓦②的苦行者国王出现了，世界的统治者的职责是要保护和抚育这个地方③。

17. As the King gained maturity, he got attracted to indulgences of desires. For the fulfillment of his desires, he started wandering incessantly.

---

① Pucchāgra，位于牛尾山脉。

② Guṇakāmadeva，据说这位国王于公元724年创建了加德满都，但直到1595年加德满都才有了现名。国王曾沉迷享乐，荒废了王国治理，使国家陷入地狱般的灾难折磨，出现了十年之久的严重干旱与饥荒。——译者

③ 保护百姓是刹帝利的最高的法。

当国王到达成年时，便沉湎于欲望而不能自拔。为了满足爱欲，他开始不停地闲荡。

18. He was lecherously attracted to women, and held no difference between Kṣatriya women and non-Kṣatriya women. He disrespected prudence and morality to pursue his wanton desires.

他被女性色相所吸引，对刹帝利妇女和非刹帝利妇女不加区别地对待。他不顾礼仪和道德去追求他的荒唐欲望。

19. Whenever his sight fell on any beautiful woman, whether she was worthy of him or not, he took her by force to satisfy his lust.

无论何时，只要他的目光落在任何一位漂亮的妇女身上，不管她是否值得，他都强迫她以满足他的色欲。

20. Thus, in his incessant pursuit of desire, he left his kingdom in the hands of courtiers and ministers.

因此，在他不断地追求色欲之间，他把他的王国就交付给了侍臣和大臣们的手中。

21. Knowing that his own lust could control the King, the ministers provided him with further women so they could run the country to their own wishes.

知道色欲可以控制国王，大臣们便为他提供了更多的妇女，以达到臣子们能够按照他们自己的意愿来运作国家。

22. His servants and subjects were greatly saddened, for dharma was disparaged and desire was encouraged.

国王的仆从和国民都黯然神伤，因为正法被轻视，而欲望被怂恿。

23. Brahmins started abandoning their auspicious traditions. They discarded their good dharma and ethics, and behaved accordingly their own desires.

婆罗门开始放弃他们的吉祥传统。他们抛弃了婆罗门的十善法和伦理，而按照他们自己的意愿行事。

24. Vaiṣyas focused solely on the accumulation of wealth and capital, discarded the laws of their family, and took what they wanted.

吠舍只专注于财富和资本积累，抛弃了其种姓获取财富法，只索取他们之所想。

25. Capitalists sought only money, and having forgotten their integrity and morality, wallowed in their comfort.

商主只追求金钱，而忘记了他们所属种姓的诚信和道德，沉迷于他们的舒适中。

26. Merchants employed falsehood and trickery to earn easy money. They discarded truth and honesty, and spent their lives in pride and vanity.

商人们利用谎言和欺骗来赚取不义之财。他们抛弃了真实与诚信之法，而过着傲慢和空虚的生活。

27. Artists were overcome by gluttony—and lacked artistic proficiency. They were blinded by carelessness, and did as they liked.

工艺匠人们被饕餮所征服——缺乏艺术的精致。他们被粗心大意所蒙蔽，而为所欲为。

28. Womankind also succumbed to desires; they discarded their dharma to do what they liked.

妇女们也屈服于欲望；她们抛弃了妇女之法，随心所欲。

29. In this way, everyone was involved in the "Ten Inauspicious Deeds", and discarded the pious deeds of their ancestors to act on their own desires.

就这样，每个人都卷入了“十不善业”[1]（不吉祥的行为）之

① Daśākuśalāni，意为“十不善”。佛教上的十不善业（十恶），即杀生、偷盗、邪淫、妄语、两舌、恶口、绮语、贪欲、嗔恚、愚痴。

中，抛弃了他们祖先的虔诚的行为准则①而按照自己的欲望行事。②

30. Vedic scholars forsook their rituals and became wicked. Seeing the glory of the Jinālaya, they denounced him; they started to wrongly define dharma how they wanted.

吠陀学者们放弃了他们的宗教仪式，变得邪恶。看到胜者之地的荣耀，他们公开抨击它；他们开始错误地定义他们想要的法。

31. Similarly, wicked ones, thieves, cunning men, liars rose to besmirch and defame saints while they wandered like wild elephants.

同样，邪恶之人、盗贼、狡诈的人、说谎者，他们像醉象群一样在四处游荡的同时诽谤和损毁圣人。

32. Saints and noblemen discarded the good dharma and started to misbehave like lower baseborn men.

圣人和贵族们抛弃了善法，而开始像下层出身微贱的人那样行为不端。

33. When such sins and evil increased all around, Kali himself appeared and Dharma was weakened and diminished.

当这样的罪行和邪恶在周边不断蔓延时，迦利③呈现出自己的本来面目，而正法被削弱，减退了。

34. Then seeing the world engulfed with Kali, the lords of the world turned their backs on dharma.

---

① Kulācāra，一个家庭或种姓特有的或适当的责任（或行为准则）。

② 印度教的守法：指“个体遵从等级制度、社会风俗、民法和圣典法律的要求”。

③ Kali，为阴性词时，是印度教著名女神的名字即迦利（Kalī）、时母，湿婆神（大自在天）的妻子及村庄女神所宣称及崇拜的神祇名称之一，尤其是她身为死亡及破坏女神邪恶的角色，代表破坏力和死亡。在绘画和雕塑中，其恐怖相呈现皮肤漆黑、脖颈挂着骷髅头项链，吐舌、嗜血、裸体。为阳性词时，有罪恶、堕落、冲突、不和谐、争吵、争夺等义。

当看到这个世界被迦利所吞噬，世界之主们也就转身背离了正法。

35. When the Lords of the world turned their backs, the citizens chastised their King.

当世界之主们转身背离了正法的时候，公民们谴责了他们的国王。

36. The Protectors perceived the world badly, and therefore, disruptions and catastrophes such as flood and drought arose.

保护者们感知到这个世界的恶变，因而，破坏和大灾难诸如洪水、干旱之类就出现了。

37. The gods turned ruthless—they partook in the chaos. Misery and chaos engulfed the land.

众神变得无情——他们参与了混乱。痛苦和混乱吞食了这片土地。

38. Fire was angered at the condition of the world, and consequently thick black smoke covered the air in a disastrous manner.

火神在这种世界状况中被激怒，因此浓密的黑烟以一种灾难性的方式布满了天空。

39. In his fury, Dharmaraja (God of death) turned cruel—he started to kill those that were healthy and young, and so the world was hit by a devastating plague.

在他的狂怒中，法王（死神）变得残酷无情——他开始杀害那些健康的和年轻的人，因此世界受到了一场毁灭性的瘟疫袭击。

40. The Lord of Demons—Nairitya—was also infuriated into cruelty. As a result, disaster and catastrophe afflicted the land everywhere.

魔族之主——涅哩底亚（Nairitya）——也被激怒而转向残忍。结果，灾难和祸患到处折磨着这片土地。

41. The King of Snakes—Varuṇa—looked through cruel eyes filled

with malice, and seeing the clouds carrying water, forbade them to shower upon earth.

众蛇之王——瓦卢纳（Varuṇa）[①] ——透过充满怨恨的残酷的双眼望去，看着载着水的雨云，禁止它们把雨水洒向大地。

42. The Wind God—Marut—was also wrathful, and in his ruthlessness he caused disastrous catastrophes.

风神——玛鲁特（Marut）——也愤怒异常，他残酷无情，引发了损失惨重的更大祸端。

43. Demigods such as Yakṣa, Kinnara, Guhyakas started breaking into households and causing disease and damage.

半神们诸如药叉、紧那罗、密迹等开始闯入各家门户，引发疾病和伤害。

44. So did ghosts, phantoms, zombies, vampires and witches, Dākinī and Sakini demigoddesses, and attendants of Śiva.

鬼魅（bhūta）、神鬼（piśāca）、僵尸鬼（vetāla）、饿鬼（Kaṭapūtana）和女巫、荼吉尼（ḍākinī，空行母）和明妃半女神以及湿婆的随从折磨者（pramatha）都参与了祸患。

45. Rudras, Gandharva, Kumbhāṇḍa demigods, as well as falcons, all arrived to cause chaos.

楼陀罗、乾闼婆、鸠槃荼半神，以及金翅鸟，都前来制造混乱。

46. Mātṛkās（Mother goddesses）were displeased, so instead of protecting the people, they started to inflict harm upon them.

摩怛理迦（Mātṛkā，神母们）也不高兴，她们非但不保护人民，反而开始对他们造成伤害。

47. Planets and stars turned against the world and in their displeas-

① 蛇王、水神。

ure, did not appear at all.

行星（graha）和星星（tārāgaṇa）转而与这个世界作对，在它们的不满中，根本就不显露身形了。

48. Patron deities and gods were not happy. Instead of proving protection, they inflicted further harm.

守护神灵们与众神不高兴了。他们非但不提供保护，反而造成了更进一步的伤害。

49. Other gods stopped protecting the people; they refused to even gaze at them.

其他的神灵们停止保护人民；他们甚至不屑看他们一眼。

50. No one was able to protect the people, for chaos and disaster came from all directions.

由于混乱和灾难来自四面八方，没有谁能够护佑人民。

51. Chaos and disaster came from all directions. Those ridden with afflictions started fighting each other.

所有方面降临的混乱和灾难，使那些饱受苦难折磨的人开始互相争斗。

52. Kali engulfed the land. Seeing atrocities, afflictions and catastrophes everywhere, the King wondered what caused it all.

迦利愤怒了。看到遍布的暴行、折磨和大灾难，国王想知道这一切是由什么引起的。

53. “Tremendous misery has been caused by sins. Who would destroy the sins, and remove the sorrow, poverty and pain? Who would help me?” he wondered.

“呜呼，由罪恶导致了巨大的痛苦。谁会摧毁罪恶，消除悲哀、解除贫困、减轻痛苦呢？谁会帮助我？”他思忖着。

54. “Do I forget this wretchedness and continue to wallow in my indulgences, unaffected? Or do I strive to remove this misery?”

“难道我忘记这种不幸并继续沉溺于我的不良嗜好而不受影响？或者我力图去解除这种不幸？”

55. “The King who neglects the suffering of his citizens and revels in his pleasures is not a worthy ruler, and would be compared to an ‘evil snake’ in disgrace.”

“国王，无视他的国民的苦难而沉醉于自己的乐事，是不配作统治者的，而会被比喻为令人讨厌的‘邪恶之蛇’。”

56—57. “Where the King ignores the misery of his subjects and instead enjoys his delights, there all subjects would be distressed with suffering. Then having discarded the truth, the law and the ethics of the family, they would become undisciplined and perverse.

“哪里国王忽视他的国民的苦难，而只顾自己享乐，哪里的所有民众就会陷入困境。放弃了真理、法律和家庭伦理之后，他们会变得不守法律和行事乖张。

58. Then they would be involved in various crimes and would shamelessly commit sins as they fancy.

于是他们将被卷入各种各样的罪行，并无耻地随心所欲地犯罪。

59. Eventually the sins would find the way back to the king, and he would ultimately have to suffer the consequences. Those who know the niti (policies) and dharma know of this.

最终，这些罪恶会找寻来路指向国王，而他终究会不得不承受所有的后果。那些懂得治国论[①]和法的人都知道这一点。

60. One day I would have to suffer the fruit of these sins. Where do I go? Who could tell me the ways to redemption and absolution?

总有一天，我必将承担这些罪恶的果报。我出路在哪里？谁

---

① niti，政策、策略等。

能告诉我救赎和赦免的方法呢?

61. Curse my birth! Despite being the King, I have been sinning and misbehaving, and so I have let Kali take over. Chaos is running riots, and disaster lurks everywhere. There is no peace, at day or night.

诅咒我的出生吧！即使是国王，我一直在犯罪和行为不端，所以我让迦利接管了。混乱正酝酿着社会骚乱，饥荒等灾难到处潜伏。无论在白天或者黑夜，都不得安宁。

62. Bless those great men who are untroubled, whose minds are at peace and intentions are of good. They would become liberated one day, for they are Bhikkhus and celibates.

保佑那些无烦恼的伟大的人们，他们的思想处于和平状态并心怀善良。他们终有一天会变成解脱者，因为他们是比丘和禁欲修持者。

63. What good have I accomplished since my birth in this land? I have only acted as an animal, indulging in unrestrained pleasures.

自从我诞生在这片土地，我完成了什么善行? 我只像一个动物那样行动，沉溺于毫无节制的享乐中。

64. Now I am overcome by sins, my heart tormented by misery. I shall certainly dwell in hell someday, suffering tremendously.

现在我被邪恶战胜，我的心被痛苦所折磨。总有一天，我定会住进地狱，遭受巨大的痛苦。

65. Who would protect me then? Only dharma could come as a friend to remove my sins and miseries.

那么，谁来保护我呢? 只有正法作为一个心友能来救度，消除我的罪恶与灾难。

66. Among dharmas, the Buddha dharma is the foremost; it removes fear, provides prosperity and brings welfare to the world, according to ancestors.

在诸法中，佛陀的正法居于首位；根据祖先们的说法，它消除恐惧[①]，促进繁荣，给世界带来福祉。

67. Therefore, I must immediately depart for the Gośṛṅga Parvata to respectfully pray to the Śāntaśrī Bhikkhu."

因此，我必须立即动身前往牛角山（Gośṛṅga Parvata），虔诚地向尚蒂室利比丘祈祷。"

68. To discover the way to pacify the chaos and the atrocities of Kali, he was determined to set out, knowing it was the only chance for welfare.

为寻找到平息混乱和消除迦利暴行的办法，他下决心前往那里，因为他知道这是获得福祉的唯一机会。

69. With this determination, he called an assembly of his priests, courtiers and citizens to address them.

带着这样的决心，他召集了一个他的祭司、侍臣和市民的集会，向他们发表讲话。

70. "It is my greatest duty to pacify all the misery that has befallen our land; and I desire to do so."

"我最大的职责是平息降临我们大地上的一切苦难；我渴望这样去做。"

71. "Therefore, I must respectfully pray to the wise Acharya Śāntaśrī to remove this sorrow from our lands.

"因此，我必须恭敬地向智慧通达的阿阇梨尚蒂室利祈求，以消除来自我们土地上的这种悲伤。

72. Let us all go to the Gośṛṅga Parvata to respectfully pray to the Śāntaśrī Acharya."

我们所有人都去牛角山，恭敬地向尚蒂室利阿阇梨祈求。"

---

① sarva-bhaya，一切恶趣。

73. Upon hearing the command of the King, the priests and others concurred, and they were pleased, so they praised the King.

一听到人中因陀罗的指令，祭司和其余的人都积极响应，他们十分高兴，称赞国王。

74. Then the King, along with his priests, courtiers and secretaries, departed for the Gośṛṅga Mountain.

然后，国王与他的祭司、侍臣和书记官们出发前往牛角山。

75. As they reached the mountain, the King and his company saw the Acharya and immediately bowed at the feet of the Bhikkhu and paid homage to him.

当他们到达那座山，国王和他的随从见到了大阿阇梨，并立刻匍匐在比丘的莲足下，然后合掌向他敬拜。

76. The whole world was pleased at the sight of it for they knew that welfare was imminent. Having saluted the Bhikkhu, everyone sat down.

整个世界看到这种情景都十分欣慰，因为他们知道了幸福即将来临。向比丘敬拜后，人们都坐下来。

77. Seeing everyone sitting around him, the Mahāmati Śāntaśrī faced towards the King and said:

看着大家都围绕他而坐，智慧通达者尚蒂室利面向大地的保护者说道：

78. "O King, May you be blessed! Pray tell me the purpose of your arrival."

"哦，国王啊，祝福吉祥！请告诉我你驾临的目的。"

79—80. When the Śāntaśrī asked so, the King joined his hands and bowed to the King again before replying to him, "O Bhante, I have come to your asylum, to pray for wisdom and guidance."

当尚蒂室利这样提问，国王双手合掌并再次躬身下拜，答道：

“哦，大德啊，我来乞求您的庇护，以得智慧和指引。”

81. “Tremendous mayhem has come to my Kingdom. I have come to you to pray for a solution so peace and order may be restored.”

“巨大的混乱已降临到我的王国。我来是向您祈求一个解决问题的办法，使和平与秩序得以恢复。”

82. When the King prayed so, the wise Śāntaśrī looked at the King and his company as he answered.

当国王这样祈求时，睿智的尚蒂室利看着国王和他的同行者，回答道：

83. “O King, this chaos is a result of sins. I shall tell you the way to atone for these sins.”

“哦，国王啊，这大混乱是各种罪恶的结果。我将告诉你消除这些罪恶的赎罪办法。”

84. “As a King, you should have abided by the law and dharma to protect your subjects. But alas, you have not done so.

“作为一个国王，你应该遵从法律和正法来保护你的臣民。但遗憾的是，你没有这样做。

85. Your ministers disobey law and dharma, and incessantly pursue pleasures that they desire.

你的大臣们也违反律法和正法，并不断地追求他们渴望的各种享乐。

86. Your servants, subjects, townsfolk, villagers and capitalists discard the laws of the families to do as they like.

你的仆从、国民、市民、村民和资产者们抛弃了自己的家族法，随心所欲地行事。

87. The men of the world are involved in the ‘Ten Inauspicious Deeds’ and have cast dharma aside in an intoxicated behavior.

世上的人们都参与了这‘十不善业’，并在一种迷醉的行为当中把正法弃置一边。

88. Those who commit the sins must suffer their consequences in this world.

因此，那些犯罪的人必须在这个世界承受他们造下的罪业之果。

89. Understanding this, a King must always lawfully and prudently strive to protect the world.

明白这一点，一个国王必须始终守法和谨慎地努力去保护这个世界。

90. If the King acts carelessly and pursues his unrestrained indulgences as he desires.

如果国王行为不检点，毫无节制地追求爱欲享乐。

91. Then the entire world follows the King to indulge in wanton desires, as they like.

那么整个世界都将跟随国王，沉湎于随心所欲的享乐中。

92. Mayhem is then certain, as a result of such sins. The chaos caused by the sins brings misery to all.

那么，作为这些罪恶的结果，混乱是确定无疑的。罪恶引发的混乱给所有人都带来了苦难。

93. Having seen all of this, the King, who cruelly disregards his kingdom and is unable to protect it, is considered guilty of all the sins.

有鉴于此，国王残忍地漠视他的王国，不能够去保护它，那么此时他被认为是所有祸乱的罪魁祸首。

94. No matter who commits the crimes, they find their way to the King who ultimately suffers the fruit of the crimes.

无论谁犯了罪，他们都会追究到国王，国王最终会遭受罪业的果报。

95. This has been ingeminated by various ancient sages and scholars. It is wise for a king to act on the principles provided by the sages."

这一论点已经被古代的各种圣人和学者反复论证。对一个国王来说，按照圣贤提供的原则行事是明智的。”

96. When the Śāntaśrī solemnly sermonized so, the King was immensely agitated by fear and remorse.

当尚蒂室利严肃地如此说教时，国王因畏惧和悔恨而极度不安。

97. The King sought the refuge of the Bhikkhu, and saluting his feet, prayed to him again.

国王寻求比丘的庇护，向他行触足礼，再次向他祈求。

98. “My Lord, I shall act on your commands. Pray instruct me the suitable path for welfare and dharma.”

“我的导师啊，我将按照您的指令行动。为了福祉和法，祈求您为我开示适合的道路。”

99. Hearing such prayers, the wise Bhikkhu looked at the great King and his companions as he commenced his address.

听到这样的祈求后，智慧的比丘望着大王和他的随从们，开始了他的讲话。

100. “O King, listen carefully. I shall provide you the auspicious solution, which shall bring welfare to the world when implemented.”

“哦，国王啊，请仔细听。我将为你们提供这个吉祥的解决办法，一旦实施，将给世界带来福祉。”

101. “Bathe in these sacred pilgrimages, ritually and regularly. Practice good conduct, and cleanse your mind, speech and body.”

“依据仪轨，在这些神圣的朝拜圣地，定期沐浴。行善举，净化你们的思想、言语和身体。”

102. “Practice the vow for the acquisition of Sambodhi and the welfare of all sentient beings, while praising and serving the tri-ratna.

“为了获得三菩提和一切有情众生的福祉践行誓言，斋戒，赞美和服务三宝。

103. Thereafter, ritually worship the lord of the world—the Dharmadhātu Jinālaya, and devotedly sing his praises.

其后，按仪轨敬拜世界之主——法藏胜者之地，并虔诚地唱诵他的赞美诗。

104. Similarly, you must regularly worship, praise and serve the Five Gods established here, with respect and devotion.

同样地，你必须带着崇敬和虔诚，定期敬拜、赞美和祭祀设立在此的五方神。

105. Worship the caitya of Mañjuśrī, and chant praises of him ritually and joyously.

敬拜文殊师利的支提，并按仪轨愉悦地吟诵他的赞美诗。

106. You must also worship and celebrate the eight vītarāgā who reside here, and praise them devotedly.

你也必须按仪轨敬拜和颂扬安驻这里的八位离染净者，虔诚地赞美他们。

107. You must revere the Great Goddess Khagānanā; worship, pray, serve and sing her praises ritually.

你必须崇敬伟大的女神卡格纳娜，按照仪轨敬拜、祈祷、侍奉和唱诵她的赞美诗。

108. Similarly, there are other gods and lords of the world, who have self-originated; for the welfare of all sentient beings, you must worship them.

同样地，世界上还有其他的神祇和领主们，他们具有各自的缘起；为了一切有情众生的福祉，你必须敬拜他们。

109. You must be devoted to all of these gods, and ritually sing their praises, for the welfare of all sentient beings.

你必须为了一切有情众生的福祉，献身于所有这些神祇，并依仪轨唱诵他们的赞美诗。

110. Similarly, you must preach the entire world. Go to pilgrimages to bathe, donate and so on.

同样地，你必须向整个世界传扬。去圣地朝拜、沐浴和布施等等。

111. Make others involve in the auspicious work and ask them to practice the good vrata, for the welfare and happiness of the world. The merit shall spread the qualities of Buddha.

让其他人参与吉祥的事业，要求他们为了世界的福祉和快乐，去践行善誓。此善行将传播佛陀的各种品德。

112. Always praise the tri-ratna and the other gods, and make others do it as well. Promote the path of Bodhi with great enthusiasm.

永远赞美三宝和其他的神祇，并让其他人也这样做。以极大的热情促进菩提之路。

113. Through the influence of this merit, order and auspiciousness shall be restored; chaos and mayhem would be removed.

通过这种美德的影响，秩序和祥瑞将被恢复；混乱和伤害将被平息和终止。

114. When they see you doing this, Brahma, Indra and the gods, as well as lords of other realms shall come to your aid.

当他们看到你这样做的时候，梵天、因陀罗和众神灵，以及其他领域之主们将前来帮助你。

115. And so, the Lords of the world shall protect your country, there will be adequate rainfall and plenty of reap, there will be prosperity and celebrations.

这样，世界之主们将保护你的国家，将会有丰沛的降雨和大量的收成，繁荣和喜庆将会重现。

116. People would become healthy and vigorous, virtuous and

prosperous. They would discard the path of crime, and would partake in the auspicious.

人们将变得健康和充满活力，品德高尚和兴旺富足。他们将抛弃罪恶道路，步入吉祥事业。

117. Immense merit will be generated, which would influence people to eventually acquire Bodhi and attain Buddhahood.

国王啊，无量功德将被创造，这将促使人们最终获得菩提并达到佛位。[1]

118. Even greater merit will be amassed through the praise and worship of the tri-ratna. With this understanding, you all must devotedly pray, worship and remember the tri-ratna.

甚至更大的功德将通过对三宝的赞美和崇拜被积累起来。有了这样的认识，你们所有人都必须虔诚地祈祷、敬拜和忆念三宝。

119. In this way, bathe in all the sacred places to purify your organs, and in the refuge of the tri-ratna, practice the excellent vow.

循此，在所有的朝圣地沐浴以净化你们的感官，并在三宝的庇护下，履行卓越的誓言。

120. Ritually worship, praise and devote yourself to the Gods, among whom the Dharmadhātu is supreme.

依礼仪敬拜、赞美和把自己献身于诸神，在其中法藏是至高无上的。

121. Teach your subjects this and send them to the pilgrimages to bathe ritually.

努力教导你的臣民认识这一点，并让他们依仪轨去朝圣地沐浴。

122. Establish them all into the refuge of the tri-ratna, provide

① 佛陀的果位是菩萨道的究竟位，所以也可将佛陀称为究竟菩萨；佛陀的果位也是解脱道的究竟位，故又可将佛陀称为究竟阿罗汉。

them the instrument for Sambodhi. Influence them to cultivate good virtues and gentleness, and ask them to practice the good vrata.

令他们居于三宝的庇护之下，提供他们成就三菩提智慧的方法，感化他们培育良好品质与温柔，并要求他们践行善愿。

123. Make them worship to please the gods. Establish them into the path of Bodhi and motivate them for good.

让他们崇拜以取悦众神。令他们坚定地走在菩提道路上，并永远激励他们向善。

124. Having done this, great merit would be generated, along with the prosperity of virtues. You would become a Bodhisattva, Mahāsattva and a wise scholar.

了却此事，连同美德的繁衍，伟大的功德自会产生。你会成为菩萨、大菩萨和智慧通达者。

125. Having crossed the steps of Bodhi, you would attain Arhant position, acquire Bodhi and finally become Buddha."

因此，跨过了菩提资粮的阶梯，你会获得阿罗汉果位，获得正等菩提并最终成佛。"

126. When the Śāntaśrī commanded the King, he promised to obey and abide by his instructions.

当尚蒂室利指导国王的时候，他承诺服从和遵守他的指令。

127. The King then gathered his courtiers, secretaries, townsfolk and merchants to instruct them accordingly.

于是国王召集他的侍臣、书记官、市民和商人们，对他们做了相应的指示。

128. "Ministers, Priests, Citizens and Merchants, you all must act on the instructions of the Guru."

"大臣、祭司、市民和商人们，你们都必须按照大阿阇梨的指令行动。"

129. “I shall also abide and work for a good cause. I shall take refuge of the tri-ratna and practice the vows joyously.”

“我也将遵守和为此吉祥的事业而效劳。我将皈依三宝，并愉快地践行誓言。”

130. Upon hearing the King’s instructions, the ministers, townsfolk, priests and merchants present there all pledged to obey.

听到国王的指示，所有在场的大臣、市民、祭司和商人们都宣誓服从。

131—132. The King, along with the gathered priests, ministers, secretaries, and merchants and villagers, proceeded to the pilgrimages, and ritually bathed, purified their conducts and practiced vows.

国王和聚集在一起的祭司、大臣、书记官、商人和村民们一起出发前往所有的朝圣地，他们依仪轨沐浴，净化他们的行为和践行誓言。

133. Then their souls became purified; they went to the refuge of the tri-ratna; and they were pleased to worship and serve the Dharmadhātu.

于是他们的心灵变得洁净；他们皈依三宝；并且他们满怀喜悦去敬拜和服侍法藏。

134. They went to the Vāyupura (shrine of the Wind God) to ritually worship him and then proceeded to the Agnipura (Shrine of Fire God) and Nagapura (Shrine of the Serpent God).

他们走向瓦由的处所（风神的神龛）按照仪轨敬拜他，然后继续走向阿耆尼的处所（火神的神龛）和那伽处所（蛇神的神龛）去敬拜。

135. They worshipped at the Vasupura (Shrine of the Earth Goddess) that provided the good dharma, prosperity and virtue. Finally, they went to the Śāntapura (Shrine of the Sambara and his attend-

ants).

他们在瓦苏处所（大地女神的神龛）敬拜，那里赐予善法、繁荣和美德。最后，他们走到寂静处所（胜乐金刚及其侍者的神龛）。

136. Having ritually worshipped and prayed to everyone devotedly, the company went to the Mañjuśrī caitya to worship and serve him.

按照仪轨虔诚敬拜和向每位神灵祈祷后，陪伴的人群走向了文殊师利支提去祭拜和侍奉他。

137. They went to ritually worship the eight vītarāgas and then the Great Goddess Khagānanā.

他们走向了八位离染净者，依仪轨敬拜，然后去朝拜吉祥的女神卡格纳娜。

138. The men of the world followed the king by bathing at every tīrtha and purifying their conduct respectfully.

人们跟随国王，在每一处朝圣地沐浴，虔诚地净化他们自己的行为。

139. They practiced their good vrata at the refuge of the tri-ratna. Then they praised and served the gods along with the Dharmadhātu.

他们斋戒，在三宝的加持下践行善愿。然后，他们赞美和服侍诸神，连同法藏一起。

140. Due to the influence of the merit received, auspiciousness spread everywhere and chaos was slowly pacified.

由于领受的功德的影响，吉祥遍布四方，混乱慢慢平息。

141. The citizens were freed from diseases, their organs became vigorous. They experienced divine ecstasy and happiness, and strived for dharma.

公民们从疾病中解脱出来，他们的感官开始充满活力。他们体验了神圣的大乐和幸福，并渴望为正法而奋斗。

142. Seeing this, the King directly witnessed the influence and rewards of dharma. He was pleased at this and thus lauded the greatness of the good dharma.

有鉴于此，国王直接见证了正法的影响和果报。他对此满意并因此赞扬了善法的伟大。

143. However, seeing that there was still no rainfall, the King anticipated drought and famine.

然而，看着仍然没有降雨的迹象，国王预料到了干旱和饥荒。

144. Overcome with compassion in his heart, the King again went to the Acharya Śāntaśrī and addressed him with hands joined in devotion.

出于心中充满的怜悯之情，国王不得不再次走向阿阇梨尚蒂室利，虔诚地双手合掌向他说道。

145. "Acharya, I have followed your benevolent advice, due to which chaos has been solved."

"阿阇梨啊，我依照您的仁慈的忠告，混乱因而得到了解除。"

146. "However, the Kingdom has not seen adequate rainfall. Pray teach me the method to bring good rainfall."

"然而，王国没有见到充足的降雨。祈求教给我带来充沛降雨的方法。"

147. Upon hearing the prayer of the King, the wise Bhikkhu looked at the King and answered:

听了国王的恳求，智慧的大菩萨比丘看着国王并答道：

148. "King, listen carefully, I shall tell you the way to achieve good rainfall and plenty of reap.

"国王啊，请仔细听，我将告诉你取得充沛降雨和谷物丰产的办法。

149. First, create a maṇḍala; then draw the images of the kings

of serpents to summon them within.

首先，创建一个曼荼罗；然后画出蛇王们的画像，召唤它们进入坛城。

150. O King, heed my words carefully and act upon them to perform rigorous sādhana so as to achieve good rainfall."

哦，国王啊，请仔细留心我的话，要按照我所说施行严格的成就法（sādhana）[①]，从而取得丰沛的降雨。"

151. Upon hearing the instructions of the ācārya, the King was gladdened and thus promised to follow them.

听了阿阇梨的指教，国王喜悦，因此答应遵循照办。

152. The King then drew a maṇḍala of the abode of the serpents (Nāgapura) to summon the serpent lords, and thus he commenced the worship.

然后持金刚按仪轨画了一个众蛇的处所（Nāgapura）曼荼罗来召唤蛇王们，并开始敬拜它们。

153. As per the instructions of the ācārya, the King summoned all the lords of serpents by performing rituals and worship.

按照阿阇梨的指示，国王通过举行仪式和膜拜，召请所有的蛇王。

154. The serpent lords materialized and sat at their respective seats that had been laid out, and were pleased.

大蛇之主们纷纷现身，坐在已经布置好的各自的座位上，它们很满意。

---

① Sādhana，意为"方法或技巧"，尤指用于从神那里获得成就的密宗仪式。成就法以奉献所有众生的福祉为目的。密宗成就法一般采取两种形式之一。在第一种方式中，神（可能是佛陀、菩萨或其他神灵）被要求出现在冥想者或冥想者面前，然后被膜拜，期待得到祝福。在另一种密宗成就法中，冥想者在此刻想象自己是神，也就是说，拥有一个开明众生的崇高的身体、语言和心灵。——转引自《普林斯顿佛教词典》(*The Princeton Dictionary of Buddhism*)

155. However, the great serpent Karkoṭaka did not appear, due to embarrassment. The wise Śāntaśrī assessed this situation.

然而，尴尬的是，大蛇卡尔阔特克（Karkoṭaka）没有现身。睿智的尚蒂室利预见到这种情况。

156. Addressing the courageous, prosperous, learned and great King, the Bhikkhu said:

面对这位大勇士、大菩萨、荣耀而博学的大王，比丘说道：

157. "King, the Serpent Lords all answered your summon and arrived. One serpent lord named Karkoṭaka, however, did not come.

"国王啊，蛇王们响应你的召唤，来到了。然而名叫卡尔阔特克的蛇王，没有来。

158. 'How can I attend the glorious assembly with my hideous appearance?' he must have thought in shame.

'我怎么能以可怖的颜面参加这光荣的聚会呢?'他一定觉得很羞愧。

159. Therefore, dear King, go to the great lake where the Karkoṭaka resides, invite him with prayers and return together.

因此，亲爱的国王，去到卡尔阔特克居住的大湖，带着祈祷邀请它并与它一起返回。

160. In case the Serpent does not comply, despite your prayers, you must use force to capture and bring him here."

即使你向它祈求，万一大蛇不遵从，你必须诉诸武力捕获它，把它带到这里。"

161. Upon hearing the instructions of the Śāntaśrī, the King looked at him and prayed:

一听到尚蒂室利的这一指示，国王便看着他，又恳求：

162. "Teacher, how would I go to the great lake alone and singlehandedly take on and capture the mighty serpent and bring him

back?”

“导师啊，我怎能独自一人去到那个大湖，单枪匹马独立承担捕获那条凶猛的大蛇并把它带回来呢?”

163. When he said so, the wise Acharya looked at the valiant King and said:

当他这样说时，智慧的阿阇梨看着勇敢的国王，说道:

164. “Mount a strong and fleet - footed horse, and carry my enchanted flower as you go; with the influence of my enchantment, you shall be able to carry out your task.”

“你走的时候，骑上一匹强壮的快马，带着我施了咒术的花；在我的咒术的作用下，你将能够执行你的任务。”

165. “This enchanted flower contains a strand of sacred grass; take it with you and cast it into the great lake. When it floats, follow its track on your horse.”

“这被施了咒术的花朵带有一缕神圣的草；随身携带，然后投到湖里。当它漂浮起来时，你骑着马跟随它的轨迹前进。”

166. Having said this, the Bhikkhu gave the flower with a strand of sacred grass dūrvā, before he continued his instruction.

说到此，比丘停住，拿出带着一缕神圣的吉祥草（Dūrvā）的花朵。

167. “When you reach the abode of the Karkoṭaka, call upon him with these words:

“当你到达卡尔阔特克的住处时，用这些话语召唤他:

168. ‘O Karkoṭaka, lord of serpents, you are aware of the reason for my arrival. Nevertheless, I beseech you again.

‘哦，卡尔阔特克啊，众蛇之王，你知道我到来的缘由。不管怎样，我要再一次恳求你。

169. On the mount Gośrīnga lives the wise teacher Śāntaśrī who

wields the Vajra. He is able to remove the drought and famine, and bring adequate rainfall.

在牛角山上住着挥舞金刚杵的智慧的导师尚蒂室利。他能够解除干旱和饥荒，并带来充足的降雨。

170. For that purpose, I created a shrine for the serpent lords, and summoned them to commence the ritual of worshipping them.

为了这个目的，我为蛇王们创建了一个神龛，召唤它们来，开启朝拜蛇王们的仪式。

171. Varuna and all other serpent lords arrived but you. Why? I have come to escort you.'"

除了你，瓦卢纳和其他蛇王们都来了。这是为什么呢？我是来护驾的。'"

172. "Even then if the serpent refuses to come, you must capture him and bring him here by force."

"即使大蛇拒绝前来，你也要捕获它，并且强行把它带到这里。"

173. The Śāntaśrī Bhikkhu instructed the King to reiterate to the serpent that he had been sent by the Bhikkhu and therefore must come along.

尚蒂室利比丘指示国王向大蛇重申，他是比丘派来的，因此必须一道前来。

174. Having said this, the Bhikkhu gave him the enchanted flower and sent the brave King on his mission.

这样说完，比丘给了国王施以咒术的花朵，并派遣勇敢的国王去执行他的使命。

175. Having received the instructions from the Bhikkhu, the great King took the flower with the grass strand and left for the lake.

接到了阿阇梨的指示后，伟大的国王拿着带着一缕草的花朵，离开并奔向那个湖泊。

176. Heeding the guru's commands, the valiant King mounted a strong horse and rode it to the lake.

听从上师的命令，英勇的国王骑上一匹健壮的马，向那个湖泊奔去。

177. As he arrived at the bank, the King looked at the lake and, remembering the guru's words, cast the flower and the strand of grass into the water.

到达岸边时，国王观看湖水，忆念着导师的话，把那朵带着一缕吉祥草的花投进湖里。

178. The flower started floating at the surface of the deep waters. The King also followed its path on his horse.

那朵花开始漂浮在深水上面。在马背上的国王立即追随它的轨迹前进。

179. When he reached far into the abode of the serpents, the King saw the ferocious serpent—Lord Karkoṭaka lying there.

当国王深入大蛇的住所时，他看到了凶猛的大蛇——卡尔阔特克蛇王正躺在那里。

180. Having reached the ferocious Karkoṭaka, the valiant King implored the serpent as his guru had taught.

到达凶猛的卡尔阔特克近旁后，勇敢的国王向大因陀罗大蟒蛇提出恳求，正如上师所指教的那样。

181. Despite hearing the pleas and prayers of the King, the Lord of serpents gave no response.

尽管听到国王的恳求和祈祷，大自在主卡尔阔特克仍然没有任何回应。

182. Having pleaded to the serpent, the King invited him again and prayed to him so:

向大自在主恳求后，国王再次邀请它，并向它这样祈求：

183. “Be pleased，O Serpent Lord，for I have come heeding the instructions of my ruler to invite and bring you with me.”

“哦，蛇中因陀罗啊，你一定高兴欢喜，我来是按照我的统治者的指令，邀请你并带着你与我一同前往。”

184. Even when he pleaded so，the king of serpents still gave no response whatsoever.

即使国王这样恳求，蜿蜒之王仍不予理睬。

185. Then the valiant King pleaded again as his guru had instructed them，and then proceeded to say：

然后，英勇的国王正如他导师所指示的那样，再次恳请，并说道：

186. “O Serpent Lord，it is not my transgression that I am about to act on my guru's instructions.”

“哦，蛇中因陀罗啊，我要依照我上师的指令行事，那不是我有意僭越。”

187. And yet，the Karkoṭaka serpent did not give the King any reply.

依然，蛇中因陀罗卡尔阔特克仍不作回答。

188. Then the valiant King，remembering his guru's instructions，captured the Serpent with force，just as a falcon would capture a snake.

于是，这位勇敢的人中之王，念着他统治者的指令，用力捕获了卡尔阔特克，就像猎鹰擒获一条蛇一样。

189. The King Guṇakāadeva then brought the Serpent back. The path he travelled while doing so has been named the Vaśikācala.

于是，国王古纳喀马德瓦携此大蛇而归。他的这一旅程——

依计实施，被命名为瓦西卡贾拉（Vaśikācala）①。

190. Pulling the serpent with force to the Nagapura, the King put him before his ācārya and said:

用强制力把大自在主拖到那伽的处所，英勇的国王把它放在阿阇梨面前并说道：

191. "Guru, on your instructions, I have captured and brought the serpentine king Karkoṭaka before you. Be pleased!"

"大阿阇梨啊，遵照您的指示，我捕获并把这大蛇之王卡尔阔特克呈现在您面前。愿称心如意！"

192. Upon hearing the words of the King, the Bhikkhu who was pleased looked at the king and said:

听到国王的话，高兴的比丘看看大雄猛国王并说道：

193. "Valiant King, you have done a good job on bringing the great serpent here. Now place him on his seat ritually."

"大雄猛国王啊，你把大蛇带到这里，做了一件大好事！现在按照礼仪把它安置在它的席位上吧。"

194. Having heard the guru's instructions, the King invited the Serpent Lord to take the seat designated for him.

听了阿阇梨的指示后，国王邀请大蛇王坐在指定给它的席位上。

195. Seeing this, the Acharya called forth the assembled Serpent Lords to greet and worship them.

见此，阿阇梨便召唤聚集在一起的蛇王们，依仪轨向它们问候与敬拜。

196—197. The Vajra-wielding Acharya, along with the King, praised, prayed and respected the Serpents and said, "Kings of Ser-

① 大意为"不自在之旅"。

pents, I have summoned and ritually worshipped you."

挥舞金刚杵的阿阇梨和大地之主一起赞美、祈祷和敬拜蛇王们，并说："大蛇之王们，我已经召唤并按仪轨敬拜过你们了。"

198. "Be pleased and grant me my wish, for I pray to you for the sake of the whole world and no other cause.

"愿你们称心如意，请满足我的愿望吧，因为我向你们祈求，不是为了别的原因，而是为了整个世界的利益。

199. "The crimes in the world led to drought and famine. The men in the world suffered tremendous misery and again resorted to sinning.

"在这世界上罪恶丛生导致了干旱和饥荒。世间的人们遭受了巨大的痛苦，并再次诉诸犯罪。

200. "For the satiation of famine and achievement of plenty, and adequate rainfall, I strive for the welfare of the world.

"为缓解饥荒，获取丰收和丰沛的降雨，我在为世界的福祉而效劳。

201. "Therefore, for the sake of sentient beings, I request you to grant adequate rainfall to the world."

"因此，为了保护一切有情众生，我请求你们给予此世界足够的降雨。"

202. When the Śāntaśrī prayed to the Serpent Lords thus, all of them pledged to comply.

当尚蒂室利向大蛇之王们这样祈祷时，它们全都承诺应允。

203. Upon hearing the pledge of the Serpent Lords, the Śāntaśrī respectfully said to them:

一听到众蛇之王们的许诺，尚蒂室利恭敬地对它们说：

204. "Pray be pleased, my Lords, I pray to you, grant us what we seek, for the sake of sentient beings."

"我的蛇主们，祈求你们称心如意，我向你们祈祷，为了一切有情众生的利益，请赐给我们所求。”

205. When they heard the Śāntaśrī Bhikkhu pray so, the Serpent Lords again agreed to grant rainfall.

当它们听到尚蒂室利比丘再次这样祈求时，大蛇之王们再次表示同意降雨。

206. After hearing the Serpents' agreement, the ācārya again respectfully prayed to them and said:

听到蛇王们的一致同意后，阿阇梨再次恭敬地向它们祈祷并说道：

207. "Listen to me, my Lords, I pray to you once again. I ask you to fulfill what you have pledged."

“我的蛇主们啊，请听我说，我再次向你们祈祷。我请求你们履行自己所承诺的。”

208. "Due to the widespread of crimes, famine and drought have taken place. Thus, pray grant us the instrument for adequate rainfall."

“由于罪恶的到处蔓延，饥荒和干旱已经发生许久。因此，请赐给我们充沛降雨的工具。”

209—211. "Henceforth, at the event of draught and famine, if your images are established in a maṇḍala drawn on cloth and are ritually worshipped, pray grant good rainfall for the sake of the world."

“从今以后，在干旱和饥荒的情况下，如果你们的形象被绘在一块有曼荼罗坛城的画布上，并被依礼仪敬拜，那么为了世界的利益，请赐予充沛甘霖。”

212. Upon hearing the prayers of the Śāntaśrī, the serpents all agreed to comply.

听到尚蒂室利的祈祷，众蛇之王们都同意依从。

213. Then the wise Śāntaśrī, with the permission of the serpents, drew a maṇḍala on cloth and ritually established them onto it.

于是，智者尚蒂室利，在众蛇王的应允下，在一块布上画了一个曼荼罗，并依仪轨将它们绘在上面。

214. For the future when there would be drought and famine, he secretly preserved the maṇḍala in the Nagapura, so it may be an instrument to bring rainfall and plenty.

为了应对将来再发生干旱、饥荒时所需，他秘密地把画布曼荼罗保存在那伽的处所，因此它可能是一件祈求降雨、带来丰收的有效工具。

215. Then the Vajra-wielding Acharya, having worshipped and honored the Serpent Lords, sent them off pleased.

然后挥舞金刚杵的阿阇梨，朝拜并礼敬了大蛇王们之后，欣慰地把它们送走。

216. When the Serpents returned to their respective abodes, clouds gathered in the sky and showered rain upon earth.

当众蛇王回到各自的住处时，天空乌云密布，滂沱大雨洒向大地。

217. Due to the rainfall, drought and famine were removed. Plenty, auspiciousness and celebration spread all around.

由于降雨，干旱和饥荒解除了。富足、吉祥、喜庆传遍各地。

218. All the beings of the world were ecstatic. They started praising the tri-ratna, and practicing good conduct.

世间的人们都欣喜若狂。他们开始颂扬三宝、行善事。

219. Having seen the truth, the King was pleased. He then ritually worshipped his ācārya Śāntaśrī.

看到真相后，国王欢喜异常。于是，他又循正式礼仪敬拜他的阿阇梨尚蒂室利。

220. He saluted the Bhikkhu with eight bodily positions, and pleased him with pradakṣiṇa. With hands joined in reverence, he then

addressed the Bhikkhu：

他以八种体式向比丘敬礼，并以右绕拜仪敬拜他。国王恭敬地双手合掌，然后向比丘说道：

221. “O Lord，Great Teacher，Idol of Dharma，due to your benevolence，chaos has been removed and good rainfall has started.”

“哦，尊者啊，伟大的导师，正法的偶像，由于您的仁慈，混乱已经被消除，丰沛的甘霖已经开始降下。”

222. “Chaos has been removed from all directions；dharma，auspiciousness，glory and celebration are constant.”

“四面八方的混乱也被消除；正法、吉祥、荣耀和庆典将绵延持续。”

223. “May your benevolent sight always be upon me；and May there never be mayhem，always celebration.”

“愿您的仁慈的目光永远关注我身；愿混乱不再，喜庆恒久。”

224. “The purpose of my birth has been fulfilled，for the people are happily engaged in good activities.”

“我生之目的已经实现，因为人们愉快地从事着有益的事。”

225. “Therefore，O Guru，heeding your words，I shall take shelter in the hermitage that is my kingdom，and dwell there protecting my subjects.”

“因此，导师啊，听您话，我将在我的王国——隐修之所寻求庇护，安住在那里保护我的臣民。”

226. “Grace me with your kindness and benevolence，and establish my mind into the instrument of Sambodhi.”

“把您的慈爱恩宠赐于我，使我的心灵坚固，成为三菩提的工具。”

227. Having said this，the King laid his head on the Bhikkhu's feet，and having received permission to depart，left happily.

话毕，国王俯身头置于导师的莲足上（行触足大礼），并获准启程，愉快地返回。

228. Along with his ministers and secretaries, the King reached his kingdom and practiced the Bodhicarya and good deeds.

国王携其大臣、书记官们一起回到他的王国，修持菩提戒律和进行各种善事。

Thus, the eighth chapter of the *Svayaṃbhū Purāṇa* named "Instrument for Good Rainfall" ends here.

因此，《斯瓦扬布往世书》第八章名为"丰沛降雨法"在这里结束。

Chapter Nine

第九章

1. Then Maitreya stood from his seat, joined his hands in salutation to the Lord Buddha, and asked:

然后弥勒从自己的座位上站起来，双手合掌向佛世尊致敬，并问道：

2. "My Lord, how did the name Śāntikara come to be? I wish to hear the story. Pray tell."

"我的世尊啊，尚蒂卡拉（Śāntikara）这个名号是怎么来的？我希望听到它的来历。祈求告知。"

3. When he prayed to the Lord so, the omniscient Buddha looked at the Mahāsattva Maitreya and said:

当弥勒向世尊提出这个请求，无所不知的佛陀看着大菩萨弥勒说道：

4. Maitreya, listen, I shall tell you of the virtues of Śāntaśrī, that are the instruments for the joyful practice of the good dharma and the acquisition of gentleness, prosperity and good qualities.

弥勒啊，请听，我将向你讲述尚蒂室利所具有的伟大人物的美德，那些是快乐践行善法和获取温雅、繁荣与美德的手段。

5. The once King, who was inspired by the qualities of the good

dharma, renounced his kingdom and left his pleasures to venture on a pilgrim's journey.

这位大菩萨曾经的国王，受到各种善法品质的激励，舍弃了他的王国，远离欲乐，踏上了朝圣之旅。

6. He bathed and ritually donated at every pilgrimage; he attained the three concentrations (tri-samādhi) and practiced good vratas.

在每一次朝圣活动中，他沐浴并依礼仪捐献；他大行三入定（tri-samādhi，三三摩地），并实践斋戒善誓。

7. With his mind in the true dharma, he wandered every shrine, and practiced and preached yoga.

由于心存真正的佛法，他漫游了每一处圣地，并践行和宣教了瑜伽。

8. He wandered from one holy place to another, and seeing its magnificence, arrived at the Maṇḍala (the Nepal valley, present day Kathmandu).

他逐一漫游圣地，欣享它们的壮丽，到达了曼荼罗圣地（尼泊尔谷地，如今的加德满都）。

9. He saw the Dharmadhātu Jinālaya from afar, saluted it with eight bodily positions, and then came closer to behold the auspicious sight.

他从远处看到了法藏胜者之地，用八种身姿敬拜法藏，然后走近，去目睹那吉祥的景象。

10. Upon arrival, he bowed and paid homage to the great Dharmadhātu Jinālaya that existed in the form of light.

到近旁，他就向那以光辉形体显现的伟大法藏胜者之地躬身下拜和致礼。

11. Pleased by the beauty of Nepal, he travelled around the country preaching the dharma.

他为尼泊尔王国的美丽可爱而心悦，他周游全国说教正法。

12. Performing ritualistic ablution and donating charitably, he began to live in practice of good conduct and vows.

在所有圣地沐浴和随其所愿地慈善布施，他开始了在善行和践行誓言中生活。

13. The sight of the eight vitarāga gave him great joy, so he worshipped, praised and served them ritually.

八个离染净者的景象给予他极大的喜悦，所以他依礼仪敬拜、赞美和侍奉他们。

14. He then ritually served and worshipped the Great Goddess Khagānanā, and paid homage to her.

然后，他依礼仪侍奉和敬拜大自在女神卡格纳娜，并向她示忠。

15. He proceeded to the shrine of Mañjuśrī and procedurally worshipped and praised him devotedly.

他走进文殊师利的神龛，并依仪轨敬拜和虔诚地赞美他。

16. Through the influence of the merit amassed in doing so, he acquired tranquility; his organs became auspicious. Upholding his ordinance, he practiced celibacy.

通过这些做法，积累了大功德，他获得了内心的平静，感官的快乐。他坚持着自己的戒律，实行禁欲。

17. He became calm from within, his organs as well. Thus, he came to be known as the Śāntaśrī.

他变得由内及外的平和，他的感官也是如此。于是，他逐渐以“尚蒂室利”① 而著称。

18. Then the wise Bodhisattva Śāntaśrī, who had a great mind,

① Śānta，音译“尚蒂”，有寂静、善寂、寂定、寂灭、极寂静等义。

started to dwell practicing the Vajracarya vow for the welfare of sentient beings.

那么，这位智慧的菩萨尚蒂室利，他有一颗伟大的心，开始为了有情众生的福祉安居修持金刚乘①誓言。

19. He covered the Dharmadhātu Jinālaya with a massive rock, and went on to build a tall brick stūpa on top of it.

他用一块巨大的岩石遮盖了法藏胜者之地，又在其顶部建起了一座高大的砖塔。

20. He then established the Five Gods in the five spots, and also built the shrine of Mañjuśrī.

然后他在这五个地点设立了五方神，并且也建造了文殊师利的支提。

21. Having done all this work, he became a very wise Mahāmati, a Bodhisattva, and constantly strived for the sake of the world.

做完所有这些该做的事，他成为一个非常智慧的大神通者②，一个菩萨，并不断地为了世界的利益而效劳。

22. Having pacified the great chaos emerging from all directions, the Śāntaśrī spread the auspicious, glory, celebration and joy.

在平息了四面八方的大混乱后，尚蒂室利传播了吉祥、光荣、喜庆与欢乐。

23. Then the great scholar, in famine and drought, worshipped the Serpent Lords to bring good rainfall and plenty.

然后，这位伟大的学者，在饥荒和干旱中，崇拜众蛇王，以

---

① 金刚乘，是“真言教之异名。教法坚利如金刚也。瑜祇经（即《金刚峰楼阁一切瑜伽瑜祇经》）曰：‘以金刚自性，光明遍照，清净不坏，种种业用，方便加持，救度有情，演金刚乘，唯一金刚断烦恼。’《金刚顶经》瑜伽修习毗卢遮那三摩地法曰：‘演说如来三密门，金刚一乘甚深教。’”——转引自丁福保编《佛学大辞典》

② Mahābhijña，大神通、大神通者。“神通，变化莫测谓之‘神’，通达无碍谓之‘通’”。——转引自《佛学常见词汇》

带来及时的充沛降雨。

24. He knew the three qualities, pacified the disasters, constantly brought happiness, and is therefore remembered as the Śāntikara.

他知道这三种品质①，熄灭了各种灾难，不断地带来幸福，并因此被称作“尚蒂卡拉”（Śāntikara，缔造和平）② 而为人们铭记。

25. He acquired tremendous divinity, immense wisdom, the position of the Vajrācārya and greatness. He acquired such enormous prosperity and divinity that no one ever had in the past and no one ever would in the future.

他获得了极大的神威③，无量的智慧，金刚阿阇梨的地位和荣耀。他获得了前无古人、后无来者的如此巨大的荣光和威力。

26. Having removed chaos and misery, and brought happiness and celebration everywhere, the Bodhisattva Śāntaśrī was famously lauded in all three worlds.

消除了混乱和痛苦，并带来了无处不在的幸福与喜庆，这位菩萨尚蒂室利在所有三界受到了交口称赞。

27. Many people, who sought the auspicious, went to his refuge to serve him, knowing that the merit received would be the instrument for virtue and prosperity.

许多人，他们寻求吉祥，皈依于他的佑护，而侍奉他，因为知道依此将得到美德与兴旺。

---

① Triguṇa，或译为“三德”，此处指数论所说自性谛之三德，即喜（sattva）、忧（rajas）、暗（tamas）。See *Svayaṃbhū Purāṇa*, by Min Bahadur Shakya, Shanta Harsha Bajracharya, Nagarjuna Institue of Exact Methods, P. O. Box 100, Chakupat, Lalitpur, Nepal, 2001.

② Horst Brinkhaus, Śāntikāra's Nāgasādhana in the Svayaṃbhūpurāṇa: A Medieval Legend of a Rain Charm in the Nepal Valley, *Journal of the Nepal Research Centre*, vol. 12 (2001), pp. 17 – 38.

③ Mahābhijña |

28. The one who takes up his refuge, and devotedly serves him and ritually worships him, would receive great happiness.

一个接受了他的佑护，并虔诚地侍奉他，依礼仪崇拜他的人，会领受到极大的幸福。

29. Their souls would be purified and freed of misery, they would have complete control over their organs; and they would be filled with great virtues, prosperity and divinity.

他们的灵魂会被净化并摆脱烦恼痛苦，他们会完全掌控自己的感官；并且他们会具足伟大的美德、繁荣和神性。

30—31. The one who meditates and remembers him, and chants his name with devotion, his sins are destroyed, his mind, speech and body become divine, he acquires virtues manifold and finally becomes established into Bodhi.

冥想和忆念他、虔诚地吟诵他的名号的人，他的罪业将被摧毁，他的三曼荼罗（心灵、言语和肉体）变得清净，他将获得各种各样的美德并最终成为菩提行者。①

32. The virtuous men who wish to acquire merit go to his refuge and praise him constantly.

希望获得功德的有品质的人，皈依于他，并不断地赞美他。

33. When the Lord of Sages preached to the assembly so, everyone, having received the knowledge, was pleased and thus praised the Śākyamuni.

当圣贤之主向与会信众这样说教时，每个人，获得了知识后，都十分欢喜并因此称赞释迦牟尼佛。

34. The Great King Guṇakāmadeva who was the mine of all virtues, stayed there for a long time doing the welfare of sentient beings.

---

① Bodhi-cārin |

伟大的国王古纳喀玛德瓦，他是所有美德的宝藏，驻留在那里很长时间，从事利益有情众生之事。

35. After a long time had passed, his body became frail with age, organs atrophied with senility. Yet he was unperturbed and he started to think and meditate.

过了很长一段时间之后，他的身体随着年龄增长而变得虚弱，脏腑随着衰老而萎缩。然而他内心并未受到扰乱，他开始思考和禅定。

36. He thought, "My body has become old and frail, how long am I to live in this body? My death is certain, according to God's laws."

他想，"我的身体已经变得衰老和孱弱，在这个肉身里我还能够活多久？根据神的法则，[①] 我的死亡命终纯属必然"。

37. "Therefore, for the protection of the Kingdom, I must pass the kingdom to my son and crown him King."

"所以，为了保护这个王国，我现在必须把王位传给我的儿子，灌顶加冕他为国王。"

38. With these thoughts, the King inaugurated his son Narendra-deva into the throne, and gave him advice.

带着这些想法，国王让他的儿子纳兰德拉德瓦正式登上王位，并赐言忠告。

39. "Dear Son, you must prudently practice and uphold the principles of dharma, and praise the tri-ratna, in order to bring happiness and prosperity."

"亲爱的儿子，你必须审慎地实行和坚持正法的原则，并且恭敬赞美三宝（佛法僧），以便带来幸福和繁荣。"

40. "Henceforth, you are the King of the entire world. You must

① daiva-yogeṇa，根据业力。

practice the discipline of dharma and work for the welfare of all sentient beings."

"从今以后，你是这整个世界的有威势的国王。你必须实行法的戒律，并为一切有情众生的福祉而尽力。"

41. "Protect your people in accordance to the dharma, and praise the tri-ratna, in order to maintain happiness and prosperity."

"依照正法来保护你的人民，并恭敬赞美三宝，以便保持幸福和繁荣。"

42. Having disciplined his son, the old King who was now detached, renounced all his possessions and left for the forest.

训导了他的儿子后，现在已经超然于世的老国王，放弃了他所有的财富而离开去往森林。

43. Then the wise man, who had been purified in mind, speech and body, went into sublime trance in solitude.

然后，这个智慧的人，三曼荼罗（心灵、言语和肉体）已被净化，在静寂中进入了崇高的禅定状态。

44. After a long time had passed, his mortality caught up to him; and in remembrance of the tri-ratna, he abandoned his body and transcended into the Sukhāvati realm (Realm of the Buddha).

过了很长一段时间之后，他的必死的命运降临于他；在三宝的忆念中，他舍弃了自己的肉身，进入了极乐世界（佛之领域）。

45. Then the King Narendradeva protected his subjects with wisdom and prudence just as Indra protects the heavens.

然后国王纳兰德拉德瓦用才智和审慎来保护他的臣民，正如因陀罗保护诸天一样。

46. The King's soul was purified, for he sought the qualities of the good dharma. So he went to the refuge of the Śāntikara Acharya.

国王的灵魂被净化了，因为他寻求善法的品质。于是他皈依尚蒂卡拉阿阇梨。

47. In his asylum, the King obeyed every command of the ācārya. He perpetuated good deeds while praising the tri-ratna.

在阿阇梨的佑护下，国王服从了他的每一个教令。他在恭敬三宝的同时，也使善行长存。

48. He went on pilgrimages to every holy place, where he bathed ritually and provided lavish offerings to please his ancestors.

他[1]继续朝圣活动到每一个神圣的地方，在那里他按照仪轨沐浴和提供丰富的祭品饭团来取悦他的祖先们。

49. He visited the eight vītarāgas, the protectors of the world, and ritually worshipped and served them occasionally.

他拜访了八位离染净者，世界的保护者们，并按照仪轨崇拜和不定期地服侍他们。

50. He ritually worshipped, sang praises, served and celebrated the great Goddess Khagānanā to please her.

他依礼仪朝拜，唱诵赞诗，侍奉和庆祝吉祥伟大的女神卡格纳娜以使她愉悦。

51. At the caitya of the Mañjuśrī that lay on the Pucchāgra Mountain, he ritually worshipped, served and sang praises of him.

在文殊师利的支提，位于牛尾山山上，他按照仪轨敬拜、侍奉和唱诵他的赞美诗。

52. At the Vāyupura where the Wind God lived with his attendants, the King ritually worshipped and sang praises of the Wind God.

在风神（瓦由，风元素）及其侍者们居住的处所，国王依礼仪敬拜和唱诵风神的赞美诗。

53. At the Vahnipura, he ritually worshipped and sang praises of

① 纳兰德拉德瓦。

the Fire God and his attendants.

在火神（瓦诃尼，火元素）的处所，国王按照礼仪敬拜和唱诵火神及其侍者们的赞美诗。

54. At the Nāgapura, where the Serpent Lords lived with their attendants, he ritually worshipped, served and sang their praises.

在蛇王（那伽，水元素）的处所，蛇王们及其侍者们居住的地方，他按照仪轨崇拜、服侍和唱诵它们的赞美诗。

55. At the Vasupura, where the Goddess Earth lived with the maṇḍala, he ritually worshipped, served and sang her praises.

在大地女神（瓦苏，土元素）的处所，大地女神[①]依曼荼罗生活的地方，他按照仪轨崇拜、服侍和唱诵她的赞美诗。

56. At the Śāntipura, where the Lord Samvara lived with his attendants, he ritually worshipped, served and sang his praises.

在寂静[②]的处所，吉祥商波罗[③]与其侍者们生活的地方，他按照仪轨崇拜、服侍和唱诵他的赞美诗。

57. Then the King went to pay homage to the Dharmadhātu, and thus worshipped, praised and served him devotedly.

然后，人中因陀罗走去致敬法藏，并按仪轨虔诚地敬拜、赞美和侍奉他。

58. In this way the King who sought the qualities of the good dharma constantly praised the Three Jewels, and practiced and preached the good and the auspicious.

就这样，寻求善法品质的人主不断地恭敬赞美三宝，并且践行和宣扬美德与吉祥。

---

① Vasudhārā，音译瓦苏塔拉，佛教的大地女神，亦掌财富。

② 尚蒂、和平、息灾。

③ Sambara，也写作Śambara，Saṃvara，音译为“商波罗”或“香巴拉”，有律仪、防止、防护之义，佛教怛特罗密教神名，或许与大黑天的侍者呈愤怒相的黑噜迦（饮血者）有关或者等同。

59. The King who went on pilgrimages and performed good deeds also attempted to enlighten his all subjects onto the path of Bodhi.

这位继续朝拜活动和进行善举的国王，也试图启发他的所有的臣民走上菩提之路。

60. The people heeded the discipline of the King by performing auspicious deeds and going on pilgrimages.

人民听从国王的训导，也进行善举和朝圣活动。

61. Therefore, they worshipped the eight vītarāgas, the Goddess Khagānanā, the five Gods and the shrine of the Mañjuśrī.

因此，他们崇拜八位离染净者、卡格纳娜女神、五方神和文殊师利支提。

62. They worshipped and sang praises to please the Lord of the world—the Dharmadhātu Jinālaya.

他们按照仪轨崇拜和吟诵赞美诗来取悦世界之主——法藏胜者之地。

63. Due to the influence of such profound dharma, auspiciousness spread everywhere. There was no disaster, only celebration in all directions.

由于正法如此深厚的影响，祥瑞传遍四方。灾难除却，喜庆弥漫。

64. Thus, the King Narendradeva practiced the Bodhicaryā vow and preached it for the sake of the world.

因此，人主纳兰德拉德瓦践行了菩提行誓言并且为了世界的利益而弘扬它。

65. He preached the path of Bodhi to his subjects as well as outsiders, teaching them that the path of Bodhi would bring welfare to the whole world.

国王也向他的臣民们以及外来者宣扬菩提道路，教导他们菩提之路会给整个世界带来福祉。

66. In this way, the Bodhisattva King, who was the Lord of the world, indulged in the welfare of all sentient beings and spread auspiciousness for a long time.

就这样，这个犹如因陀罗的国王，菩萨，世界之主，在很长的一段时间里沉浸于一切有情众生的福祉和传播吉祥。

67. The ācārya Śāntikara, who was prosperous, virtuous and divine, did not seek to attain final nirvāṇa even thought he was of advanced age.

阿阇梨尚蒂卡拉，这位威德广大和神圣的导师，即使他年事已高，也不追求获得最终的涅槃。

68. Because he wished to establish peace and desired welfare of all sentient beings, he started to meditate in solitude.

因为他希望缔造和平并渴望利益一切有情众生，他开始在寂静中禅定。

69. In a great flame, he who was a Bodhisattva, Mahāsattva and son of Buddha, planted a wish - fulfilling flag named Cintāmaṇi.

在一团巨大的圣火中，他，一个菩萨、大菩萨和佛子，布下了一个名为“如意珠”的满愿标志。

70. He meditated, chanted Dhāraṇī mantras and other incantations, performed yoga and went into trance and practiced Sambodhi with a steady mind.

他冥想、吟诵陀罗尼咒语和其他密咒，实行瑜伽并进入禅定，带着平定的心实践三菩提。

71. When good dharma is absent and the world resorts to the “Five Turbidities”, the Acharya shall rise from his trance to teach the good dharma.

当善法不在，世界诉诸“五浊”[①] 时，阿阇梨将从他的禅定中升起以教授善法。

72. “During times when Buddhas and enlightened ones are not present to provide knowledge, I must rise to grant knowledge.

“当佛陀和本觉者们不出现提供真识[②]的期间，我必须站起来传授真识。

73. I must divert the people from the path of crime and bring them onto the path of Bodhi, and thus preach the good dharma.”

我必须使人们从罪恶的道路上转向，带他们走上菩提之路，并因此弘扬善法。”

74. With these thoughts, the ācārya Śāntikara went into trance and remains in trance for the sake of all sentient beings.

带着这些想法，阿阇梨尚蒂卡拉进入了禅定状态，并且为了一切有情众生的利益而保持在瑜伽禅定。[③]

75. Thus, the Master of three qualities, the wise Bodhisattva, who had vowed for the welfare of sentient beings, still exists for the sake of the world.

因此，具有三德[④]的法师，发誓为有情众生的福祉而效力的智慧的菩萨，为了世界的利益仍然健在。

76—77. They who go to his refuge, and remember and meditate on

---

① Pañcakaṣāya，五浊被认为是末法时代的标志。当人类平均寿数不到100—110岁时，五浊标志着宇宙周期循环中的这个时期，五浊即：（1）命浊（āyuḥkaṣāyaḥ）；（2）见浊（dṛṣṭi）；（3）烦恼浊（kleśakaṣāyaḥ）；（4）众生浊（sattvakaṣāya）；（5）劫浊（kalpakaṣāya）。佛不在此时期出现。

② Śāstra，正论、圣教。

③ Yogasamāhita，瑜伽入定。

④ 此处对“三德”的解释，“凡夫具惑业苦三缚，大圣则具三德，如《涅槃经》说大涅槃所具之三德：一、法身德，佛之本体，身有常住不灭之法性者。二、般若德，般若译作智慧，法相实觉了者。三、解脱德，远离一切之系缚，得大自在者”。——转引自《佛学次第统编》

him with respect, and chant his names and sing his praises with devotion, become Bodhisattvas, and are filled with wisdom, prosperity and virtues.

凡是皈依于他，怀着极大的尊崇、忆念和冥想他，并带着虔诚吟诵他的名号和唱诵他的赞美诗的人，他们将成为菩萨，并充满智慧、繁荣和美德。

78. Organs purified, they start to dwell in the Four Sublime Abodes, and practicing the Bodhicarya vrata, they work for the welfare of the world.

感官净化了，他们开始安居于四梵住，践行菩提行神圣誓言，他们将为世界的福祉而效力。

79. Having gradually fulfilled the steps of Bodhi, they become Arhants, acquire Bodhi and ultimately receive Buddhahood.

逐渐完成菩提资粮的阶次后，他们将成为阿罗汉，获得菩提并最终得到佛位。①

80. They who carefully listen to the glory of these qualities in return receive prosperity, divinity and virtues.

仔细聆听这些光辉品质的人，作为回报，他们获得繁荣、神性和美德。

81. With this knowledge, they who desire the acquisition of such great virtues must respectfully listen to the glory of such qualities.

有了这样的知识，渴望获取如此伟大功德的人，他们必须恭敬地聆听如此品质的荣耀。

82. Upon hearing such commands of the Munindra (Buddha), they, who were present at the assembly, were highly pleased and thus lauded the Lord.

---

① 在此说明本书“得到、达到或取得‘佛位’、‘佛果’”译法。可由《般若波罗蜜多心经》译文得到旁证，在经文“经”的解释中，“此经是替大乘菩萨登佛位说的”。

当听到牟尼之主（佛陀）的如此命令时，那些在法会现场的众生，他们都异常喜悦，因此，齐声赞美世尊。

The ninth chapter of the *Svayaṃbhū Mahapurāṇa* that discusses the glory of the qualities of Śāntikara concludes thus.

《斯瓦扬布大往世书》的第九章讨论了“吉祥的大阿阇梨尚蒂卡拉的光辉品质”，在此结束。

Chapter Ten

第十章

1. Then the Lord Buddha, facing towards the assembly, addressed the wise Maitreya:

于是佛世尊，面对着与会的大众，向智者弥勒说道：

2. "Maitreya, listen carefully, I shall speak of the Mañjuśrī, who is the world's guru, who grants the Sambodhi and the great qualities of the Dharma.

"弥勒啊，请仔细听，我要提到文殊师利——他是世界的导师，他赐予三菩提真识和微妙正法的伟大品质。

3. The Bhikkhunī present here named Cūdā is virtuous in conduct, and practices maidenhood. She has devotedly worshipped the shrine of Mañjuśrī.

出现在这里的名叫朱达的比丘尼品德纯洁，修持梵行。① 她虔诚地敬拜文殊师利支提。

4. Each day, she offers a pure garland of lotuses to the caitya. She expresses her devotion through constant remembrance, meditation, prayer and worship.

每日，她依仪轨为支提奉献一串纯洁的蓝莲花花环。通过经

---

① brahma-cārin，梵行，印度教法规定的修身原则。

常的忆念、冥想、祈祷和敬拜表达她的虔诚。

5. She chants the great Dhāraṇī mantra of the Nine Syllables—'Aum Cale Cule Vande Svaha.'

她吟诵九音节大陀罗尼咒语——'唵，折勒，主勒，温逮，娑瓦诃'。[①]

6. Due to the merit amassed in doing so, the Bhikkhunī has acquired the 'Five Knowledges' in twelve years.

由于这么做所积累的功德，比丘尼朱达在十二年里获得了'五神通'[②]。

7. She has acquired perfected wisdom, plenitude of wealth, prosperity and virtues manifold. She practices the Bodhi vows for the sake of sentient beings.

她获得了圆融的智慧、吉祥、繁荣和各种各样的品质。为了利益众生她践行菩提誓言。[③]

8. She has become an Arhantī, a great scholar, pure in mind, speech and body. Having received the Three types of Bodhi, she shall attain Buddhahood.

因此她已经成为一个阿罗汉尼，一个三曼荼罗（心灵、言语和身体）纯洁的伟大的学者。得到了三菩提后，她将获得佛的果位。

9—10. If the worldly beings take refuge at the shrine of Mañjuśrī and chant the dhāraṇī incantations with devotion, they would be freed of their sins; their mind, speech and body would be purified; they would acquire prosperity and virtues; and having conquered their organs, become Bodhisattvas.

① 此咒意为"以有生之力躬身敬拜"。

② Pañcâbhijñā，五神通，即天眼通、天耳通、他心通、宿命通和如意通。

③ 完成了菩提资粮。

如果世间的众生在文殊师利的支提皈依并虔诚吟诵陀罗尼经咒，他们会摆脱自己的罪恶；[①] 他们的心灵、言语和身体会被净化；他们会获得繁荣和美德；征服了他们的感官之后，将成为菩萨。

11. They would receive the five types of Knowledge and dwell in the Four Sublime Abodes. They would practice the Bodhi vows for the sake of all sentient beings.

他们会得到五神通并安居于四梵住。他们会为了一切有情众生的利益践行菩提誓言（菩提戒律）。

12. Having duly fulfilled the vow of Bodhi, they would defeat the bodily desires, be freed from obstacles and their organs would be cleansed.

因此，依次完成菩提资粮后，他们将会击败肉欲魔军，摆脱各种烦恼，他们的感官将会得到净化。

13. They would become Arhants, and receive perfected wisdom as a result of their Bodhi practices. Having acquired the Three types of Bodhi, they would ultimately attain Buddhahood.

他们会成为阿罗汉，并作为他们菩提实践的结果，得到完美的智慧。获得了三菩提知识后，他们最终会达到佛位。[②]

14. You all must take refuge at the shrine of Mañjuśrī, and chant the dhāraṇī incantations with a Bodhi mind.

你们所有的人都必须以文殊师利支提作为信仰依止之所，并吟诵带有菩提心的陀罗尼咒语。

15. Through the merit received, your mind, body and speech will be purified. You all shall become the children of Buddha.

通过领受的功德，你们的三曼荼罗（心灵、肉体和言语）将

---

① vikalmaṣa，一尘不染、无罪。

② Sambuddhapada，佛陀的果位。

得到净化。那么你们所有人都将成为佛陀之子。

16. You shall become Bodhisattvas and Mahāsattvas, acquire gentleness, prosperity and virtues, and perfected wisdom.

你们将成为菩萨、大菩萨，取得温雅、繁荣、美德以及圆融的智慧。[①]

17. Having completed the steps of Saṃbodhi, you shall conquer bodily desires and dwell in the Four Sublime Abodes.

因此，依次完成了三菩提资粮[②]后，你们将征服一切肉欲魔军，安居于四梵住。

18. You shall become Arhants, and after the acquisition of Three types of Bodhi, attain Buddhahood. If you desire enlightenment, heed my words, for they are true."

你们将成为阿罗汉，并在获得三菩提之后，达到佛位。如果你们渴求觉悟，留心我的话，因为它们是真言实语。"[③]

19. As the Lord of Sages commanded the assembly, the audience assented to abide, and praised the Lord happily.

当圣贤之主教导信众敬拜文殊师利支提时，广大信众与僧团一致赞同遵守，并欢喜地赞颂世尊。

20. Then the men and the gods, Brahma, Indra and the rest, as well as the lords of other realms, along with their kinsmen, were all pleased.

于是人们和众神，包括梵天、因陀罗以及其他领域的天神和领主们，与他们的亲属一起，皆大欢喜。

21. Having saluted and venerated the Lord Buddha and his saṅgha

---

① 成为贤善、繁荣与优秀品质的源泉，成为大智慧者、世界的主人和贤行者。

② Saṃbodhi，菩提步序：菩提，正等菩提，三菩提，圆觉，觉悟，正觉（最高的智慧，Saṃbodhisaṃbhāra）。

③ Satya，真谛。

with pradakṣiṇa, they returned to their respective abodes.

赞美和敬拜并向薄伽梵牟尼之主和他的僧伽做右绕拜仪后，他们返回了各自的住处。

22. Mortals, kings with their courtiers and subjects, having saluted the Lord of the Sages along with his saṅgha, returned to their own homes.

凡人、国王们与他们的侍臣和国民们，做了右绕拜仪，敬拜了圣贤之主连同他的僧伽后，返回了各自的住所。

23. The demigoddess Hārītī, who was the protector of the dharma, who was the daughter of Buddha, venerated the tri-ratna with praises and worshipped the Dharmadhātu.

半神鬼子母诃利蒂，是佛法的保护者，是佛陀的女儿，她用赞美诗赞颂三宝并顶礼膜拜了法藏。

24. Then the Lord Buddha, along with his saṅgha, rose up, and illuminating the atmosphere with his locks, returned to his abode.

然后薄伽梵，与他的僧伽一道，起身，他的发髻金光照亮了苍穹，返回了他的居住地。

25. Then the Lord of all three worlds, who lived with his saṅgha, in order to preach the dharma for the sake of the world, started wandering.

那么，与僧伽住在一起的整个三界之主，为了世界的利益宣扬微妙正法，他们开始了云游。

26. "I have narrated the story told to me by my own guru, King. Act in accordance, and be pleased."

"国王啊，我已经讲述了我自己的导师讲给我的同样故事。依此行动，称心如意。"

27. Upon hearing such commands from his guru, the King Aśoka, who was pleased, saluted his guru and said:

大王阿育王听到导师、阿罗汉如此指示后，十分欢喜。他礼敬了导师并说道：

28. “O Guru, I certainly wish to behold the Svayaṃbhū. Therefore, I ask you to grant me permission to depart for Nepal.”

“哦，尊者啊，我确实渴望去目睹斯瓦扬布。因此，我请您允许我离开此地，前往尼泊尔。”

29. Having heard the prayers of the King, the monk Upagupta was pleased, and looking at the great King, answered:

听到了国王的祈求后，僧侣乌帕笈多心生欢喜，他看着伟大的国王，答道：

30. “Very well, King, proceed to behold the Lord Svayaṃbhū; praise and venerate him devotedly.

“好极了，国王啊，大菩萨啊，去看看斯瓦扬布主；虔诚地赞美他和敬拜他。

31. “Bathe and donate at every sacred pilgrimage; praise, venerate and worship the eight vītarāgā.

“在每一个神圣的朝圣地沐浴和布施；赞颂、致敬和崇拜八位离染净者。

32. “Go to the refuge of the mother of Buddha—the Great Goddess Khagānanā, and pray, praise and pay homage to her.

“皈依佛母——伟大的女神战胜自我者卡格纳娜，向她祈祷、赞美和敬拜。

33. “Visit the abodes of the five elemental deities, and worship, serve and praise those gods.

“依仪轨拜访五元君[①]神灵的处所，崇拜、侍奉和赞颂这些神灵。

---

① 即五元素，五方神。

34. “Then visit the shrine of Mañjuśrī to worship and serve him, and chant the dhāraṇī mantras.

“然后访问文殊师利支提，依仪轨崇拜和侍奉他，并吟诵陀罗尼咒语。

35. “You will find an ācārya inside a cave, in a state of trance; worship, serve, salute and praise him devotedly.

“你将在一个山洞里面找到一位处于禅定状态的阿阇梨；虔诚地崇拜、侍奉、致敬和赞美他。

36. “Similarly, there are other great beings in service of the Dharmadhātu, and you must venerate and serve them with respect.

“同样，有其他的大菩萨在为法藏服务，你必须带着崇敬的心情礼拜和侍奉他们。

37. “Through this merit, your soul will be purified, you shall be the source of all virtue, glory and auspiciousness; you shall become a Bodhisattva, a Mahāsattva, and the protector of the world.

“通过这样的功德，你的心灵将被净化，你将是所有贤善和优秀品质的源泉；你将成为一个菩萨、一个大菩萨和这个世界的佑护者。

38. “You shall cross the steps of Bodhi, become an Arhant, receive the Bodhi knowledge and ultimately attain Buddhahood.

“你将依次完成菩提资粮，成为一个阿罗汉，领受菩提正觉，最终取得佛位。

39. “With the knowledge of this truth, if you seek the Sambodhi knowledge and contentment, follow my instructions and you shall receive great happiness due to the grace of the Dharmadhātu.

“有了这种真理的认知，如果你渴望寻求三菩提真识和获得圆满，就依循我的指教，由于法藏的魅力你将感受到极大的幸福。

40. "Go there joyously to behold the Dharmadhātu, and ritually worship, praise and pay homage to him.

"高高兴兴地去那里一睹法藏，按仪轨礼拜、赞美向他表达敬意。

41. "Go, and may you be blessed, may your wishes come true. Worship the Svayaṃbhū according to your desires, and be pleased."

"去吧，愿你得到佑护，祝你吉祥如意。依照你的愿望去朝拜斯瓦扬布，一定会称心如意。"

42. Upon hearing the commands of his guru Upagupta, the wise King, who was pleased to have received permission to depart, thereby saluted the monk.

听到导师乌帕笈多的指示，这位得到允许离开的智慧的人主，十分欢喜，因而向僧侣敬礼。

43. Then the King gathered his courtiers and subjects and departed in a celebratory manner.

然后人主国王召集了他的侍臣和国民并以吉祥的告别仪式启程。

44. During the journey, the King delighted the people with festivities and celebrations; and he reached Nepal.

在旅行期间，王中因陀罗所到之处以节日和庆祝的形式令民众欢喜；之后他到达了尼泊尔。

45. As he caught the auspicious sight of the Svayaṃbhū from afar, the King, who was pleased, saluted the caitya with his hands.

当他从远处目睹到吉祥的斯瓦扬布的景象时，国王心生欢喜，他双手合掌致敬支提。

46. Seeing the celebratory mood surrounding him, the King delightedly approached closer.

看到斯瓦扬布被喜庆祥和的气氛所环绕，国王高兴地上前，贴近。

47. The King bathed and donated at each sacred site, and practiced his vows.

依次序，人王在每一处神圣的朝圣地，都依仪轨沐浴和做供奉，并践行他的誓言。

48. Contented at the sight of the eight vītarāgā, the King worshipped, praised and served them in order.

国王观瞻到八位离染净者心满意足，他依仪轨对他们敬拜、赞美和侍奉他们。

49. He, who was highly pleased as he auspiciously beheld the Dharmadhātu, worshipped, served and paid homage to the Jinālaya.

国王非常欢喜，因为吉祥地看到了法藏；他崇拜、侍奉和礼拜胜者之地。

50. He then visited the abode of the Wind God and his attendants, and worshipped, served and praised the deity orderly.

然后他拜访了风神及风神的侍者们的处所，并依仪轨敬拜、侍奉和赞美这位神灵。

51. At the abode of the Fire God and his attendants, the King ritually prayed to, worshipped and praised the God.

在火神及火神的侍者们的处所，国王依仪轨向他祈祷、敬拜和赞美这位神灵。

52. Then he went to the abode of the Serpent Lord and his attendants, and in order, prayed to and worshipped them, and joyously sang their praises.

然后他走到蛇王及蛇王的侍者们的处所，依仪轨向他们祈祷和礼拜，并且快乐地唱诵他们的赞美诗。

53. At the abode of the Earth Goddess and her attendants, he pro-

cedurally worshipped, praised and venerated her.

在大地女神和她的侍者们的处所，他依仪轨礼敬、赞美和崇拜她。

54. At the peaceful abode of the Śrīmatsambara and his entourage, the King venerated, prayed to and lauded the deity.

在吉祥的胜乐金刚及其侍者们的寂静处所，国王依仪轨敬拜、祈祷并赞颂这位神灵。

55. The King then visited the Acharya Śāntikara who remains in a state of trance, and was happy to venerate him with meditation, prayers and devoted worship.

然后国王拜访了阿阇梨尚蒂卡拉，他仍处于禅定状态，并很高兴通过冥想、祈祷和虔诚的膜拜来侍奉他。

56. In order, he venerated the upholder of dharma, the Great Goddess Khagānanā with devoted worship, servitude and laudation.

依仪轨，他崇拜佛法的护持者、大自在女神卡格纳娜，带着虔诚，极其谦恭，唱诵赞美。

57. He bowed to the Omniscient One, whose eyes are like lotuses, who is the epitome of compassion, who is the enlightened one, who is gentle and kind, who is the lion of the Śākya dynasty, who is the ruler of the world.

国王向正遍知躬身礼敬，他的眼睛像莲花，他是慈悲的化身，他是彻悟者，温柔而善良，他是释迦王朝的狮子，他是世界的主宰者。

58. "I bow to he who is dense with glory, the prosperous, the supreme, the upholder of principles, the benevolent, the one who grants prosperity, the idol of peace, the tranquil."

“我向他躬身敬拜，他充满光辉、繁荣，他至高无上[①]，他是功德聚、持法者[②]、仁慈者、赐予繁荣的人，他是和平和宁静的化身。”

59. “I bow to he who discards the existence of soul, who does no wrong, who does not accumulate possessions, who is well versed in law and prudence, whose mind is pure and pristine, who is unblemished.”

“我向释迦狮子敬拜，他抛弃了灵魂之所[③]、不犯错[④]、不积财，通晓法律并审慎从事，他思想纯洁、质朴，没有瑕疵。”

60. “I bow to he who is not in conflict, who is selfless, who is irreplaceable, who knows the reality of form, who removes all misery, who is free of the five worldly elements.”

“我向他敬拜，他不卷入冲突[⑤]，无私[⑥]，无分别[⑦]，真如（懂得形式内的真实）[⑧]，消除一切烦恼，无戏论[⑨]。”

61. “I bow to the Lord of the whole world, the special one, within whom the form of the world resides, who is the protector of all, who is complete with the virtues of the world, who is devoid of worldly attachments.”

“我向整个世界之主敬拜，他殊胜妙相，世界形象的缩影，他是众生的保护者，具足世上的所有美德，没有世俗的执着[⑩]。”

---

① śreṣṭha，上士。

② śīlaśīla，持戒者。

③ nairātman，无我。

④ niravadya，无可指责。

⑤ nirdvandva，不相违。

⑥ nirahaṃkāra，不自负，不自私。

⑦ nirvikalpa，无分别，无妄想，离妄想。

⑧ tathāgata，如实。

⑨ niṣprapañc，无戏论，不戏论，离戏论。

⑩ vītarāga，离欲，离欲者，已离欲。

62. "I bow to he who possesses knowledge, who is the master of the world, who exudes a calm energy, who is humble, who is unblemished, who is free of delusions."

"我向他敬拜，他拥有真识，世界的导师，散发着平静的能量，谦逊，完美无瑕，摆脱了妄想。"

63. "I bow to he who pacifies the wild, who brings calm and peace, who is pure, who is the abode of the Five Buddhas, who is gentle, auspicious, whose fame has spread in all directions."

"我向他躬身下拜，他平定野性，带来安宁与和平，他纯洁，他是五佛的居所，温柔、喜庆，声名远播四面八方。"

64. "I bow to the Lord of yogis, who possesses the ten strengths, who understands the world, who is revered by the world, who is the teacher of the world, who is the idol of the world, who is the master of the world."

"我向瑜伽士之主躬身敬拜，他拥有十力①，懂得这个世界，被世界崇敬，他是世界的导师，世界的偶像，他是世界之主。"

65. "I bow to he who is free of blemishes, who is the enemy of desire, who is the sole teacher of the world, who is the source of all art and skill, whose aura is of energy, who is compassionate, whose body is golden."

---

① Daśabalaḥ，如来之十力也。一、知是处非处智力，处者道理之义，知物之道理非道理之智力也。二、知三世业报智力，知一切众生三世因果业报之智力也。三、知诸禅解脱三昧智力，知诸禅定及八解脱三三昧之智力也。四、知诸根胜劣智力，知众生根性之胜劣与得果大小之智力。五、知种种解智力，知一切众生种种知解之智力也。六、知种种界智力，于世间众生种种境界不同而如实普知之智力也。七、知一切至所道智力，如五戒十善之行至人间天上八正道之无漏法至涅槃等，各知其行因所至也。八、知天眼无碍智力，以天眼见众生生死及善恶业缘无障碍之智力也。九、知宿命无漏智力，知众生宿命又知无漏涅槃之智力也。十、知永断习气智力，于一切妄惑余气，永断不生能如实知之智 力也。出智度论二十五，俱舍论二十九。——转引自丁福保编《佛学大辞典》

“我向他躬身敬拜，他摆脱了各种瑕疵，他是欲望之敌，他是这世界的唯一的导师，他是所有艺术与技巧的源泉，他的光环充满能量，他慈悲为怀，身体呈赤金（金黄）色。”

66. He then proceeded towards the Mañjuśrī caitya, which lies close to the Dharmadhātu, and venerated the shrine with worship, service and praises.

然后，他走向位于法藏近旁的文殊师利支提，依仪轨，敬拜、供奉和唱诵，虔诚崇拜这一圣地。

67. To his pleasure, he again worshipped the Dharmadhātu Jinālaya, and joyously paid homage to him with praises and salutations.

随其兴致，他再一次按仪轨敬拜法藏胜者之地，并愉快地用赞美诗和礼拜向他示诚。

68. “I bow to the Svayaṃbhū, the abode of the Buddha, who exists in the form of light, who is the embodiment of wisdom and consciousness.”

“我向斯瓦扬布躬身敬拜，这个佛陀的居所，他以光的形体存在，他是智慧和觉悟的化现。”

69. “I bow to he who removes bodily desires, who grants prosperity, who is the embodiment of the life force, who is the face of the world, who is kind to his devotees.”

“我躬身敬拜，他消除了肉体的欲望，赐予繁荣，他是生命力的化身，他是世界的面孔，他对他的信徒们施以仁慈。”

70. “I bow to he who conjures the five elements, who understands the world, who creates the world, who protects the world, who destroys the world.”

“我向他躬身敬拜，他召唤五大种①，他理解世界，创造世

① 五大种或五大元素：地、水、火、风、空。

界，保护世界，毁灭世界。”

71. “I bow to he who can be attained through meditation, who is the goal of meditation, who grants dharma, artha, kāma, mokṣa.”

In this way, the Aśoka repeatedly prayed to the Lord and also asked for forgiveness.

“我向他躬身敬拜，通过冥想能够被获得，他是冥想的目标，他赐予法、利、欲、解脱。”

因此，阿育王不断地向斯瓦扬布主祈祷，并且也请求宽恕。

72. Then the King praised the devotees of the Dharmadhātu, who were divine beings, and served them respectfully.

然后国王称赞了法藏的所有的信徒①，他们是神圣的众生，并恭敬地侍奉他们。

73. In this way, the King Aśoka went to the refuge of the Dharmadhātu, and praising the tri-ratna, practiced and preached the Bodhi path.

就这样，国王阿育王皈依法藏的庇护，赞美三宝，践行和宣传菩提道。

74. Then the merry King, along with his courtiers and subjects, was pleased to salute and venerate the Dharmadhātu with pradakṣiṇa.

然后，这位喜悦的国王，与他的侍臣和国民们一起，高兴地做右绕拜仪，向法藏礼拜和致敬。

75. The King returned to his city with great enthusiasm and visited the vihāra.

大地之主怀着极大的热情返回了他的城市，并走访了寺院。

76. Upon reaching the vihāra, the King saw the Arhant Upagupta, who was with his fellow Bhikkhus, and having saluted the monk, sat at

---

① upāsaka।

a corner of the gathering.

一抵达寺院，国王就看到阿罗汉乌帕笈多，正与他的僧团比丘们在一起，向导师行礼后，他便在集会的一处坐下。

77. At the sight of his arrival, the monk with a happy heart welcomed the King and asked him of his well-being.

看见他的到来，导师阿罗汉乌帕笈多带着愉快的心情欢迎大王并问候他的安康。

78. On hearing such words, the Protector of the World joined his hands venerating the Teacher, and happily bowing to him, commenced his address:

在听到这样的话语后，大地的保护者双手合掌向导师致敬，高兴地向他躬身行礼，开始说道：

79. "Guru, due to your benevolence and grace, I have returned in a good state. I am well."

"师尊，由于您的仁慈与魅力，我一切顺利地返回了家园，我很好啊。"

80. "Due to your benevolence, I journeyed to Nepal to behold the sacred sites where I bathed and donated lavishly."

"由于您的仁慈，我旅行到尼泊尔看到了所有的神圣的朝圣地，在那里我沐浴并慷慨捐助。"

81. "Then I visited the eight vītarāgas, and pleased them with rigorous worship, veneration and laudation."

"然后我拜访了八位离染净者，依仪轨，恭谨礼拜、敬奉和赞美他们。"

82. "I auspiciously beheld the Dharmadhātu Svayaṃbhū, whom I worshipped, venerated and praised in order."

"看到吉祥的法藏斯瓦扬布，我依仪轨崇拜、敬奉和盛赞他。"

83. "I visited the abode of the Wind God to venerate him, then

went to the abode of the Fire Deity to worship him as well."

"我拜访了风神的处所向他致敬，然后去了火神的处所也朝拜了他。"

84. "At the abode of the Serpent God, I worshipped the Serpent Lord. At the abode of the Earth Goddess, I worshipped the goddess devotedly."

"在蛇神的处所，我敬拜大蛇王。在大地女神的处所，我虔诚地敬拜了这位女神。"

85. "I went to the abode of the Śrīmatsambara to venerate him. Then I visited the Acharya Śāntikara, whom I ritually worshipped."

"我去了吉祥的胜乐金刚的处所对他敬拜。然后我拜访了阿阇梨尚蒂卡拉，我依仪轨敬拜他。"

86. "I then venerated and served the Goddess Khagānanā, and went to the shrine of Mañjuśrī to ritually worship him."

"之后我礼拜和侍奉女神卡格纳娜，又去了文殊师利的支提依仪轨朝拜他。"

87. "Guru, at the pious land of Nepal, I ritually worshipped, served and praised all the deities that resided there."

"尊者啊，在尼泊尔这片神圣的土地，我依仪轨，朝拜、侍奉和赞美了所有居住在那里的神灵。"

88. "Due to your grace, I have received immense merit. The purpose of my birth has been served, and my life has been blessed."

"由于您的恩典，我领受了巨大的功德。我的出生的目的一直被服侍尊崇，并且我的生命一直得到祝福。"

89. "Therefore, may I be able to eternally venerate the Dharmadhātu Jinālaya through constant remembrance, chanting of his name, meditation and laudation!"

"因此，愿我永远敬拜法藏胜者之地——通过不断的忆念，吟诵他的名号、冥想和赞美!”

90. Upon hearing such words of the King, the monk Upagupta was highly pleased, and looked at him and said:

当听到国王的这样的话语，阿罗汉乌帕笈多十分欢喜，看着他又说道：

91. “O King, you are blessed, for you have beholden the Dharmadhātu Jinālaya, and you must constantly remember, meditate and praise the Svayaṃbhū.”

“哦，大王啊，祝福你，因为你已经得到了法藏胜者之地的福佑，你必须不断地忆念、冥想和赞美斯瓦扬布。”

92. “Through this merit, may your soul be purified, may you receive gentleness, glory and virtues manifold, and become a Bodhisattva, Mahāsattva, and the Lord of Dharma.”

“通过这样的功德，愿你的心灵得到净化，愿你成为贤善、繁荣和各种美德的源泉，成为一个菩萨、大菩萨和一切正法之主。”

93. “Having crossed the steps of Bodhi, may you become an Arhant, and having received Bodhi, may you attain Buddhahood.”

“次第完成了菩提资粮后，愿你成为阿罗汉，获得三菩提正觉后，愿你迅速达到佛位。”

94. “The one who listens to the origin story of the Svayaṃbhū Dharmadhātu shall receive tremendous merit and the instrument for the acquisition of Sambodhi.

“凡聆听法藏斯瓦扬布起源的故事的人，将领受巨大的功德和获得三菩提的助力。

95. Having understood this, human beings must, therefore, listen to the origin story of Lord Svayaṃbhū with reverence and devotion.

理解这些后，于是人们必须，怀着崇敬和虔诚的心聆听斯瓦扬布主起源的故事。

96—97. They who listen to the origin story of the Svayaṃbhū Dharmadhātu and express reverence and devotion enthusiastically shall never be wretched or miserable; they shall never be disparaged. They will always reach a good state and become adorned with virtue, glory and prosperity.

那些聆听了斯瓦扬布法藏起源的故事，并表达崇敬和满腔热忱奉献的人，他们永远不会遭受不幸或苦难①；他们将永远不会受到歧视。他们将永远诸事顺遂②，成为贤善、繁荣和优秀品德的源泉。

98. They shall practice the Bodhi vow for the sake of sentient beings, and become perfectly enlightened, lords of the world and the children of Buddha.

为了利益一切有情众生，他们将践行菩提誓言，并成为圆满觉悟者、世界的主宰者和佛子。

99. Having crossed the steps of Bodhi for the sake of the world, they shall become Arhants. After the acquisition of Three types of Bodhi, they shall finally attain Buddhahood.

为了世界的利益跨越了菩提的阶次后③，他们将成为阿罗汉。在获得了三菩提之后，他们最终将获得佛果。

100. Having understood this, King, you must regularly listen to and tell of the greatness of Svayaṃbhū, for it is rare and is able to grant the Bodhi knowledge.

明了这些后，大王啊，你必须经常聆听并宣讲斯瓦扬布的光辉品质，因为这是殊胜的，并能够赐予菩提真识。

101. They who worshipfully and devotedly listen to the great quali-

① 堕入恶趣。

② 一转生便入正趣，走好运、幸福快乐之路。

③ 完成了菩提资粮后。

ties of Svayaṃbhū shall receive virtue and glory of the dharma.

那些恭敬并虔诚地聆听斯瓦扬布伟大品质的人，将领受到佛法的品德和荣耀。

102. They shall never be wretched or miserable, and will always be in a good state. They shall gain glory, prosperity, and virtue; and be rewarded with Bodhi.

他们将永离苦难，诸事顺遂①。他们将是贤善、繁荣和美德的护持者；并得到菩提的报偿②。

103. Therefore, you must listen and meditate to the pious story with joy; and remember and chant the name of Svayaṃbhū with immense veneration.

因此，你必须怀着愉快的心情聆听和沉思这大功德的故事；并且以极大的崇敬心情，忆念和吟诵斯瓦扬布的名号。

104. I, too, once listened to the story of the great qualities of the Dharmadhātu Svayaṃbhū to my pleasure.

国王啊，我也曾聆听过法藏斯瓦扬布伟大品质的故事，令我极度欢喜。

105. I then immediately went to Nepal, and bathed and lavishly donated at the sacred sites.

于是我立即前往尼泊尔，在那里的所有朝圣地沐浴并依愿捐献。

106. I worshipped the eight vītarāgas with devotion; and I devotedly worshipped the Great Goddess Khagānanā as well.

我虔诚地敬拜八位离染净者；我也虔诚地敬拜了伟大女神卡格纳娜。

107. I worshipped the shrine of Mañjuśrī and the abodes of the five

---

① 不会堕入恶趣，一出生便转至正趣，走好运、幸福之路。

② 获得菩提者。

elemental deities.

我敬拜了文殊师利支提和五元神的处所。

108. I visited and beheld the Śāntikara ācārya to serve him, and then I went to the refuge of the Dharmadhātu Svayaṃbhū.

我访问并拜见了尚蒂卡拉阿阇梨，侍奉他，然后我走向法藏斯瓦扬布寻求庇护。

109. I devoted myself to the joyful worship, veneration and praise of the Svayaṃbhū. In his asylum, I became a devoted servant of his.

我把自己献身于对斯瓦扬布愉快的崇拜、敬仰和赞美之中。在他的庇护下，我成为他的一个忠实的信士。

110. I sang praises of the Three Jewels, practiced the path of Bodhi, and through this merit, received purification of the soul and cleansing of the mind, speech and body.

我唱诵三宝的赞美诗，践行菩提之道，并通过这样的功德，获得了心灵的净化与三曼荼罗（思想、言语和身体）的纯洁。

111. Then I attained the Bodhi knowledge and became a son of Buddha. Knowing this, one who seeks salvation must follow my instructions.

于是我即刻获得了菩提真识，成为佛子。有识于此，渴望解脱的人们必须遵循我的教导。

112. One must worship and praise the Dharmadhātu regularly and with joy, and venerate him with remembrance, meditation and chanting of his names.

人们必须怀着愉快的心情经常敬拜和赞美法藏，用忆念、冥想和吟诵他的名号来敬拜他。

113. They must visit the Jinālaya to praise him, and constantly remember, praise, salute and meditate on the Jinālaya.

他们必须到访（佛家）胜者之地去赞美他，不断地忆念、赞美、礼敬和沉思胜者之地。

114. Consequently, they shall receive Bodhi enlightenment and attain the Buddhahood. The Lord Buddha has preached this fact.

因此，他们将得到菩提本觉的启蒙，并获得佛位。牟尼之主已经宣讲了所有的真实不虚。

115. You must listen and fathom the Dharmadhātu, remember him and chant his praises; and you must use sweet words to speak of it to others.

你必须聆听和感受法藏带来的快乐①，忆念他和吟诵他的赞美诗；并且你必须用甜美的语言向他人宣讲。

116. They who remember, meditate on and praise the Dharmadhātu forever would receive the merits of a caitya and their minds, speech and body would be cleansed.

那些不断忆念、冥想和赞美法藏的人，会得到佛塔的功德，而且他们的三曼荼罗（心灵、言语和身体）会得到净化。

117. They would become the epitome of goodness, glory and virtue, and would dwell in the Four Sublime Abodes. They would become Bodhisattvas, Mahāsattvas, and enlightened ones with vigorous organs.

他们会成为贤善、繁荣和优秀品德的典范，将安居于四梵住。他们会成为菩萨、大菩萨和感官清净的无上觉者②。

118. They would quick acquire Bodhi and ultimately attain Buddhahood. I have told you this as my guru had once told me. You too must preach this to your people.

他们会迅速获得菩提真识，并最终达到佛位。我已经这样告诉了你，正如我的导师曾经告诉我的那样。你也必须向你的人民

① anumoda，欢喜、随喜。

② mahābhijña l

这样宣讲。

119. Due to the merit you have received, there shall certainly be no disaster or chaos; there shall always be merry celebration everywhere."

由于你们已经领受了功德，你们面前不会再有灾难或混乱；到处都将呈现欢乐的庆典。"

120. Having heard such commands of the Arhant, the King Aśoka was pleased; and assenting to abide, he, along with his entourage, lauded and venerated the monk.

听到阿罗汉的这样的教导后，人主阿育王非常欢喜；并且承诺遵循，他，与他的随从们一起，称赞和礼敬了这位阿罗汉。

121. Having heard such sweet words, the people accepted, celebrated and always performed auspicious activities.

听到了这样甜美的话语后，人们接受、庆贺，并常常举行吉祥的活动。

122. Due to the influence of the merit so amassed, there was no disaster or chaos, there was only celebration everywhere."

由于如此积累的功德的影响，灾难或混乱不见，各地洋溢着一派喜庆。"

123. When the wise Mahāmati Jayaśrī had spoken so, he looked at the gathered assembly and again, said:

当智慧通达者胜吉祥这样讲述完，他看看集会的信众与僧团，又说道：

124—125. "In the Kali age, they who discourse this story of dharma and they who listen to, preach and propagate it, shall all be looked upon with benevolence by all Buddhas and be granted life-long welfare.

"在迦利时代，那些虔诚讲述这个正法故事的人，以及聆听、解说和传播它的人，他们都将被诸佛以慈悲之心看待，并被赐予毕生的福祉。

126. The Paramitas (Goddesses of Perfection) shall grant them welfare and gradually fulfill their Bodhi vows.

波罗蜜多[①]（完美的女神）将赐予他们福祉，并逐步实现他们的菩提誓言。

127. Similarly, all Bodhisattvas, Pratyeka Buddhas, Arhants and Yogis shall grant them benediction.

同样，次第完成了菩提资粮，所有的菩萨、辟支佛、阿罗汉和瑜伽士们都将赐予他们关爱。

128. The lords of the worlds and great sages shall look after them and grant them felicity.

诸世界之主们和伟大的圣贤们[②]将眷顾他们并赐予其福运。

129. As shall the gods and the demons, as well as the Yakṣa and Gandharva demigods.

像诸神和底提魔族以及药叉和乾闼婆半神也是如此。

130. Falcons and Serpents as well as lords of Kumbhāṇḍa demigods shall look after such people and protect them from harm.

金翅鸟和大蛇以及鸠槃荼半神半人之主们将眷顾这样的人并保护他们免受伤害。

131. The Mother Goddesses (Matrikā) and Bhairava gods would provide protection and grant them welfare and felicity.

神母们（本母、母系神）和怖畏诸神会处处提供保护，并给

---

① Pāramī，音译为“波罗蜜”，意译为“第一彼岸”。Pāramitā，音译为“波罗蜜多”，原意为“完美”，是菩萨在成佛的道路上所发展和践行的美德或品质。后被引申为彼岸、到彼岸、度、度无极。《心经》中，有“度脱生死苦海，到达涅槃彼岸”。大乘佛教中有六种基本的菩萨修行方法，可以自度度他，福慧双修，叫作六波罗蜜多，简称六波罗蜜或六度，分别为布施、持戒、忍辱、精进、禅定、般若。

② maharṣi，大仙。

予他们幸福和快乐。

132. Planets, Stars, Siddha demigods, Vidyādhara demigods and Sādhya demigods would take care of them and grant benediction.

行星、星星、成就者（悉陀）半神、持明半神和成业者半神会时时眷顾他们，并给予他们祝福。

133. Ghosts, phantoms, wraiths, wicked ones and manifestations of bodily desires, would look at them with happiness, and provide them protection.

鬼魂、幽灵、幻影、恶灵和魔众化现之灵，都会愉快地注视他们，并为他们提供保护。

134. He who writes of the glory of Svayaṃbhū writes but the sweet words of Mahāyāna.

书写斯瓦扬布的伟大品质的人，他就是书写了大乘佛教的甜美语言。

135. When he gets the sweet words of the Dharmadhātu written, he is getting the Sutra literature written.

当他得到写就的法藏的甜美语言，他就在获得书写的佛经文献。

136—137. After writing and inaugurating it on a sacred altar at home; in worshipping it, he worships the Arhants, Pratyek Buddhas, and Bodhisattvas with their saṅghas.

在自家书写并依仪轨安放圣坛之上；在敬拜它时，他就是礼拜了阿罗汉、缘觉佛、菩萨们以及他们的僧伽。

138—139. When one holds and makes others hold it, and remembers, meditates on it, and salutes it with joy, Buddhas, Pratyeka Buddhas, Arhants and Bodhisattvas, pleased with him, grant his wishes.

当一个人持有它，并让其他的人也持有它，而且忆念、冥想它，并带着喜悦向它致敬时，诸佛、缘觉佛、阿罗汉和菩萨们都欢喜他，满足他的愿望。

140—142. When one feeds and ritually worships the preacher of the story and its listeners, the Bodhisattvas, Pratyeka Buddhas, Arhants, Bhikkhus, Yogis, celibates, vow holders and monks shall all have been fed, venerated and pleased.

当一个人供养并依礼仪敬拜这个故事的说教者和它的听闻者时，菩萨、缘觉佛、阿罗汉、比丘、瑜伽士、禁欲者、持戒者和僧侣们都将被供养、敬拜和满足了。

143—145. Need I say more? The Buddhas and sages, stars and goddesses, children of Buddha and the saṅgha would always view such people with compassion and appreciation; they would provide protection and grant their wishes as well.

还需要我赘言吗？诸佛与圣贤们、度母与女神们、所有的佛子与僧伽，将永远会怀着慈悲与赞赏之心这样看待人们；他们会提供佑护并同样满足他们的愿望。

146. The lords of the world and of gods would protect them and grant them the instrument of dharma.

世界的统治者们和众神之王们将会保护他们，赐予他们正法的工具。

147. Kings would protect and praise them, grant their wishes and nurture them.

国王们将会保护和赞美他们，满足他们的愿望，呵护他们。

148. Ministers, along with secretaries, servants and soldiers, would favor them.

大臣与侍臣、仆从和士兵们都会支持他们。

149. Vaiśyas would guard them and hold them dear; capitalists would become benefactors.

吠舍会守卫他们和关爱他们；商主会成为捐助者。

150. Foes would become servants; wicked ones would intend welfare. All would develop a friendly attitude towards them.

敌人会变成仆人；恶人会关心利益意乐。所有的人会对他们持有一种友善的态度。

151. Animals, birds, insects and beings would never antagonize them, and would always be helpful.

动物、鸟类、昆虫和生物永远不会与他们为敌，而总是友好相助。

152. Wherever they may be in the world, there would never be disaster, only celebration and felicity.

无论他们是在世界的何处，从不会有灾难，只有喜庆和快乐。

153. You must, therefore, revere the auspicious and pious story of the Svayaṃbhū, and venerate the Lord of three worlds.

因此，你们必须崇敬吉祥的、虔诚的斯瓦扬布的故事，并崇敬三界之主。

154—155. They, who take the refuge of Svayaṃbhū and remember, meditate, chant his name and praise him with reverence and devotion, shall please the Three Jewels; they would be looked upon with benevolent sight, and granted felicity."

他们，那些皈依斯瓦扬布，忆念、冥想、吟诵他的名号，并以崇敬和虔诚之心赞美他的人，将使三宝满意；他们将得到仁慈的目光的眷顾，并被赐予幸福。"

156. Upon hearing the commands of Jayaśrī, the monk Jinesvara and the rest of the saṅgha were pleased.

听完胜吉祥的教导后，僧侣最胜自在与僧团其他的人皆大欢喜。

157. The audience was pleased—they were in agreement and in happiness.

信众十分满意——他们一致接受认可，并沉浸在幸福之中。

158. The people stood up, happy, and, bowing to Jayaśrī and the saṅgha, returned to their own abodes.

人们都站起来，气氛欢乐祥和，并且向胜吉祥和僧伽躬身敬拜，然后返回各自的住所。

159. The saṅgha, along with the children of Buddha, proceeded to bathe at the holy rivers and practice their vows ritually.

僧伽，与佛陀之子们，开始在所有的朝圣地——圣河沐浴，并依仪轨践行他们的誓言。

160. They worshipped the eight vītarāgā, the goddess Khagānanā and the five elemental deities ritually.

他们依礼仪崇拜八位离染净者、女神卡格纳娜和五元素神灵。

161. They worshipped the Acharya Śantikara and the shrine of Mañjuśrī, and then they venerated the Dharmadhātu with meditation, praise and worship.

他们敬拜阿阇梨尚蒂卡拉和文殊师利的支提，然后他们用冥想、赞美和供奉来朝拜法藏。

162. The influence of that merit removed disaster and brought celebration and happiness in all directions.

那种功德的影响消除了灾难，并且带来了四面八方的喜庆和欢乐。

163. Jayaśrī, the wise son of Buddha, looked at the devotees present and spoke again:

胜吉祥，智慧的佛陀之子，看看在场的信众又说道：

164. "Where we preach the pious story of Svayaṃbhū, may the merit bring eternal happiness there!"

"我们在哪里虔诚地说教斯瓦扬布的故事，愿功德就在哪里带来永恒的幸福！"

165. “May the Buddhas, Arhants, Bodhisattvas and Pratyeka Buddhas there do good!”

“祈愿诸佛、阿罗汉、菩萨和缘觉佛为那里带来吉祥!”

166. “May the lords of the world and the great sages always look after and bless the land!”

“愿世界之主们和伟大的圣贤们永远眷顾和保佑那片土地!”

167. “May clouds shower timely, land be covered with paddy; may there never be famine, and plenty be always!”

“祈愿雨云及时行雨，大地被稻谷覆盖；祈愿那里永远没有饥荒，永远富足!”

168. “May the king be lawful, ministers prudent, and people practice dharma with good conduct.”

“祈愿国王依法行事，臣子们谨慎，人民行为端正，践行佛法。”

169. “May all sentient beings practice good conduct and be endowed with Sambodhi; may they praise the Three Jewels and do good.”

“愿一切有情众生践行菩萨行①，并被赋予三菩提；愿他们赞美这三宝并行善举。”

170. Thus, having heard the teachings of Jayaśrī, the people of the Saṅgha were pleased—they expressed happiness.

因此，当听到了胜吉祥的教导后，僧伽与其他所有信众都十分喜悦——他们表达了幸福之语。

Thus, the tenth chapter with the origin and glory of the Svayaṃbhū Dharmadhātu ends here.

那么，与光辉斯瓦扬布法藏起源之第十章“善说经典的伟大功德”在此结束。

---

① samācāra，意为大行、戒、现行等。大行，为行业广大之意，指菩萨之修行。菩萨为求佛果菩提，乃发大誓愿，历经三祇百劫，修波罗蜜等诸善万行，积大功德，故称大行。反之，声闻、缘觉等二乘之行，则称为小行。

附一

《斯瓦扬布往世书》梵汉词汇译名对照表*

a

akṣara 卍字，名字，文字
Agastya 阿戈斯迪亚（仙人名）
Agastya tīrtha 阿戈斯迪亚朝圣地
agāra 家，舍宅
Agnipura 火神（阿耆尼）的处所
agraratna 上品珠宝
aṅkuśa 钩子
aṅga 身体
aṅguṣṭha 拇指
añjali 印母，合掌，合十
añjaliputa 合掌
adhika 增，增上，最胜
adhipa 主人，统治者，国王
adhipati 将领
adhunā 如今，现在
adhūna 今时
atisthūla 显赫，粗大
Ananta tīrtha 阿难陀朝圣地
anabhijñatā 不能知
anekaśas 多
anta 末端，尽头，根底，最终
antika 附近，身边
anubodha 觉
anubhāva 威力，神力
anubhāvin 感知，知道
Anupamā 阿努帕马城
anupālanā 保护，护持
anupālin 哺育，培养，保护
anumodana 随喜
anumodita 起随喜心，随喜，称赞
anulipta 涂，染，熏习
anuśāsana 教，教戒，正教导

---

* 本词汇译名对照表，仅供参考。词汇排列顺序，依《梵文基础读本》（［德］A. F. 施坦茨勒著、季羡林译），梵文“城体”字母与拉丁字母对照符号，先元音（a，ā，i，ī，u，ū，ṛ，ṝ，ḷ，e，ai，o，au）后辅音顺序排列，辅音所带元音从元音 a 起。

anuśāstṛ 传教者，传袭师
anusāsana 忠告，指令，训导
anya-deśa 外国人，异域人
apsaras 飞天，天女
abhidhā 名字，号
abhidhāna 称为，名为，名号
abhijñā 五通，智通，神通力，神通自在
abhiṣeka 灌顶，沐浴，洒净
abhiyukta 修习，勤修，能勤修
abhilaṣita 所喜，所期，所愿
abhyarc 敬拜，崇拜，赞颂
amara 天神
amātya 侍臣，书记官，宰官
amṛta 甘露，醍醐
Amoghaphaladāyinī 惠施不空果河，阿摩可帕拉达伊尼河
ambara 天空，周遭；布，衣服
ambu 水
araṇya 森林，林野，静处
aratidipa 阿拉蒂灯
Arunā 阿鲁纳城
arūpa 无色，非色，无形的
arcya 值得尊敬的
arc 赞美，唱诵
artha 意义，目的，福祉，利益
arthin 乞丐，求乞者
Aryatārā tīrtha 圣救度母朝圣地
arhan 阿罗汉，罗汉
alaṃkāra 严饰，庄严
avakṝ 撒，散布
Aśoka 阿育王，阿输迦，无忧王
aśvattha 吉祥树，菩提树
Aṣṭākṣaṇa 八难处
Aṣṭāṅga 阿斯汤伽，八种体式，八种身姿，八支瑜伽体姿
asura 阿修罗，魔族，鬼神，非天
asthi 骨灰，骸骨
aho 哎呀，啊呀

ā

ākāra 形态，样子，境界，外表
ākhyā 名字，名称，称呼
āgata 来，出现
ācārya 阿阇梨，大师，导师，瑜伽师
ājñā 慧，教令，教化，言教
ātmajā 女儿
ātma-jñā 自知
ātman 自心，心灵，灵魂，自身
ātmavit 知自我者，知我者
ādhāra 基础
ānaka 半球形铜鼓
āpanna 住，具足，已生
ārāma 院，寺，精舍
āryasatya 圣谛
āryâṣṭāṅga-mārga 八支圣道，八正道
ālaya 阿赖耶，真如，藏，房屋
ā-lokya 看见，看到
āvāsa 住，住处，房舍
āśaya 大心，心意，意乐，烦恼
āśrama 住处，寺舍，净修所

āśraya 所依，能依，见行，依止
āśrita 依止，侍奉，亲近
āśritya 依，依止
āsana 高座，妙座，座位，安处
āsīna 坐下的，就座的
āyuṣka 寿量
āyus 寿命，寿量，命根

i

ikṣurasa 甘蔗汁
icchā 意，爱欲，乐欲，愿
icchat 欲知，意愿
Indra 因陀罗（印度教大神），主人，国王
indriya 感官，器官，精力，能力
Indu 月亮
iṣṭakā 砖（建造祭坛的砖块）
iṣṭikā 瓦

ī

īdṛśa 如此，诸如此类
Īśa 自在
Īśāna 保护者，伊沙，湿婆神
Īśvara 主宰，主，自在，自在者

u

uttarāsaṅga 上外袍，袈裟，郁多罗僧
utpatti 出生，产生，生起，起源
utpanna 产生，生起
utpala 青莲，蓝莲花，莲花
utsava 节日，喜庆，欢乐
utsāha 力量，愿力，勇气
utsāhin 精进
utsuka 渴望的，迫切的，所希望
ut-√sṛj 舍离，弃舍
udaka 净水
udpalasraja 蓝莲花花环
udyukta 勤，殷勤，精进
upakaṇṭha 附近，邻近
Upakeśinī 乌帕凯诗尼（文殊师利的明妃）
Upagupta 乌帕笈多，优婆毱多（高僧）
upaḍhauk 献（供物），恭敬地献上
Upa-tīrtha 乌帕迪尔特，次朝圣地
upadesa 忠告，指示，指令
upadeśa 乌巴代沙，指示，吩咐，教导
Upananda 乌帕难陀（蛇名）
upasara 走进，接近
upasarga 灾害，疫，传染性疾病
upahāra 供品，祭品，礼物
upahāraka 祭品，供物
upahārin 献祭，供品，牺牲
upākhyā 晓示，宣讲，陈述
upānta 周边，边缘，附近
upāśraya 住处，床榻，精舍
upaśritya 依，依止
upāsaka 优婆塞，男居士，男信徒
upāsikā 优婆夷，女居士，女信徒
upoṣadha 胜修，布萨日，斋戒

uras 胸，胸脯

ṛ

ṛt 季节，时候，时节
ṛddha 繁荣，富饶，增长
ṛddhi 神通，神力，神通力，神境，威力
ṛddhimat 财富
ṛṣi 吠陀圣者，吠陀仙人，仙人，圣贤

e

ekahastapramāṇa 一手长，一腕尺
ekākin 独一，独行
ekānta 孤寂的地方，独处

o

oṣadhi 药，药树

au

auṣadha 药草

ka

kacchapa 鱼龟
kaṭapūtana 饿鬼
kañcuka 衣，织物
kathā 故事
Kanakamuni Buddha 拘那含牟尼佛
kamala 睡莲，莲花
kampita 摇动，撼动
kara 手，光线，象鼻
karuṇa 悲愍，哀愍，悲心
Karkoṭaka 卡尔阔特克（蛇王名）
karpaṭika 衣衫褴褛者，乞丐，流浪者，下层贱民
karman 羯磨，行为，行动，事
Kaliyuga 迦利时代，末法时代，争斗时代
Kalī 迦利女神
kalpanā 虚妄，执持，妄分别
kalyāṇa 吉祥，幸福，幸
kaṣṭa 极苦，苦难
kādamba（kala-haṃsa）黑天鹅
kāma 欲望
kāmacārin 放纵欲望的人，沉溺于欲望的人
kāmabhoga 愿望，感官欲望
kāmasukha 欲乐，欲界诸乐业，功报
kāmāri 欲望之敌，爱欲之敌
kārpaṭika 朝圣者，流浪者
kārya 该做的事，职责，事业
Kāla 时间，时候；死神
kālāntareṇa 经久时运
Kāśyapa Buddha 迦叶波佛
kāhala 大鼓
kinnara 紧那罗，音乐天，歌神
Kukkuṭa 俱俱罗寺
kutra 何处，于何处
Kubera 俱毗罗，财神
Kumbha 昆帕（朝圣地名）

Kumbhāṇḍa 鸠盘荼，鸠盘陀（小恶魔）

kulaputra 儿女们，良家子弟；善男子

kulācāra 家庭或种姓的适当或特殊职责（行为准则），家庭伦理

Kulik 库利卡（蛇名）

kuleśāna 密续（教）神灵

kuśala 善，善巧，平安

Kusumavatī 库苏摩瓦蒂河

kṛ 做，建造，产生，造成，履行，从事

kṛtāñjali 合掌

kṛpā 哀愍，大悲，大慈大悲

kṛpā-karuṇā 巨大悲悯，大悲

kṛṣikara 农夫

Kṛṣṇapakṣa 黑半月，黑分，下半月

keśa 头发

Keśavatī 盖沙瓦蒂河

Keśinī 凯诗尼（文殊师利的明妃）

kauśeya 绢

Krakuchchanda Buddha 拘楼孙佛

Krakuchanda's Upadesha 拘楼孙箴言

krameṇa 依序，次第，渐次

krūra 残忍

kleśa 烦恼，染污

kvāpi 某处，某时

kṣamārthatā 宽容，宽恕

kṣatra 国，国土；领域

kṣatrayā 刹帝利妇女

kṣatralokādhipa 世界的保护者

kṣatriya 刹帝利，武士

kṣitipa 大地保护者，国王

kṣīra 乳汁，牛奶

kṣetra 地方，领域

Kṣemaṃkara 谢姆卡拉（菩萨名）

Kṣemāvatī 迦马瓦蒂城

kṣobha 动摇，破坏

kha

Khagānanā 卡格纳娜（女神名）

ga

Gaganagañja 戈甘那伽（菩萨名）

gaja 大象

gajendra 象王

Gaṅgā 恒河

Gaṇeśa 象鼻神，加内什

gandha 香料，薰香，檀香，涂香

Gandharva 乾闼婆，天国乐师，香音

Gandhavati 乾闼瓦蒂（离染净者之地）

gandhodaka 香水，檀香水

garuḍa 金翅鸟，揭路荼，迦楼罗

Gartaka 加尔塔科（朝圣地名）

girā 话，说话

giri 山，峰

gīta 唱诵，吟诵，赞颂，歌，吟咏

guggula 香杖，安息香

guṇa 品质，品德，美德

Guṇakamadeva 古纳喀玛德瓦（国王）

Guṇakāra 功德藏（金刚大师）
guṇavat 修福，具功德，有德
guṇasampad 伟大的功绩，完美
guṇasampanna 被赋予好的品质或美德的
guṇātīta 超越所有属性
guṇādhipa 美德之主
gup 保护，守护
gupti 保存，保护，防卫；密，藏，护
guru 古鲁，老师，师尊，导师
guhya 隐秘的，深密的，秘密的
guhyaka 密迹，密迹者
guhyāratha 真正含义，深层意义，密意
Guhyendra 秘密主，秘密自在主
gṛhastha 家主，户主
Gokarṇa 高戈尔纳（离染净者之地）
Gopuccha 牛尾
Gośṛṅga 牛角
Gauḍarāṣṭra 乔陀王国，高德王国
graha 行星（日、月、火星、水星、木星、金星、土星、罗睺和计都），尤指罗睺
grāmya 村民

gha

ghṛta 黄油，酥，酥油

ca

cakṣus 眼睛
Caturbrāhmavihāra（maitrī，karunā，muditā，upeksā）四梵住（慈、悲、喜、舍），四无量心
caturyuga 四个时代
caturvarga 四种，四类
Candra 月亮神，月亮
candrahāsa 月光宝剑，闪亮弯刀
cari 修，行
calita 摇动，颤抖，震动
cārin 修，修行
Cāru 殊妙，迦鲁山
Cārumatī 迦鲁玛蒂河
citta 心，思想，意
cidānanda 思想和快乐
cintā 心，念索，思维
cintāmaṇi 如意宝珠，真多末尼
Cintāmaṇi tīrtha 旃陀摩尼朝圣地
cira 长久的，长期的
cirakālam 经久
cirāyuṣa 长寿
cihna 标识，妙相
Cīna 吉那，中国
cīvara 支伐罗，衣袍，袈裟
Cūḍā 朱达（比丘尼）
cailaka 出家人
cailika 穿一布衣者，出家人
caitanya 智慧，灵魂，心
caitya 支提，佛塔，僧院圣地，神龛，神殿
caura 窃贼，盗贼，小偷

cha

chatra 伞，华盖，宝盖
chādya 遮挡

ja

jagat 世界，世间，众生，有情
jagatprabhu 世界之主
jagatsraṣṭṛ 世界的养育者（出者，生者，起者）
jagadīsvara 世界之主
jagaddhara 世界的维持者（持有，支撑）
jagadpātra 世界的养育者（器世间）
jagannātha 世界之主
jaṭā 发髻，顶髻
jana 人们，世界，世间，众生
janaka 父亲
jananī 母亲，女人
janapada 国土，国家，乡村，臣民，部落
jantu 生物，野兽
japa 低声祈祷，持诵，诵
Jaya tīrtha 加耶朝圣地
Jayaśrī 胜吉祥（高僧）
jalanirgama 水道
jalavāsin 水生植物
jāgaraṇa 保持清醒，不眠
jāti-smara 宿命，宿命智，宿命通，识宿命
jānapada 聚落，黎庶，劳动者，劳动阶层
jānu 膝
ji 征服，战胜，控制
Jina 最胜，胜者，战胜者，如来，导师
jinātmaja 佛子，佛弟子，佛教信徒
Jinālaya 胜者之地，佛家
Jineśvara 最胜自在（高僧）
jineśvarī 胜自在女神
jīvita 生命，生活，身命
jetṛ 征服者，胜利者
jaina 耆那教教徒，耆那派
jñā 明达，了知，能解
jñāna 知识，真识，胜智，大智慧
jñānaratnanidhi 智慧海洋之瑰宝
Jñāna tīrtha 阇那朝圣地
Jñānaśrīmitra 慧吉祥善友（比丘）
jyeṣṭha 上，大，长
Jyotipāla 觉谛帕拉（菩萨名），持火炬者
Jyotiraja 觉蒂拉贾（菩萨名），火光王
jyotīrūpa 火光体，发光体
Jyotīrūpa Svayaṃbhū 光辉形体斯瓦扬布

ḍa

ḍākinī 女巫，女魔，荼吉尼
ḍiṇḍima 鼓

ta

Taksaka 德叉迦（蛇王名）

tatkṣaṇa 此刻，立刻
Tathāgata 如来，佛，世尊
tathātra 真实
tapasvin 苦行者，禁欲者
tamopaha 消除无知
tarpaṇa 饭
taskara 盗贼，怨贼
tasthu 静止的，不动的
tāpasa 男苦行者，苦行男子
tāpasī 女苦行者，苦行女子
tārā 多罗，星星；救度母，神母
tārāgaṇa 星群
tāla 手掌
tila 芝麻，胡麻
tīra 河岸，岸边
tīrtha 朝圣地，圣地，神圣之地
tīrthayātrā 朝拜活动
tīrthika 外道，异道，外学
Tuṣita 兜率天，兜率净土
tūrya 乐器
tṛṇāsana 草座
taila 籽油，酥油，芝麻油
tauryatrika 三重交响曲，歌舞乐
trāṇa 度，济
tri 三
trikāya 三身（法报化）
triguṇa（sattva，rajas，tamas）三德（喜忧暗）
trijagadīśvara 三界之主
trijagannātha 三界之主（佛世尊）
trijagatīśāna 三界的保护主
tribhaveśvara 世尊
tridaśa 三十
tridaśadhipa 三十天神
tridhatukātha 三界之主
tridhā 三次，三部分
trimaṇḍala 三界，三世，三曼荼罗（身语意）
triyāna 三乘
tri-ratna 三宝（佛法僧）
triratnabhajan 敬拜三宝，赞美三宝
trirātra 三昼夜，三天
triloka 三界（天地冥）
trividha 三种
Trivenī 德利文尼河
tri-samādhi 三入定，三三摩地
Tretāyuga 三分时代
trailokya 三界
traidhātuka（kāma，rūpa，arūpa）三界（欲界，色界，非色界）

da

dakṣiṇa 南方，右边
dakṣiṇā 谢礼，谢师礼，酬金
daṇḍa 惩罚和灌输恐惧
darśana-mātra 瞥见，唯见
dala 花瓣，叶
daśa-kuśala 十善
daśadiś十方
daśa-bhūmi 十地
daśama 第十
dāna 赠予和买通

dānava 阿修罗

dānaśīlakṣamavīryadhyānaprajña 布施、持戒、忍辱、精进、禅定、智慧（六波罗蜜）

dāyaka 施予者，供给者

digambara 天衣派，裸行者

digvidikṣu 遍布四面八方

diva 天国，天空，白天

divānīsam 日夜

divya 天神的，天国的，神圣的，神奇的，微妙的

divya-cīvara 神圣的袍布，天衣

divyaratna 神圣的宝石

divyauṣadha 神奇的药草

dīpamālā 排灯，灯盏

dīpti 明亮；光，灯

dundubhi 天鼓，大鼓

durācāra 不良行为

durgati 邪恶之路，恶趣

durbhaga 丑陋的，令人反感的，令人厌恶的，不幸的

durbhikṣa 饥荒，贫困

durvṛṣṭi 干旱，缺雨

duṣṭa 嗔恚，嗔恨，邪恶，恶人

dūra 远，遥

dūrvā 吉祥草

dṛṣṭa 眼神

deva 天，天神，神

devatā 天神，天神地祇，诸天

deva-nadī 天界的河水，神河

devānubhāva 神力

devī 明妃，王妃，女神

devendra 众神之主，天王，因陀罗

devendrā 诸神

deśa 国，国土，土地，域

deśaka 演说，说

desanā 讲道，训诫，弘法

deha 身体

dravya 物质，矿物质，财物，实物

Drum 鼓神

druma 树

Drumakinnararājā 树紧那罗王

Dvādasākṣara 十二音节咒语

Dvāparayuga 二分时代

dvāra 门

dvija 再生族，婆罗门

dvīpa 岛屿

daitya 恶魔，底提（众神的异父母兄弟），神眷

daityādhipa 底提之王

daiva-yoga 业力

dha

dhattūra 白色曼陀罗花

dhana 财产，钱财，财富

Dhanadaḥ施财（池塘名）

dhanin 富人

dharaṇi 地，地轮，大地

dharma 法，律法，正法，法教，佛法

dharma-kāma 法爱，法乐

dharmacārin 法行

dharma-deśaka 能善，说法，说正法
dharma-deśanā 宣说正法，法教，法施
dharmadhātu Jinālaya 法界胜者之地
Dharmadhātu 法藏，法界，法性
dharma-bhṛt 善知识
dharmamaya 法性
dharmarāja 佛法之王，正法之王，法王
dharmaviśeṣa 殊胜妙法
Dharmaśrīmitra 法吉祥善友（比丘）
Dharmākara 法藏（国王名）
dharmāmṛta 法甘露
dharmārtha 法义
dharmodayā 惠施法者，法益
dhāraṇī 陀罗尼，密语，真言
dhita 高兴，满意
dhīmat 智慧者，有慧者，菩萨
dhīmān 智慧的，聪慧的，成就觉慧
dhūpa 熏香，燃香
dhūrta 骗子，说谎者
dhṛ 持，携，带
Dhṛtarāṣṭra 持国天王
dhenu 母牛，乳牛
dhairya 坚定，勇气
dhyā 禅思，冥想
dhyāna 沉思，禅定，静虑，禅思
dhyānagamya 通过禅定认知，通过冥想获知
dhyānāgāra 禅房
dhruvam 肯定，确实
dhvaja 旗，幢，旗帜

na

nagara 城镇，城市，聚落
nagādhipa 大蛇之王
Nagābja 莲花山
Nagāśrama 那伽净修所
nada 河流，大河
Nanda 难陀（蛇名），欢喜
nandita 乐，喜悦
nara 人，男人
naraka 地狱
narādhipa 国王，人主
narendra 人中因陀罗，国王
Narendradeva 纳兰德拉德瓦（国王名）
navama 第九
Navamākṣara 九音节咒文
nāgadeva 蛇神
Nāgapura 水元素方位，蛇神的处所
nāgarāj 蛇王，龙王
nāgendra 龙王，蛇王，蛇中因陀罗，蛇主
nātha 主人，保护者，佛世尊，大师
nānāvidha 各种杂类，种种
nāma 号，名
nārī 女人
nitya 永恒的，永远的
nitya-kāla 一切时
nidhana 结束，终结

Nidhāna tīrtha 尼塔那朝圣地
nimitta 原因，征兆
nirantara 次第，间，间隙，相续
nirākāra 无相
nirāśraya 无住，无因，无所著
nirutpāta 灾难除却
nirgrantha 无系，耆那教，裸行外道
nirjana 与世隔绝，无人烟
nirdoṣa 清白无瑕，无咎
nirdhana 没有财产，贫穷
nirmala 离垢，无垢
Nirmala tīrtha 尼尔玛拉朝圣地
nirmātṛ 创造者
nirmukta 解脱，摆脱，脱离
nirvāṇa 涅槃，解脱
nirvṛta 极乐，愉悦
nirvṛti 入涅槃，出离，寂静
nivāsin 居住者
niśamya 已见
niśā 夜
nispṛha 不希求，不贪著
niṣprapañc 离戏论；住无戏论菩萨
nihita 安放，托付，舍离
niḥkleśa 欲灭，无复烦恼，无染
niḥsīma 界外，无限，不可估量
nīcakarman 下层微贱之人，职业低下者
nīti 行为，规范，伦理，正道
nīroga 没有疾病的，健康的
nīlotpala 蓝莲花，青莲花
nūnam 确实，肯定
nṛtya 伎乐，跳舞
nṛpa 人主，人王，国王
nṛpati 人主，国王
nṛpāsana 王位，王座
nṛpendra 国王
Nepāla 尼泊尔
naigama 城镇居民
Nairitya 涅哩底亚，魔族之主
naivedya 食物祭品

pa

pakṣigaṇa 眷属
pakṣin 游禽，飞鸟
Pakṣirāja 众鸟之王，金翅鸟
paṅkaśeṣa 淤泥
pañca gandhāḥ 五香
pañca-gavya 五净，五牛味
pañcadevatā 五方神，五方佛
pañcapura 五处所，五方位
Pañcasangamā 潘查桑迦摩，五河汇合处
Pañcaśikhā 五峰山
Pañcaśīrṣa 五峰山
pañcābhijñā 五神通
pañcāmṛta 五甘露（黄油、蜂蜜、糖、牛奶、酸奶）
paṭa 板，布，丝绸
paṭṭamaṇḍala 画布曼荼罗（坛城）
patākā 幡，旗帜，旗幡
pattra 贝多罗叶子
patnī 妻，妇

pathya 食品，洁净食物
pada 果位
padma 莲花，红莲
Padmagiri 莲花山
pandit 班智达（印度人对博学者的尊称）
Palāla 帕拉拉（大蛇名）
paramārtha 最胜义，终极真实，胜义
paramita 波罗蜜多，到彼岸；完美的女神
parameś varī 胜自在女神，大自在女神
parāyaṇa 趣向，摄念，潜心
pari-√jñā 知，遍知，理解
parigraha 执持，所取，占有，财富
parijana 随从，侍从，亲属
parijanḥ侍从，跟随者
parijñā 全知，遍知
paripuṣṭa 增长，长养，滋养
paripūra 本觉，圆满
paripūrita 生成，完成
parimaṇḍita 装饰
parivrājaka 道人，外道，梵志
pariśuddha 清净，净化，纯洁
paredyu 第二天
parvata 山，大山，山坳，山民；帕尔瓦特（菩萨名）
paśicamā 西
pavitratā 纯洁，清洁
Pākhaṇḍa 钵健提（天神名）
pāṇi 手
Pāṭ aliputra 波吒利弗多，华氏城，花氏城
pātaka 罪孽，罪恶
pātra 钵多罗，钵
pātrī 道器
pāda 足，脚
pādapa 树木
pādāmbuja 莲花脚，莲足
pāpa 罪恶，不善业，恶业，灾厄
Pāpanasinī 帕巴那西尼河
pāruṣya 粗恶语
pārśva 随从，侍者
pāla 保护者
pāvaka 火
piṇḍa 圆团，饭团
pitṛ父，祖先；饿鬼
piśāca 恶鬼，食人血肉者，反足罗刹
pīṭha 座，处，床，谷地
Pucchāgra 尾尖
puṇḍarīka 莲花
puṇḍarīkākṣa 莲花眼
puṇya 圣洁的；功德，福德，善根
puṇyajalāśraya 纯净的水体，净池
puṇyakṣetra 圣地，朝圣地，福田
puṇyaphala 功德果报，福果
puṇyatā 洁净，至福，至善
puṇyatīrtha 功德圣地
Puṇya-sālī 蓬尼雅—萨利河
pura 城镇，城市

puraskṛtya 恭敬
purā 过去，很久以前，古代
purogata 站在眼前，出现在眼前
purohita 祭司，国师
puṣṭa 增长，长养
puṣpa 花，花朵
puṣpagandha 花香
puṣpamālā 花环
puṣpavṛṣṭi 花雨
pūjā 供奉，敬拜，崇拜，供养
pūrṇa 具足，盈满
pṛthu 广博
pṛthvītala 陆地，干燥的土地
pṛṣṭa 问
paiśunya 两舌，离间语
poṣadha 禁食，斋戒，八戒斋
paura 市民，城镇居民
paurika 市民
prakāśana 演说，开示
Pracaṇḍadeva 普拉昌达德瓦（国王）
prajā 民众，公众
prajña 般若，真识，慧
praṇīta 妙，珍妙，精妙
pratimā 画像，塑像，佛像
praṇam 俯身，致敬，敬拜，礼敬，礼拜
praṇāma 礼拜
pratyarthika 怨敌，怀敌意者
Pratyeka Buddha 独觉佛，缘觉，辟支佛
pradakṣiṇa 右绕拜仪，右旋绕拜
praduṣṭa 极恶
pradeśa 土地，陆地
pradhāna 胜者，尊者，最为殊胜
prabodha 觉醒，清醒，理解，明白
prabodhita 觉醒，相信，得知
prabhaj 执行，完成；礼敬佛，敬拜佛
Prabhava tīrtha 普拉帕瓦朝圣地
prabhā 光，光辉，光泽
Prabhāmatī 普拉帕玛蒂河
prabhāsa 光辉，金光
pra-abhi-√lip 涂
prabhu 主人，国王，大师，尊者
prabhṛti 始，为初
pramatha 折磨者，摧残者
pramukha 为首，首要，杰出
pramuditā 极喜地，欢喜，欢喜地
Pramoda tīrtha 普拉摩达朝圣地
pramodita 高兴，欢喜；随喜
prayatna 审慎，正意细心
pravara 殊胜，最胜，最妙
pravartita 兴起，建立，创立
pravṛtta 修行，流转，生起
pravrajyā 出家，出家学道，出家作法
pravrājita 出家人
prasanna 清净，净化
prasannātman 一心一意，内心专注
prasarita 遍满，传开
prasāda 快乐，信心欢喜，心清净
prasādita 高兴

prasita 从事，渴求

prasiddha（√sidh）著名，显赫，成就，成立

prājña 智慧具足，聪慧

prāṇin 人，命，人命

prādur-bhūta 出，受生，发起

prānta 边际，远处，僻静处

prārthita 爱，求愿，所欲

prālamba 花环

priyā 亲爱者，爱人，妻子

preta 饿鬼

prauḍhā 已婚妇女（年龄在30—55岁）

pha

phaṇa 蛇冠

Phaṇeśvara 蛇主

Phani 帕尼（山名，离染净者之地）

phala 果，果实，果报

ba

baliṣṭha 强大的力量

bilvapatra 吉祥果叶子，频罗果叶子

Buddha 佛，佛陀，觉者，正觉，觉悟

Buddhakṣetra 佛土，佛国土，佛刹

Buddhatva 佛地，佛妙法身，佛性，正觉

Buddhadharma 佛法

bodha 菩提，觉悟，觉醒

bodhana 正觉，觉，解

bodhāya carati 修菩萨行，行菩萨道

bodhi 菩提，觉悟，智慧，正觉，至高知识，佛位

bodhi-carī 菩萨行

bodhicarya 菩提戒律

bodhi-caryā 菩提行

bodhicaryā vrata 菩提行誓愿，菩提行誓言

bodhi-cārin 菩提行者

bodhicitta 菩提心，道义

bodhida 阿罗汉

bodhi dharma 菩提正法

Bodhimaṇḍa 菩提道场，金刚座，妙菩提座

bodhimānasa 菩提思想，菩提心，菩提真识

bodhi-mārga 菩提道路；佛道

bodhivrata 菩提誓，菩提戒

bodhisattva 菩提萨埵，菩萨，觉有情

bodhisaṃbhāra 菩提具，菩提资粮

bodhisādhana 菩提手段（工具、方法、法门等），菩提成就

bauddhākṣaṇa 佛法保护（守护、护持）者

brahmacaryā 梵行

brahmacārin 净行，梵行；梵行者，梵行男子，婆罗门男修士

brahmacāriṇī 梵行女子，婆罗门女修士

Brahmā 梵天

brahmin 拥有神圣的知识者，印度教婆罗门祭司

Brāhmaṇa 梵天，梵志；婆罗门

brāhmaṇavijña 婆罗门学者

bha

bhaktavatsala 对崇拜者的慈爱，对忠实侍从的爱护

bhakti 虔诚，忠诚

bhaktimat 虔诚的

Bhagavat 世尊，尊者，佛如来，薄伽梵

bhaj 遵行，享有，尊敬，敬拜，修习

bhajana 敬畏，尊敬，崇拜

bhaṭṭa 尊者，智者

bhadanta 大德，贤者，比丘

bhadra 仁贤，善，妙；福祉，快乐，吉祥

Bhadrakalpa 贤劫，善劫

bhadra-carī 善行，普贤行

bhadracāra 贤行

bhadratā 仁贤，贤善

bhadra-śrī 贤，善，幸福，快乐，吉祥

Bhante 大德，尊者，班台

bhartṛ 丈夫，主人

bhavat 您

Bhavanta 阁下

bhavantī 贞洁有德之妻

bhavālaya 有（欲有、色有、无色有）

bhāgin 享有的

bhāryā 妻，明妃

bhāva 有，事

bhāskara 太阳

bhikkhu 比丘，比库

bhikṣuṇī 比丘尼

bhikṣā 乞行

bhujaga 蛇

bhujagādhipa 弯曲行走之王，蛇王

bhuvana 世界，存在，生物，人类

bhūta 世间，四大种；鬼魅，幽灵，非人

bhūtala 地面，地表

bhūpa 大地的保护者，国王

bhūpāla 大地的保护者，国王

bhūmīndra 大地之主，国王

bhūṣ 装饰

bhūṣita 庄严，装饰

bhṛtya 仆人，臣仆，使者

bhṛtyajana 仆人，差役

bheda 分裂，离间

bherī 比瑞，大鼓

Bhairava 拜拉瓦，怖畏神

bhogya 玉米，谷物

bhrama 困惑，徘徊

bhramara 昆虫（黑蜂、蜜蜂等）

ma

makṣikā 苍蝇

maṅgala 吉祥，瑞应

Mañjudeva 文殊神
Mañjuśrī 文殊师利，妙吉祥，妙音
Mañjuśrī Parvat 文殊师利山
Mañjuśrībhū 文殊师利之地
Mañjuśrīnāmasaṃgīti《文殊师利真实名经》，《圣妙吉祥真实名经》
maḍḍu 鼓，达玛鲁
maṇḍala 曼荼罗，密教作法的四方坛场，"轮圆具足"的坛城，依法布置的祭坛
maṇḍūka 青蛙，蛙属
maṇi 摩尼珠，珍珠，珠宝，宝石
Maṇicūḍa 摩尼髻（净修所名）
maṇiratna 摩尼珠宝
matimat 智慧的，聪明的
matta-dvipa 醉象
madhura 蜂蜜，糖蜜
manas 心，心灵，意，思想，愿望
Maniliṅga 摩尼根，摩尼林伽
Manirohinī 摩尼罗希尼河
Manu 摩奴
manuja 人，人民
manujādhipa 人王
manorama 寺舍
Manoratha tīrtha 摩奴拉塔朝圣地
manohara 迷人的，吸引人的，可爱的
mantra 咒语，颂诗，明咒
mantrin 大臣
mantrī 密咒，持咒者
Mandākinī 曼陀吉尼河
maraṇa 死亡，命终
Marut 玛鲁特，风
martya 凡人
mardala 鼓
mala 尘垢，污染，玷污
mahat 大的，伟大的，强大的，广阔的
mahattara 更大的
mahat puṇyam 大功德，大果报
mahatstūpa 大佛塔
mahadguṇa 具有伟人的美德
maharddhi 繁荣，完美，强大，大威力
maharddhika 大神通力，自在神通力，威德广大
maharddhimat 有大神通
Mahayana 大乘
maharṣi 大仙人，贤哲
Mahākāla 大黑天，玛哈嘎拉
Mahācīna 大中国
mahājana 富有居士，财富拥有者，大富商
mahātman 大仁，大士，大身，大威德
mahā-duḥkha 大苦，巨大的苦难
Mahādeva 摩诃提婆，大天神，湿婆大神，大自在
mahādevī 伟大的女神
mahānanda 大乐，极度喜悦，欣喜若狂
Mahāpadma 大莲花（蛇王名）

mahāpātaka 重大的罪行，大恶
mahāpāpa 大罪恶
mahāpura 大城
mahāprajñā 摩诃般若，大智，妙智，智慧
mahā-phala 大果报
mahābuddha 伟大的佛陀，世尊
mahābhijña 大学者，大神通，大神通者
mahābhoga 大财，大财宝，大富贵
mahāmatī 大智慧
mahāmārī 瘟疫
mahāratna 宝石中之极品，大宝石，珍宝
mahārāja 大王，国王
mahārāva 大声哭嚎
mahārāṣṭra 国家，王国
mahāvihāra 大寺，大寺院，大庙
Mahāvihāra Sobhitāram 苏毗达拉姆大寺
mahāvīra 大英雄，大雄，大勇士
mahāsattva 摩诃萨埵，大菩萨
Mahāsaṃmataḥ大平等王
mahāsukha 极乐
mahā-saukhya 大乐，乐，安乐
mahāhrada 大湖，大水体
mahiman 伟大，尊贵，威力
mahī 大地，地
mahītala 地，大地
mahīndra 王中因陀罗
mahīpāla 大地保护者，国王
mahībhujā 大臂者，国王
mahībhṛt 山
Maheśān 大自在
maheśvara 大自在，自在
Maheśvarī 大自在女神
mahotpāta 不祥，大灾难
mahotsāha 大威力，强大力量，巨大能量；大乐，无上喜乐
mātṛ母亲
Mātṛkā 神母，摩咀理迦，智母
mānava 人
mānya 值得尊敬的，受尊敬的
Māra 魔罗，魔军，贪欲，感官欲望
māragaṇa 魔众
Mārgaśiras 末伽始罗月，鹿月，九月
Māradāyinī 马拉达伊尼河
māhātmya 崇高的地位，大威德，大德
mīna 鱼
mukta 摆脱，抛弃；清洗掉
mukha 面目
mudā 愉悦，喜悦，高兴
mudāvat 快乐，高兴
muditā 初欢喜地，喜心，欢喜地
muni 牟尼，仙人，圣人，智者
Munindra 牟尼之主，牟尼王，能仁王
munīśvara 圣贤之主，牟尼自在主
murajḥ单面小手鼓
mūrdhan 山顶上
mūlaphala 根茎果实

Mṛgadāva 鹿野苑
Mṛtyu 死亡，死神
mṛdaṅga 牟陀罗，钹，鼓
mṛṣa 谎话，不实
mṛṣā-vāda 妄言，妄语，虚妄
megha 云
meghamala 乌云密布
mokṣa 解脱，自由，解除
modita 高兴，欢喜
mohita 迷惑，困惑
maitra-manas 慈心善意，友好情谊
maitrī-kṛpā 慈悲友善
Maitreya Bodhisattva 弥勒菩萨

ya

Yakṣa 药叉，夜叉
Yakṣarāja 药叉之王
yakṣiṇī 药叉女
Yajna 供养，牲祭
yati 苦行者，出家者，游化僧
yatinī 女苦行者
yathākāma 随其所欲
yathākrama 依次，依次第，依序，先后地
yathāvidhi 按照仪轨，合适地
yathā-śakti 随能
yathepsita 随其欲，随所乐，随心所欲
Yamunā 亚穆纳河
yāna 乘，大车
yoga 结合，瑜伽，相应
yogi 瑜伽士，瑜伽信徒，瑜伽修行者
yoginī 女瑜伽信徒；明妃
yogīśvara 瑜伽士之主

ra

Raja tīrtha 拉贾朝圣地，王者朝圣地
Rajamañjarī 拉贾曼加里河
rata 热情，喜爱，热衷
ratna 宝石，珍宝，瑰宝
ratna-padma 宝花，宝莲花
Ratnapāṇi 宝手（菩萨）
ratnābharaṇa 珠宝首饰，珠宝装饰品
Ratnāvatī 拉德那瓦蒂河
Ravi 太阳，太阳神
Ravivāsara 太阳日
rasa 花蜜，甘露，汁，美味
rākṣasa 罗刹，魔族，恶鬼神
rājan 国王，帝王，王
rājendra 王中因陀罗，王中王
rājya 王国，王权
rātrau 夜分，夜晚
ripu 敌人
Rudra 楼陀罗，湿婆
Rudradhāra 鲁德拉塔拉河
rūpa 色，形体，形态
rūpin 外色，有形，色界
rogya 灾疫
raupyakhura 蹄子镶银

la

lakṣṇa 卍字，吉祥海云
lajjā 羞惭，羞愧
lākṣasendra 罗刹之主
lāja 炒米
lālasa 热切渴望，专注
loka 世，世界，世间，世人，器世间
lokanātha 世界之主
lokamūrti 世界的偶像
lokasaṁdarśa 观世
lokācārya 世界的导师
lokādhipa 世界之主，国王
loṣṭa 土块

va

vaca 讲话，谈话
vacas 话，话语，语
Vajrakūṭa 金刚峰，钻石峰
vajracaryāvrata 金刚乘誓言
Vajradhara 执金刚
Vajradharaṁśa 伐折罗陀罗摩萨（王朝名）
Vajrapāṇi 金刚手（菩萨），金刚手，执金刚神，手持金刚者
Vajrasattva 金刚萨埵（菩萨）
Vajrācārya 金刚阿阇梨，金刚大师
vajrin 金刚杵
vaṇija 贸易者，商人
vatsa 孩子，牛犊，幼子
vana 森林
vand 礼敬，崇拜，赞颂
vaṃśa 笛子，箫
varada 施愿
Varuṇa 伐楼那，瓦卢纳（众蛇之王）
varṣa 雨；年，岁
Vasikacala 瓦西卡贾拉，不自在之旅
Vasu 瓦苏，土，土元素，财富
Vasuki 瓦苏吉（蛇王名）
vasudhā 大地
Vasudhārā 大地女神
Vasupura 土元素方位，大地女神的处所
vastra 衣，衣物，衣服
vahni 火，火焰，火神
Vahnideva 火神
Vahnipura 火元素方位，火神的处所
Vākmatī 瓦（巴）格玛蒂河
Vāgīśvara 语言之神，语言自在主
vāc 正说，言说
vāta 微风，清风，风
vādana 演奏乐器，演奏乐器者，音乐人
vāyu 瓦由，风，风元素
Vāyudeva 风神
Vāyupura 风元素方位，风神的处所
Vārāṇasī 瓦拉纳西（地名，印度宗教圣城）
vārivāhana 雨云
vāsara 一日

vikalmaṣa 纯洁，一尘不染
Vikrama 毗克拉玛（离染净者之地）
Vikramaśīla 超戒寺
vicakṣaṇa 通晓，通达，聪睿，聪慧者
vijña 聪慧者；睿哲，慧雅
vijñāna 了别，心法，意识，识蕴
vijita 掌控，征服
vi-ḍtānaka 遮蓬，天蓬；布片地垫
vitāna 帐幔
vidyā 真言，明咒
vidyādhara 持明
vidyādhipa 知识之主
vidhāna 规则，方式，方法
vidhi 方法，规则，法则，仪轨，祭供
Vināyaka 毗那耶迦，精通一切知识者，善导，天人尊
vinirji 征服，击败
vinoda 渴望，热烈
Vipaśvi Buddha 毗婆尸佛
vipāka 果报
Vimalavatī 维摩拉瓦蒂河
vimalā 净化，无垢，清净无染
vimukta 摆脱，解脱
vimukha 转脸，背面
virata 停止，结束
virāva 叫声，喧闹声
Virūḍhaka 增长天王
Virūpākṣa 维鲁帕克沙，广目天王，广目天
viśuddha 善净，寂静，清净，究竟清净
viśuddhatā 清净
viśuddhi 明了，清净，庄严
viśeṣa 分别，胜道，殊胜
viśeṣa-phala 殊胜果报，胜果
viśodhana 修治，治心，净修治，能净修治
viśva 种种
Viśvabhu Buddha 毘舍浮佛
viṣaṇṇa 沮丧，忧愁
viṣaya 境界，领域，领地，国土
Viṣṇu 毗湿奴（印度教大神）
visoḍha 忍受，承受，抵御
vismaya 惊奇，惊讶
vismita，vi-√smi 惊讶，惊喜
vihāra 寺院，僧院
vīṇā 琵琶，维纳
vītarāga 离欲，离欲者，离染净者
Vītarāgatirtha 离染净者圣地
vīrya 勇气，力量，精进，勤修
vīryabala 力量，精进力
vṛtta 戒行
vṛṣṭi 雨，甘雨
vetāḍa 吸血鬼
vetāla 僵尸鬼
Veda brāhmin 吠陀婆罗门
Vaiṣṇava 属于毗湿奴教派的
vaiśya 吠舍，商人
vyajana 扇子，拂尘
vy-ā-√ khyā 解，释，广释，论

vyoman 云霄，虚空
vraj 走，行进，前去
vrata 誓愿，誓言，戒行
vratin 出家人，苦行者，虔信者，持戒者，恪守誓言者

śa

Śakra 帝释，因陀罗
Śaṅkara tīrtha 商羯罗朝圣地
śaṅkha 螺号
Śaṅkhapala 商佉巴拉（蛇名）
śaṭha 奸诈，谄
śatru 怨敌，怨家，敌人
śabda 名，声
śayyā 床
śaraṇa 皈依，庇护，佑护，保护，庇护所
śarīra 色身，肉身
Śaśa 月亮，兔
Śākyamuni 释迦牟尼
Śākyasiṃha 释迦狮子
śānta 寂静，平和
Śāntaśrī 尚蒂室利（比丘名号）
Śāntaśrī Bhikkhu 尚蒂室利比丘
śānti 尚蒂，寂静，息灾；和平
Śāntikara 尚蒂卡拉，和平缔造者
Śāntipura 寂静方位
śārdūla 狻猊，老虎，狮子
śāsana 教令，教言，教义，法教，指示
Śāstṛ 世尊，天人师，导师，尊者，善知识
śāstra 正论，圣教，典籍
Śikhin Buddha 尸弃佛
śiras 脑，头，头面
śila 习，自性，品行
śilā 玻璃珠，石
śilātalam 岩石，匾石
śilpin 工匠，技艺者，手艺人，艺术家
Śiva 湿婆（印度教大神）
Śivālaya 湿婆的国土
śiṣya 弟子
Śukra 苏克拉（蛇王名）
śuddhasīla 清净戒行
śubha 清净，吉祥，善业
śubha-kara 修善
śubha-dharma 善法，白法
śṛṅgaḥ角，牛角
śaila 山，岩，石
śailīka 工匠
śodhana tīrtha 苏陀那圣地
Śobhāvati 苏帕瓦蒂城
śobhita 殊妙，端庄，庄严
Śobhitārām 苏毗达拉姆寺
śrad-√dhā 能信，起信心，信敬，虔信
śrama 劳动者
śramaṇa 沙门，托钵僧，苦行者
śravaṇa 得闻，听闻，乐闻
śrāddha 信，信解，信心，正信
śrāvaka 声闻，小乘人

śrī 吉祥，妙，师利，室利，繁荣，福德
śrīguṇa 繁荣与美德
Śrīghana 功德聚（佛的名号）
śrīmat 吉祥的，美丽的，光辉的
Śrimatsambara 吉祥胜乐金刚
Śrīmahādevī 吉祥的伟大女神
śru 得闻，乐闻，听
śreṣṭha 上人，上士；贵族

sa

sakala 所有的，全部的
sakalaloka 所有的人，每一个人
sakini 萨吉尼（明妃、半女神）
sakti 贪爱，贪著
Saktideva 沙克蒂德瓦（国王名）
sagaṇa 随从，侍从，有侍者陪同
saciva 大臣，顾问
sajjana 善人，好人；贵族；善良智慧的人
sat 存在，真实，微妙
satkīrti 好名声，良好声誉
satya 真实的；真理，真谛
Satya Dharmm 真法（菩萨名）
satva 有情
sattva-hitārtham 利乐有情，众生福祉，世界福祉
sadṛśa 悲伤；障碍
sadgati 善生，正趣，好运和幸福
sadguṇa 美德，优秀品质，高尚品德
sadguru 善师，觉悟了的导师
saddhamma 正法，微妙法，微妙正法，真实教义
saddharmacārin 践行佛法者，修持佛法者
sad-dharma-deśanā 宣说正法，说正法
saddharmavipralopa 末法
saddharmāmṛta 真法甘露
saparvata 与山脉一起
saptaratna 七宝
sabhā 集会，天宫
sabhāloka 会众，人群
sabhāsad 坐在集会
samaya 集会，场合；时间，适时
samanvita 具足，有，相应，陪伴，跟随
saṁyuta 连接的，联合在一起的，相连的
saṁrakta 迷人，美丽，美好
saṁsiddha 获得，赢得，领受
samākīrṇa 遍布，洒满
samākhyāta 说
samācaraṇa 操行，行为
samācāra 大行，戒，行，现行
sam-ā-dara（$\sqrt{}$dṛ）极大尊崇，非常崇拜，满怀敬意
sam-ādiṣṭa 指导，指示
samādṛta 非常恭敬的，表现出极大的尊崇的
samādhi 沉思，入定，三摩地，禅

定
samāpanna 和合，有，生
samāśrita 安住
samāsataḥ略说，总说，以要言之
samāhita 寂定，定心
samāhūta 召集，传唤
samīkṣ明白，感知，观看
samīraṇa 风
samṛddha 增长，增盛，繁荣，富有
samucita 合适的
samutpanna 起源，产生，生起
samutsāha 能量，意志力，愿力
samudita 具足，和合
samudbhūta 今有，所生
samupayā 接近，进入
samupasarati 走近，接近
samupasṛ 靠近，接近，走进，逐渐接近
sam-upa-√sthā 侍奉，听候吩咐
samupasthita 来到，出现，聚集
sam-upâ-√car 参加，出席，前来
sampatti 具足，圆满，兴盛
sam-pra-√car 开始行动
sam-pra-bhaj 归敬
sampradīp 供灯
sampramoda 极乐，喜悦
sam-pra-√vac 说明，讲解，解释
sampravṛtti 涌现，出现，发生
samprārthita 祈求，请求，恳请，询问
Sambuddha 三菩陀，全知者，佛陀
sambhinna 不相应，坏
sambhojya 可以吃的，可食用的
sammohita 惊愕，迷惑，着迷
samhegu 萨姆亥古（山名）
saṃṛddhi 涌溢，隆盛，繁茂，圆满
saṃkalpa 愿望，意图
saṃgha 集会，僧团，僧众，僧伽
saṃgīti 歌咏，伎乐
saṃ-√car 受生，轮转，转至
saṃjāta 出生，已生
saṃ-ḍharṣin 因喜悦、高兴而激动
saṃpanna 丰富，具足，具有
saṃpaśyat 正观见，观察
saṃprajvalita 光芒四射
saṃprakāśita 演说，示，开示
saṃprasthita 去，往；修行，安住
saṃbodha 等觉，才智
saṃbodhi 三菩提，正等菩提，真识，正觉
saṃbodhi vrata 三菩提誓言
saṃbodhi saṃvara 三菩提善戒，三菩提戒律，菩提道路
saṃbodhisattva 注定要获得最高觉悟的菩萨
saṃbodhi-sattva 菩萨
saṃbhāra 资粮；聚集（功德，福德）
saṃnyāsin 弃绝者，遁世修行者
saṃyukta 共生，和合，相应
saṃyuta 依，具足，和合，相应
saṃvara 三跋罗，善戒，持戒，

戒律
saṃśaya 疑心
saṃśobhita 庄严
saṃsāra 僧娑洛，尘世，轮回
saṃsru 流淌，流动，增加
saṃharṣin 兴奋的，令人高兴的
Saṅkha Parvat 神螺山
saṅgītiḥ 和谐
saṅgha 僧伽，僧团，献身于佛陀的僧众
sañcāraṇa 移动，行动，漫游
sanmati 思想高尚的，聪慧的
sanmitra 善友，挚友
Sarasvatī 萨拉斯瓦蒂河
sarit 河流
saroruha 莲花
sarpa 蛇，毒蛇
sarva 全部，所有，一切，一切世间
sarva-kleśa 一切烦恼，诸烦恼
sarvajña 无所不知者，正遍知，一切智者
sarvatra 到处
sarvadā 一直，总是
sarva-duḥkha 一切苦，众苦
sarvadharma 一切法，诸法
sarvadharmādhipa 诸法之主
sarva-pāpa 一切染，恶法，罪性
sarvabuddha 一切如来
sarva-bhaya 一切恶趣
sarvaloka 众生，一切世间，寰宇
sarvalokādhipa 诸世界之主，一切世间之统治者
sarvavittva 全知者，无所不知者
sarvavid 无所不知者，全知者，正遍知
sarvavidyādharādhipa 一切知识持有之主
sarvavidyādhipa 一切知识之主
sarvasattva 诸众生，全体生灵，一切众生
sarva-sattva-hita 利益众生
sarvahita 利益众生
sarvārthasiddha 一切义悉成就者，一切义成
sarveṣām 整个，遍于一切
salila 水
saha 一起，和，随着
saha-hayānanā 有马脸（人身）侍从相伴
sahasā 突然，猛然
sahasra 千
sahasradala 千瓣莲花
sahāya 同侣，助伴
sahāśubha 和谐相处
sāñjali 叉手，双手合掌
sādara 尊敬，恭敬，虔诚
sādhana 获得，修习，实现；成就法
sādhu 善哉，好，善法，善说，尼犍子
sādhujana 好人，诚实的人；圣人
sādhya 成业者，不成就，应完成

sāma 和平
Sānta tirtha 尚德朝圣地
sāmprata 合适的，恰当的
sāṃpratam 此刻，现在，立即
sāya 夜晚
sārasa 鹤，印度鹤
sārthavāha 商队商主，带着篷车的贸易者
sārthavāhana 篷车的商队首领
sārdha 连同，带着另一半
siddha 悉陀，成就者
siddhaloka 幸福的世界
siddhi 成就，成功
sītodaka 冷水，清凉净水
sukula 高贵之家，贵族世家
sukhārtha 愉快的事，幸福的事
sukhāvatī 极乐，安乐，极乐世界，极乐净土，西方净土
Sugata 善行，善逝，大圣尊，如来，善趣
sugatātmaja 佛子，善逝之子
sugandha 芬馥，芳香，香液
sugandhi 芳香的
sugandhikusuma 芳香的花朵
sugeśvarī 善逝自在女神
suciram 很久，很长时间
sutra 佛经，经典
sudurjaya 无法征服，极难胜
su-dṛśa 祥瑞，善现
sudṛṣṭi 善见
sudra 首陀罗
Sudharma 善法（菩萨名）
sudhā 天甘露食，天食；甘露
Sudhākara 月亮
sudhī 学者，智者，明智的人
subhāṣita 善说
subhikṣa 富足，繁盛，米谷
sunirmala 极净，清净，无垢
sunirvṛta/su-nirvṛta 内心非常自在和快乐
sundarī 美女
supuṣṭāṅga 美丽的身躯
suprabuddha 通达，彻悟
suprasanna 纯洁温和；心生欢喜，清净
sumaṅgala 带来好运，非常吉祥，祥瑞
sura 天神
surabhi 宝香，甘美，香洁
Surādhipa 众神之王，因陀罗的一个名号
Surūpa 妙色（蛇王名），美貌，美色
Surendra 天王，因陀罗
Sulakṣaṇa tīrtha 苏拉克沙那朝圣地
suvarṇa 金子，黄金
Suvarnavatī 苏瓦尔那瓦蒂河
suvṛṣṭiḥ 及时雨，善祷雨者
suśīla 善戒
suhṛt（suhṛd）心友，他身
sūkṣma 微妙，微细，深妙
sevā 侍奉，崇敬

sainya 军队
Somasikhi 孔雀眼（蛇王名）
somya 温雅，和蔼可亲
saukhya 幸福，舒适，健康，快乐
saugandha 芳香，香气，芬芳
saugata pada 佛位，佛果
Saundarya tīrtha 孙达利亚朝圣地
saumya 可爱的，温柔的
sauratya 安乐，柔和，亲近
Skandha 室犍陀（战神）
stuti 祈祷歌，赞颂，赞扬
stūpa 佛塔，窣堵波，浮屠，塔庙
stotra 戍怛罗，歌颂，歌赞
sthala 地点
sthalaja 陆地生植物
sthā 安住，停留，处于
sphaṭika 水晶，玻璃
sphīta 增大，粗壮，丰满
snāna 沐浴，灌洗
snigdhacitta 亲爱心，柔软心
sneha 和谐，友善
smṛta 回忆，记忆，忆念
sravantī 溪流，河流
sraṣṭṛ 创造者，发放者，造物主
svapara 自他
svamātmānam 自身
svayam 亲自，自我
Svayaṃbhū 斯瓦扬布，自生者，自我起源者，自性之光，始初佛
Svayaṃbhū caitya 斯瓦扬布支提
Svayaṃbhūta 自我起源，自我创造，自生者，湿婆
Svayaṃbhūnātha 斯瓦扬布主
svarūpa 自相，自性，本形，自体相
svarga 天，天国
svargḥ 天国，天堂，因陀罗的天国
svāmin 主，主宰，夫，家主

ha

haridaśva 棕色快马
hala 犁
halavāhā 犁
havana 烧供，火祭
hāni 抛弃，失去，损失，缺乏
Hārītī 诃利蒂，鬼子母神
hāhā-kāra 欢乐的声音
hita 福祉，利益；饶益
hitārthin 谋求自己或他人的福祉或利益
Himālaya 喜马拉雅山，雪山
hutabhuj 享受祭品者，火
hetu 原因，因缘，缘起
hema 金子，黄金
Heruka 黑噜迦
hotra 祭品，祭供
homa 火祭，护摩
homadravya 护摩祭祀的牺牲或供品
hrada 池，湖

附二

中尼两国文化交流史话

加德满都河谷的传说

曾序勇

神话故事广为流传

千百年来，尼泊尔民间流传着一段充满中尼友谊的美好神话传说。这个有关加德满都河谷的传说，不仅在民间广为流传，而且赫然见诸于尼泊尔史书中关于史前历史的记述。

相传在远古时代，加德满都河谷是一个叫作纳伽达哈（Naga Daha，意为“大蛇湖”）的湖泊。这里群山环绕，水波荡漾，杳无人迹。后来，原始七佛中的毗婆尸佛来到这里，在湖中播下一粒莲子。六个月之后，这粒莲子开出了一朵奇异无比的莲花，莲花之中创造神大梵天的光辉形象放射出灿烂的光芒。岁月流逝，不知过了多少年代，文殊师利菩萨听说此事，便从中国的五台山来到这里参拜梵天，他接连三天三夜瞻仰光芒四射的佛像。后来他挥剑劈开一座山峰，山间的湖水奔泻而出，湖里的“纳伽”（大蛇）纷纷离去。文殊菩萨担心因此而引起灾难，便要求蛇王留下。据说文殊菩萨还塑了一尊法力女神像，建了一座曼殊帕坦城，立法持为王，然后把弟子留下，独自回中国去了。人们在这里生儿育女，耕耘劳动，修房盖庙，才有了加德满都这座城市。

文殊菩萨备受尊崇

为了表示对这位开辟加德满都河谷的神人的崇敬，人们在加德满都西边斯瓦扬布山上修建了文殊师利菩萨庙。每年尼泊尔农历九月初的迎春节，都有大批佛教信徒来此敬拜。印度教徒则把文殊菩萨当作文艺女神来崇拜。加德满都的儿童在5、6岁上学之前，要由父母领着，手捧鲜花和大米等供品到庙里去拜文殊菩萨。尼泊尔朋友有时还把一手持剑、一手持书的文殊菩萨铜像[①]作为贵重礼品赠送给来访的中国客人。尼泊尔著名诗人屠拉达尔曾经作过一首题为《献给文殊师利》的诗，热情讴歌这位传说中的中尼友谊史上的先驱。诗中写道：

为了放光的五色莲花，
当时离开了五台山的宫殿，
您啊，科学和艺术的大师，
一手拿着书卷，一手提起宝剑，
你将山岭劈开，将湖水排干，
尼泊尔的名字这才出现。
通达宇宙之源的大师啊！
您还教会了我们人生的要件。

乔巴尔峡谷——一剑劈开的地方

在加德满都河谷南面有一个叫乔巴尔（Chobar）的峡谷，两厢石壁陡峭险峻，深数十米而谷底宽不足十米，这是整个加德满都河谷唯一的出水口，巴格玛提河就是从这里流出的。这个峡谷俗称“一刀砍”，相传就是文殊菩萨当年一剑劈开的地方，如今已成为加德满都的名胜之一。峡谷北面不远有一天然水塘，至今仍

① 神话传说中文殊师利一手持剑，象征勇猛，断除烦恼；一手持书，象征智慧。

叫“纳伽达哈”，相传就是文殊菩萨安置蛇王的水池。

河谷起源于 200 万年前的大湖

据有关专家学者的研究考证，加德满都河谷过去的确是个大湖，大约形成于 200 万年前，这已为河谷内发现的鱼类、鳄类、藻类等水生动植物化石所证明；当时湖面海拔高 1450 米，水深 100 多米。湖水泻干是地壳运动所致，并非神力所为；数万年前经过多次地质变动、山体崩塌，湖水才得以泻干。

（此文摘录自曾序勇著《神奇的山国尼泊尔》，上海世纪出版股份有限公司 2012 年版）

北京景山与加德满都斯瓦扬布圣山的五佛

马维光

北京景山上的五亭形态优美，错落有序地建在山脊的苍松翠柏之间，黄绿蓝色的琉璃瓦多重檐飞顶，挺拔的朱红顶柱，是城内一胜景，又是观光城市风景的好去处。

五佛

中间最大的万春亭恰在北京中轴线上，矗立在紫禁城外的绿树红墙之间，金光熠熠一片黄色琉璃屋顶，巍峨殿堂之上。驰目远眺，南城的天坛祭坛，北部的钟鼓二楼尽收眼底。人们不禁赞叹中国皇家宫殿园林的奇妙。走进亭内突然见到数米高的大铜佛一尊，禅坐在莲花宝座之上，呈施与手印，凝视下方。介绍牌上说明：清朝乾隆十六年（1751）修山上五亭，内分置五方铜佛，其他四亭内铜佛被八国联军或毁或盗，仅剩万春亭内这座毗卢遮那大佛，但后来也遭毁坏，今已重修如故。这才知道景山五亭并非仅仅是观赏亭，在这座又被称作“镇山”的山顶，乾隆修建五佛，意在让五佛护佑帝苑京都和大清广袤的江山。康乾盛世，清王朝虽然尊崇中国各种宗教教派，但对金刚乘密宗（藏传佛教）却情有独钟，“五方佛”流行于密宗，因而将其建在景山的显赫地位。40 多米高，海拔只有 108 米的景山，却因五亭内五方大佛添加了一种浓厚又有些神秘的圣洁之气。

“五方佛”?! 它不就是加德满都西郊斯瓦扬布“自我本原”的佛光圣山化现的“五方佛”? 经查对尼泊尔原名和中文译名，全然一致。斯瓦扬布山顶修有一座极具尼泊尔特色的大佛塔，与元代尼泊尔著名工匠阿尼哥在元大都妙应寺（俗称白塔寺）所建造的大白塔相像：覆钵式白色塔身、十三重圆形相轮塔刹，伞盖、华幔、铜铃，但塔身以上全部覆以鎏金铜件结构，塔身之上有一巨大方形柱体，每面绘有一对大佛眼，洞察四方。塔身周围建有五个凹进神龛，分别供奉五方佛和他们的度母。塔身四方柱所绘佛眼之上还立有椭圆形四个大铜牒盘，上面中央凸刻毗卢遮那佛禅坐像，下排为分属四方的四位佛。不料想，北京景山修有与加德满都斯瓦扬布圣山的同名的五方佛，享有同样显赫的地位。这不禁让我感到，五佛的灵气，越过珠穆朗玛和喜马拉雅皑皑的雪峰，早已弥漫于北京和加德满都之间，弥漫于两国山川大地。

七佛

根据古代《斯瓦扬布往世书》的传说，加德满都谷地是一个大湖。释迦牟尼佛之前有六世传承（释迦牟尼佛为第七世）。一世佛毗婆尸在湖心播下一颗莲花种子，预示无形无性的至圣原始佛的佛光将展现其上。尸弃二世佛时代生出千瓣莲花，花上浮现五色灵光，光中分现五方佛，五方佛是原始佛佛性的具体体现。三世佛时代，文殊菩萨从“大中国”来这里朝拜佛光，挥剑劈山，泄去湖水，使谷地成为可居之地，弘扬佛法。为了保护佛光，信徒们在上边修一佛塔，即成今日的庄严圣迹。七世佛信仰并没有在景山与五方佛一并出现，可是在乾隆四十二年（1777）北海天王殿八角亭建立《七佛像幢》，上有与尼泊尔同名的人七世佛雕刻，乾隆为其撰写正书，并以汉、满、蒙、藏文刻出。这也是对七佛说的一种认同和崇拜吧。此《七佛像幢》现在北京文物研究所院内，不对外开放，本人去北京首都图书馆善本图书室调档其拓片查阅，与尼泊尔所说七佛名称完全符合无误。

美丽的佛经字体

中世纪，佛教在印度遭受入侵的穆斯林军队攻击，尼泊尔接待了大量佛教难民，用尼泊尔的漂亮字体留下了许多的佛经，如北京大钟寺大钟上的蓝查体铭文、居庸关云台上的咒文。我国佛教庙宇所见的“梵”字大多均是此文体。这种文字抄本流传甚广，构成后日佛经的主体，值得研究整理。

伸出友谊之手

在加强友谊，促进交流方面值得称颂的尼泊尔方面的典范是阿尼哥同学会、尼中经贸协会，他们向五台山、庐山、北京白塔寺等友好单位赠送了佛像、佛教人物和历史名人塑像等纪念品，显示携手共同迈向“一带一路”的决心。

中尼文化使者阿尼哥

孙　涛

阿尼哥（Aniko，1244—1306），出生在尼泊尔加德满都谷地具有艺术之城美誉的帕坦城，为王室后裔。中统元年（1260），十七岁的阿尼哥应征从尼泊尔来到西藏修造黄金塔。后经元朝帝师八思巴推荐，得到元世祖忽必烈的召见。阿尼哥以其超常的胆识和精湛卓越的技艺，受到元世祖忽必烈的重用，担任诸色人匠总管府总管，统四品以下十八个司局，至元十五年（1278），授光禄大夫、大司徒、领将作院事。其一生的艺术成就巨大，按《凉国慧敏公神道碑》记载：“最其平生所成，凡塔三，大寺九，祠祀二，道宫一，若内外朝之文物，礼殿之神位，官宇之仪器，组织熔范，抟埴丹粉之繇缛者不与焉。”大德十年（1306）正月，阿尼哥病卒于大都，元成宗辍朝致哀，并赐“太师”“开府仪同三司”“凉国公”“上柱国”等称号。

从阿尼哥一生的艺术历程来看，他是一位天才的艺术家，自幼便掌握了传统尼泊尔雕塑艺术的各种技法。入藏后，又被八思巴亲自剃度并收为弟子，在此期间，他接触并学习到了藏传佛教的经义，对藏传佛教艺术创作有了比较清晰的理论概念和丰富的实践经验。为元朝宫廷效力时，阿尼哥并未只局限在藏传佛教艺术作品的创作，他还学习吸取了汉地传统工艺，并最终形成了独具特色的“西天梵相”艺术。

“西天梵相”一词见于《元史》等史料，究其根本应是融合尼泊尔艺术、中原汉地艺术、西藏艺术以及蒙古民族审美情趣的一种造像艺术形式，不仅代表了元代大都造像的巅峰艺术成就，也反映出元代宫廷藏传造像的美学特征。享誉中外的杭州飞来峰造像、北京居庸关云台造像、杭州宝成寺玛哈嘎拉造像、福建清源山三世佛造像、故宫博物院收藏的两尊带有明确纪年款识的元代金铜佛像都是“西天梵相”艺术的绝佳例证。

阿尼哥的众多弟子也继承并发扬了“西天梵相”艺术，其中以阿尼哥的儿子阿僧哥和雕塑大师刘元最具代表性。《元代画塑记》记载，阿僧哥子承父业，曾为大承华普庆寺、大圣寿万安寺等多座佛教寺院雕塑神像。刘元师从阿尼哥学习“西天梵相”艺术，并得到真传，青塔寺、三皇庙、东岳庙等寺院和道观的造像多出自其手。同时期另一位雕塑大师刘銮，虽生平事迹不详，但现今北京城内仍保留着以其姓名命名的“刘兰塑胡同”，可见其艺术造诣不凡。“西天梵相”艺术不仅盛行于元代，还对明清两朝宫廷造像和明以后西藏地区的佛教造像艺术产生极大影响，例如明朝永宣宫廷造像、明初钱塘陈氏造像等，都或多或少地吸收了

“西天梵相”的艺术精华。近些年，对“西天梵相”艺术的研究蓬勃开展，中外众多学者不断推出对“西天梵相”艺术的研究论著，足见其在藏传佛教造像艺术发展史和交流史上所具有的重要地位。

除了造像艺术的贡献之外，阿尼哥在建筑方面也取得了令人赞叹的辉煌成就，妙应寺白塔无疑就是阿尼哥最具代表性的建筑作品。坐落于北京西城区阜成门内大街路北的妙应寺白塔，兴建于13世纪中后期，白塔内主供本尊玛哈嘎拉（Mahākāla）护法神王，曾受到元、明、清三朝帝王的供奉，白塔自1271年始建至今已有750周年，是北京地区兴建时间最早、保存最为完好的覆钵式佛塔，它既保有后弘初期盛行的噶当佛塔“粗壮有力、古拙质朴”的艺术特色，又兼具14世纪以后藏传覆钵式佛塔“雄壮瑰

图7　北京妙应寺塔院门与白塔

丽”的造型特点，可谓中国藏传佛教覆钵式佛塔的典范之作。妙应寺白塔是汉、蒙古、藏民族文化融合的杰作和祖国统一的历史丰碑，也是中尼文化源远流长的见证。1961 年 3 月 4 日，妙应寺白塔被国务院列为全国第一批重点文物保护单位。

此外，建造于至元十二年（1275）的山西代县阿育王塔、相传建造于大德五年（1301）的山西五台山塔院寺白塔、建造于大德十一年（1307）与至大四年（1311）之间的江苏镇江西津渡昭关石塔都承继了妙应寺白塔的建筑要素，展现出与妙应寺白塔极为相似的形貌特征，阿尼哥对中国藏传佛教建筑发展所做出的卓越贡献可见一斑。

在“一带一路”框架下深化中尼友好合作

曾序勇

中国和尼泊尔山水相连，毗邻而居，两国交往历史悠久，传统友谊源远流长。1955 年中尼建交以来，两国关系持续稳定发展，合作领域不断扩大，睦邻友好不断深化。自建交以来中国向尼提供了大量无偿援助，先后援建了数十个成套项目，包括多条公路、医院、电站等；中国企业参与了 400 多项对尼投资和承包工程，对尼社会经济发展发挥了重要作用，尼方给予高度评价。

2013 年，习近平主席提出了共建“一带一路”的重大倡议，尼泊尔予以积极响应和支持，双方合作顺利展开。2016 年 3 月尼泊尔总理拉奥访华，双方同意“一带一路”倡议同尼国家重建和发展规划对接，加快构建中尼自由贸易区，并在贸易、金融、互联互通、基础设施、旅游、教育、文化、青年、媒体及国际事务等各领域拓展合作达成重要共识。双方还签署了交通、跨境贸易、能源、金融等多个双边合作文件。

由于中尼两国领导人的高度重视，双方在“一带一路”框架下的合作走在中国周边国家前列，合作成果丰硕。2015 年 4 月尼泊尔发生 8.1 级大地震，中国向尼提供了大规模援助，帮助尼抗震救灾和灾后重建，体现了患难与共的兄弟情谊。之后中方对尼援助成倍增加，落实 2016—2018 年对尼无偿援助，实施双方商定的 25 个援助项目，包括 5 个基础设施项目。双方同意在“一带一路”倡议的框架下，推进重大项目实施，特别是改善中尼间陆路交通基础设施，包括维护并保障两条中尼公路畅通和准备修建中尼铁路。在贸易合作方面，为促进尼对华出口，中方免除了尼 97%（7787 类）输华商品的关税。两国间的文化和人文交流也取得显著进展。

2019 年 10 月习近平主席访问尼泊尔，是中尼关系史上的重要里程碑，标志着两国关系进入新阶段。双方决定建立“世代友好的战略合作伙伴关系”，签署了涉及互联互通、经贸投资、边界管理等多项合作文件。双方同意落实“一带一路”倡议下的合作，加强口岸、公路、铁路、航空、通信等联系，提升两国互联互通水平；同意深化贸易、旅游、投资、产能、民生等经济领域以及教育、文化等领域的合作，促进共同发展。

新冠疫情暴发以来，中尼积极开展抗疫合作，同心谱写抗疫新篇章。尼方通过多种形式向中国表达了支持；中方向尼提供了抗疫物资援助，并向尼方提供了新冠肺炎疫苗，积极帮助尼抗击疫情，再次展现了中尼守望相助、共克时艰的动人场景。

在两国领导人的共同指引下，中尼将不断加强双边交往，深化“一带一路”框架下各领域的合作，共同打造中尼更加紧密的命运共同体。

附三

译者的话

山不在高有仙则名，水不在深有龙则灵

中尼友好的远古佳话

位于喜马拉雅山南麓的尼泊尔首都加德满都谷地（海拔1370米）恰是这样的一块风水宝地。释迦佛陀生于山脚下平原地区的蓝毗尼。山腰上的加德满都谷地原系一个大蛇湖（南亚人视蟒蛇为龙）。信众认为释迦佛祖之前，有六世古佛相传。第一世始初佛毗婆尸（Vipaśvi）在湖内播下一粒种子，生出一朵千瓣莲花，花体自身放射出五色佛光，称为斯瓦扬布（Svayaṃbhū），意“自我本原”——即指“佛之法界、佛性之象征”。为参拜佛光来自大中国的文殊大士，深谙此佛光之天机奥意，为保护它，持其利剑，在大湖的南面乔巴山处劈开一个山口，泄去湖水，并使谷地成为人民可居的富饶之乡，尼泊尔国家诞生。佛光受到万民崇拜。为了保护佛光，谷地人民在一个六七十米高的牛尾山（Gośṛṅga）上，于公元前3世纪修建了一座大支提（覆钵形之大佛塔称谓），将佛光隐匿珍藏于内，仍命名为“斯瓦扬布”。现已被联合国教科文组织认定为尼泊尔世界文化遗产之一。围绕白色塔基，建有金刚乘五佛与其配偶的神龛。塔刹四方鎏金基坐上，每面都绘以巨大佛眼，寓意佛陀洞察四方。十三层鎏金塔刹，金光闪烁，直插云霄。佛塔为众多庙宇、圣迹和神像所簇拥环绕。绿、白度母化

身——赤尊公主和文成公主优美的“三道弯”的铜铸立像也亭亭玉立其中。此圣山为各派佛教徒朝圣之所，立于此地可俯瞰整个加德满都谷地，有“先有斯瓦扬布寺，后有加德满都”之说。

大佛塔旁修有一所小型纪念文殊塔庙，和象征他来尼泊尔的双足印佛龛，纪念文殊大士之伟绩。佛诞之日，人们在塔前翩翩起舞，颂扬文殊师利劈山泄水护佛立国的至伟功业和中尼人民之间的古老兄弟之情。尼舞蹈家特编排了《文殊师利》舞，盛情歌颂。

专家的论证

季羡林教授称，“中尼关系源远流长”。早在玄奘之前，东晋法显邀请尼高僧觉贤来华合译佛经。赤尊公主出嫁藏王松赞干布以后两国友好交流持续 1000 余年。元代尼工艺师阿尼哥（Arniko）来中国，他设计建造的北京妙应寺白塔和山西五台山塔院寺大白塔，屹立至今，为中尼之间的友谊纽带镶嵌了两颗靓丽的明珠。他还留下不少佛教神像、包瓦（Baowa，尼式唐卡）等杰作。阿尼哥死后封为凉国公，葬于宛平岗子原。

人们谈起中尼友谊总是由《斯瓦扬布往世书》所传的神话起始。赵朴初先生在《佛教常识答问》中说：“五台山是文殊菩萨的道场，这是见于大乘经典的，所以古代有不少从印度和西域来的高僧来朝拜。……尼泊尔并且有这么一个古老的传说：加德满都（尼泊尔首都所在地）山谷地区，原来是一个大湖，文殊师利由中国五台山到那里去，劈开了一座山岭，将湖水排去，让与他同去的人们安居下来，这才建立了尼泊尔国。所以尼泊尔人民对文殊师利和五台山怀有特别的亲切感情。”文殊菩萨被尼泊尔人民视为保护神，斯瓦扬布大佛塔旁建立了文殊菩萨庙。中国五台山是文殊师利的道场，殿堂恢宏，气宇轩昂，保有文殊师利发塔和骑狻猊圣像。两个圣地遥遥相望，反映了中尼两国古老的兄弟情谊。

《斯瓦扬布往世书》神话的意义

《斯瓦扬布往世书》梵文书名为 Svayaṃbhū Purāṇa，其中的“Svayaṃbhū”，音译为“斯瓦扬布”，有“自我本原”“自然圣道”之义，喻指一切众生皆有觉悟成佛的本性，也有学者把此词译为“自体放光”；“Purāṇa”，意为“往世书”，即古代相传的神话故事。斯瓦扬布佛主是尼泊尔河谷地区金刚乘密宗所崇信的本初佛（Adi Buddha），它无形、无灭，呈现为史前淹没湖中的一团佛光；亦称法藏、法界或佛家胜利之地。

《斯瓦扬布往世书》是尼泊尔佛教的一部重要的古代文献，极具时代嬗变的特色，蕴含着丰富的内容和古代的信息。由于尼泊尔古代梵文和尼瓦尔语言的制约，长期以来，勘校整理出权威文本并非易事，更谈不上翻译为现代语言了。一百多年来不断有外国学者尝试翻译，大多只发表了该书的内容简介，一直没有完整的译文问世。[①] 这些疑问反而促使我们尝试进行翻译该书的决心——克服困难，给探究中尼两国兄弟情谊和佛教初始形态的公众得以了结心愿。也许是因缘具足，穿过久远尘封的历史岁月，《斯瓦扬布往世书》的神秘面纱渐露真容，也到了被揭开的时候。

尼泊尔的佛教

尼泊尔先王曾说，尼泊尔位居南亚和中亚文化交汇点。尼泊尔大小民族多达 80 个，信仰多样，自古印度教和佛教两大宗教并存，是人们的主流信仰。尽管中世纪后印度教占据主导地位，影响了佛教，但佛教在尼泊尔，不但没有像在印度那样走向消亡，反而坚守这一古老文化传统，不但存活下来，并使之迅速复兴。

---

① See *Svayaṃbhū Purāṇa* , by Min Bahadur Shakya, Shanta Harsha Bajracharya, Nagarjuna Institue of Exact Methods, P. O. Box 100, Chakupat, Lalitpur, Nepal, 2001.

加德满都河谷地区的原住民尼瓦尔族坚定信仰佛教，他们自称是佛陀家族的后人，其中释迦族自称是佛陀家族的传人。公元464年梨查维王朝始有文字记载。随后又经历了马拉和沙阿两个王朝。大多数王朝信仰印度教，印度教逐渐发展为主体宗教。但加德满都谷地尼瓦尔族群坚信佛教，维护自己的文化传统，使用尼瓦尔（Nevali）语（又称 Nepal Bhasha）。18世纪沙阿王朝建立后，才逐渐使用今日的尼泊尔语（Nepali）。

佛教自古一直为第二大宗教。佛教与印度教两教不断融合与发展，形成了尼泊尔独特的佛教文化。中世纪尼泊尔佛教融入了印度教的种姓制度，并纳入了杀牲祭祀、重视仪轨等印度教内容。但特罗密乘（真言咒语）、金刚乘等的影响使两教在神灵崇拜和修行仪轨上有一定的融合。

尼瓦尔族——多才多艺的虔诚佛教徒

看来，《斯瓦扬布往世书》是由尼泊尔佛教的主体民族——尼瓦尔族（Newar）的群体萌生、书写和创作出来的。他们是加德满都谷地的一个古老、著名和文化较为发达的群体。他们擅长艺术与经商，号称佛陀族人、后裔。其人口今约占加德满都谷地人口的1/3，百余万人。他们一向虔诚崇信佛教。佛教主要分为三大派——金刚乘密宗佛教、藏传佛教和少量上座部僧团。

尼瓦尔族人建有自己的宗教社会小居住区“巴希”（Bahi，意为以庙宇为中心的居民区）。他们喜爱挑箩筐担子，吃馍馍（包子），大门前造有双狮，住阁楼，大屋顶式建筑风格，服饰也近似中国和东亚民族风情，甚至偶穿中式袍褂。

他们是尼泊尔谷地文化艺术和名胜古迹的创造者，今天矗立在加德满都谷地的数以千计的古老建筑，是他们的杰作。元代来华的工艺师阿尼哥，就出生在这个群体。

公元1193年，穆斯林大军入侵印度，捣毁伽蓝，屠戮僧侣，焚毁那烂陀寺、超戒寺（当时最兴盛的密宗大寺），导致印度佛教崩溃乃至消亡。当时有许多僧侣携带经卷逃至尼泊尔或经尼泊尔去了藏地，尼泊尔因此保存了一大批梵文佛经写本，那里也就成为佛教徒抄写佛教经典、践行佛教思想的中心。尼瓦尔语有些书写文字优美，其中兰查（Ranjna）、布吉莫（Bhujimo）等最为知名，兰查成为藏族六字真言、经文咒语的书写符号，北京大钟寺大钟上的铭文就是兰查体。

斯瓦扬布大佛塔与中国

唐使王玄策第三次出使尼泊尔，于公元657年在斯瓦扬布寺礼佛，并赠一黄袍；

据大佛塔寺方记载，中世纪马拉王朝时代中国要员朝拜，并献金色幔帐；

1957年、1960年周恩来总理两次访尼，首次访问时参观该寺，并捐赠善款10000卢比；

1967年以楚图南为团长的中国文化代表团参访斯瓦扬布大佛塔，并在此观看尼泊尔歌舞表演；

据称中国佛教协会曾于近代参加过佛塔修葺工作。

中尼友好神话的启示

正如马克思评说希腊神话那样，神话是“人民的幻想加工过的自然和社会形式本身”——即历史现实生活的反映。

公元12—18世纪马拉王朝按照《摩奴法典》，在佛教内强力推行种姓制度，并使其改宗印度教。在这种双重压力逼迫下，尼泊尔佛教生死存亡问题凸显出来。为了保护佛教信仰，尼泊尔佛教徒不得不以职业化分相对应，另一方面则大力弘扬佛法精神、教义和传统，抵御印度教的进攻。

神话与历史相交织，弘扬大乘佛教思想是其内核。神话往往更多地担负着反映历史的功能，《斯瓦扬布往世书》也正是尼泊尔神话与历史、佛教与印度教文化相互融合的产物和缩影，深入地研究可了解确切的历史和警示。

《斯瓦扬布往世书》融入了大乘佛教义理、神山圣地、神话、历史等诸多文化元素，思想意义积极向上，它钩沉历史岁月，以古德高僧之口，教育唤醒人们本有的觉悟，努力践行佛法，弘扬菩萨道精神，纯洁语言、思想和灵魂，获得至高智慧，成就圆满菩提，为利益众生而不断进取。该书的创作在佛教历史演变中占有重要的节点地位，为我们把握和理解尼泊尔佛教文化特点、研究考证尼泊尔宗教源流与现实民族国家宗教状况，特别是中尼历史文化关系，提供了有益参考。

《斯瓦扬布往世书》翻译的文本

我们翻译的《斯瓦扬布往世书》在尼泊尔又称《斯瓦扬布大往世书》（多为敬语）。是由尼泊尔梵语大学佛学系主任、首席教授、梵语学家喀什纳塔·纽奥巴内博士（Dr. Kashinath Nyaupane）根据最新出版的几个文本勘校综合而成。梵文偈颂为 1750 偈，共 10 章。随后由纽奥巴内教授与其公子学者阿难陀（Anandavardhan Nyaupane）二人合译为英文。本书梵英中三种文字（正文及附录）54 万多字。本书目前尚无英语、法语、日语译本出版，仅有少量不同章节的外语译文的译介。在标准的三藏经典中无中文译本。仅有部分内容译为藏文收入《尼泊尔三塔简史》，作为佛教史类收藏，列入藏文文献数字图书资料库 TBRC 目录。

多年来马维光一直探求神话原本，尼友人也提供一些材料；幸好张冬梅的老师尼泊尔梵语大学纽奥巴内教授为我国佛教界做佛本勘校工作，请他就其方便完成了此书校勘和英译工作。纽奥巴内教授根据《斯瓦扬布往世书》比较流行的版本，参照勘校，提供了他本人校订过的梵文本，并将其译为英文，作为中译的基本依据。梵语艰深，又涉及尼泊尔古代佛教，要完成《斯瓦扬布往世书》由梵文—英文—中文的翻译难度很大。为了保证翻译的准确，我们将三种语言的文字排出，也便于探索原意，排除谬误。

翻译程序

张冬梅为根据英文中译的初译者，马维光在此基础上初步校改，再由张冬梅据梵文本对照后略有补译，最后由二人议定。

因才疏学浅，外语水平不高，译文难传原意，难表古德之心，或多有挂一漏万，不能圆融准确尽表，或也有失“造业”，在此敬请诸方大德谅解。

主要参考书

陈义孝编:《佛学常见词汇》，宁夏人民出版社 1996 年版。

丁福保编:《佛学大词典》，中国书店出版社 2011 年版。

慧岳监修、会旻主编:《天台教学辞典》，台北：中华佛教文献编撰社 1997 年版。

（明）杨卓编撰:《佛学次第统编》，北京图书馆出版社 2008 年版。

（明）一如等集注:《大明三藏法数》，浙江古籍出版社 1991 年版。

［尼泊尔］尼兰詹·巴塔拉伊:《尼泊尔与中国》，刘建、王宏纬、陈明、马维光译，天津人民出版社 2007 年版。

王宏纬主编:《列国志 · 尼泊尔》，社会科学文献出版社 2015 年版。

星云监修、慈怡主编:《佛光大辞典》，北京图书馆出版社

2004 年版。

朱芾煌编纂：《法相词典》，台北市：台湾商务印书馆 1972 年版。

Śrī Svayaṃbhū Mahācaitya，by Hem Raj Shakya，English translated by，Min Bahadur Shakya，from Nepalbhasa，Svayambhu，Vikash Mandal Svayambhu，Kathmandu Nepal，2004.

Svayambhu Purana，by Min Bahadur Shakya，Shanta Harsha Bajracharya，Nagarjuna Institue of Exact Methods，P. O. Box 100，Chakupat，Lalitpur，Nepal，2001.

鸣谢

此书得以出版问世，也是中尼两国学者、友好人士共同努力的结果。

本书出版得到了中国社会科学院亚太战略研究院的支持，获得了中国社会科学院老年科研基金的资助，黄燕生、王琪等老师为本书辛勤修改编校，刘建老师亦给予英文方面的帮助，作为译者，我们深表感激！

马维光

前中国驻尼泊尔使馆文化专员

前中国驻印度使馆文化参赞

2023 年 9 月

后　　记

我以卑微之躯，向语言女神萨拉斯瓦蒂和智慧的文殊师利菩萨顶礼敬拜！我以虔诚之心，赞美佛陀、佛法和僧伽三宝！我以朴拙之情，赞美缘起！

本人不才，几年来，虽力所不逮，但为翻译《斯瓦扬布往世书》，付出了身心代价：2020 年 8 月初，为获得出版资助，我熬夜赶写申请报告，血压飙升而不慎摔倒，导致两根肋骨骨折，身体所受，苦不堪言。

在本书的序、前言和译者的话里，先生们对翻译缘起等事宜都交代清楚了，我本无须赘言，但回想往昔，又想说点什么。几十年来，我在中国社会科学院这块光荣、光明、光辉的人文净土和福地努力工作，辛勤服务，为亚太、南亚研究事业尽绵薄之力，中国社会科学院于我有涵育之情。本书以梵、英、中三种文字表达的思想，如洁白馨香的茉莉花，是高尚之语，是醒世恒言，是佛法甘露，故谨以本书，向人文社科最高学术殿堂，回馈一份薄礼。

本书能够成功出版问世，是我和马维光先生几年来努力耕耘的结果，是中尼学者努力合作的结果，是因缘际会的各位师友帮助的结果（包括排版员按照校样认真细致、不厌其烦地反复修改），也是我亲爱的家人们努力支持的结果，并以本书特别敬献给我的母亲叶旺娣女士。在这里，我向诸位表示诚挚的谢意，也感恩所遇。

受学业和才智不足所限，对三种文字的驾驭能力也有限，本书或有瑕疵，在所难免，敬请方家、读者海涵与斧正！

张冬梅

2023 年 9 月